Cambridge IGCSE®
and International Certificate

French
Foreign Language

Yvette Grime
Jayn Witt

Series Editor:
Mike Thacker

HODDER
EDUCATION
AN HACHETTE UK COMPANY

The authors would like to acknowledge the following sources:
Mermet, G. (2004) *Francoscopie 2005*, Larousse.
Price, G. (2005) *An Introduction to French Pronunciation*, Blackwell.
Tranel, B. (1987) *The Sounds of French*, Cambridge University Press.

Hodder Education, an Hachette UK company, 338 Euston Road, London NW1 3BH

Orders
Bookpoint Ltd, 130 Milton Park, Abingdon, Oxfordshire OX14 4SB
tel: 01235 827827
fax: 01235 400401
e-mail: education@bookpoint.co.uk

Lines are open 9.00 a.m.–5.00 p.m., Monday to Saturday, with a 24-hour message answering service. You can also order through the Hodder Education website: www.hoddereducation.co.uk

ISBN 978-1-4441-8095-4

First printed 2013
Impression number   5   4   3   2
Year   2017   2016   2015   2014   2013

This material is recommended by Cambridge International Examinations in the resource list for the Cambridge IGCSE® (0520) and Cambridge International Level 1/Level 2 Certificate (0685) French syllabuses as a valuable teaching resource for very able, well-motivated learners with a good level of English.

® IGCSE is the registered trademark of Cambridge International Examinations.

All efforts have been made to trace copyright on items used.

Illustrations by Emily Hunter-Higgins and Jim Watson

Cover photo: Fotolia.

Other photos are reproduced by permission of Yvette Grime (pp. 15, 56 (pot-au-feu, cari), 91, 104 (bus), 170 (b, car), 175 (penguins); Fotolia (p. 4 (Braille, Citroën car), 41, 86 (Lake Geneva); AF archive/Alamy (p. 27 (Tintin)), ZUMA Press, Inc/Alamy (p. 29), Jonathan Larsen/Diadem Images/Alamy (p. 31), Robert Harding Picture Library Ltd/Alamy (p. 56 (cassoulet)), Photocuisine/Alamy (p. 57), Pictorial Press Ltd/Alamy (p. 75), World Pictures/Alamy (p. 78); TopFoto (pp. 4 (Coco Chanel), 27 (Georges Simenon), 170 (photo f), 209); *Office de Tourisme de Strasbourg* (p. 44, photos B, C, Airdiasol Rothan; photos E, G, Sébastien Hanssens); Corel (pp. 4 (Eiffel Tower, landscape), 86, 87, 92; Hemera Technologies (p. 55); Ingram Publishing (pp. 102 (lighthouse, ice, shore), 170 (photo e), 184; Photodisc Inc. (pp. 102 (lightning, rainbow)); ImageDJ/ Cadmium (pp. 88, 89).

Printed in Italy

P02179

Table des matières

How to make the most of this book

This book provides all you need to prepare for your **Cambridge IGCSE® in French** or **International Level 1/Level 2 Certificate in French** qualification. It also teaches you about the way of life of the people in the French-speaking world and about the language they speak.

Each of the 15 units contains a sequence of texts and activities that enable you to discover the language and use it effectively. Each section includes the following features:

At the beginning of each section, a list of the unit's topic content and the main **grammar** items covered

Lots of **listening** activities to practise skills

Tasks to ensure effective **writing** in French

Up-to-date **reading** passages based on life in France and in French-speaking communities

Varied activities to practise **speaking**

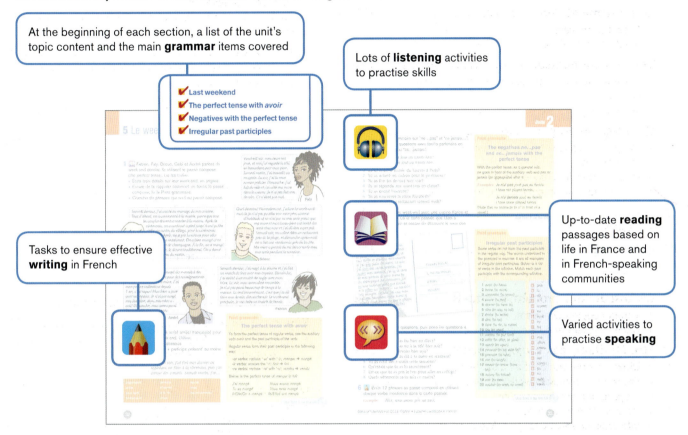

Watch out for these special features throughout the book too:

Point grammaire These sections explain the key grammar points you need to know to communicate successfully in French.

! POINT LANGUE Under this heading, important language points (e.g. how to use certain phrases) are highlighted.

! INFO PRONONCIATION These sections stress aspects of pronunciation that are essential for you to speak with a good, authentic accent.

! QUESTIONS CULTURE Items of interest relating to the culture and language of the French-speaking world are included here.

At the end of each unit you will find:

Exam Corner Specific preparation for the kind of tasks that you have to complete in the exams. Turn to pages 2 and 3 for more information.

Vocabulaire Lists of key vocabulary relating to the main topic areas covered in the unit.

Towards the end of the book are:

Grammaire A summary of all the grammar that you need to know with handy verb tables for quick reference.

Vocabulaire A combined list of all the key vocabulary used in this book, in alphabetical order.

Enjoy the course!
Yvette Grime   Jayn Witt

About Exam Corner

The examinations

The **Cambridge IGCSE® French** and **Cambridge International Level 1/Level 2 Certificate French (UK schools)** qualifications are made up of four compulsory papers that test the four language skills. Each paper is taken at the end of the course. The content and questions are the same for both qualifications.

Exam Corners

At the end of each unit are two Exam Corner pages that give specific advice and practice for the exam papers. Each unit focuses on different skills: listening, reading, writing or speaking, except Units 10 and 15, which cover all four skills. The Exam Corners progress in difficulty throughout the book.

The following features appear in the Exam Corners:
- sample exam-style questions
- sample answers with commentary
- questions for further practice
- tips for success
- points to remember

Topics

You need to cover the topics listed below.
- **Area A**   Everyday activities
- **Area B**   Personal and social life
- **Area C**   The world around us
- **Area D**   The world of work
- **Area E**   The international world

Paper	Skill	Marks	Timing	Proportion of qualification
1	Listening	45 marks	Approx. 45 min	25%
2	Reading	45 marks	1 hour	25%
3	Speaking	100 marks	Approx. 15 min	25%
4	Writing	50 marks	1 hour	25%

🎧 Paper 1: listening

Paper 1 is divided into three sections, each worth 15 marks. The extracts that you listen to get longer as you work through the sections of the paper. **Section 1** recordings are mainly factual, **Section 2** requires listening for main points and identifying details and **Section 3** involves more detailed, longer recordings. You hear each recording twice. The instructions are written in French. You must attempt to answer all three sections.

Paper 2: reading

Paper 2 is divided into three sections, each worth 15 marks. All instructions and questions are written in French. **Section 1** has three questions, requiring you to read a range of short pieces of text and answer the short questions. **Section 2** consists of questions on two texts, one short and the other longer. The longer text requires short answers in French. **Section 3** includes two longer, more detailed texts with two sets of questions that test general and specific comprehension. You must attempt to answer all three sections.

Paper 3: speaking

The speaking paper is divided into three tests during a single interview.

Test 1 is a role play worth 30 marks that lasts approximately 5 minutes. You are given two role plays on a card in French and have 15 minutes to prepare. Your teacher/examiner plays the part of the other person. Each role play consists of five tasks.

Test 2 is a presentation/conversation worth 30 marks and lasts approximately 5 minutes. You start by giving a 1–2 minute presentation on a topic of your choice, which you have prepared in advance. You are not allowed any notes but you can use illustrative material, such as a photo. After your presentation, the teacher/examiner asks you questions related to your presentation for a further 3 minutes.

Test 3 is a general conversation worth 30 marks and lasts approximately 5 minutes. This conversation takes place straight after your presentation conversation. You are expected to have a conversation about at least two of the topics identified on page 2.

The final 10 marks are awarded by the teacher/examiner for your overall performance, including pronunciation, intonation and fluency.

Paper 4: writing

Paper 4 is divided into two sections. All instructions and questions are written in French.

Section 1 is worth 20 marks and has two questions. Question 1 is worth 5 marks and requires you to write single-word answers on a given topic. Question 2 is a directed writing task worth 15 marks, of which 10 marks are available for communication and 5 marks for language.

Section 2 is worth 30 marks and offers a choice of three tasks from which you must select one. For this longer writing task, 10 marks are available for communication, 8 marks for verbs and 12 marks for other linguistic features.

Tout ça, c'est la France!

> **Explain in English what the words on the map mean.**

BELGIQUE

ALLEMAGNE

vin

1

fromage

Versailles

3

mer

2

tricolore

champagne

10

les Bleus

La Joconde

Paris

Notre-Dame

SUISSE

oh là là!

cancan

vacances

Marseillaise

accordéon

9

Le Louvre

béret

4

ITALIE

8

Tour de France

pétanque

soleil

baguette

5

bon appétit

7

Astérix

6

ESPAGNE

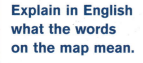

> **Do you know where these places are? Match the place to the correct number on the map.**
> a les Alpes
> b les Pyrénées
> c la Manche
> d l'Atlantique
> e la Méditerranée
> f la Bretagne
> g Paris
> h Marseille
> i Strasbourg
> j Bordeaux

> **What are these French people famous for?**
>
> | | | | |
> |---|---|---|---|
> | a | Coco Chanel | 1 | perfume |
> | b | Claude Monet | 2 | scientific discoveries |
> | c | André Citroën | 3 | fashion design |
> | d | Georges Bizet | 4 | alphabet for the blind |
> | e | Louis Braille | 5 | impressionist paintings |
> | f | Gustave Eiffel | 6 | a make of car |
> | g | Christian Dior | 7 | architecture |
> | h | Louis Pasteur | 8 | classical music |
> | i | Victor Hugo | 9 | literature |

Les pays francophones

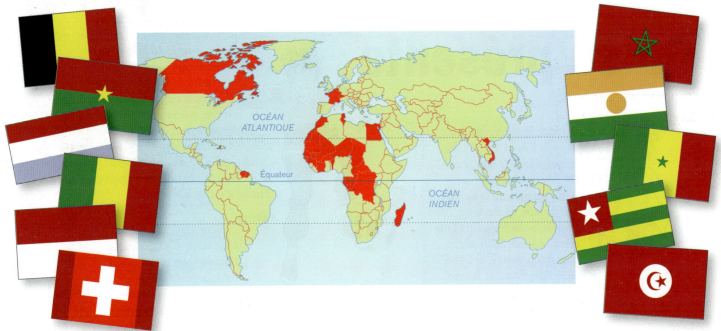

Où parle-t-on français dans le monde?
Lis le texte et réponds aux questions.

Combien de personnes parlent français dans le monde? Plus de 200 millions dans plus de 40 pays!

Il y a les 60 millions de personnes qui habitent en France, et puis les 3,5 millions de Français des Territoires et des Départements d'Outre-Mer, comme la Martinique, la Guadeloupe et la Réunion.

En Europe, le français est la langue officielle au Luxembourg et à Monaco. La Belgique et la Suisse ont le français comme une de leurs langues officielles. Mais il y a aussi des pays dans d'autres régions du monde où l'on utilise beaucoup le français. Ces pays se trouvent principalement dans quatre zones: l'Afrique du nord (Algérie, Maroc, Tunisie), l'Afrique subsaharienne (Sénégal, Côte d'Ivoire etc.), le continent nord-américain (la province du Québec et la Louisiane) et le Moyen-Orient (Égypte, Liban).

Pourquoi? On trouve l'explication dans l'histoire. Ces pays et ces régions sont des anciennes colonies ou territoires occupés par les Français dans le passé. Ils ont gardé le français comme langue officielle, langue administrative ou langue de culture.

Enfin, il y a toutes les personnes qui étudient le français, comme vous!

outre-mer	overseas
le Moyen-Orient	the Middle East
l'Afrique subsaharienne	Sub-Saharan Africa

1. Explain what the following numbers correspond to: 200 million, 60 million, and 3.5 million.
2. In which European countries is French spoken?
3. Where in America is French spoken?
4. Where in Africa are the French-speaking countries?
5. Why is French spoken in these countries or areas of the world?

! QUESTIONS CULTURE

- What is a 'Francophone' country?

- What Francophone countries do you know?

- Make a list of English-speaking countries (*pays anglophones*) and compare it to the list of Francophone countries. Find all the countries on a world map and compare their locations. What comments can you make?

- On the internet, find out more about why French is spoken in Louisiana.

- On the internet, research one of the *pays francophones*. Find out the following details: where it is, its capital city, its currency, whether it has other official languages, its famous landmarks or famous people.

On se présente

Bonjour! Moi, je m'appelle Faly. Je suis née le 8 août; j'ai 15 ans. Je suis sénégalaise et j'habite au Sénégal. Ma passion, c'est la lecture, et j'adore aussi la musique. Je déteste faire du shopping. Mon père s'appelle Amadou et ma mère s'appelle Diama. J'ai deux frères, Ismaël et Djibril, et deux sœurs, Fatou et Salane. Nous n'avons pas d'animaux chez nous.

Faly

Salut! Je m'appelle Fabien. J'ai 14 ans; mon anniversaire, c'est le 15 juin. Je suis français et j'habite à Perpignan, dans le sud de la France. Mon adresse, c'est 5, rue du Printemps. J'adore le sport, surtout le foot. Ma mère, Valérie, travaille comme infirmière avec le SAMU et mon père travaille dans une entreprise. J'ai un frère, Benoît, qui a 17 ans, et ma sœur Sonia est en 6ème. Nous avons un grand chien qui s'appelle Bruno; c'est un labrador.

Fabien

Mon nom, c'est Gabrielle Buchler; mes amis m'appellent Gabi. J'ai 14 ans. Je viens de Strasbourg. Mes parents sont divorcés. J'habite avec ma mère et ma petite sœur, Sabine, qui a 3 ans. J'adore ma grand-mère; elle s'occupe de nous quand ma mère travaille au bureau. Ma sœur a deux chats, Loulou et Fifi. Ils sont très mignons. J'adore la mode. Ce que je n'aime pas? C'est le sport.

Gabrielle

Tu veux me connaître? Eh bien, je suis André Dorali. Notre maison se trouve à Saint-Denis, à La Réunion; je suis réunionnais. J'ai 15 ans, et mon frère, Joseph, a 10 ans. Ma mère, Juliette, travaille comme responsable d'hôtel à Saint-Denis, tandis que mon père, Jean-Baptiste, est employé à l'office de tourisme. Je suis célibataire, bien sûr. Je joue beaucoup à l'ordinateur et je suis membre du club internet de mon collège. Je n'aime pas lire mais j'adore cuisiner.

André

Je me présente: mon prénom, c'est Brieuc et mon nom de famille, c'est Kerrien. Ma date de naissance est le 1er septembre. Je suis né à Quimper, en Bretagne, et j'ai 14 ans et demi. Maintenant, j'habite à Saint-Évarzec. Mes parents sont divorcés, mais j'ai un beau-père et il est maçon. Il est d'origine suisse. Je suis fils unique. Comme loisirs, j'aime faire du cyclisme, faire du surf et jouer de la batterie.

Brieuc

1 📖 💬 Lis les présentations. Note cinq détails en anglais sur chaque personne puis décide si tu aimerais la connaître ou pas. Explique ta réponse en français.

Exemple: J'aimerais connaître Brieuc parce qu'il aime faire du surf et moi aussi, j'aime faire du surf.

2 ✏️ Écris entre 50 et 100 mots sur toi-même en français. Mentionne: ton nom, ton âge, ta date de naissance, où tu habites, ce que tu aimes, ce que tu n'aimes pas et donne quelques détails sur ta famille. Essaie d'apprendre ta présentation par cœur.

The present tense

The five young people use the present tense to introduce themselves. The present tense is used to talk about:
- events that are happening now
- events that happen on a regular basis
- what you like and dislike

What do you remember about using and forming the present tense? Discuss with a partner before reading the details below. Look at page 6 and find 10 examples of the present tense.

Regular verbs

Many verbs are 'regular' verbs: they form the present tense in the same way as other verbs of the same type. There are three types of regular verbs, as shown by their ending in their infinitive form – -er verbs (e.g. regard**er** (to look, to watch), jou**er** (to play)), -ir verbs (e.g. fin**ir** (to finish), chois**ir** (to choose)) and -re verbs (e.g. vend**re** (to sell), attend**re** (to wait)).

To form the present tense of regular verbs, remove the -er, -ir or -re ending from the infinitive and add the correct ending for the person you are talking about, as follows:

	-er verbs Jouer	-ir verbs Choisir	-re verbs Vendre
Je (I)	jou**e**	chois**is**	vend**s**
Tu (You)	jou**es**	chois**is**	vend**s**
Il/Elle/On (He/She/One)	jou**e**	chois**it**	vend
Nous (We)	jou**ons**	chois**issons**	vend**ons**
Vous (You)	jou**ez**	chois**issez**	vend**ez**
Ils/Elles (They)	jou**ent**	chois**issent**	vend**ent**

Remember to use tu when talking to a person you know well and vous to an adult or to more than one person. Use ils for 'they' when everyone is male or a mixed group of males and females; use elles when 'they' refers to females only.

Irregular verbs

Not all verbs follow the patterns shown; these are known as 'irregular' verbs. For example, avoir (to have), être (to be) and aller (to go) have the following forms:

Avoir	
J'ai	I have
Tu as	You have
Il/Elle/On a	He/She/One has
Nous avons	We have
Vous avez	You have
Ils/Elles ont	They have

Être	
Je suis	I am
Tu es	You are
Il/Elle/On est	He/She/One is
Nous sommes	We are
Vous êtes	You are
Ils/Elles sont	They are

Aller	
Je vais	I go
Tu vas	You go
Il/Elle/On va	He/She/One goes
Nous allons	We go
Vous allez	You go
Ils/Elles vont	They go

Remember! To make a sentence negative, put ne in front of the verb and pas after the verb, e.g. Je **ne** joue **pas** au tennis (I do not play tennis).

3 Travaille avec un(e) partenaire; réponds à ces questions en utilisant le présent.

Exemple: Où habites-tu? J'habite à Crawley.

1 Tu quittes la maison à quelle heure le matin?
2 Qu'est-ce que tu aimes, comme sport?
3 Qu'est-ce que tu manges d'habitude le matin?
4 Tu écoutes quelle sorte de musique?
5 Tu finis le collège à quelle heure?

4 Choisis un(e) ami(e) ou une personne de ta famille et réponds à ces questions.

Exemple: Qu'est-ce qu'il/elle adore? Il/Elle adore les films.

1 Qu'est-ce qu'il/elle aime comme sports?
2 Qu'est-ce qu'il/elle mange le matin?
3 Qu'est-ce qu'il/elle regarde comme films?
4 Qu'est-ce qu'il/elle écoute à la radio?
5 Qu'est-ce qu'il/elle déteste?

C'est la rentrée!

1 Le retour à l'école

☑ The French education system
☑ Going back to school

1 📖 Lis le texte sur le système éducatif français. Trouve le français pour:

1 primary education
2 nursery school
3 non-compulsory
4 compulsory
5 secondary education
6 secondary school
7 sixth form
8 general education
9 vocational education
10 the final year

❗ QUESTIONS CULTURE

- List three differences between the French education system and that of your country.
- What are the advantages and the disadvantages of the two systems?
- Which system do you prefer? Why?

Le système éducatif français

18 ans
Bac général ou techno ◄ Lycée général et technologique | Lycée professionnel ► Bac pro / BEP / CAP
15 ans
Brevet ◄ Collège
11 ans
◄ Examens
Enseignement secondaire
École élémentaire
6 ans
Enseignement primaire
École maternelle
2 ans

Le système éducatif français

En France, l'enseignement primaire commence à l'école maternelle, pour les enfants de 2 à 6 ans. Mais l'école maternelle est facultative. L'enseignement est obligatoire pour tous les enfants à partir de 6 ans. Puis c'est l'école élémentaire, jusqu'à l'âge de 11 ans.

L'enseignement secondaire est pour les enfants de 11 à 18 ans. Les élèves vont d'abord au collège. Ils passent quatre années au collège, de l'âge de 11 ans à 15 ans (classes de sixième, cinquième, quatrième et troisième). À la fin des quatre ans, ils passent un examen qui s'appelle le brevet. Puis ils vont au lycée. Le lycée est pour les étudiants de 15 à 18 ans (classes de seconde, première et terminale). Les élèves peuvent choisir entre formation générale, formation technologique et formation professionnelle.

La majorité des étudiants vont au lycée d'enseignement général et technologique. Ils étudient beaucoup de matières et à la fin de la terminale, ils passent un examen qui s'appelle le baccalauréat. Au lycée professionnel, les étudiants peuvent préparer des diplômes à trois niveaux différents. Le niveau supérieur est un baccalauréat professionnel.

à partir de	(starting) from
l'école élémentaire	second cycle of primary school

2 📖 Relis le texte et décide si chaque phrase est vraie ou fausse.

1 Primary school education is between the ages of 2 and 5.
2 All children have to go to nursery school.
3 Education is compulsory from the age of 11.
4 Children spend 4 years at the *collège*.
5 Pupils take an exam at the end of their time at the *collège*.
6 The *lycée* is for children between the ages of 15 and 18.
7 The last year of the *lycée* is called *terminale*.
8 At the *lycée*, students can take one of three paths.
9 Most 11–18 students go to a *lycée professionnel*.
10 The *baccalauréat* is the same type of exam as A-levels in England.

3 🎧 Écoute ce que disent Fabien, Sonia et Benoît. Complète les phrases avec un mot de l'encadré.

sixième	l'université	11 ans	le brevet
dernière	le bac	importante	17 ans
frère	terminale	14 ans	frère

1 Fabien a ....
2 C'est sa .... année au collège.
3 Il va passer ....
4 Sonia a ....
5 Sonia est en ....
6 Elle va au même collège que son ....
7 Benoît a ....
8 Benoît est le .... aîné de Sonia et Fabien.
9 Il est en .... au lycée.
10 C'est une année très ....
11 Il va passer .... en juin.
12 Il espère aller à ....

4 💬 Pose ces questions à ton/ta partenaire.

1 Comment s'appelle ton collège?
2 Tu es en quelle année?
3 Est-ce que tu dois passer des examens cette année? Quand?
4 C'est une année importante ou difficile pour toi? Pourquoi?

5 📖 Regarde la page d'accueil du collège de Fabien et Sonia, puis réponds aux questions en français.

1 Ces personnes doivent être à l'école à quelle date?
   a Sonia. (Elle est en sixième.)
   b Fabien. (Il est en troisième.)
   c Madame Dubon, la secrétaire.
   d La mère de Sonia.
2 Sonia va finir à quelle heure son premier jour?
3 Les cours commencent à quelle date?

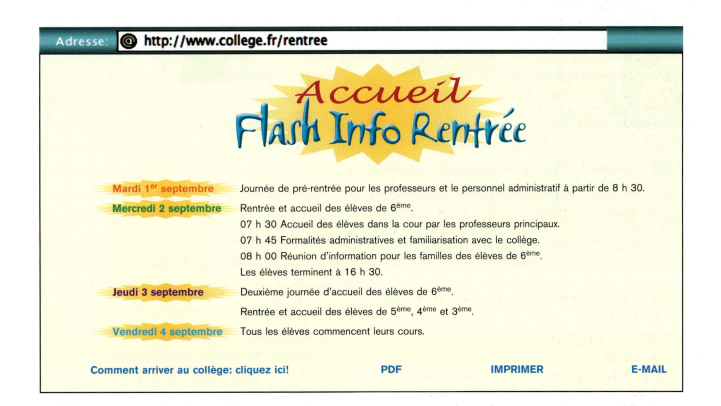

Adresse: @ http://www.college.fr/rentree

Accueil
Flash Info Rentrée

Mardi 1er septembre Journée de pré-rentrée pour les professeurs et le personnel administratif à partir de 8 h 30.

Mercredi 2 septembre Rentrée et accueil des élèves de 6ème.
07 h 30 Accueil des élèves dans la cour par les professeurs principaux.
07 h 45 Formalités administratives et familiarisation avec le collège.
08 h 00 Réunion d'information pour les familles des élèves de 6ème.
Les élèves terminent à 16 h 30.

Jeudi 3 septembre Deuxième journée d'accueil des élèves de 6ème.
Rentrée et accueil des élèves de 5ème, 4ème et 3ème.

Vendredi 4 septembre Tous les élèves commencent leurs cours.

Comment arriver au collège: cliquez ici!   **PDF**   **IMPRIMER**   **E-MAIL**

2 Les matières

1 📖 Ces jeunes donnent leur opinion des matières qu'ils font. Fais une liste de toutes les expressions d'opinion.

Exemple: *J'aime surtout...; c'est difficile.*

> J'aime surtout l'histoire parce que c'est passionnant. Mais ma matière préférée, c'est le français, parce que j'adore lire et écrire et on étudie la littérature. J'aime assez les SVT, c'est pas mal, mais je n'aime pas la physique; à mon avis, c'est difficile.

Faly

> Je préfère les langues; je pense que c'est très utile. Je suis en 3ème Euro *, c'est vraiment bien parce que j'ai 5 heures d'espagnol et 3 heures d'anglais par semaine. Par contre, je déteste la technologie, je ne sais rien faire, je suis nul.

Fabien

> Je n'aime pas du tout l'histoire-géo, c'est ennuyeux, et j'ai horreur de la musique et de l'éducation civique, c'est complètement nul! Moi, je suis bonne en dessin. J'adore dessiner.

Gabi

> Alors moi, j'aime toutes les matières, sauf les sciences parce que je ne comprends pas. J'ai un nouveau prof depuis septembre, il n'est pas très bon. Je n'aime pas l'éducation civique, c'est vraiment pénible et le travail est difficile.

Brieuc

> Je déteste l'EPS parce que c'est fatigant. Je suis nul en français, c'est trop dur! J'aime beaucoup les maths et l'informatique. Je suis fort en maths, et j'étudie l'informatique depuis la 6ème. C'est génial parce qu'on utilise beaucoup internet.

André

> * 3ème Euro: les élèves des classes "européennes" ont plus de cours de langues et d'activités linguistiques: échanges, visites, etc.

2 ✏️ Écris entre 80 et 90 mots en français sur les matières que tu fais et donne ton opinion. Si tu veux, tu peux utiliser ces phrases: *Ce que j'aime le plus/le moins, c'est...* (What I like the most/the least is...); *J'ai choisi...* (I have chosen...); *J'ai laissé tomber...* (I dropped...).

3 🎧 Écoute ces collégiens qui parlent du collège; note en français ce qu'ils préfèrent, ce qu'ils n'aiment pas et pourquoi.

4 👁️ Réponds à ces questions.
Depuis combien de temps...
a habites-tu dans ta ville?
b étudies-tu le français?
c vas-tu à ton collège?

Point grammaire

Using *depuis*

● *J'étudie l'informatique **depuis** la 6ème.*
I have studied ICT since Year 7.

● *J'ai un nouveau prof **depuis** mai.*
I have had a new teacher since May.

Use *depuis* to say that something has been happening since a specific date or event.

Note that the French verb is in the *present* tense (whereas the English verb is in the perfect). Can you think why?

5 📖 Regarde l'emploi du temps de Fabien et réponds aux questions en anglais.

1 Explain in your own words what *éducation civique* lessons are about.
2 What seems to be the main purpose of the *vie de classe* lessons?
3 Do you do anything similar at your school?

6 📖 On questionne Fabien sur son emploi du temps. Trouve les réponses.

1 Tu as un bon emploi du temps?
2 Tu étudies combien de matières?
3 Est-ce que tu peux décrire une journée typique?
4 Est-ce que tu manges à la cantine?
5 Tu dois faire beaucoup de devoirs?
6 Tu préfères quelle journée? Pourquoi?
7 Tu as cours tous les jours?

	LUNDI	MARDI
7 h 55–8 h 55	anglais	vie de classe
8 h 55–9 h 50	étude	physique-chimie
9 h 50–10 h 00	RÉCRÉATION	RÉCRÉATION
10 h 00–10 h 55	SVT	EPS
10 h 55–11 h 55	education civique	maths
11 h 55–13 h 45	DÉJEUNER	DÉJEUNER
13 h 45–14 h 45	espagnol	
14 h 45–15 h 45	histoire-géo	
15 h 45–15 h 55	RÉCRÉATION	
15 h 55–16 h 45	technologie	

Programme de la classe de 3ème: le citoyen, la République, la démocratie

● les institutions françaises et l'Union européenne
● la place des femmes dans la vie sociale et politique
● la solidarité et la coopération internationale
● l'opinion publique et les médias

Dix heures par an. Objectif: dialogue élèves–professeurs

● parler de la vie au collège
● dialoguer sur le règlement du collège
● discuter des problèmes au collège
● prévenir les problèmes de comportement

a Je fais 14 matières différentes.
b Je n'aime pas les devoirs.
c Les cours commencent à 7 h 55 et finissent à 16 h 45 l'après-midi. Il y a sept cours par jour, avec une récréation le matin et une autre l'après-midi. Nous avons 1 heure et 50 minutes pour le déjeuner.
d J'ai un emploi du temps très chargé.
e Oui, je mange chez moi.
f Oui. Les repas sont assez bons.
g Je fais 2 heures de devoirs tous les soirs.
h J'ai cours tous les jours, sauf le samedi.
i Le mercredi, parce que je suis libre l'après-midi.

un(e) citoyen(ne)	citizen
le comportement	behaviour
prévenir	to prevent
le règlement	school rules

le CDI (centre de documentation et d'information)	library, resources centre
l'EPS (f)	sports, PE
étude (f)	free/study lesson
les SVT (sciences (f) de la vie et de la terre)	biology

Point grammaire

Asking questions

1 Just raise your voice at the end of the sentence.

Example: *Tu as une récréation?*

2 Start your question with *est-ce que*.

Example: *Est-ce que tu as une récréation?*

3 Invert the subject and verb (more formal).

Example: *As-tu une récréation?*

7 🎧 Fabien parle avec son copain Yoan. Complète les phrases en anglais.

1 Yoan's least favourite day of the week is Thursday, because…
2 He is not keen on technology because…
3 On a Friday morning, he has…
4 His favourite time of the day is…
5 One of his Friday afternoon lessons is particularly useful because…

8 💬 Pose les questions 1 à 7 de l'exercice 6 à un(e) partenaire. Change la formulation.

Exemples: **Q1** *Est-ce que tu as un bon emploi du temps?*
Q3 *Peux-tu décrire une journée typique?*

3 On parle des professeurs

✔ Teachers
✔ People's character and personality
✔ Agreement and position of adjectives

1 🎧 Le soir de la rentrée, Fabien questionne sa petite sœur Sonia. Identifie les professeurs: M. Franville, Mme Thibaud, M. Durand et Melle Gautier.

❗ POINT LANGUE

Il/Elle est	assez/très/plutôt	grand(e)/petit(e) et gros(se)/mince de taille moyenne		
Il/Elle a	les cheveux	blancs/blonds/bruns/gris/ noirs/roux/châtains	courts longs et mi-longs	bouclés/frisés ondulés raides
Il/Elle est	chauve			
Il/Elle a	les yeux	bleus/gris/noirs/verts/marron/clairs/foncés		
Il/Elle a	des taches de rousseur			
Il/a Il/Elle porte	une barbe/une moustache des lunettes/des verres de contact			
Je suis...J'ai...Je porte...				

2 ✏️ Écris les adjectifs de l'encadré A et choisis un adjectif qui a le sens contraire dans l'encadré B.

A
amusant
travailleur
patient
sympa
généreux
agréable
enthousiaste
intelligent
positif

B
peu enthousiaste
méchant
impatient
désagréable
barbant
négatif
idiot
sévère
paresseux

3 📖 Lis les deux réponses à la question "Qui est ton prof préféré?"

C'est Monsieur Dubois. Il est amusant, compréhensif, travailleur, généreux et agréable, mais il peut être sérieux.

C'est Madame Duval. Elle est amusante, compréhensive, travailleuse, généreuse et agréable, mais elle peut être sérieuse.

Why are the adjectives (except *agréable*) spelt differently in the second reply? Try to remember before looking at the Point Grammaire.

Point grammaire

Adjective endings

French adjectives agree in gender (masculine or feminine) and in number (singular or plural) with the noun or the pronoun to which they refer. Add 'e' to make the adjective feminine, add 's' to make it plural.

Examples: • *un professeur amusant, une histoire amusant**e***
• *des professeurs amusant**s**, des histoires amusant**es***

However, a number of adjectives form their feminine and/ or plural forms differently.

Examples: • *nouveau/nouvelle, nouveaux/nouvelles*
• *gentil/gentille, gentils/gentilles*
• *paresseux/paresseuse, paresseux/ paresseuses*
• *positif/positive, positifs/positives*
• *cher/chère, chers/chères*
• *indien/indienne, indiens/indiennes*
• *gros/grosse, gros/grosses*

Can you explain the rules?

NB Adjectives ending in an 'e' do not change in the feminine, e.g. *agréable* is both masculine and feminine.

Point grammaire

Position of adjectives

In French, adjectives usually **follow** the noun.

Examples: un cours intéressant, une matière utile, des professeurs sympathiques

However, a limited number of adjectives are placed **before** the noun: *grand, petit, nouveau, vieux, haut, bon, mauvais, beau, joli, jeune.*

Examples: un petit homme, un grand collège, les nouveaux élèves

! INFO PRONONCIATION

Adjective endings

1 Adding an 's' to make an adjective plural does not alter its pronunciation.

Example: In *un petit livre* and *des petit**s** bonbons, petit* and *petit**s*** sound the same (the 's' here is silent).

2 Adding an 'e' to make an adjective feminine **can** alter its pronunciation. If the adjective ends with a consonant in the masculine singular, adding an 'e' makes you sound that consonant.

Examples: In *intéressant* and *intéressant**s***, the 't' is silent, but in *intéressan**te*** and *intéressan**tes***, it is sounded.

If the adjective ends with a vowel in the masculine singular, neither the 'e' that makes it feminine nor the 's' that makes it plural alter its pronunciation.

Examples: *joli, jolie, jolis* and *jolies* all sound the same.

1 **Listen, then repeat the recorded examples.**
   a un cours amusant, une leçon amusan**te**
   b ils sont blonds, elles sont blon**d**es
   c un livre bleu, des gommes bleues

2 **Say the following out loud, then check your pronunciation with the recording.**
   a un garçon intelligent, une fille intelligen**te**
   b le collège est très grand, les salles de classe sont très grandes
   c ils sont forts en maths, elles sont fortes en maths
   d ma matière préférée, mes cours préférés

4 🎧 Écoute encore Fabien et Sonia. Choisis deux numéros pour chaque professeur.

1	sympa	**6**	amusant(e)
2	sévère	**7**	patient(e)
3	gentil(le)	**8**	bon(ne) prof
4	agréable	**9**	désagréable
5	populaire	**10**	enthousiaste

5 📖 Lis cet article.

Le prof idéal selon les élèves

Le prof idéal a un bon contact avec ses élèves. Il est sympathique et il est compétent. Il aime enseigner, et il se passionne pour la matière qu'il enseigne. Il donne des cours intéressants. Quand il parle, il explique bien. Naturellement, un cours idéal, c'est un cours sans problème de discipline et où le prof ne perd pas contrôle et ne crie pas; il est juste et compréhensif.

Les cours du "bon" prof sont vivants: il encourage beaucoup les élèves. Les élèves aiment sa matière à cause de son approche et de sa personnalité (sens de l'humour, charisme, voix). Pour les élèves, il est important de savoir que le professeur est prêt à les aider. Il les écoute, mais il sait aussi être ferme quand c'est nécessaire. Le prof idéal respecte ses élèves, qui le respectent à leur tour et... il ne donne pas trop de devoirs!

Corrige les phrases fausses.

1 Le/La bon(ne) prof a un mauvais rapport avec ses élèves.
2 Il/Elle est gentil(le).
3 Il/Elle est peu enthousiaste pour sa matière.
4 Il y a des problèmes de discipline dans les cours du prof idéal.
5 Il/Elle traite tous les étudiants d'une manière juste.
6 Les cours du bon prof sont animés.
7 Un(e) bon(ne) prof est amusant(e).
8 Il/Elle est peu serviable.
9 Il y a une ambiance de respect dans sa salle de classe.
10 Il/Elle donne peu de devoirs.

6 🎧 Écoute les descriptions de Mme Varaux, Mme Ducas, M. Fournier et Melle Giraux. Donne au moins deux détails sur chaque prof en français.

7 🖍 Écris deux paragraphes pour décrire deux profs de ton collège. Mentionne leur look et leur personnalité, et dis s'ils/elles sont bon(ne)s profs ou non et pourquoi.

4 La routine scolaire

✔ Your school routine
✔ Your school
✔ Reflexive verbs in the present tense
✔ Question words

1 📖 La journée typique d'un collégien. Regarde les dessins et trouve l'ordre correct des phrases.

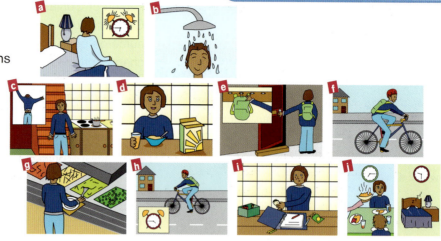

1 Je me réveille à sept heures moins le quart et je me lève tout de suite.
2 Je dîne vers sept heures et quart, et je me couche à neuf heures et demie.
3 Je rentre chez moi à cinq heures moins le quart.
4 Je prends mon sac et je quitte la maison vers sept heures et demie.
5 À midi, je mange à la cantine du collège.
6 Je prends mon petit déjeuner.
7 Je vais à la salle de bains et je me douche.
8 Je m'habille, puis je descends à la cuisine.
9 Je vais au collège à vélo, ce n'est pas très loin.
10 Je goûte et je fais mes devoirs.

2 🎧 Écoute Gaëlle, Nadia, Myriam, Sébastien, Damien et Yannick.
Comment est-ce qu'ils vont au collège? Ils mettent combien de temps?

Exemple: Gaëlle — 20 minutes en voiture.

3 🎧 Écoute encore et note un détail supplémentaire en français pour chaque personne.

Exemple: Gaëlle — va au collège avec sa copine.

4 💬 Décris ta routine. Utilise des phrases de l'exercice 1 et ces expressions: d'habitude (*usually*), normalement (*normally*), d'abord (*first*), après (*after(wards)*), puis (*then*), ensuite (*next*).

Point grammaire

Reflexive verbs in the present tense

Example: **se réveiller** (to wake up)

Je me réveille	Nous nous réveillons
Tu te réveilles	Vous vous réveillez
Il/Elle/On se réveille	Ils/Elles se réveillent

Remember! Reflexive verbs are listed in the dictionary with the reflexive pronoun *se* placed before the infinitive, e.g. *se laver* (to get washed). The reflexive pronoun changes according to the person who is doing the action. Remember also that the negative *ne…pas* fits around the verb and the personal pronoun: *Tu ne te laves pas.*

5 🎧 Écoute Gabi. Elle parle de sa routine. Choisis la réponse correcte.

1 Gabi se lève à…
   a 6 h **b** 6 h30 **c** 7 h
2 Gabi prend son petit déjeuner…
   a avec sa mère **b** avec sa mère et sa sœur **c** toute seule
3 Gabi va au collège…
   a à pied **b** en voiture **c** en autobus
4 La mère de Gabi travaille…
   a au collège **b** à la maison **c** en ville
5 Gabi ne va pas au collège…
   a le samedi **b** le mercredi **c** le lundi
6 Les jours d'école, Gabi déjeune…
   a à la cantine **b** chez elle **c** chez sa grand-mère
7 Le samedi soir, Gabi…
   a ne travaille pas **b** fait ses devoirs **c** aide sa mère
8 Quand elle va à l'école, Gabi se couche vers…
   a 21 h **b** 20 h 30 **c** 21 h 30

6 Voilà les questions qu'on a posées à Gabi. Choisis le(s) mot(s) correct(s) pour compléter les questions.

Exemple: **1** *à quelle heure*

comment	combien de temps
pourquoi	quand
à quelle heure	combien
qu'est-ce que	qui
est-ce que	où

1 .... est-ce que tu te lèves, un jour de collège?
2 .... est-ce que tu vas au collège? À pied?
3 Tu mets .... pour arriver au collège, le matin?
4 .... s'occupe de ta sœur quand ta maman travaille?
5 Tu as .... de cours par jour?
6 .... est-ce que tu manges, à midi? Tu rentres chez toi?
7 Et .... tu fais, le mercredi?
8 .... est-ce que tu aimes aller chez ta grand-mère?
9 .... est-ce que tu fais tes devoirs, le soir?
10 .... tu vas au lit tard, un jour de collège?

7a Interroge ton/ta partenaire avec les questions de l'exercice 6. Modifie les questions si nécessaire.

b Maintenant, ajoute des questions!

8 Faly et Fabien parlent de leurs écoles. Qui dit chaque phrase? Écoute les descriptions et écris les numéros corrects pour chaque personne.

1 Le lycée est situé près du centre-ville.
2 Nous avons beaucoup d'espace pour les terrains de sport.
3 Les salles de classe sont agréables et assez bien équipées.
4 Depuis 2 ans, on a un nouveau gymnase très moderne.
5 Il y a 75 professeurs.
6 Il y a environ 1 400 élèves.
7 On n'a pas assez d'ordinateurs.
8 Il y a plusieurs bâtiments d'un ou deux étages.
9 Il y a un restaurant scolaire pour les demi-pensionnaires.
10 Nous avons une salle d'informatique depuis 5 ans.

9 Tu as 5 minutes pour décrire ton collège. Écris le maximum de phrases.

Exemple: Mon collège s'appelle Forest School. C'est un grand collège mixte pour les élèves de 11 à 16 ans.

Maintenant compare et complète ta liste avec la liste de ton/ta partenaire.

5 Le collège, qu'est-ce que tu en penses?

✔ Your opinion about your school and school rules
✔ Your opinion about uniforms
✔ School clubs
✔ The immediate future

1 📖 Le règlement du collège. Lis les e-mails et décide si les avis sont positifs, négatifs ou les deux.

> Ça va. Mon collège est tout neuf et il est bien équipé; il y a des tableaux blancs interactifs dans toutes les salles. Mais le principal est trop strict.

> À mon avis, nous avons trop de devoirs, les repas sont horribles, il n'y a pas de clubs, les profs sont pénibles, mais j'ai beaucoup de copains et nous avons souvent des excursions.

> Le règlement est stupide. On n'a pas le droit de porter des bijoux et du maquillage, et il est interdit de fumer en classe.

> La discipline est mauvaise; les étudiants crient et d'habitude les profs perdent le contrôle; ils se fâchent tout le temps. Il est interdit d'utiliser le portable en classe, et les casquettes et les bandanas sont interdits.

> Il y a des choses que j'aime et des choses que je n'aime pas! Par exemple, l'ambiance est bonne, les profs sont sympas, mais les bâtiments sont vieux et tout est triste. Il est défendu de porter des signes religieux.

! POINT LANGUE

Il est défendu/interdit de/d'	It is forbidden to
On (ne) peut (pas)	One/You/We can(not)
On (ne) doit (pas)	One/You/We must (not)
Il faut	You/We must
On n'a pas le droit de	We do not have the right to
On devrait	We should
On pourrait	We could

2 ✏ Utilise les phrases de "Point langue" pour expliquer le règlement de ton collège et ce que tu aimerais changer.

3 ✏ Avec un(e) partenaire, réinventez le règlement du collège! Écrivez deux listes.
Dites ce qui est interdit et ce qu'on peut faire.

Exemples: • *Il est interdit d'écouter les professeurs.*
• *On peut jouer aux jeux vidéo pendant les cours.*

4 🎧 Écoute Quilian, Marie, Annick, Léo et Anne. Qu'est-ce qu'ils pensent de leurs collèges? Choisis deux numéros pour chaque personne.

1 Il y a des choses que j'aime et des choses que je n'aime pas.
2 Mon collège est tout neuf.
3 J'ai trop de devoirs.
4 L'ambiance est bonne.
5 Les repas de la cantine sont horribles.
6 Il n'y a pas de clubs pendant la pause déjeuner.
7 Le principal est trop strict.
8 Les profs sont pénibles.
9 Le collège est agréable.
10 C'est vieux et c'est triste.

5 📖 Lis le texte sur les uniformes et réponds aux questions en anglais.

L'uniforme scolaire

Selon un sondage récent, la plupart des élèves ne sont pas contents de porter un uniforme.

Traditionnellement, les uniformes scolaires sont assez sobres. Par exemple, les uniformes se composent souvent d'un pantalon noir pour les garçons avec une chemise blanche, une cravate et une veste. Pour les filles, il y a souvent une jupe noire et un chemisier blanc avec le logo dessus.

Selon les élèves, les uniformes ne changent pas au rythme de la mode; faisons donc appel aux couturiers!

1 What is the general feeling of students towards their uniform?
2 Describe the school uniforms mentioned in the text.
3 What solution is proposed at the end?

6 🎧 Écoute ce qu'on dit au sujet de l'uniforme. Note si la personne est contente ou pas et pourquoi; choisis les avis donnés dans l'encadré pour chaque personne.

a C'est stupide.
b C'est ridicule.
c On n'a pas d'identité personnelle.
d C'est chic.
e C'est barbant.
f On peut identifier le personnel.
g On ne doit pas penser aux vêtements le matin.
h C'est une bonne idée.
i Ce n'est pas bon pour la discipline.
j C'est pratique.
k Ça fait bonne impression.
l C'est facile.

7 🖍️ 💬 Écris un paragraphe sur ton uniforme scolaire et donne ton opinion sur ton uniforme. Dis aussi si tu es d'accord avec le port d'un uniforme ou non. Qu'est-ce que tu aimerais porter? Pourquoi? Lis ton paragraphe à un(e) partenaire.

8 📖 Qu'est-ce qu'on peut faire au collège, en dehors des cours? Lis le texte.

Quand ils n'ont pas cours, les élèves du collège de Montgaillard, à Saint-Denis de La Réunion, peuvent participer à de nombreuses activités. Si on aime le sport, on peut pratiquer des sports individuels comme l'escalade ou la nage avec palmes, et des sports d'équipe, comme le football et le basket. Tous ces clubs se réunissent une fois par semaine et ils sont très populaires. Si on aime la musique, il y a un nouveau club DJ et mixage, un club hip hop et une chorale. Il y a aussi la possibilité de faire des activités plus calmes: on peut jouer aux échecs, faire de la poterie, de la photo, ou encore aller au club internet et écrire des articles pour le site du collège. Cette année, les membres du club d'échecs vont recevoir la visite d'un grand joueur professionnel, et le club de hip hop va organiser un concert à la fin du trimestre!

Corrige les phrases.

Exemple: *Le collège Montgaillard se trouve à Paris, en France.*
Le collège Montgaillard se trouve à Saint-Denis à la Réunion.

1 On peut pratiquer les sports d'hiver.
2 Si vous aimez la musique, il y a un orchestre.
3 Les activités calmes sont le dessin et la poterie.

4 Un DJ professionel va visiter le collège.
5 On va organiser une disco.

Point grammaire

The immediate future

The immediate future is formed by using the verb construction *aller* + infinitive (to be going to + verb).

Example: *Le club va organiser un concert.*
The club is going to organise a concert.

Remember that *aller* remains in the present tense – it is the whole construction that conveys the future.

To use the immediate future in the negative, simply place *ne…pas* around *aller*.

Example: *Je ne vais pas jouer au rugby.*
I am not going to play rugby.

Remember to pronounce the verb endings correctly. The present tense verb endings in '-e', '-es' or '-ent', for example, *je mange, tu manges, il mange* and *ils mangent*, are silent, but the '-er' ending of the infinitive, e.g. *je vais manger, tu vas manger* etc., is sounded.

9 🎧 C'est une année importante pour Fabien, Faly, Brieuc, Gabi et André. Écoute et choisis les deux résolutions de chaque personne.

Exemple: Fabien — 2, 7.

1 Écouter en classe.
2 Passer une semaine en Angleterre.
3 Sortir seulement le week-end.
4 Faire *tous* les devoirs.
5 Répondre en classe.
6 Travailler très dur.
7 Recevoir de meilleures notes en technologie.
8 Se coucher plus tôt.
9 Étudier les leçons d'histoire.
10 Préparer les affaires de gym à l'avance.

10 🖍️ Qu'est-ce que tu vas faire cette année? Écris une liste de résolutions et garde-la pour l'année prochaine. Voici des idées.

faire un effort en (maths)	faire mes devoirs
essayer d'améliorer mes notes de (français)	répondre en classe
travailler plus dur en (anglais)	faire des progrès en (sciences)
	me coucher plus tôt

6 La vie au collège, c'est comment?

✔ **Reasons for choosing a school**
✔ **Different types of school**
✔ **The role of the class representative**
✔ *Depuis* and *ça fait…que…*

1a Lis les réponses à la question "Pourquoi vas-tu à cette école?" Classe les raisons dans l'ordre, du plus important au moins important, selon toi.

1 Je veux être avec tous mes copains.
2 C'est un collège avec une bonne réputation.
3 On dit que les résultats sont bons.
4 On a un car de ramassage.
5 Les installations sportives sont bonnes.
6 On n'a pas le choix: c'est le seul collège de la ville.
7 Mes parents travaillent à l'étranger, donc je suis obligé d'être pensionnaire.
8 Il n'y a pas de problèmes de discipline.
9 L'uniforme est très chic.
10 On fait beaucoup d'excursions.

b Compare ta liste à la liste de ton/ta partenaire. Vous êtes d'accord? Est-ce qu'il y a d'autres motifs dans le choix d'une école?

2 Manu, Thierry et Philippe parlent de leur école. Lis ces phrases. C'est quelle personne?

1 Il va dans une école privée.
2 Son école est très compétitive.
3 Il se spécialise en électronique.
4 Il est pensionnaire.
5 Son école est mixte.
6 Il prend le car de ramassage.
7 Il va dans cette école avec ses copains.
8 Il va au lycée en métro.
9 Il n'est pas facile d'entrer dans cette école.
10 On peut faire du sport.

3 Nadia écrit cet article pour le magazine de son collège pendant un échange scolaire. Lis l'article et choisis les deux phrases qui expriment le sens du texte.

1 Nadia et Emily vont à des écoles mixtes.
2 L'école d'Emily est moderne.
3 Les installations sportives sont bonnes dans l'école de Nadia.
4 Il y a beaucoup de bruit dans l'école d'Emily.
5 Selon les parents d'Emily, c'est un avantage d'aller dans une école de filles.
6 Nadia préfère porter ses propres vêtements.
7 En France, on étudie la religion.

Je passe une semaine très intéressante chez ma correspondante anglaise, Emily. Je suis là depuis 3 jours et sa vie scolaire est très différente. Elle va dans une école privée pour filles; moi, je vais dans une école publique mixte. Son école est très ancienne, mais les installations sportives sont très modernes; chez nous, il y a peu d'installations sportives. L'ambiance est différente: c'est très formel et très calme.

Emily dit que ses parents l'envoient à cette école parce qu'ils pensent que les filles ont de meilleurs résultats et qu'elles se concentrent sur leur travail sans les garçons. Il y a seulement 20 filles dans la classe.

Mais moi, je trouve que c'est bizarre de séparer les garçons et les filles: on n'est pas séparés dans la vie. De plus, je n'aime pas son uniforme, je suis plus à l'aise dans mon jean. Enfin, je n'aime pas beaucoup les assemblées, et dans les écoles en France on n'étudie pas la religion.

4 Es-tu d'accord avec Nadia? Qu'est-ce que tu penses d'une école:

• où il y a seulement des filles (ou seulement des garçons)?
• où les étudiants peuvent aller en cours en jean?
• où il y a moins d'élèves par classe?
• où il n'y a pas d'assemblées?
Justifie tes réponses.

! QUESTIONS CULTURE

French state schools are *laïque*, i.e. they deliver no religious education. Students are required not to show any signs of their religious beliefs, such as wearing specific items of clothing, crosses etc. Can you think of any advantages/disadvantages to this situation?

The school week is arranged in a way that allows students time for religious education outside school. Do you know when this takes place?

Point grammaire

Using *depuis* and *ça fait...que...*

To say how long you have been doing something, use *depuis* or *ça fait...que*.

Examples: Je vais à ce collège **depuis** 2 ans *or*
Ça fait 2 ans **que** je vais à ce collège.
I have been going to this school for 2 years.

Complete the sentences:
- *Je vais à ce collège depuis ....*
- *Ça fait .... que j'étudie le français.*

5 📖 Faly parle de son école. Décide si chaque phrase est vraie ou fausse.

L'école de Faly

Au Sénégal, tout le monde ne va pas à l'école. D'abord, il n'y a pas assez d'écoles, surtout dans les régions rurales. Quelquefois, il faut marcher plusieurs kilomètres. Moi, j'ai de la chance parce que j'ai appris à lire et écrire dans une école primaire et maintenant, je vais au lycée. On habite dans une ville où il y a des écoles, donc la scolarisation est possible, et mes parents pensent que si on reçoit une bonne éducation, on va trouver un bon travail plus tard. Ma sœur travaille dans une banque à Dakar. Beaucoup de jeunes ne font pas d'études secondaires. Ils voudraient bien apprendre mais ils sont obligés de quitter l'école très jeunes pour aider leurs familles, surtout les filles. C'est la tradition ici.

1 Au Sénégal, tout le monde reçoit une éducation.
2 Il y a des cars de ramassage.
3 Faly sait lire et écrire.
4 Faly habite dans un village.
5 Ses parents favorisent l'éducation des filles.
6 Beaucoup de jeunes ne reçoivent pas d'éducation après l'âge de 11 ans.

6 🎧 Écoute ces ados qui parlent de leur collège. Choisis un titre pour chaque extrait (tu n'as pas besoin de tous les titres).

Exemple: 1c, *L'éducation dans des circonstances difficiles*

| la guerre civile | civil war |
| une école provisoire | a makeshift school |

---

a L'éducation non-mixte
b L'éducation dans un pensionnat
c L'éducation dans des circonstances difficiles
d Les différences entre deux systèmes scolaires
e L'enseignement bénévole

❗ QUESTIONS CULTURE

In French schools, students are sometimes obliged to repeat an academic year, if their results are poor. This is known as *redoublement*.
- Do you think this is a good idea?
- Can you think of any disadvantages?

7 📖 Lis cet extrait sur le délégué de classe et réponds aux questions en anglais.

1 Explain the general role of the class representative.
2 Give five desirable qualities of a representative.
3 Give two examples of what the role entails.
4 What do the representatives do after the meeting?

Le délégué de classe

En septembre, les élèves du collège choisissent leurs délégués. Il y a souvent deux délégués par classe. Le délégué de classe a un rôle important: il représente tous les élèves en parlant pour la classe pendant les conseils de classe et il informe les profs des problèmes et des opinions de la classe. Il ne doit pas donner son opinion personnelle, mais il doit avoir le courage de parler aux profs. Il doit être sociable et honnête.

Pendant les conseils de classe, le délégué discute avec tous les profs et le directeur. Donc il faut avoir confiance en soi, il ne faut pas être timide.

Après le conseil de classe, le délégué rapporte des informations importantes à la classe. Il doit être discret et responsable.

Chaque élève peut voter et chaque élève peut être candidat. L'élection se déroule en secret avant la fin de la sixième semaine de l'année scolaire.

| un conseil de classe | termly meeting of all the teachers of a form |

🎧 Paper 1: listening

The questions below test your understanding of individual words and short statements that should be familiar to you.

Vous allez entendre Camille, une jeune Canadienne. Vous allez entendre chaque remarque de Camille deux fois.

Écoutez et cochez (✓) la case **A**, **B**, **C** ou **D** pour indiquer la bonne réponse.

1 D'abord, Camille parle de sa famille. Elle dit:

Combien de frères et sœurs a Camille?

A ☐   B ☐   C ☐   D ☐

[1]

2 Maintenant, Camille parle de son anniversaire. Elle explique:

Quelle est la date de son anniversaire?

A ☐ le 6 juillet

B ☐ le 10 juillet

C ☐ le 15 juillet

D ☐ le 16 juillet

[1]

Points to remember

● You hear each extract twice. Short pauses are built into the recordings, after each extract is played.

● Extracts contain mostly factual information on topics such as travel, times, weather, food, leisure.

---

3 Enfin, Camille parle de ses loisirs. Elle dit:

Où est le club de danse?

A ☐   B ☐   C ☐   D ☐

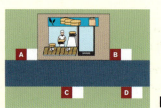

[1]

Tips for success

● Listen to the recording a first time. Try to identify the correct picture or phrase.

● Listen to the recording a second time. Check your initial answer and make *clear* alterations if necessary. Ensure that only one box is ticked.

● Use the pauses to write down your answers but also to look ahead to the next question.

In the following task you have to answer seven questions based on an extract of about 200 words. The language and the setting should feel familiar.

You have to show your understanding by selecting the correct answer from a choice of three or by giving a number or a brief answer in French.

Points to remember

● There is a gap in the recording before you hear the recorded extract for the first time.

● The extract contains mostly factual information and the questions follow the order of the extract.

Vous êtes en France, chez votre ami français Matthieu. Matthieu vous parle de son collège et de sa routine. Il fait une pause au milieu. Vous allez entendre Matthieu deux fois. Répondez en français ou cochez (✓) les bonnes cases.

Vous avez d'abord quelques secondes pour lire les questions.

Une journée scolaire

1 Distance maison–collège?
..... mètres.   [1]

2 Départ de la maison?
Huit heures .... le matin.   [1]

3 Comment Matthieu va-t-il au collège?
(cochez **1** case)   [1]

A   B   C
[1]

Au collège

4 Une matière étudiée: (cochez **1** case)

A   B   C
[1]

5 Pas possible en classe: (cochez **1** case)

A   B   C
[1]

Après le collège

6 Activité: (cochez **1** case)

 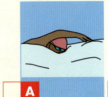  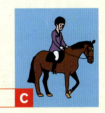

A   B   C
[1]

7 Copain: (cochez **1** case)

A   B   C
[1]
[Total: 7]

Tips for success

● Use the pictures to work out the meaning of more difficult rubrics (e.g. number 3).

● Try to predict what kind of information you will hear by looking at the pictures and the rubrics (e.g. in number 1 you are listening out for a number).

Vocabulaire

Les matières et l'emploi du temps   School subjects and timetable

Au collège, j'étudie...   At school, I study...

...le dessin/le français.   ...art/French.

...la biologie/la chimie/la géographie/la musique/la physique/la technologie.   ...biology/chemistry/geography/music/physics/technology.

...l'allemand (m)/l'anglais (m)/l'art (m) dramatique/l'éducation (f) civique/l'éducation physique/l'EPS (éducation physique et sportive)/l'éducation religieuse.   ...German/English/drama/civics (citizenship)/physical education (PE)/religious education (RE).

...l'espagnol (m)/l'histoire (f)/l'italien (m)/l'informatique (f).   ...Spanish/history/Italian/information and communication technology (ICT).

...les maths (f pl)/les SVT (sciences (f pl) de la vie et de la terre).   ...maths/biology.

Je fais 12/14 matières différentes.   I do 12/14 different subjects.

J'ai cours tous les jours, sauf le (mercredi).   I have lessons every day, except on (Wednesdays).

Les cours commencent à 8 h 00 le matin et finissent à 17 h 00 l'après-midi.   Lessons start at 8.00 in the morning and finish at 5.00 in the afternoon.

Je fais 2 heures de devoirs tous les soirs.   I do 2 hours of homework every evening.

J'ai trois cours de maths par semaine.   I have three maths lessons per week.

À la récréation, je vais à la bibliothèque/au CDI (centre de documentation et d'information).   During the break, I go to the library/resources centre.

J'ai une heure d'étude le lundi/une fois par semaine.   I have a study lesson on a Monday/once a week.

J'ai cours d'anglais...   I have English...

...de 8 h 00 à 9 h 00/le matin/l'après-midi/tous les jours.   ...from 8.00 to 9.00/in the morning/in the afternoon/every day.

J'étudie l'espagnol depuis 3 ans.   I have been studying Spanish for 3 years.

Ça fait 4 ans que j'étudie le français.   I have been studying French for 4 years.

Pour parler des matières   To talk about school subjects

Cette matière est facultative/obligatoire.   This subject is optional/compulsory.

À mon avis, c'est...   In my opinion, it is...

...difficile/dur/ennuyeux/inutile.   ...difficult/hard/boring/useless.

...fatigant/génial/nul/pas mal.   ...tiring/great/rubbish/not bad.

...passionnant/pénible/triste/utile.   ...fascinating/hard-going/dreary/useful.

Je suis nul(le)/bon(ne)/fort(e) en maths/dessin...   I am rubbish/good/really good at maths/art...

Ce que j'aime le plus/le moins, c'est...   What I like the most/the least is...

J'ai laissé tomber l'EPS/la chimie parce que...   I dropped PE/chemistry because...

Pour décrire le caractère   To describe someone's character

Je suis/Il est...   I am/He is...

...aimable/antipathique.   ...pleasant/unfriendly.

...casse-pieds.   annoying.

...curieux (-euse)/(dés)agréable/égoïste.   ...nosy, curious/(un)pleasant/selfish.

...fou (folle)/gentil(le)/impoli(e)/(mal)honnête.   ...mad/nice, kind/rude/(dis)honest.

...méchant(e)/paresseux (-euse).   ...nasty, naughty/lazy.

...sévère/sympathique/timide/travailleur (-euse).   ...strict/friendly/shy/hard-working.

Il/Elle est bon(ne) prof.   He/She is a good teacher.

Il/Elle enseigne bien.   He/She teaches well/is a good teacher.

Il/Elle a du charisme/le sens de l'humour.   He/She has charisma/a sense of humour.

Ses cours sont vivants/amusants/stimulants.   His/Her lessons are lively/fun/inspiring.

Il/Elle est compétent(e)/enthousiaste.   He/She is competent/enthusiastic.

Pour décrire le collège   To describe the school
Mon collège est situé près du centre-ville.   My school is located near the town centre.
Il y a environ 1000 élèves.   There are approximately 1,000 pupils.
C'est une école privée/publique/un pensionnat.   It is a private/state school/a boarding school.
C'est un collège mixte/de filles/de garçons.   It is a mixed/girls/boys school.
Le collège est neuf/assez récent/ancien.   The school is new/quite new/old.
Il y a plusieurs bâtiments de deux étages.   There are several two-storey buildings.
Nous avons beaucoup d'espace.   We have a lot of space.
Les salles de classe sont confortables.   The classrooms are comfortable.
Les terrains de sport sont bien équipés.   The sports grounds are well equipped.
Nous avons un gymnase/un studio d'art dramatique/une piscine couverte.   We have a gym/a drama studio/
 an indoor swimming pool.
Les laboratoires de sciences sont modernes.   The science labs are modern.
Il y a un restaurant scolaire pour les demi-pensionnaires.   There is a school canteen for day pupils.
La bibliothèque se trouve au premier étage.   The library is on the first floor.
Nous avons une grande cour de récréation.   We have a big playground.
Il y a une bonne ambiance.   There is a good atmosphere.

L'uniforme du collège   The school uniform
Au collège, je dois porter/mettre...   At school, I have to wear/put on...
  ...un uniforme bleu marine/un pantalon gris clair.   ...a navy-blue uniform/light-grey trousers.
  ...un pull vert uni.   ...a plain green jumper.
  ...un chemisier à manches longues.   ...a long-sleeved blouse.
  ...une chemise blanche à rayures noires.   ...a white shirt with black stripes.
  ...une cravate verte à rayures dorées.   ...a green tie with gold stripes.
  ...une jupe de couleur bordeaux.   ...a maroon-/burgundy-coloured skirt.
  ...une veste avec le logo de l'école.   ...a jacket/blazer with the school logo.
  ...des chaussures noires/marron foncé.   ...black/dark-brown shoes.
Mon uniforme (n') est (pas)...   My uniform is (not)...
  ...beau/chic/confortable.   ...nice/stylish/comfortable.
  ...élégant/horrible/pratique/sobre.   ...smart/horrible/practical/plain.
  ...démodé/à la mode.   ...unfashionable/fashionable.

Ma vie au collège   My life at school
Je suis pensionnaire/demi-pensionnaire/externe.   I am a boarder/day student/I go home at lunch time.
Je prends le car de ramassage.   I catch the school bus.
Je mets 10 minutes pour aller au collège.   It takes me 10 minutes to get to school.
Je suis délégué(e) de classe.   I am a class representative.
Je suis capitaine de l'équipe de rugby.   I am the captain of the rugby team.
Je suis membre du club d'informatique/d'échecs.   I am a member of the computer/chess club.
Je suis en troisième.   I am in Year 10.

Les activités extrascolaires   Extra-curricular activities
On peut faire...   You/We can do...
  ...des sports individuels, comme la natation.   ...individual sports, such as swimming.
  ...des sports d'équipe, comme le rugby.   ...team sports, such as rugby.
Si on aime la musique...   If you like music...
  ...il y a une chorale.   ...there is a choir.
  ...on peut jouer dans l'orchestre.   ...you can play in the orchestra.
Il y a un club d'échecs/un club photo.   There is a chess club/a photography club.
Le club d'art dramatique se réunit tous les lundis.   The drama club meets every Monday.
On peut participer à un échange scolaire/des excursions scolaires.   You/We can take part in a school exchange/
 school trips.

On se détend

✔ Weekend activities and routine
✔ Hobbies and interests
✔ *En* and present participle (1)
✔ Expressions with *faire*

1 Les loisirs

1 📖 André, Gabi, Fabien, Brieuc et Faly parlent de leur week-end. Lis les textes, puis réponds aux questions.

a Décide qui est: (i) sportif, (ii) musicien, (iii) un peu inactif, (iv) fana d'informatique, (v) passionné de lecture.

b À ton avis, qui passe un week-end reposant et qui passe un week-end barbant?

c Justifie tes réponses.

> Pour moi, le week-end, c'est la liberté: pas de collège, pas de devoirs! Le vendredi soir, après le dîner, je sors avec des copains. Le samedi et le dimanche, c'est pareil. Je me lève tard, je fais la grasse matinée et puis on va au cinéma, on fait du bowling ou on fait du vélo. À part ça, j'écris sur mon site personnel, je surfe sur le net ou je tweete. Je me couche assez tard.

André

> Je ne fais pas grand-chose. Le vendredi soir, je reste chez moi: je regarde la télé, j'écoute de la musique sur mon iPod ou j'envoie des textos à mes copines. Le samedi, on se réveille tard et je fais les courses avec ma mère — c'est d'un ennui! L'après-midi, je retrouve mes amis et nous regardons les vêtements dans les boutiques de mode. Le soir, je regarde la télé. Le dimanche, je m'occupe de ma sœur, je regarde les vêtements sur internet et je vais sur Facebook.

Gabi

> Pour moi, le week-end, c'est la détente! Et pour moi, ça veut dire, le sport. Je passe toute la semaine au collège, donc le week-end j'ai besoin de bouger. Je fais de la natation et je joue au foot. Je joue dans une équipe depuis 1 an. En été, je suis membre d'un club de tennis à Perpignan. Le week-end prochain, je vais faire une partie de tennis avec des copains.

Fabien

> Normalement, le dimanche, je vois mon père. J'aime passer du temps avec lui parce qu'on va au cinéma ou il m'achète des vêtements. Le samedi, je travaille dans un magasin où je gagne pas mal d'argent. La meilleure partie du week-end, c'est le samedi soir: je joue de la batterie! Je suis membre d'un groupe depuis 2 ans. Un jour, je vais être musicien professionnel!

Brieuc

> Le vendredi soir, je préfère lire, parce que je m'intéresse aux livres. Je me cache dans ma chambre parce qu'il y a toujours du bruit chez nous! Le samedi et le dimanche, si j'ai le temps, je vais chez des copines et nous organisons des jeux ou nous faisons de la musique en utilisant des bols! J'essaie de trouver du temps pour lire, mais ce n'est pas toujours facile.

Faly

2 Des amis de Fabien, Faly, Brieuc, Gabi et André parlent de leurs passe-temps. Remplis la grille en français.

	Aime	N'aime pas	Autres détails
Ahmed	le sport	la lecture	
Francine			
Julien			
Marie			
Paul			

3 Complète ces phrases avec un participe présent.

1 J'écoute la radio en ....
2 Je regarde la télé en ....
3 Je fais mes devoirs en ....
4 Je me repose en ....
5 Je range ma chambre en ....
6 Je surfe sur le net en ....
7 Je travaille en ....
8 Je parle à ma mère en ....
9 Je mange mon dîner en ....
10 Je me lave en ....

4a Choisis la fin de phrase correcte pour compléter la première partie de la phrase.

1 Comme passe-temps, j'aime…
2 L'informatique…
3 Ma passion,…
4 Je voudrais…
5 Ce que je n'aime…
6 Je vais faire une…
7 Quand j'ai du temps libre,…
8 J'aimerais savoir jouer…
9 J'écoute…
10 Je fais partie…

a partie de football.
b pas, c'est le sport.
c faire du sport.
d d'un instrument de musique.
e la radio.
f d'un club.
g me passionne énormément.
h je vais chez mes copains.
i c'est le shopping.
j apprendre à faire du ski.

b Avec un(e) partenaire, fais des phrases en utilisant la première partie de chaque phrase.

Exemple: Comme passe-temps, j'aime la musique.

5 Écris 80 à 90 mots sur tes passe-temps. Essaie d'utiliser la construction *en + participe présent*.

a Dis ce que tu aimes faire comme passe-temps et pourquoi.
b Dis ce que tu n'aimes pas faire et pourquoi.
c Que vas-tu faire le week-end prochain?

Point grammaire

En + present participle (1)

In exercise 2, Francine, Julien, Marie and Paul have used the construction *en + present participle (participe présent)*. This construction describes two actions being done by one person at the same time.

Example: Je regarde un film en faisant mes devoirs.
        I watch a film while doing my homework.

Look at these sentences. Can you work out their meaning in English?

1 *J'écoute la radio en prenant mon petit déjeuner.*
2 *Je joue sur l'ordinateur en écoutant de la musique.*
3 *J'écoute la radio en jouant sur l'ordinateur.*
4 *Je regarde beaucoup la télévision en jouant aux cartes.*

To form the present participle, take the *nous* form of the present tense of the verb, then remove '*-ons*' and add '*-ant*':
prenons → prenant; *regardons → regardant*;
écoutons → écoutant.

There are three irregular forms:
   avoir (to have) → *ayant*
   être (to be) → *étant*
   savoir (to know) → *sachant.*

! **POINT LANGUE**

Expressions with *faire*

The verb *faire* usually means 'to do' or 'to make'. However, it can translate as 'to go' in certain expressions, e.g. *faire du vélo* (to go cycling), *faire du cheval* (to go horse riding). Sometimes, it takes on a different meaning altogether, e.g. *faire une partie de…* (to have a game of…) or *faire partie de…* (to belong to…). A longer list of expressions with *faire* is given in the grammer section at the end of the book.

---

2 La lecture

1 📖 Faly parle de la lecture. Lis le texte. C'est vrai, faux ou pas mentionné?

1 Faly adore les romans policiers.
2 Faly déteste les romans de science-fiction.
3 Selon Faly, les romans policiers sont barbants.
4 Firmin Le Bourhis est sénégalais.
5 Dans ses romans, les crimes ont lieu en Bretagne.
6 En lisant ses romans, on connaît un peu la Bretagne.
7 Le Guilvinec est une grande ville.
8 *La Demoiselle du Guilvinec* est un roman très triste.

2 📖 Faly a écrit ce tweet: "Tu as un auteur préféré? Tu as un livre favori? Qu'est-ce que tu aimes lire?" Lis les réponses et décide le genre de lecture que chaque personne aime.

Exemple: Amélie — les romans historiques.

> les magazines pour ados
> les romans d'amour
> les histoires vraies
> les livres de science-fiction
> les romans historiques
> les livres d'aventure
> les romans policiers

Amélie, France
Je préfère Maurice Druon, auteur de la série de romans *Les Rois maudits*; il fait vivre les rois du XIVème siècle. On apprend l'histoire française!

Paul, Suisse
Ce que j'aime, ce sont les livres qui me transportent dans un monde passionnant, plein d'action et plein de découverte.

Ahmed, France
Je ne lis pas les livres. Je préfère le magazine *Phosphore* — les articles sont courts, mais intéressants. Mon petit frère adore *Okapi*.

Véro, Luxembourg
Mon livre préféré, c'est *Le Journal de Bridget Jones*. Le beau héros tombe amoureux de Bridget; il y a des parties amusantes et des moments tristes.

André, Guadeloupe
Les voyages dans l'espace, les vaisseaux spatiaux, les créatures futuristes — j'adore tout ça.

Julie, France
Je préfère lire des récits d'explorateurs, de voyages qui se sont vraiment passés. Pas de fiction pour moi.

Marc, Belgique
Je lis les romans de Georges Simenon, créateur de l'Inspecteur Maigret. Je vais lire *Un crime en Hollande* et *Chez les Flamands*.

> *Je me passionne pour la lecture. J'ai une préférence pour les romans policiers parce qu'ils sont pleins d'intrigue et les personnages sont mystérieux. Pour connaître les préférences des autres, j'écris des tweets au collège. Un jeune Français m'a conseillé l'écrivain Firmin Le Bourhis, auteur de romans policiers. L'action dans ses romans se déroule toujours dans une ville bretonne. Je trouve ses livres passionnants et je découvre aussi un peu la région. Par exemple, dans La Demoiselle du Guilvinec, une femme sénégalaise travaille avec son mari dans un bureau dans le port de pêche qui s'appelle Le Guilvinec. Je vais bientôt lire Coup de tabac à Morlaix.*

Faly

3 💬 Réponds aux questions. Puis pose les questions à tes copains en classe.

1 Qu'est-ce que tu aimes lire?
2 Qui est ton auteur préféré?
3 Quels magazines est-ce que tu lis?
4 Quel est ton livre préféré?
5 Tu achètes des livres ou des magazines? Pourquoi (pas)?

4a ✏️💬 À faire avec un(e) partenaire. Imaginez que vous écrivez un livre ensemble. Écrivez un résumé de votre livre en utilisant les phrases 1 à 7 et faites une présentation en classe.

1 C'est un roman/livre de…
2 C'est l'histoire de…
3 Le héros/L'héroïne s'appelle…
4 L'action se déroule à/en…
5 À la fin,…
6 C'est un livre intéressant parce que…
7 L'auteur/Les auteurs s'appelle(nt)

b Fais une présentation en français sur un livre que tu as lu récemment. Mentionne *le nom du livre, l'auteur, les personnages, l'histoire et ton opinion.*

> **!** **QUESTIONS CULTURE**
>
> ## Deux écrivains belges
>
> Georges Simenon, né en 1903, est auteur de 192 romans! Selon l'Annuaire Statistique de l'Unesco de 1989, il est le quatrième auteur de langue française et l'auteur belge le plus traduit du monde. Il est surtout célèbre pour ses romans policiers avec l'Inspecteur Maigret, adaptés pour la télévision même en Angleterre.
>
> Hergé (vrai nom: Georges Prosper Remi), né en 1907, est auteur de bandes dessinées et est connu principalement pour Les Aventures de Tintin. Tintin est un jeune reporter, aux cheveux roux et aux yeux noirs, qui est toujours accompagné de son chien Milou et du Capitaine Haddock. Les bandes dessinées se lisent dans plusieurs langues — même en anglais!
>
> What in the texts above tells us that these two authors are popular?

5 Lis le texte et réponds aux questions.

> **Les magazines**
>
> *Okapi* est un magazine pour les adolescents de 10 à 15 ans. On y trouve des réponses aux questions des ados, des jeux, des BD, des tests.
>
> *Phosphore* est pour les ados de 15 ans. On y trouve des enquêtes comme "Jobs d'été", des quiz et des tests, par exemple "Avez-vous le profil…?" (pour continuer des études, pour devenir prof, pour les métiers du livre, etc.) On peut également faire des tests en ligne.
>
> *Cool!* est un magazine pour ados au Québec.

1 Qu'est-ce qu'il y a comme articles dans le magazine *Okapi*? (Deux détails)
2 Que peut-on lire dans le magazine *Phosphore*?
3 Dans quel pays est-ce qu'on publie *Cool*?
4 Quel magazine est-ce que tu aimerais lire? Explique ta réponse.

6 Écoute ces ados qui parlent de leurs préférences en ce qui concerne la lecture. Pour chaque ado, choisis les deux phrases correctes.

1 Martine:
  a Elle adore les romans policiers et elle déteste les magazines.
  b Elle préfère les romans d'amour.
  c Elle adore le magazine *Okapi*.
  d Elle achète beaucoup de livres.
  e Son roman préféré s'appelle *Orgueil et préjugés*.
2 Amadou:
  a Il aime la poésie sénégalaise.
  b Il est fana de Georges Simenon depuis longtemps.
  c Il n'achète pas de magazines.
  d Il préfère les livres de science-fiction.
  e Au collège, il va faire partie du club de lecture.

7 Écoute cette publicité pour le Kindle. Corrige les phrases.

1 Le Kindle est une vieille liseuse portable.
2 Il contient jusqu'à 2000 livres.
3 Il pèse seulement 214 grammes.
4 Il se lit comme un livre papier – même en pleine nuit.
5 On doit tourner les pages.
6 Une seule charge de batterie dure trois mois.
7 On n'a pas besoin de téléphone pour télécharger.
8 Il ne se connecte pas aux réseaux Wi-Fi publics ou privés.
9 Vous pouvez télécharger le livre suivant en moins de 160 secondes.
10 Avec le Kindle Touch on a plus de cent ebooks.

3 La télévision et la radio

✔ Television and radio in France
✔ Opinions about television and radio programmes
✔ Modal verbs

1 📖 Lis le texte sur la télévision en France et, avec un(e) partenaire, écris au moins un détail en anglais sur chaque paragraphe.

2 🎧 Faly, Fabien, André, Brieuc et Gabi parlent de la télévision. Indique s'ils regardent beaucoup la télévision ou non et donne au moins une raison.

3 📖 ✏️ On a posé la question "Qu'est-ce que vous regardez à la télé?" à des élèves français. À ton avis, qu'est-ce qu'ils aimeraient regarder s'ils étaient dans ton pays? Écris une phrase pour chaque personne et explique ta réponse.

Exemple: Pour Karine, j'ai choisi Hollyoaks *et* Eastenders *parce qu'elle adore les feuilletons.*

> **Karine** *Moi, je regarde les feuilletons parce qu'ils sont divertissants. Je sais que les histoires ne sont pas toujours réalistes mais il y a beaucoup de suspense. J'adore aussi la série américaine* Friends. *Les personnages sont très amusants. Ce soir, je vais regarder* Friends. *La télé me détend.*

> **Luc** *Si je veux oublier mes problèmes, je regarde un documentaire sur la nature car c'est éducatif et on apprend beaucoup. Ma mère préfère regarder les jeux. Moi, je ne regarde jamais les jeux. Je pense que ces émissions sont agaçantes. On en a plein en France:* Les chiffres et les lettres, Qui veut gagner des millions?

> **Paul** *Je regarde les émissions sportives et les émissions musicales parce que je fais beaucoup de sport et je peux faire mes devoirs en écoutant la musique. Je ne supporte pas la publicité, c'est énervant.*

La télévision en France

Il y a six chaînes principales: elles s'appellent TF1, France 2, France 3, France 4, France 5 et M6.

Sur TF1, on peut regarder des émissions divertissantes, comme des émissions de télé-réalité, des films et des informations. C'est une chaîne où il y a aussi beaucoup de publicité.

France 2 et France 3 sont des chaînes publiques où on peut voir des émissions culturelles, les informations et quelques films.

France 4 est une nouvelle chaîne où on peut regarder des documentaires et des émissions musicales.

Sur France 5, dont la devise est "la chaîne du savoir et de la connaissance", on trouve des programmes éducatifs, par exemple des documentaires, des émissions sur la santé, des reportages historiques et des débats.

M6 est une chaîne privée. Beaucoup de séries y sont diffusées, surtout des séries américaines et des sitcoms. Il y a aussi beaucoup de films et des programmes de musique, comme *Hit machine*.

Il y a de la publicité sur toutes les chaînes, mais surtout sur TF1 et M6.

> **Laure** *Ce que je préfère, c'est la télé-réalité avec les gens célèbres. En général, ces émissions sont divertissantes. On découvre que les stars savent cuisiner ou danser. Je me sens motivée par ces émissions. Par contre, je ne regarde jamais les informations. Mon père regarde ça tous les soirs, et la météo aussi!*

> **Julien** *Je ne regarde jamais la télé parce qu'on n'a pas de poste de télé chez moi. Quand je suis chez mon ami Marc, je regarde les jeux et les émissions de musique. Mon père dit qu'on doit faire autre chose, quelque chose de plus intéressant. Ma mère pense que regarder la télé est une perte de temps, que c'est trop passif et que ça ne vaut pas la peine.*

4 🎧 Julie et Marc parlent de leur émission préférée. Note la chaîne, le jour et l'heure, et donne des détails sur l'émission en français.

5 📖 Lis le texte et réponds aux questions.

La télé-réalité

David Ginola (ex-footballeur), André Manoukian (musicien), Marthe Mercadier (comédienne), Matt Pokora (chanteur). Qu'est-ce qu'ils ont en commun? Ils ont tous participé à l'émission de télé-réalité *Danse avec les stars* diffusée sur TF1, une adaptation de l'émission *Strictly Come Dancing* diffusée en Grande-Bretagne depuis 2004. Les stars sont différentes mais la présentation est identique: chaque célébrité danse avec un danseur professionnel et doit s'entraîner pour danser la valse, la salsa, le tango et d'autres danses. Un jury de trois personnes note chaque couple de 0 à 10 et le public vote aussi; l'un des couples est éliminé par le public. L'émission hebdomadaire est présentée par Sandrine Quetier et Vincent Cerruti. C'est Matt Pokora qui a gagné la première saison, avec Sofia Essaïdi en deuxième place, suivie de David Ginola.

Matt Pokora

Danse avec les stars reste une des émissions les plus populaires parmi les émissions de télé-réalité. Pourquoi? Elle est dynamique, ultra-positive et pleine de bonne humeur.

1 Qui est David Ginola?
2 Cette émission est de quelle origine?
3 *Strictly Come Dancing* est diffusé en Grande-Bretagne depuis combien d'années?
4 Que doivent faire les stars?
5 Qui sont Sandrine Quetier et Vincent Cerruti?
6 Comment peut-on expliquer la popularité de cette émission?

6 📖 Que sais-tu de la radio en France? Lis le texte. Complète les phrases avec un mot français dans l'encadré.

La radio en France

Fun Radio, RTL et le Mouv sont trois stations de radio françaises, mais la station qui a le plus de succès, c'est NRJ. Fondée en 1981, cette station est destinée aux jeunes puisqu'on y passe les nouvelles musiques. NRJ signifie "Nouvelle Radio Jeune" mais son slogan actuel est "Hit Music Only". Depuis 2011, Manu Levy et Sébastien Cauet travaillent pour NRJ. Manu est aux commandes de l'émission *Manu dans le 6/9* (chose surprenante car il déteste se lever tôt le matin). Cauet anime l'émission de 21 heures à minuit. On peut le voir également à la télé avec son talk-show. Il y a des stations de NRJ en Belgique, au Québec, en Guadeloupe, en Guyane et en Martinique.

1 NRJ est la station la plus _____ en France.
2 NRJ diffuse la musique_____.
3 Levy et Cauet sont des_____.
4 L'émission de Cauet dure _____ heures.
5 NRJ est diffusé dans des pays_____.

populaire	francophones	neuf	animateurs	acteurs
ancienne	africains	classique	trois	moderne

7 🎧 Écoute les réponses d'un sondage sur la radio. Quelle question a-t-on posée?
a Quelle station préfères-tu?
b Tu écoutes souvent la radio?
c Quand est-ce que tu écoutes la radio?
d Quelles sortes d'émissions écoutes-tu?
e Tu as un animateur préféré?

Point grammaire

Modal verbs

The irregular verbs *pouvoir* (to be able to), *vouloir* (to wish, to want), *devoir* (to have to; must), *savoir* (to know (how to)) are often referred to as 'modal verbs' and are followed by an infinitive. Here are some examples related to the texts in exercises 1 and 3.

Examples: *Sur TF1, **on peut** regarder des émissions divertissantes.*
On TF1, **you can** watch entertaining programmes.

*Si **je veux** me détendre,…*
If **I want** to relax…

*Mon père dit qu'**on doit** faire autre chose.*
My dad says that **we must** do something else.

*On découvre qu'**ils savent** cuisiner.*
We discover that **they know** how to cook.

4 Le sport

1 a 🎧 On parle de sport. Écoute et identifie combien de sports sont mentionnés.

b Écoute une deuxième fois et note les habitudes sportives de chaque personne.

2 🎧 On a posé la question "Pourquoi faites-vous du sport?" à plusieurs personnes. Pour chaque personne, note si elle fait du sport a) pour des raisons de santé, b) pour s'amuser ou c) pour se déstresser.

3 📖 💬 Décide quelles sont les trois raisons les plus importantes pour faire du sport selon toi. Compare ta liste avec celles de tes amis de classe.

L'activité physique permet de se détendre.
En faisant du sport, on peut oublier les soucis.
Le sport est bénéfique pour la santé.
L'activité sportive réduit l'anxiété.
Faire du sport favorise des rythmes de sommeil sains.
Le sport aide à améliorer la circulation.
En faisant du sport, on brûle des calories.
Le sport est bénéfique pour la mémoire.
Le sport vous donne une sensation de bien-être.

4 📖 Choisis des conseils pour motiver un(e) ami(e) paresseux/paresseuse!

1 Commence en douceur.
2 Choisis un sport qui n'est pas cher.
3 Marche 2 heures par jour.
4 Prends ton vélo pour aller en ville.
5 Joue au tennis avec des amis.
6 Adhère à un club de sport.
7 Achète un nouveau jogging.
8 Va au café après ton match.
9 Fais du sport en écoutant de la musique.
10 Prends un bain chaud après chaque séance.

Point grammaire

Jouer or *faire*?

When talking about sport, use the verb *jouer* to talk about sports that you *play*, e.g. *Je joue au tennis, je joue au netball*, and use *faire* for other sports, e.g. *je fais de la natation, je fais de l'escrime*.

When talking about sport, the verb *jouer* is followed by *à*. If the noun following *à* is masculine (e.g. *le tennis*), *à* + *le* becomes *au*: *je joue **au** tennis*.

When talking about sport, the verb *faire* is followed by *de*. If the noun following *de* is masculine (e.g. *le vélo*), *de* + *le* becomes *du*: *je fais **du** vélo*.

Point grammaire

The imperative

The imperative is used to give commands. Use the verb in the present tense without *tu* or *vous*.

Examples:
- *Commence en douceur.*
  Start gently.
- *Choisis un sport qui n'est pas cher.*
  Choose a sport that is not expensive.
- *Prends ton vélo pour aller en ville.*
  Take your bike to go to town.

Note that *-er* verbs lose the 's' in the second person singular (*Commenc**e***).

The *vous* form is: *Commencez; Choisissez; Prenez*.

To give an instruction in the negative, use *ne...pas* around the verb.

Examples:
- ***Ne** fais **pas** trop de vélo.*
  Don't do too much cycling.
- ***N'**essaie **pas** les sports dangereux.*
  Don't try dangerous sports.

To say 'Let's...', use the *nous* part of the present tense without *nous*, e.g. *Allons en ville* (Let's go to town).

There are three verbs with irregular forms:
- *Être: sois, soyez, soyons*
- *Avoir: aie, ayez, ayons*
- *Savoir: sache, sachez, sachons.*

5a Écris les verbes de l'exercice 4 en utilisant "vous".

Exemple: *Commencez en douceur.*

b Écris dix conseils en français pour encourager ton ami(e) à faire plus d'exercice.

Exemple: *Fais de la natation. Va au collège en bus.*

6a Lis le texte sur le football et la boxe chez les femmes.

Voilà les femmes qui arrivent

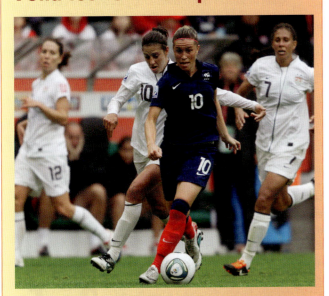

Le football et la boxe sont depuis longtemps associés aux hommes, mais depuis une dizaine d'années, les femmes sont de plus en plus nombreuses à pratiquer ces deux sports en France et dans le monde. Plus de 350 femmes se présentent maintenant au championnat du monde et la boxe féminine a fait son entrée dans les Jeux Olympiques 2012. L'équipe de foot de France est arrivée en demi-finale de la Coupe du monde en 2011 en Allemagne, et Nadya Hokmi, boxeuse française, a gagné le titre de championne du monde en 2010.

En ce qui concerne les règles du football, il n'y a pas de différences entre le jeu masculin et le jeu féminin. Quant à la boxe féminine, elle respecte les mêmes règles que la boxe masculine, mais un match entre hommes comprend trois rounds de 3 minutes tandis que les femmes combattent pendant 2 minutes et en quatre rounds.

Point grammaire

The imperative with reflexive verbs

With reflexive verbs, the reflexive pronoun goes after the verb and is joined by a hyphen. However, the reflexive pronoun *te* from the present tense (e.g. *Tu **te** couches*) changes to *toi* in the imperative (e.g. *Couche-**toi*** (Go to bed)). The other pronouns do not change (e.g. *Levez-**vous*** (Get up), *Asseyons-**nous*** (Let's sit down)).

b Indique les phrases vraies et corrige les phrases fausses.

1 On parle de boxe et de football.
2 Le football et la boxe sont des sports traditionnellement associés aux femmes.
3 Le football et la boxe deviennent plus populaires chez les femmes.
4 La boxe féminine est un sport olympique depuis longtemps.
5 Ces deux sports sont des sports internationaux.
6 L'équipe de foot féminin a gagné la Coupe du monde en 2011.
7 Nadya Hokmi est très bonne en boxe.
8 Un match de boxe entre femmes comprend plus de rounds qu'un match entre hommes.

❗ QUESTIONS CULTURE

Des événements sportifs

Le Tour de France est une compétition cycliste qui se déroule chaque année au mois de juillet. C'est un événement international: des coureurs cyclistes viennent des quatre coins du globe. Les concurrents doivent participer à des étapes différentes — en montagne, en plaine, contre la montre. La dernière étape finit toujours à Paris et la première étape commence dans une ville différente chaque année.

Sur internet, cherche des détails sur ces événements sportifs:
● les 24 Heures du Mans
● le tournoi de Roland-Garros
● le Rallye Monte-Carlo

Prépare une présentation en français sur un des événements sportifs. Utilise: C'est une compétition… Ça se passe…

5 Le week-end dernier

✔ Last weekend
✔ The perfect tense with *avoir*
✔ Negatives in the perfect tense
✔ Irregular past participles

1 📖 Faly, Gabi, Brieuc, André et Fabien parlent du week-end dernier. Ils utilisent le passé composé (*the perfect tense*). Lis les bulles.

- Essaie de te rappeler comment on forme le passé composé; lis le Point grammaire.
- Cherche dix phrases qui sont au passé composé.

> *Vendredi soir, mes sœurs ont joué, et moi j'ai regardé la télé en bavardant avec mon père. Samedi matin, j'ai travaillé au magasin. Le soir, j'ai lu mon roman policier. Dimanche, j'ai fait du vélo et j'ai aidé ma mère dans la cuisine. Je n'ai pas fait mes devoirs. Ce n'était pas mal.*

Faly

> *Samedi dernier, j'ai assisté au mariage de ma cousine. Tout d'abord, on a commencé à la mairie, parce que tous les couples doivent se marier à la mairie. Après la cérémonie, on a continué à pied jusqu'à une petite église au centre du village, pour la cérémonie religieuse. Après, on a pris la voiture pour aller dîner dans un restaurant. On a bien mangé et on a bu beaucoup de champagne. À la fin, on a mangé la pièce montée, le dessert traditionnel. On a dansé jusqu'à 5 heures du matin.*

Gabi

> *Quel désastre! Normalement, j'adore les week-ends mais je n'ai pas pu aller voir mon père comme d'habitude et je n'ai pas vu mes amis parce que ma mère et mon beau-père ont invité des amis chez nous et j'ai dû être super-poli. Samedi soir, on a dîné dans un restaurant près de la plage, et dimanche après-midi on a fait une randonnée près de la côte. Ma mère a promis de me laisser sortir avec mes amis pendant la semaine.*

Brieuc

> *Le week-end dernier, j'ai envoyé des e-mails à des copains; j'ai surfé sur le net pour des renseignements sur les vacances pour ma mère. J'ai mon propre ordinateur depuis 1 an, c'est super! Mon frère a joué avec ses copains. Je n'ai pas rangé ma chambre, donc ma mère a crié! Dimanche, nous avons passé l'après-midi chez une tante.*

André

> *Samedi dernier, j'ai nagé à la piscine et j'ai fait un match de foot avec mes copains. Dimanche, j'ai assisté à un match de rugby avec mon frère. Le soir, nous avons dîné ensemble. Je n'ai pas passé beaucoup de temps à la maison. Le seul inconvénient, c'est que j'ai dû faire mes devoirs dimanche soir. Le week-end prochain, je vais faire un match de tennis.*

Fabien

2 ✏️ Écris un e-mail à un(e) ami(e) français(e) pour lui parler de ton week-end dernier. Utilise:

- les suggestions ci-dessous
- la construction 'en + participe présent' au moins une fois

Exemple: *Vendredi soir, j'ai fini mes devoirs en regardant un film à la télévision, puis j'ai envoyé des e-mails. Samedi matin, j'ai…*

cependant	ensuite	après
enfin	d'abord	puis
plus tard	à la fin	heureusement
finalement	mais	

Point grammaire

The perfect tense with *avoir*

To form the perfect tense of regular verbs, use the auxiliary verb *avoir* and the past participle of the verb.

Regular verbs form their past participle in the following way:

- **-er verbs:** replace '-er' with '-é'; *manger → mangé*
- **-ir verbs:** remove the '-r'; *finir → fini*
- **-re verbs:** replace '-re' with '-u'; *vendre → vendu*

Below is the perfect tense of *manger* in full:

J'ai mangé	Nous avons mangé
Tu as mangé	Vous avez mangé
Il/Elle/On a mangé	Ils/Elles ont mangé

3 Lis le Point grammaire sur "ne…pas" et "ne…jamais", puis réponds à ces questions avec ton/ta partenaire en utilisant "ne…pas" ou "ne…jamais".

Exemple: — Tu as joué au tennis hier?
— Non, je n'ai pas joué au tennis hier.

1 Tu as visité le musée du Louvre à Paris?
2 Tu as acheté un cadeau pour le professeur?
3 Tu as fini tes devoirs hier soir?
4 Tu as répondu aux questions en classe?
5 Tu as essayé l'escrime?
6 Tu as rencontré la reine Elizabeth?
7 Tu as mangé au restaurant samedi soir?

4 Gabi a passé un week-end avec une copine Karine et ses parents à Paris. Lis la carte postale que Gabi a envoyée à son copain et essaie de découvrir le sens des mots soulignés.

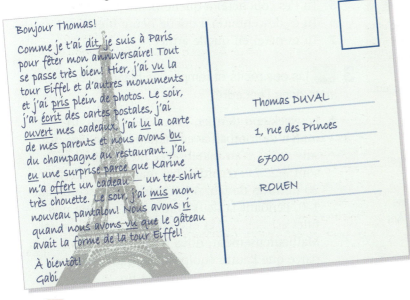

Bonjour Thomas!
Comme je t'ai <u>dit</u>, je suis à Paris pour fêter mon anniversaire! Tout se passe très bien! Hier, j'ai <u>vu</u> la tour Eiffel et d'autres monuments et j'ai <u>pris</u> plein de photos. Le soir, j'ai <u>écrit</u> des cartes postales, j'ai <u>ouvert</u> mes cadeaux, j'ai <u>lu</u> la carte de mes parents et nous avons <u>bu</u> du champagne au restaurant. J'ai <u>eu</u> une surprise parce que Karine m'a <u>offert</u> un cadeau — un tee-shirt très chouette. Le soir, j'ai <u>mis</u> mon nouveau pantalon! Nous avons <u>ri</u> quand nous avons <u>vu</u> que le gâteau avait la forme de la tour Eiffel!
À bientôt!
Gabi

Thomas DUVAL

1, rue des Princes

67000

ROUEN

5 Réponds à ces questions, puis pose les questions à ton/ta partenaire.

1 Qu'est-ce que tu as bu hier au dîner?
2 Qu'est-ce que tu as vu à la télé hier soir?
3 Tu as fait quels devoirs hier soir?
4 Qu'est-ce que tu as dit à ta mère en rentrant?
5 Tu as écrit des e-mails cette semaine?
6 Qu'est-ce que tu as lu récemment?
7 Est-ce que tu as pris le bus pour aller au collège?
8 Quels vêtements as-tu mis ce matin?

6 Écris 12 phrases au passé composé en utilisant chaque verbe mentionné dans la carte postale.

Exemple: Hier, nous avons pris un taxi.
Je n'ai pas vu la tour Eiffel.

Point grammaire

The negatives *ne…pas* and *ne…jamais* with the perfect tense

With the perfect tense, as a general rule, *ne* goes in front of the auxiliary verb and *pas* or *jamais* (as appropriate) after it.

Examples: Je *n'ai **pas*** joué au tennis.
I have not played tennis.

Je *n'ai **jamais*** joué au tennis.
I have never played tennis.
(Note that *ne* contracts to *n'* in front of a vowel.)

Point grammaire

Irregular past participles

Some verbs do not form the past participle in the regular way. The words underlined in the postcard in exercise 4 are all examples of irregular past participles. Below is a list of verbs in the infinitive. Match each past participle with the corresponding infinitive.

1 *avoir* (to have)		**a**	pris
2 *boire* (to drink)		**b**	lu
3 *connaître* (to know)		**c**	dit
4 *courir* (to run)		**d**	ri
5 *devoir* (to have to)		**e**	ouvert
6 *dire* (to say, to tell)		**f**	eu
7 *écrire* (to write)		**g**	écrit
8 *être* (to be)		**h**	vu
9 *faire* (to do, to make)		**i**	bu
10 *lire* (to read)		**j**	fait
11 *mettre* (to put (on))		**k**	mis
12 *offrir* (to offer, to give)		**l**	offert
13 *ouvrir* (to open)		**m**	couru
14 *pouvoir* (to be able to)		**n**	dû
15 *prendre* (to take)		**o**	été
16 *rire* (to laugh)		**p**	connu
17 *savoir* (to know (how to))		**q**	pu
18 *suivre* (to follow)		**r**	su
19 *voir* (to see)		**s**	suivi
20 *vouloir* (to wish, to want)		**t**	voulu

6 On assiste à un événement

- ✔ **Going to an event**
- ✔ **The perfect tense with *être***
- ✔ **Venir de + infinitive**

1 🎧 Écoute ces jeunes qui parlent du week-end dernier et écris les détails dans la grille.

	Événement	Quand?	Où?	Opinion	Pourquoi?
Laurent	grand spectacle				
Hélène				contente et déçue	
Nathalie					

Point grammaire

The perfect tense with *être*

In the recording for exercise 1, Laurent says, '*Je suis allé à un festival de musique*' (I went to a music festival). The verb *aller* is one of a small group of verbs that use *être* to form the perfect tense (rather than *avoir*). Below is a list of such verbs.

aller	to go	*partir*	to leave
arriver	to arrive	*rester*	to stay
descendre	to go/come down	*retourner*	to return
entrer	to go/come in	*sortir*	to go/come out
monter	to go/come up	*tomber*	to fall
*mourir**	to die	*venir*	to come
*naître**	to be born		

* *Mourir*, *naître* and *venir* have irregular past participles: *mort*, *né* and *venu*.

Can you think of a phrase to help you remember these verbs (for example, 'Mr V Pant dreams' or 'Mrs M P Ant raved')?

An important aspect of the perfect tense with *être* is that the past participle must agree with the subject:

- for feminine singular, add '-e' (e.g. *la fille est partie*)
- for masculine plural, add '-s' (e.g. *les garçons sont partis*)
- for feminine plural, add '-es' (e.g. *les filles sont parties*)

Perfect tense of *aller* in full:

Je suis allé(e)	*Nous sommes allé(e)s*
Tu es allé(e)	*Vous êtes allé(e)(s)*
Il/Elle/On est allé(e)s	*Ils/Elles sont allé(e)s*

Reflexive verbs (e.g. *se laver*, *se coucher*) also use *être* in the perfect tense.

Je me suis lavé(e)	*Nous nous sommes lavé(e)s*
Tu t'es lavé(e)	*Vous vous êtes lavé(e)(s)*
Il/Elle/On s'est lavé(e)(s)	*Ils/Elles se sont lavé(e)s*

2 💬 Travaille avec un(e) partenaire. Imagine que tu es quelqu'un qui est célèbre. Réponds à ces questions.

1. Tu es resté(e) chez toi vendredi soir?
2. Tu es sorti(e) avec des amis le week-end dernier?
3. Tu es allé(e) en ville?
4. Tu t'es levé(e) tard?
5. Tu t'es couché(e) à quelle heure samedi soir?
6. Tu es descendu(e) à quelle heure hier?
7. Tu es né(e) en quelle année?

3 📖 Lis ces récits et remplis les blancs avec les mots dans l'encadré.

1. Le week-end dernier, j'ai .... dans un match de football avec l'équipe du village. Je suis .... au match avec mes copines qui sont .... regarder. J'ai marqué un but après 20 minutes de jeu! À la mi-temps, le score était 1–0. Pendant la deuxième partie, une de nos filles est .... et elle est .... à l'hôpital. Malheureusement, nous n'avons pas gagné parce que l'autre équipe a marqué deux buts. Les .... ont applaudi à la fin.

tombée	spectateurs	joué
allée	allée	venues

2. J'ai participé à un concours de .... la semaine dernière; c'était un concours entre tous les .... de notre ville. Ça se passe toujours au mois de .... On fait des courses .... — brasse, brasse papillon, dos crawlé, crawl. Moi, je fais la brasse papillon. Je suis arrivée en .... place sur six, donc ce n'était pas mal. Tous les parents sont .... regarder et tout le monde criait. Les spectateurs étaient .... du concours!

juin	différentes	collèges	natation
deuxième	venus	contents	

4a 📖 ✏️ Mets ces phrases dans l'ordre pour décrire ce que tu as fait samedi dernier.

> Je suis sorti de la maison.
> Samedi dernier, j'ai assisté au mariage de mon cousin.
> Je me suis douché.
> Je me suis couché vers 3 heures du matin.
> J'ai pris mon petit déjeuner.
> Je suis descendu à la cuisine.
> Je me suis réveillé à 8h.
> Après la cérémonie, il y a eu un service religieux.
> Tout le monde est allé au restaurant.
> Je suis allé à la mairie.
> Nous avons pris des photos.
> À la fin du repas, on a bu du champagne.
> Nous avons dansé jusqu'à 2 heures du matin.
> Je suis rentré chez moi.
> J'ai mis mon pantalon noir et ma chemise blanche.

b ✏️ Tu as sans doute assisté à un événement spécial.

a Dis quand et où cet événement s'est passé.

b Décris ce que tu as fait ce jour-là.

c Donne ton opinion de l'événement.

d À quel événement est-ce que tu aimerais assister?

Point grammaire

Venir de + infinitive

While in English you use the past to say that you have just done something, in French you must use the present tense of the verb *venir* followed by *de* and an infinitive.

Example: Je viens d'arriver.
          I have just arrived.

Here are some more examples. Can you work out what they mean in English?

1 *Je viens de participer à un concert.*

2 *Tu viens de te lever.*

3 *Il vient de jouer dans un match de football.*

4 *Elle vient d'acheter une nouvelle robe.*

5 *Nous venons de faire une partie d'échecs.*

6 *Vous venez de vous réveiller.*

7 *Ils viennent de se marier.*

---

5 🎧 Six personnes expliquent ce qu'elles ont fait. Écris les lettres a à f dans ton cahier et écoute. Pour chaque personne, écris le ou les numéro(s) qui correspond(ent). (Attention! Tu n'as pas besoin de toutes les phrases!)

1 Elle vient de faire ses devoirs dans le salon.

2 Ils viennent de gagner le match de foot.

3 Elle vient de préparer son sac pour le collège.

4 On vient d'arriver dans les Alpes.

5 Elle vient de trouver son porte-monnaie.

6 On vient de sortir du cinéma.

7 Quelqu'un vient de se faire mal.

8 Elle vient de rentrer.

9 Nous venons de sortir.

10 Elle vient de manger.

❗ INFO PRONONCIATION

The French alphabet

1 Look at the groups of letters, listen and repeat.

a B C D G P T V W (as in *les, et*)

b A H K (as in *la, ça*)

c F L M N R S Z (as in *elle, aime*)

d I J X Y (as in *il, visite*)

e Q U (as in *tu, une*)

f E (as in *je, le*)

g O (as in *joli, hôtel*)

2 Listen and repeat the alphabet.

A B C D E F G H I J K L M N O P Q R S T U V W X Y Z

3 Which nouns are being spelt out? Careful! For a double letter ('mm', 'tt' etc.), you will hear *'deux m', 'deux t'* etc.

4 Listen and write down the names of these five French towns, then compare your results with those of your partner.

Exemple: **1** *Amiens*

5 Now your turn! Spell out the names of these countries.

a Australie   **b** Mexique   **c** Japon

d Algérie   **e** Thailande

Listen and check the correct pronunciation.

Paper 2: Reading

The question below tests your understanding of individual short statements that contain language that should be familiar to you. This type of question highlights the importance of learning vocabulary thoroughly.

Regardez les images.

A

B

C

D

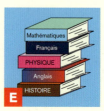

E

F

Écrivez la bonne lettre (A, B, C, D, E ou F) dans la case appropriée.

1 Marc doit acheter un cadeau pour sa sœur. ☐

2 Louise voudrait dessiner. ☐

3 Paul va faire du sport. ☐

4 Luc fait ses devoirs. ☐

5 Delphine va faire du patin à glace. ☐

[Total: 5]

Points to remember

- The instructions tell you: 'Look at the pictures' (*Regardez les images*) and then: 'Write the correct letter (A, B, C, D, E or F) in the appropriate box' (*Écrivez la bonne lettre (A, B, C, D, E ou F) dans la case appropriée*).

- The first statement says: 'Marc has to buy a **present** for his sister' (*Marc doit acheter un cadeau pour sa sœur*). The appropriate picture, therefore, is **B**.

Work out the answers to the remaining four questions.

This next question tests your ability to pick out the main points and some details in a short text, in this instance, an e-mail. Again the language should be familiar to you.

Hakim envoie un e-mail à sa copine Marie.

Lisez le texte attentivement.

> Salut Marie,
>
> Samedi. 11 heures. Hier soir, j'ai révisé pour mes examens, chez moi. Aujourd'hui, je ne veux pas rester à la maison mais il n'y a rien à faire ici, même pas une partie de tennis parce que mon frère fait ses devoirs, mon père est au bureau et ma mère est chez ma tante. Alors, tu veux passer une heure au café? Je dois d'abord préparer des légumes pour le repas du soir, puis j'arrive dans trois quarts d'heure.
>
> Hakim

Cochez la bonne case.

1 Hakim a passé vendredi soir à faire...

| **A** | une promenade | **B** | du travail scolaire | **C** | un gâteau | [1] |

2 Vendredi soir, Hakim est resté...

| **A** | à la maison | **B** | chez sa tante | **C** | au café | [1] |

3 Aujourd'hui, Hakim voudrait...

| **A** | faire ses devoirs | **B** | aller chez sa tante | **C** | sortir | [1] |

4 Dans quarante-cinq minutes, Hakim va...

| **A** | rencontrer Marie | **B** | dîner | **C** | sortir avec son frère | [1] |

5 Avant de sortir, Hakim va...

| **A** | aider avec le dîner | **B** | aider avec le déjeuner | **C** | aider son frère | [1] |

[Total: 5]

Points to remember

- Look at the questions for words that have the same (or similar) meaning as words or phrases in the text. This may help to answer some of the questions. For example question 2 says: *Vendredi soir, Hakim est resté...* 'On Friday evening, Hakim stayed...' and the options are: A: *à la maison* ('in the house'), B: *chez sa tante* ('at his aunt's house'), C: *au café* ('at the cafe'). In the text Hakim says: *Hier soir, j'ai révisé pour mes examens, chez moi*, which means 'Yesterday evening, I revised for my exams at home'. Therefore, the answer is **A**: *à la maison*.
  Find synonyms or similar phrases for: *le dîner, du travail scolaire, sortir, quarante-cinq minutes*.

- You may find that you need to make a connection between the question and the text. For example, question 4 says: *Dans quarante-cinq minutes, Hakim va...*, which means 'In forty-five minutes, Hakim is going...' and the possible answers are: A: *rencontrer Marie* ('to meet Marie'), B: *dîner* ('to have dinner'), C: *sortir avec son frère* ('to go out with his brother'). Hakim does not say exactly what he is going to do, but we know that he has asked Marie if she wants to spend an hour at the café, and he also says he is arriving in three-quarters of an hour, so the answer is **A**: *rencontrer Marie*.

Now work out the answers to questions 1, 3 and 5.

What do you think are the main challenges of this sort of task?

How do you think you can prepare well for this type of question?

Vocabulaire

Les activités du week-end   Weekend activities

Je sors en ville avec mes copains.   I go to town with my friends/mates.
Je vais chez mes amis/au cinéma.   I go to my friends'/to the cinema.
Je fais une partie d'échecs/du sport.   I play a game of chess/do sport.
Je fais la grasse matinée/Je reste chez moi.   I have a lie-in/I stay at home.
Je lis/J'écoute de la musique.   I read/I listen to music.
Je joue au basket/au tennis.   I play basketball/tennis.
Je regarde la télé(vision).   I watch television.
J'écris sur mon site personnel.   I write on my personal website.
Je surfe sur le net/sur internet.   I surf the (inter)net.
Je télécharge un film/de la musique.   I download a film/some music.
J'envoie des textos/des méls à mes copains/copines.   I text/e-mail my friends.

Les passe-temps   Hobbies

L'informatique me passionne.   I have a passion for computing.
Je m'intéresse à…   I am interested in…
Quand j'ai du temps libre,…   When I have some free time,…
Je joue de la guitare/du violon/dans un orchestre.   I play the guitar/the violin/in an orchestra.
Je ne joue pas d'un instrument de musique.   I don't play a musical instrument.
J'aime les sports d'équipe/individuels/d'hiver.   I like team sports/individual sports/winter sports.
Je fais partie du club de tennis/de la chorale.   I belong to the tennis club/the choir.
Mon chanteur/groupe préféré, c'est…   My favourite singer/group is…
Ma passion, c'est le judo.   What I am passionate about is judo.
J'aimerais savoir/essayer/apprendre à …   I would like to know how to/to try/to learn to…

La lecture   Reading

C'est un livre d'aventure/de science-fiction.   It is a(n) adventure/science fiction book.
Je lis/Elle lit un…   I am/She is reading a…
   …roman d'amour/policier/historique/fantastique.   …romantic/detective/historical/fantasy novel.
C'est une histoire (vraie)/une pièce.   It is a (true) story/a play.
Je lis des magazines (pour ados)/des BD (bandes dessinées).   I read (teenage) magazines/comics.
Ils me transportent dans un monde passionnant.   They take me into an exciting world.
Les personnages m'intéressent.   The characters interest me.
C'est l'histoire de…/Il s'agit de…   It is the story of…/It is about…
Le héros/L'héroïne s'appelle…   The hero/The heroine is called…
L'action se déroule à/en…   The action takes place in…
Moi, je préfère la poésie/lire les journaux en ligne.   I prefer poetry/to read newspapers on line.
Je télécharge des romans sur ma liseuse portable.   I download novels on my eReader.

La télévision   Television

C'est divertissant/éducatif/passif.   It is entertaining/educational/passive.
C'est une perte de temps/reposant/agaçant.   It is a waste of time/relaxing/annoying.
Ça me détend.   It relaxes me.
Ça ne vaut pas la peine.   It's not worth it.
On n'a pas besoin de réfléchir.   You do not need to think.
On sait ce qui se passe dans le monde.   You know what is going on in the world.
Je regarde…/Je ne supporte pas…   I watch…/I cannot stand…
   …les feuilletons/les documentaires/les jeux/la pub(licité).   …soaps/documentaries/games/adverts.
   …les informations/la télé-réalité/les comédies/la météo.   …the news/reality TV/comedies/the weather forecast.

Je regarde... I watch...

   ... les émissions de science-fiction/culturelles/musicales. ...science fiction/cultural/musical programmes.

Les personnages sont intéressants. The characters are interesting.

Les histoires ne sont pas réalistes. The stories are not realistic.

Il y a des intrigues/des conflits. There are intrigues/conflicts.

Je regarde la télévision 1 ou 2 heures par jour. I watch television for 1 or 2 hours a day.

C'est diffusé sur/Ça passe sur... It is broadcast on...

La radio Radio

Je l'écoute en ligne/dans la voiture. I listen to it online/in the car.

On peut écouter... You can listen to...

   ...beaucoup de stations. ...lots of stations.

   ...des émissions à ligne ouverte à thémes. ...phone-in topical programmes.

   ...de la musique commerciale. ...commercial music.

   ...des bulletins d'actualité/des débats. ...news bulletins/debates.

Les animateurs/présentateurs sont jeunes. The presenters are young.

On diffuse/passe les nouvelles musiques. They broadcast/play the latest music.

Le sport Sport

Je m'entraîne trois fois par semaine. I train three times a week.

Je joue en demi-centre. I play half-back.

J'ai marqué un but. I scored a goal.

Nous avons gagné la demi-finale/la coupe. We won the semi-final/the cup.

J'ai participé à un concours/une compétition. I took part in a competition.

Je suis arrivé(e) en deuxième place. I came second.

Le match était plein d'action. The match was action-packed.

Je suis supporteur de l'équipe de rugby. I support the rugby team.

J'ai adhéré au club de randonnée. I have joined the walking club.

On parle du week-end dernier Talking about last weekend

J'ai joué sur l'ordinateur/acheté des vêtements. I played on the computer/bought some clothes.

Je n'ai pas regardé la télé. I didn't watch television.

Nous avons passé l'après-midi à jouer au football. We spent the afternoon playing football.

Je suis allé(e) au cinéma. I went to the cinema.

Je suis parti(e) à 17 h 00. I left at 5.00 p.m.

J'ai bu/écrit/fait/lu/vu... I drank/wrote/made (did)/read/saw...

J'ai envoyé des méls/courriels/e-mails. I sent some e-mails.

On assiste à un événement Going to an event

J'ai assisté à... I went to...

   ...un spectacle de musique/un match de rugby. ...a musical show/a rugby match.

   ...un mariage/un festival/un concert. ...a wedding/a festival/a concert.

Il y avait/Il n'y avait pas de... There was (were)/There was (were) not...

   ...beaucoup de monde/une bonne ambiance/ des effets spéciaux. ...a lot of people/a good atmosphere/special effects.

Les spectateurs ont applaudi. The audience clapped.

Les effets spéciaux étaient décevants. The special effects were disappointing.

Tout le monde criait. Everyone was shouting.

On sent la tension/l'enthousiasme. You feel the tension/enthusiasm.

1 La région où tu habites

✔ **Your home town and your area**
✔ **Weather and climate**
✔ **The pronoun *y***

1 🎧 📖 Brieuc, Fabien, Gabi, Faly et André parlent de leur ville et de leur région. Écoute et lis les textes.

la tramontane	name of local wind
un département	district (administrative)
une île	island

a Le village de Saint-Évarzec est situé dans le département du Finistère, en Bretagne. Le Finistère a plus de 600 kilomètres de côtes. C'est une région aux hivers doux, aux étés tempérés et où il y a beaucoup de vent! Les pluies sont fréquentes, mais il neige très peu.

b Perpignan (ville la plus ensoleillée de l'Hexagone) se trouve dans le sud, près des Pyrénées. Il fait doux en hiver, mais il neige en montagne. Il fait très chaud en été près de la Méditerranée. Problèmes: des averses intenses avec risques d'inondations en octobre, et un vent violent, la tramontane.

c Strasbourg, capitale européenne, est située en Alsace, dans l'est de la France. Le climat est froid en hiver. Il pleut beaucoup à Strasbourg, surtout en été (200 jours de pluie par an), mais il peut aussi y faire très chaud, jusqu'à 30 °C en juillet!

d M'boro est une ville du Sénégal. Elle se trouve au nord de la capitale, Dakar. Le Sénégal est une ancienne colonie française, le français est sa langue officielle. Situé entre désert et tropique, il a un climat généralement chaud et ensoleillé. Mais on distingue une saison sèche et une saison des pluies.

e La Réunion est une île d'origine volcanique (deux volcans de plus de 2 800 m). C'est un département français, mais il est situé à 10 000 km de la métropole. Le climat est tropical, avec des risques de cyclones en saison chaude. De mai à octobre, pendant la saison fraîche, il peut faire très froid en altitude. Saint-Denis, la ville principale, est située dans le nord de l'île.

a Trouve le français pour les expressions suivantes.

1 mild winters
2 sunny
3 heavy showers
4 risk of flooding
5 dry season
6 cold season

b C'est quelle lettre?

1 Je suis allé là pour une réunion importante au Parlement Européen.
2 Nous avons skié là en février.
3 Ce n'est pas un département français, mais on y parle français.
4 Malheureusement, ici, il pleut deux jours sur trois!
5 Il y a seulement deux saisons ici, et la saison chaude commence en novembre.
6 C'est une région exotique, mais nous sommes allés là en août, et il a fait –1°!
7 En octobre dernier, ils ont eu 1 mètre d'eau dans leur maison!
8 C'est idéal si on adore la mer mais pas les grosses chaleurs.

2a 📖 💬 Sur internet, trouve des informations supplémentaires sur deux de ces endroits. Prends des notes en français.

b Échange les informations avec tes amis de classe.

3  Choisis une ville ou un pays (voir carte p. 4) et explique où il/elle est situé(e). Ton/ta partenaire identifie la ville/le pays.

Exemple: C'est un petit pays, situé au nord-est de la France et au sud-ouest de l'Allemagne. (C'est le Luxembourg!)

4 Fabien et ses copains de la 3ème Euro décrivent leur région pour leurs partenaires espagnols. Écoute et choisis la phrase correcte.

Exemple: 1 — a.

se reposer	to rest
produire	to produce
l'autoroute (f)	motorway

1a La région de Perpignan est une région touristique.
b La ville de Perpignan est plutôt touristique.
c Il n'y a pas beaucoup de choses à voir dans la région.
2a La région est surtout industrielle.
b C'est une région qui est industrielle et agricole.
c C'est une région agricole, connue pour ses vins.
3a La côte méditerranéenne est très loin.
b On peut voir de jolis ports de pêche pas très loin.
c La pêche est très importante pour la région.
4a Perpignan n'est pas loin des Alpes.
b On vient dans les Pyrénées en hiver seulement.
c La montagne attire les touristes toute l'année.
5a Le Canigou est une montagne très populaire.
b Le Canigou fait plus de 3000 mètres d'altitude.
c Le Canigou est le plus haut sommet des Pyrénées.
6a On trouve beaucoup d'influences espagnoles.
b Il n'y a pas d'autoroute pour aller en Espagne.
c La frontière espagnole est très loin.

5 Ta classe prépare un enregistrement pour un collège français. D'abord, vous préparez le script. Voilà les instructions de ton professeur.

Écrivez environ 50 mots en français sur votre région. Voici quelques suggestions:
- la région en général (où, climat)
- ce qu'il y a dans la région
- votre opinion

Lis ton texte à ton ami(e). Puis enregistre-le.

! POINT LANGUE

- Use *dans le nord/l'est/le sud/l'ouest de* to say in which part of a country, area or town a place is.

  Example: **dans l'est de** la France
  in the east of France

- Use *au nord/à l'est/au sud/à l'ouest de* to locate a place in relation to another place.

  Example: **à l'est de** la capitale
  to the east of the capital

- To say 'in + country':
  – Use *en* for feminine singular countries and masculine singular countries starting with a vowel, e.g. **en** *Écosse*, **en** *Irlande*.
  – Use *au* for masculine singular countries, e.g. **au** *Sénégal*, **au** *Pays de Galles*, **au** *Portugal*.
  – Use *aux* for plural countries, e.g. **aux** *Pays-Bas*.

nord
nord-ouest   nord-est
ouest   est
sud-ouest   sud-est
sud

Point grammaire

The pronoun *y*

Example: *C'est une région agricole. On **y** produit beaucoup de fruits.*
The region is agricultural. They produce lots of fruit there.

The pronoun *y* generally replaces a noun or phrase that stands for a place (*région agricole*) and translates into English as 'there'. It is placed before the verb (before the auxiliary in the perfect tense).

Example: *Paris? Il **y** est allé en train.*
Paris? He went there by train.

Note its position if the verb is in the immediate future:
Example: *Dublin? Je vais **y** aller bientôt.*
Dublin? I am going to go there soon.

2 La France et ses voisins européens

✔ **France and other European countries**
✔ **Nationalities**
✔ **Comparatives**
✔ **Questions using** *où?*
✔ **French accents**

1 📖 Tu connais bien l'Europe? Trouve la bonne nationalité.

portugaise	hollandais
grec	italiennes
danoise	belge
allemandes	espagnole

1 Le Real Madrid est une équipe de football ....

2 Les tulipes sont un symbole ....

3 Lisbonne est la capitale ....

4 Les *bratwursts* sont des saucisses ....

5 L'Acropole d'Athènes est un monument historique ....

6 Les raviolis et les spaghettis sont des pâtes ....

7 Les moules-frites sont un plat traditionnel ....

8 La petite sirène de Copenhague est une statue ....

2 📖 Lis la lettre de Sabina et réponds aux questions en français.

1 Où habite Sabina? Pourquoi?

2 Où est née Sabina? Quand?

3 D'où viennent les amis de Sabina?

4 L'appartement de Sabina se trouve où?

5 Où est-ce que Sabina aime se promener?

6 Où est-ce que Sabina va en été et à Noël?

3 ✏️ Fais la liste de toutes les nationalités européennes mentionnées sur cette page.

Ensuite, trouve dans ton livre, le dictionnaire ou sur internet le nom des pays correspondants.

Point grammaire

Comparatives

To compare things or people, use *plus…que* (more…than), *aussi…que* (as…as) and *moins…que* (less…than).

Examples: • *Strasbourg est **plus ancien que** Stockholm.*
Strasbourg is **older than** Stockholm.

• *Ces villes ne sont pas **aussi belles que** Paris.*
These towns are not **as beautiful as** Paris.

• *Paris est **moins chaud que** Dakar.*
Paris is **less warm** than Dakar.

Remember to make the necessary agreement on the adjective used in the comparison.

Bonjour!

Je m'appelle Sabina, j'ai 15 ans, et je suis originaire de Stockholm. Je suis donc suédoise, mais j'habite en France depuis 3 ans parce que mes parents travaillent au Conseil de l'Europe à Strasbourg. Strasbourg, c'est plus petit que Stockholm, mais à mon avis c'est aussi joli.

Je suis étudiante dans une école internationale et j'ai des copains de tous les pays européens: des Autrichiens, des Belges, des Finlandais… c'est fantastique! Ma meilleure amie est luxembourgeoise. Maintenant, je parle couramment le danois et le français! J'apprends aussi l'anglais et l'allemand.

À Strasbourg, nous habitons dans un appartement, dans une rue calme. Il est aussi confortable que notre maison à Stockholm, mais il est moins grand. Nous sommes près d'un canal, c'est bien pour faire des promenades. Quand il ne pleut pas, je vais à l'école à vélo, je mets 20 minutes.

J'aime beaucoup Strasbourg, c'est une grande ville historique et à mon avis il y a beaucoup à voir et à faire. Mais je passe toutes mes vacances à Stockholm, en Suède, pour voir mes grands-parents qui y habitent encore.

Et toi? Tu es de quelle nationalité? Tu habites où? Tu parles quelles langues?

Écris-moi vite!

Sabina

encore	still
d'où ?	where…from?

4 Réponds à la lettre de Sabina. Mentionne ton âge, ta nationalité et où tu es né(e); dis où ta ville/ton village est situé(e); explique où tu vas à l'école et où c'est situé; dis quelles langues tu parles et apprends; parle de ta maison/ton appartement; dis si tu l'aimes et pourquoi.

5 À tour de rôle avec un(e) partenaire, lis et transforme les questions pour utiliser "est-ce que". (Il n'est pas nécessaire de répondre aux questions!)

Exemple: *Tu vas où, Paul?* →
                Où est-ce que tu vas, Paul?

1 Tu vas aller où, samedi prochain?
2 Il est allé où, en vacances?
3 Où as-tu mis ton téléphone portable?
4 Où avons-nous cours de maths?
5 Tu l'as rencontré où?
6 Où ont-ils acheté leur voiture?
7 Où a-t-elle appris le français?
8 Vous allez habiter où, plus tard?

QUESTIONS CULTURE

- How many countries are currently in the European Union?

- Explain the EU motto 'United in diversity'.

- Can you think of alternative mottos?

- What do you think the motto is in French (and other languages that you know)?

- 9 May is Europe Day, in commemoration of 9 May 1950, when French Foreign Minister Robert Schuman first put forward the ideals behind the European Union. What, in your opinion, might have been his motivations?

- Do you know what the European anthem is? In your opinion, is it a good choice?

- How many official languages does the EU have? Is this an advantage or a disadvantage?

Go to the EU official website, **http://europa.eu** and check the answers to all these questions. Find the link to 'EU administration' and listen to all the official languages being spoken.

Point grammaire

Asking questions using *où?*

There are different ways to ask questions with *où?* Look at this example:

Où parle-t-on français?, where there is inversion of subject and verb.

The same question could be asked using *est-ce que*:
Où est-ce qu'on parle français?

It could also be phrased in a more informal manner:
On parle français où?

When *où?* is used with a preposition (*de, par, vers* etc.), the preposition always goes first.
Example: *Tu viens **d'**où?*
           Where do you come **from**?

! INFO PRONONCIATION

French accents

1 As you already know, some accents modify the pronunciation of a letter. Say the following out loud:
  a *l'été; un élève très énervé; la fête; mon frère est bête*
  b *Le maïs? J'adore ça!*
  c *Il y a un drôle de château sur l'île.*

In which cases did the accent influence pronunciation? Listen to the recording and repeat.

2 What is the role of accents in these examples? Listen to the recording.
  a *J'ai **dû** acheter **du** fromage.*
  b *Elle **a** fini **à** quatre heures.*
  c ***Où** vas-tu? En France **ou** en Italie?*

In the examples above, accents help distinguish between words that have a completely different meaning (*du/dû, a/à, ou/où*). They do not affect the pronunciation.

3 Copy the following sentences, adding accents where necessary. Say the sentences out loud, then listen and check with the recording.
  a *Je suis decu parce que mon frere est tres egoiste.*
  b *A Noel, elle a recu une boite de chocolats.*
  c *Je suis sur que la lecon sur le present sera facile!*

3 Ta ville et ton quartier

✔ Your town or village
✔ Your neighbourhood
✔ Direct object pronouns

1 📖 Lis la description de Strasbourg. C'est quel titre? C'est quelle photo?

Exemple: a — 1, D.

un parking relais	park and ride
un réseau	network

Adresse: @ http://www.strasbourg.ville.fr

Strasbourg, une ville en mouvement!

a Strasbourg est située dans la région de l'Alsace, près de la frontière avec l'Allemagne: plus proche de Francfort et de Milan que de Paris!

b Pour aller à Strasbourg, vous avez le choix: autoroute, train ou avion. Avec le TGV, la ville est à 2 heures de Paris, 3 heures de Bruxelles et 4 heures de Londres.

c Construite sur la rivière l'Ill, à proximité du Rhin, et avec son fantastique réseau de canaux, Strasbourg est un très grand port intérieur.

d Strasbourg a une vocation européenne. On y trouve de nos jours le Conseil de l'Europe, la Cour européenne des Droits de l'Homme et le Parlement européen.

PARIS MILAN FRANCFORT

e Strasbourg est aussi une ville d'art et d'histoire: musées, cathédrale gothique, architecture splendide, de l'époque médiévale à l'époque contemporaine.

f Strasbourg a un tramway ultramoderne et le premier réseau cyclable de France avec 400 kilomètres de pistes. Avec les parkings relais-tram, les voitures restent à l'extérieur du centre-ville.

g On trouve à Strasbourg installations sportives, salles de spectacles, restaurants et le plus grand centre commercial de l'est du pays. Le marché de Noël attire des milliers de visiteurs.

STRASBOURG
Aéroport ✈ | 🛣 | Gare SNCF 🚆

Titres

1. Une ville à dimension internationale
2. Une ville commerçante, riche en distractions
3. Une capitale européenne
4. Une ville où il est facile de circuler
5. Une ville historique et culturelle
6. Une ville d'accès facile
7. Une ville au bord de l'eau

2 🎧 Écoute le guide. Identifie dans la liste des titres 1–7 les cinq aspects qu'il mentionne.

3 💬 Regarde encore les photos et le texte sur Strasbourg.

1. À ton avis, Strasbourg est une ville intéressante? Pourquoi?
2. Donne un avantage et un inconvénient de Strasbourg.
3. Tu aimerais habiter à Strasbourg? Pourquoi?

4a 📖 Kilian et Djibril habitent dans deux quartiers bien différents. Lis les descriptions.

b Fais une liste des différences entre les deux quartiers. Mentionne: la situation, les rues, les magasins, les immeubles, les distractions, les espaces verts, l'atmosphère.

Exemples: ***le quartier de Kilian:***
un quartier ancien, près du centre-ville

le quartier de Djibril:
en banlieue, un peu à l'extérieur

5 📖 Qui parle, Kilian ou Djibril? C'est une opinion positive, ou négative?

Exemple: Nous avons de bons voisins, je les connais bien. → *Djibril, positive*

1 J'aime mon quartier, je le trouve tranquille.
2 On a des installations sportives, je les trouve pas mal.
3 Il y a trop de touristes. Ça m'agace!
4 Pour aller au centre-ville, on doit prendre le bus, c'est pénible.
5 On y trouve beaucoup de petits magasins, je les aime bien.
6 La vieille ville a du caractère, je la trouve intéressante.
7 Les enfants jouent dans le parc, ils l'aiment beaucoup.

Point grammaire

Direct object pronouns

The words in bold in the examples below are direct object pronouns (whereas *je* and *nous* are subject pronouns).

Examples: *J'aime mon quartier, je **le** trouve tranquille.*
I like my neighbourhood, I find **it** quiet.

*Nous avons de bons voisins, je **les** connais bien.*
We have good neighbours, I know **them** well.

In the first example, *le* replaces *mon quartier*, so that we do not have to repeat it. In the second example, *les* replaces *voisins*.

Direct object pronouns take on the gender and number of the noun that they replace (*le* is used because *quartier* is masculine singular; *les* is used because *voisins* is masculine plural.) Here is the full list of direct object pronouns:

me/m'	me	nous	us
te/t'	you	vous	you
le/la/l'	him/her/it	les	them

Kilian habite dans un quartier ancien, près du centre-ville. Les rues sont étroites, les immeubles sont vieux et il n'y a pas d'espaces verts. Il y a toujours des touristes parce que c'est pittoresque. On y trouve des boutiques de vêtements et de chaussures. Il n'y a pas de supermarché, il y a des épiceries. Dans le centre-ville, on trouve aussi des magasins de souvenirs, des bars, des restaurants et une discothèque. C'est très animé.

Djibril habite en banlieue, un peu à l'extérieur, dans le quartier de l'hôpital. Dans ce quartier calme, les voisins sont sympas, les immeubles sont modernes et les rues sont larges. Dans le quartier, on trouve un bureau de poste, deux banques et la bibliothèque. Pour les sportifs du quartier, il y a une salle de basket, un skatepark, un terrain de foot et une piscine. Et pour les petits, il y a un parc.

étroit(e)	narrow
animé(e)	lively
un quartier	an area/a district
la banlieue	the suburb

6 💬 Avec un(e) partenaire, trouve tous les pronoms d'objet direct de l'exercice 5 et les mot qu'ils remplacent. Traduis les phrases en anglais.

Exemple: question 1: le; replaces mon quartier; I find it quiet.

7 🚀 💬 À toi! Décris ta ville, ton village ou ton quartier en utilisant les expressions ci-dessous.

Aspects positifs	Aspects négatifs
Ma ville est très/ assez…	Ma ville n'est pas…/est trop…
Dans mon village/ mon quartier, il y a…	À…/Dans mon quartier, il n'y a pas de…
On peut…	On ne peut pas…
Il y a/On trouve plein de…	Il y a trop de…/Il n'y a pas assez de…
J'aime ma ville/ mon village… parce que…	Je n'aime pas beaucoup mon quartier, parce que…
	Je voudrais…

4 La vie en ville et à la campagne

✔ Life in a town and in the country
✔ Direct object pronouns with a verb in the perfect tense
✔ The negatives *ne…rien* and *ne… personne*

1 📖 C'est la ville, la campagne ou les deux?

1 Il y a des problèmes de circulation et beaucoup de bruit.

2 On peut se promener dans les champs et voir les animaux.

3 On peut utiliser les transports en commun.

4 C'est tranquille, il n'y a pas beaucoup de bruit.

5 Il n'y a pas beaucoup de danger.

6 Il y a beaucoup de choses à faire pour les jeunes, c'est excitant.

7 L'insécurité est un problème.

8 On est loin de tout, on doit toujours utiliser la voiture.

9 Il n'y a pas beaucoup d'espaces verts et c'est pollué.

10 Il n'y a pas beaucoup de distractions, on s'ennuie.

2a 🎨 Tu es d'accord? Copie les phrases qui correspondent à ton opinion. Adapte-les si nécessaire.

Exemples: L'insécurité est un problème à la campagne aussi.
Ma ville est petite, il n'y a pas beaucoup de distractions, on s'ennuie.

b 💬 Lis ta liste à ton/ta partenaire et comparez!

Point grammaire

Using direct object pronouns with a verb in the perfect tense

Look at these two examples:

- *J'aime les arbres. Je **les** ai toujours aimé**s**.*
  I like trees. I have always liked them.

- *La carte postale, je **l'**ai achet**ée** au magasin.*
  The postcard… I bought it in the shop.

When a verb is used in the perfect tense with the *avoir* auxiliary, its past participle agrees with the direct object pronoun, if there is one. This pronoun is placed **before** the auxiliary.

3a 📖 Vivre en ville ou à la campagne? Lis ces extraits.

> *Moi, j'habite à Bruxelles et j'y suis très heureuse. Je peux sortir tous les soirs, donc c'est fantastique! J'aime l'ambiance, c'est très animé. Je ne voudrais pas habiter à la campagne où il n'y a rien pour les jeunes comme moi, c'est trop ennuyeux.*

Flore, 18 ans

> *Moi, je veux être fermier, comme mes parents. J'adore la campagne et les animaux. J'aime le calme et la nature, les arbres. Je les ai toujours aimés. Je déteste la ville car c'est stressant. Dans une ville, il y a du bruit jour et nuit.*

Martin, 17 ans

> *J'habite en ville parce que je travaille en ville, donc c'est pratique pour moi. Et puis la ville, c'est plus dynamique. Mais j'aime bien la campagne pour les vacances car j'adore me promener dans les champs. C'est reposant.*

Olivier, 21 ans

> *Moi, j'habite au 12ème étage dans la banlieue de Lyon. Il y a des immeubles de tous les côtés, donc ce n'est pas très beau! Je voudrais vivre à la campagne pour avoir un jardin et de l'espace.*

Rose, 26 ans

b Copie et complète le tableau.

	Aime la campagne?	Pourquoi?	Aime la ville?	Pourquoi?
Flore	Non, c'est trop ennuyeux	Il n'y a rien pour les jeunes	Oui, elle est très heureuse	Elle peut sortir tous les soirs
Martin				
Olivier				
Rose				

4 🎧 Qui parle? Flore, Martin, Oliver ou Rose?

Exemple: 1 = Olivier

5a 📖 Lis la lettre de David.

Salut Gaëtan!

Ça va? Moi non! Je suis à Corsavy en vacances avec ma famille et je m'ennuie à mourir! C'est un petit village de 185 habitants dans la montagne. Je n'ai pas de réception pour le portable, et internet n'est pas arrivé dans le village! Alors, je suis obligé de t'écrire une carte postale! Je l'ai achetée dans le seul (!) magasin du village.

Mes parents aiment beaucoup le village parce que c'est très calme. (C'est normal, il n'y a pas de jeunes!) Ma mère se repose et mon père fait des promenades dans la forêt. Moi, je ne fais rien. Les promenades dans la montagne, c'est trop fatigant. Nous sommes à Corsavy depuis 3 jours et je n'ai vu personne de mon âge! Il n'y a rien ici. Il y a une piscine en plein air, mais il fait froid et il n'y a personne.

Demain matin, je vais aller à la pêche avec mon père. Il m'a dit qu'il y a beaucoup de poissons dans le lac. Mais je suis nul et je ne vais rien attraper! Heureusement, dans 4 jours, nous rentrons à Lyon!

À plus!

David

| je m'ennuie à mourir | I'm bored to death |

b Copie et complète le tableau.

	Problème
Internet	Il n'y a pas internet dans le village
Le téléphone portable	
Les promenades dans la montagne	
Les jeunes	
La piscine	
La pêche	

6 ✏️ 💬 Avec un(e) partenaire, fais la liste de toutes les formules négatives utilisées dans la lettre de David. Traduisez-les en anglais.

Exemple: *Il n'y a rien ici.*
There is nothing here.

❗ POINT LANGUE

Saying how far a place is

You can explain how far (in distance or in time) something is in this way: *La mer est à 10 minutes; Les magasins sont à 200 mètres*.

If you want to specify this distance in relation to a specific place, use the preposition *de*: *La mer est à 10 minutes de la maison*; *La ferme est à 10 kilomètres du village*.

Point grammaire

Using *ne...rien* and *ne...personne*

In the present tense, the two parts of the negatives *ne...rien* (nothing/not anything) and *ne...personne* (nobody/not anyone) are placed around the verb.

Example: Je *ne* fais *rien* et je *ne* vois *personne*.
I don't do anything and I don't see anyone.

Note the placing of *ne...rien* and *ne...personne* with a verb in the perfect tense:

Je *n'ai* *rien* fait et je *n'ai* vu *personne*.
I have done nothing and I have seen nobody.

and with a verb in the immediate future:

Je *ne* vais *rien* faire et je *ne* vais voir *personne*.
I am not going to do anything and I am not going to see anybody.

7 💬 Réponds aux questions suivantes.

1 Tu voudrais passer tes vacances à Corsavy? Pourquoi?
2 Donne deux aspects positifs et deux aspects négatifs de Corsavy.

8 🎧 Brieuc explique pourquoi il aime beaucoup habiter dans son village, Saint-Évarzec.

a Complète les phrases.

1 Saint-Évarzec est à .... minutes de la mer.
2 La ferme est à .... mètres de la maison.
3 Il y a un terrain de foot à .... du centre-ville.
4 La ville de Quimper se trouve à .... de Saint-Évarzec.

b Écoute encore et note quatre choses que Brieuc aime là où il habite.

9 ✏️ 💬 Réponds aux questions, puis lis tes réponses à un(e) partenaire.

— Tu habites en ville ou à la campagne?
— Moi, j'habite...
— C'est loin de la ville/campagne?
— C'est à ... kilomètres/minutes de...
— Il y a des magasins près de chez toi?
— Il y a des magasins à... de...
— Tu préfères la ville ou la campagne?
— Je préfère la...
— Pourquoi ?
— Parce que c'est/il y a...

5 Chez toi

1 📖 Choisis les expressions correctes pour compléter la description de Brieuc.

Pendant longtemps j'ai habité dans une maison mitoyenne en ville, dans la banlieue de Quimper. Nous avons déménagé il y a 3 ans. Maintenant, nous habitons à la campagne, dans .... Elle n'est pas grande, mais autour de la maison nous avons .... avec une pelouse devant.

.... , il y a la cuisine, la salle à manger et .... , et au premier étage nous avons deux chambres et ....

Un petit escalier monte .... , où se trouve le grenier. Nous n'avons pas de cave, mais nous avons .... derrière la maison.

un assez grand jardin	**au deuxième étage**
le hall d'entrée	**une salle de bains**
une maison individuelle	**un garage**
au rez-de-chaussée	

2 🎧 Où habitent-ils? C'est comment?

Qui?	Type de logement	Depuis combien de temps?	Où?	Nombre de pièces	Il n'y a pas de...
Mme Brun	maison mitoyenne	10 ans	village à la montagne	6	jardin
Alice					
M. Chenau					
Sébastien					

3 🎧 Écoute encore les interviews. Note des détails supplémentaires.

4 🎧 Écoute encore Mme Brun, Alice, M. Chenau et Sébastien. Ils aiment là où ils habitent? Pourquoi?

Exemple: Mme Brun: oui, vues magnifiques de la montagne, voisins gentils.

une cave	a cellar
partager	to share
le sous-sol	the basement

La maison de Brieuc

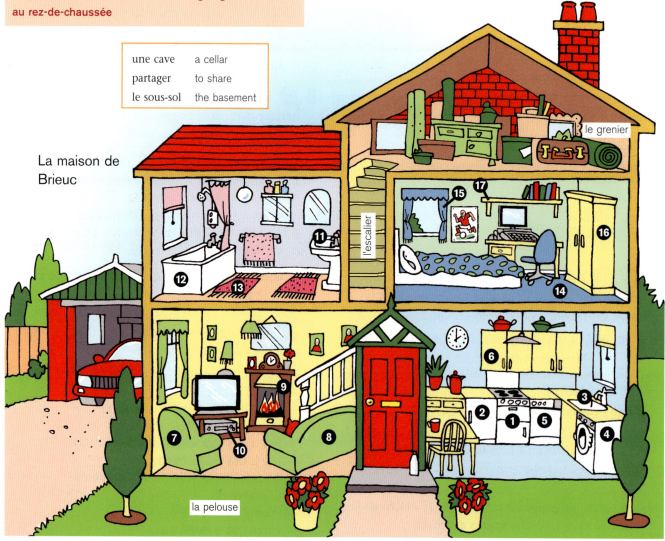

le grenier

l'escalier

la pelouse

5 Dans la maison de Brieuc.

a 🎧 Écoute les six descriptions. Regarde le dessin page 48. Trouve et corrige les trois phrases qui sont fausses.

b 💬 Invente des phrases supplémentaires. Ton/Ta partenaire décide si elles sont vraies ou fausses.

Exemple: • *Dans le salon, le lecteur de DVD est sur la télévision.*
• *C'est faux, le lecteur de DVD est sous la télé.*

6 📖 Brieuc décrit sa chambre. Complète la description avec les mots de la liste.

J'ai ma propre chambre, au premier étage. Elle est assez grande et très confortable, avec une .... et des rideaux bleus. Je n'ai pas beaucoup de meubles, mais en face de mon lit j'ai une .... pour mes vêtements.

.... le lit et l'armoire, il y a un .... avec mon PC où je fais mes devoirs. Mon beau-père a mis une .... sur le mur au-dessus du bureau, pour mes livres. Bientôt, je vais y mettre une chaîne hi-fi — je travaille tous les samedis pour la payer! J'ai des .... de foot sur les murs. J'aime beaucoup ma chambre, elle est trop cool!

étagère	armoire	moquette
bureau	entre	posters

7 💬 Pose ces questions à ton/ta partenaire.

1 Tu habites dans une maison ou un appartement? Tu habites là depuis combien de temps?

2 Il y a combien de pièces? Tu as un jardin?

3 Tu aimes ta maison/ton appartement? Pourquoi?

4 Décris ta chambre. Tu l'aimes? Pourquoi?

8 ✏️ Tu es une star de cinéma. Imagine la maison idéale pour tes vacances. Écris une description (où c'est situé, si c'est grand, ce qu'il y a exactement, pourquoi c'est idéal etc.) et fais un dessin ou cherche une photo.

Point grammaire

Possessive adjectives

my → *mon, ma, mes*	our → *notre, nos*
your → *ton, ta, tes*	your → *votre, vos*
his/her/its → *son, sa, ses*	their → *leur, leurs*

French possessive adjectives agree in gender and in number with the noun that they accompany (i.e. with the 'possession', not with the 'possessor').

Examples: • *sa maison, son jardin, ses voisins*
his/her house, his/her garden, his/her neighbours
• *notre maison, notre jardin, nos voisins*
our house, our garden, our neighbours

Point grammaire

Prepositions

To explain where things are located, use the following prepositions:

*en face de**	opposite
*au-dessous de**	below/underneath
*au fond de**	at the back (of)/end (of)
*au-dessus de**	above
*à gauche de**	to the left of
*à droite de**	to the right of
*à côté de**	next to
*autour de**	around
*près de**	near
*loin de**	far from
devant	in front of
derrière	behind
entre	between
sous	under

*de changes to *du/de la/de l'/des*, according to the gender and number of the word that follows.

Example: *Il est **au fond du** couloir, **en face de l'**entrée.*
It is **at the end of the** corridor, **opposite the** entrance.

Paper 3: speaking

Tips for success

- Read the instructions before looking at the individual tasks, as they set the scene by telling you where you are, what the situation is and to whom you are speaking. (For example, you are in a cinema and you want to buy some tickets. You are talking to the cinema assistant.)

- Decide whether you need to use *tu* or *vous*. If speaking to a friend, remember to use *tu*. Use *vous* if speaking to an adult.

- Check the amount of information required. Some tasks require two pieces of information.

- Look at the vocabulary in the tasks, as you may be able to use some of it in your answer.

Role play A

Vous téléphonez à une agence de location pour louer un appartement de vacances. Vous parlez avec l'employé(e).

1 **(i)** Saluez l'employé(e) **et**

    (ii) Dites que vous voulez louer un appartement de vacances.

2 Dites pour quelle date vous voulez l'appartement.

3 Dites pour combien de jours vous voulez l'appartement.

4 Écoutez l'employé(e) et choisissez un des appartements.

5 **(i)** Remerciez l'employé(e) **et**

    (ii) Posez **1** question sur l'appartement (par exemple: parking? jardin?).

The instructions tell you that you are phoning a letting agency to hire a holiday flat. You are speaking with the employee.

'Greet the employee': an appropriate greeting is ***Bonjour Monsieur/Madame***.

'Say that you want to hire a holiday flat': ***Je voudrais*** (or ***Je veux***) ***louer un appartement de vacances***.

'Say for which date you want the flat' and 'Say for how many days you want the flat' are both straightforward. Appropriate responses are: ***C'est pour le 25 mars*** and ***c'est pour sept jours***.

'Thank the employee': ***Merci Monsieur/Madame***.

'Ask a question about the flat (car park? garden?)': you could ask 'Is there a car park? (***Est-ce qu'il y a un parking?***) or 'Where is the car park?' (***Où est le parking?***), or a different question such as ***Il y a combien de chambres?*** or ***Il y a une douche dans la salle de bains?*** (Remember to make your voice go up at the end of a sentence if you ask a question without a question word.)

'Listen to the employee and choose one of the flats' gives you a clear hint that you have to make a choice, so you need to listen carefully to the options. In your preparation time, think of some phrases that might help, such as: ***Je voudrais louer*** (I would like to hire), ***je vais choisir*** (I am going to choose), ***je vais prendre*** (I am going to take). In this instance the information given by the examiner is: **'Nous avons un appartement dans la capitale et un autre à la montagne'**, which means: 'We have a flat in the capital and another in the mountains'. Possible appropriate responses are therefore: ***Je voudrais louer l'appartement à la montagne*** or ***Je vais louer l'appartement dans la capitale***.

Tips for success

To do well in the role plays, it is important to:

- communicate all the information stipulated in the tasks

- use accurate language

- use the appropriate register (i.e. use *vous* or *tu*)

- pronounce words accurately

- avoid long pauses and a lot of hesitation. If you do not understand a question, ask for it to be repeated, by saying: *Vous pouvez répéter s'il vous plaît?*

 Listen to the student carrying out role play A.

In your opinion, does the student *communicate all the information, use accurate language and the appropriate register, avoid hesitation and pronounce words accurately?*

Role play B

Vous passez une semaine en France chez votre correspondant(e) Dominique. Son/Sa cousin(e), Michel(le), que vous ne connaissez pas, arrive. Il/Elle est surpris(e) de vous trouver là.

1 (i) Saluez le/la cousin(e) **et**

   (ii) Expliquez la situation.

2 Répondez à la question.

3 Dites ce que vous avez déjà fait en France. (Donnez **2** détails.)

4 (i) Donnez une opinion positive sur la France.

   (ii) Dites pourquoi vous aimez la France.

5 Posez **1** question sur le climat dans la région.

 Listen to a student carrying out role play B. In your opinion does the student *communicate all the information, use accurate language and the appropriate register, avoid hesitation and pronounce words correctly?*

With a partner, think of some different responses to the tasks in role plays A and B above.

The instructions tell you that you are spending a week in France with your penfriend, Dominique. His/Her cousin Michel(le), whom you do not know, arrives. He/She is surprised to see you there.

'Greet the cousin': an appropriate greeting is **Salut Michel(le)** or **Bonjour Michel(le)**.

'Explain your situation': **Je passe une semaine en France chez Dominique** or **Je suis en France pour une semaine.**

'Answer the question': as there is no clue about what the question is, you need to listen for the question word, such as **Pourquoi?** (Why?), **Quand?** (When?), **Où?** (Where?), **Comment?** (How?) and you also need to listen for the tense of the question, as you may be asked for some details relating to the past, present or future. The question asked in this instance is: **Où habitez-vous?** (Where do you live?). An appropriate response could be: **J'habite dans le nord**.

'Say what you have already done in France' (requires an answer in the perfect tense)

'Give two details'. Answers could include: **J'ai visité un château et j'ai fait des excursions** or **Je suis allé(e) au parc et j'ai fait du shopping.**

'Give a positive opinion about France': appropriate responses include: **J'aime beaucoup la France**, **La France est fantastique** or **J'adore la France**.

'Say why you like France': **La France est belle**, **La cuisine est délicieuse** or **Il y a beaucoup à voir** are examples of acceptable answers.

'Ask a question about the climate in the area': possible questions include: **Quel temps fait-il dans la région en hiver?** or **Il pleut beaucoup en automne dans la région?**

Vocabulaire

Le climat   Climate

Le climat est chaud/ensoleillé/froid/tropical.   The climate is hot/sunny/cold/tropical.

Les étés sont tempérés./Les hivers sont doux.   Summers are temperate./Winters are mild.

Les pluies sont fréquentes.   Rain is frequent.

Il y a des risques d'averses/d'inondations.   There is a risk of showers/floods.

Le vent souffle/le vent est violent.   The wind blows/the wind is strong.

En été/En automne/En hiver/Au printemps, il fait…/il y a… .   In summer/In autumn/In winter/In spring, the weather is…/there is/are… .

la saison chaude/froide/fraîche/des pluies/sèche   the hot/cold/cool/rainy/dry season

Ma région   My region

C'est une région agricole/industrielle/montagneuse/rurale/touristique.   The region is agricultural/industrial/mountainous/rural/touristic.

Dans la région, il y a…   In the region there are…

   …beaucoup de choses à visiter.   …lots of things to visit.

   …des collines/des forêts/des montagnes/des ports de pêche.   …hills/forests/mountains/fishing harbours.

C'est…/C'est situé (Ça se trouve)…   It is…/It is located…

   …à 10 kilomètres de la côte/près de la frontière.   …10 kilometres away from the coast/near the border.

   …dans le nord du pays/sur une île.   …in the north of the country/on an island.

C'est une région qui attire beaucoup de touristes.   The area attracts lots of tourists.

C'est une région connue pour…   It is an area known for…

   …ses paysages/ses sites touristiques.   …its scenery/its tourist sites.

   …ses stations balnéaires/ses stations de ski.   …its sea resorts/its ski resorts.

Ma ville et mon village   My town and my village

C'est un petit/grand village/une ville moyenne.   It is a small/big village/medium-sized town.

C'est à la campagne/à la montagne/au bord de la mer.   It is in the country/in the mountains/by the seaside.

C'est une ville de 3 500 habitants environ/d'accès facile.   It is a town of approximately 3,500 inhabitants/easy to get to.

C'est une ville administrative/commerciale/culturelle/historique/pittoresque/touristique/connue.   It is an administrative/commercial/cultural/historic/picturesque/touristic/well-known town.

C'est une ville où il (n') y a (pas)…   It is a town where there are (not)…

   …beaucoup de choses à visiter.   …lots of things to visit.

   …toutes sortes de distractions.   …all types of entertainment.

On y trouve…/Nous avons…   You can find…/We have…

   …un centre commercial/un centre médical.   …a shopping centre/a medical centre.

   …un parc avec un étang/une piscine en plein air.   …a park with a pond/an open-air swimming pool.

   …un quartier ancien/des pistes cyclables.   …an old district/cycle paths.

   …des rues étroites/des salles de spectacles.   …narrow streets/concert halls (also cinemas and theatres).

   …quelques boutiques/plusieurs écoles/peu de magasins.   …some boutiques/several schools/few shops.

Les avantages et les inconvénients   Advantages and disadvantages

Le village a du caractère/du charme.   The village has got character/charm.

La vieille ville est très belle.   The old town is very beautiful.

Les alentours sont magnifiques.   The surroundings are magnificent.

Les installations sportives sont excellentes.   The sports facilities are excellent.

Les transports en commun sont bons.   Public transport is good.

Il y a toujours quelque chose à faire./Il n'y a rien à voir.   There is always something to do./There is nothing to see.

Il y a trop de/plein de circulation/touristes en été.   There is/are too much/too many/loads of traffic/tourists in the summer.

Il y a du bruit jour et nuit.   There is noise day and night.

Il n'y a pas assez de choses à faire pour les jeunes/d'espaces verts. There are not enough things for young people to do/green spaces.

On peut y faire des promenades en bateau/du sport. You can go on boat rides/do sport there.

Pour les jeunes/les touristes, il y a... For the young/the tourists, there are...

    ...des discothèques/des expositions. ...discos/exhibitions.

    ...un magasin de souvenirs/un marché sur la place. ...a souvenir shop/a market on the square.

    ...des monuments historiques/des salles de sport. ...historic monuments/sports halls.

C'est très/assez/plutôt/un peu... It is very/quite/rather/a little...

    ...calme/animé/bruyant/tranquille/isolé/agréable. ...calm/lively/noisy/quiet/isolated/pleasant.

Les pays et les nationalités   Countries and nationalities

l'Afrique (f)/africain(e) Africa/African

l'Allemagne (f)/allemand(e) Germany/German

l'Amérique (f)/américain(e) America/American

l'Angleterre (f)/anglais(e) England/English

la Belgique/belge Belgium/Belgian

le Canada/canadien (-enne) Canada/Canadian

l'Écosse (f)/écossais(e) Scotland/Scottish

l'Espagne (f)/espagnol(e) Spain/Spanish

les États-Unis (m) USA

l'Europe (f)/européen (-enne) Europe/European

la France/français(e) France/French

la Grande-Bretagne/britannique Great Britain/British

la Grèce/grec (grecque) Greece/Greek

la Hollande/hollandais(e) Holland/Dutch

l'Irlande (f)/irlandais(e) Ireland/Irish

l'Italie (f)/italien (-enne) Italy/Italian

le Luxembourg/luxembourgeois(e) Luxembourg/Luxembourger

le pays de Galles/gallois(e) Wales/Welsh

le Portugal/portugais(e) Portugal/Portuguese

le Royaume-Uni United Kingdom

le Sénégal/sénégalais(e) Senegal/Senegalese

la Suisse/suisse Switzerland/Swiss

J'habite en Écosse/au Canada/aux États-Unis. I live in Scotland/in Canada/in the USA.

C'est un pays anglophone/francophone. It is an English-speaking/a French-speaking country.

Maison ou appartement?   House or flat?

J'habite dans... I live in...

    ...un appartement en ville/un petit studio. ...a flat in town/a small studio flat.

    ...une maison mitoyenne/jumelée. ...a terraced/semi-detached house.

    ...une maison individuelle/un pavillon. ...detached house.

    ...une maison en rez-de-chaussée/une maison de plain-pied. ...a bungalow.

C'est... It is...

    ...dans un immeuble/un lotissement/un quartier calme. ...in a block of flats/on a housing estate/in a quiet area.

    ...près du centre-ville/en banlieue/à la campagne/ ...near the town centre/in the suburbs/in the country.

J'y habite depuis 3 ans/depuis toujours. I have lived here for 3 years/I have always lived here.

Nous avons déménagé il y a 6 mois. We moved (house) 6 months ago.

J'aime/Je n'aime pas ma maison parce que... I like/I don't like my house because...

    ...c'est confortable/spacieux/bien décoré. ...it is comfortable/spacious/nicely decorated.

    ...j'ai ma propre chambre. ...I have my own bedroom.

Nous avons des voisins sympa/agaçants/curieux. We have friendly/annoying/nosy neighbours.

1 On parle des repas

✔ **Food and drink, mealtimes and eating habits**
✔ **Typical meal and special meal**
✔ *Avant de* + infinitive

1 📖 Classe les nourritures et les boissons dans les catégories suivantes. Tu peux ajouter d'autres mots?

Fruits	Légumes	Boissons	Viandes	Poissons	Autres

le cidre
les chips
l'eau
le rôti
la truite
la baguette
l'ananas
l'agneau
l'orange

les champignons
les cerises
le poulet
la bière
le yaourt
le saumon
les frites

les haricots verts
les pommes de terre
le pâté
le porc
le jus de raisin
le riz
le jambon
les saucisses
le thé
le sel

2 💬 Dans une salade de fruits, qu'est-ce qu'on peut mettre?

un abricot	des fraises	du raisin
du veau	du bœuf	du poivre
une pêche	des fruits de mer	une poire
des cerises	de la confiture	un chou
des légumes	des framboises	

Tu connais d'autres fruits?

3 🎧 Qu'est-ce qu'ils ont mangé hier? Écoute, puis remplis la grille.

	Le petit déjeuner	Le déjeuner	Le goûter	Le dîner
1				
2				
3				

4 🎧 Écoute Brieuc et note les heures de ses repas, où il mange, avec qui et les différences entre la semaine et le week-end.

5a 💬 Pose ces questions à ton/ta partenaire. Prends des notes.

1 À quelle heure est-ce que tu prends tes repas, d'habitude?
2 Tu manges seul(e), avec ta famille ou avec des copains/copines?
3 Qu'est-ce que tu manges, en général?
4 Les jours d'école, tu manges à la cantine, ou tu rentres chez toi? Pourquoi?

b 💬 Utilise tes notes pour expliquer à une autre personne.

Exemple: *Pendant la semaine, [Sam] prend son petit déjeuner à 7 h 30 avec son frère. Le week-end, il va quelquefois au restaurant avec…*

6 📖 Regarde le menu du collège Marcel Pagnol (page 55) pour la première semaine après les vacances de Noël et réponds aux questions.

1 Au collège Pagnol, est-ce que le plat principal est toujours de la viande?
2 Est-ce qu'il y a toujours des légumes au menu?
3 Les élèves peuvent choisir des plats différents?
4 Tu préfères le menu de quel jour? Pourquoi?
5 Qu'est-ce que tu penses de ce menu? Il est très différent des menus de ta cantine? Explique.

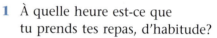

7 🎧 Fabien donne les ingrédients d'une salade composée, du céleri rémoulade et de la ratatouille.

a Écoute et écris les numéros des ingrédients pour chaque plat.

1 des aubergines	**10** de l'avocat
2 de la mayonnaise	**11** du céleri-rave
3 du poivron	**12** des olives noires
4 des croûtons	**13** du concombre
5 de l'oignon	**14** des courgettes
6 du vinaigre	**15** de l'huile d'olive
7 de la moutarde	**16** de la laitue
8 de l'ail	**17** du sel et du poivre
9 du jus de citron	**18** des tomates

b Écoute encore et donne un détail supplémentaire en français.

8 📖 Lis le texte sur le repas de Noël français: c'est vrai (V), faux (F) ou pas mentionné (PM)?

1 Les Français mangent deux grands repas pour Noël.
2 Le réveillon a toujours été un repas copieux.
3 Les Français vont à l'église après le réveillon.
4 On ne fait jamais le réveillon en famille.
5 On sert souvent des fruits de mer en hors d'œuvres.
6 On mange les mêmes légumes qu'en Angleterre avec la dinde.
7 On sert la bûche de Noël avant le fromage.
8 On ouvre les cadeaux après le réveillon.

9 🖍 Écris un paragraphe pour parler du repas de Noël ou d'un repas spécial dans ton pays/ta famille.

Académie de MONTPELLIER · **Collège Marcel PAGNOL**
PERPIGNAN

Menu

Mardi 3 janvier — Salade composée / Steak haché / Pâtes / Fromage / Fruit

Jeudi 5 janvier — Céleri rémoulade / Escalope de dinde / Frites / Glace et biscuit

Vendredi 6 janvier — Saucisson beurre / Poisson pané avec citron / Riz/Ratatouille / Galette des rois

La galette des rois est le gâteau servi traditionnellement en France le 6 janvier, pour la fête religieuse de l'Épiphanie. L'Épiphanie célèbre la visite des Rois mages (*the Three Wise Men*) à Jésus.

Le repas de Noël

Pour la majorité des gens, et en particulier pour les jeunes, le premier repas de Noël, c'est le réveillon: il se fait la veille de Noël, vers minuit. À l'origine, les gens prenaient une légère collation et une boisson chaude au retour de la messe de minuit. Avec le temps, la collation s'est transformée en véritable festin, et le réveillon est aujourd'hui aussi copieux que le repas du jour de Noël. Toutefois, si le réveillon peut se faire entre amis, le repas du jour de Noël se fait généralement en famille.

Que mange-t-on? Cela varie d'une région à l'autre, mais un menu typique inclut la dinde farcie aux marrons, servie avec des haricots verts et des pommes de terre rôties. Avant de commencer le repas, on sert d'habitude l'apéritif. En entrée, il n'est pas rare de déguster des huîtres ou du foie gras servi sur des toasts grillés, et un vin blanc sec. Avant de vous servir la traditionnelle bûche de Noël en dessert, on vous offre une salade verte puis un plateau de fromages. Le vin rouge accompagne la viande et le fromage, et une tasse de café conclut le repas.

une collation	light refreshment/ light meal
un festin	feast
la veille	eve

Point grammaire

Avant de + infinitive

To convey the idea of doing something before doing something else, use *avant de* followed by a verb in the infinitive (whatever the form or the tense of the verb in English).

Examples: • *Nous allons l'appeler **avant de sortir**.*
We are going to call her before going out.

• *Il a déjeuné **avant de partir**.*
He had lunch before he left.

Find two examples of this construction in *Le repas de Noël* and make up two sentences of your own using the construction.

2 Préférences et recettes

✔ **Food and drink preferences**
✔ **Recipes**
✔ **The pronoun** *en*
✔ **Adverbs**
✔ **Object pronouns with the imperative**

1 🖊 Lis les textes.

Magalie

> J'aime beaucoup de choses, mais ma nourriture préférée, c'est le fromage. J'en mange à tous les repas parce que c'est vraiment délicieux! Je n'aime pas beaucoup les légumes, et je déteste le chou-fleur. Je trouve le goût bizarre par conséquent je n'en mange jamais.
>
> Comme boisson, j'aime l'eau minérale. J'en bois beaucoup, parce que c'est très bon pour la santé. Je n'aime pas beaucoup les boissons gazeuses. Les boissons gazeuses, ça ne me dit rien car c'est trop sucré.

Paul

> Ce que je préfère dans un repas, c'est la viande: un bifteck au poivre ou de la saucisse grillée, mmmh... c'est vraiment très bon! Par contre, j'ai horreur du poisson, c'est dégoûtant. Je n'aime pas l'odeur, ça sent mauvais. Et je suis allergique! J'aime tous les légumes et j'adore les petits pois frais du jardin — pas en boîte et pas surgelés!
>
> J'aime bien boire du jus de raisin, c'est différent. Mais je n'aime pas beaucoup le vin, d'ailleurs j'en bois rarement. Enfin, je bois quelquefois de la bière, ce n'est pas mauvais.

a Trouvez le français pour ces phrases.

1. It's very good for your health.
2. It's really delicious.
3. It's not bad.
4. Fizzy drinks don't appeal to me.
5. I never eat any.
6. It's too sweet.
7. It's disgusting.

b Réponds aux questions en francais.

1. Pourquoi est-ce que Magalie mange du fromage à tous les repas?
2. Elle déteste le chou-fleur? Pourquoi?
3. Qu'est-ce qu'elle préfère boire? Pourquoi?
4. Comment sait-on que Paul n'est pas végétarien?
5. Qu'est-ce qui dégoûte Paul à propos du poisson?
6. Pourquoi est-ce qu'il boit rarement du vin?

2 🎧 Écoute et note la nourriture et la boisson favorites de Fabien, André, Faly, Gabi et Brieuc. Note aussi des détails supplémentaires.

3 💬 À deux, adaptez les phrases puis comparez.

Exemple: **Le fromage**, c'est délicieux.
→ *Les pommes, c'est délicieux.*

1. Je déteste **le chou-fleur**, je n'en mange jamais.
2. Comme boisson, j'aime **l'eau minérale**.
3. **Les boissons gazeuses**, ça ne me dit rien.
4. J'ai horreur **du poisson**, car c'est dégoûtant.
5. J'aime bien manger **des légumes**, parce qu'à mon avis c'est très bon.
6. Je bois quelquefois **de la bière**, en fait ce n'est pas mauvais.
7. Les boissons gazeuses, **c'est trop sucré**.

4a 📖 Quelle description correspond à quel plat?

le pot-au-feu

le cassoulet

le cari

1. Un plat à base de haricots secs et de viande de porc, avec un peu de tomate et d'ail.
2. De la viande de bœuf cuite avec des légumes: poireaux, carottes, oignon et pommes de terre.
3. Du poulet cuit avec des tomates, de l'oignon, de l'ail, du thym et des épices.

b 🎧 Quel est le plat préféré de chaque personne (1–3)? Note des détails supplémentaires en français.

5 🖊 Tu es une personne célèbre. Prépare des notes pour répondre à ces questions.

1. Qu'est-ce que tu aimes boire et manger?
2. Quel est ton plat préféré?
3. Tu peux le décrire?
4. Tu en manges souvent?

une mangue	mango	cuit(e)	cooked
frit(e)	fried	les pâtes(f)	pasta

6 🎧 La mère de Brieuc explique la recette d'un gâteau traditionnel de Bretagne: le far breton. Écris la quantité correcte pour chaque ingrédient.

sucre	œufs	beurre	farine
miel	pruneaux	lait	

une cuillerée à soupe	a tablespoonful

7 📖 Maintenant, trouve la bonne description pour chaque dessin.

a Versez délicatement la pâte sur les pruneaux et mettez le tout au four (50 minutes à 180°C).

b Ajoutez la farine petit à petit, puis ajoutez le miel et mélangez-le lentement à la pâte.

c Coupez les pruneaux en deux et mettez-les immédiatement dans un plat à four beurré.

d Ajoutez-y le lait et le beurre fondu.

e Battez les œufs avec le sucre.

Using the pronoun *en*

Look at the following sentences:

Example: *Voilà les pâtes, tu **en** veux? Non, j'**en** ai déjà.*
Here is the pasta. Do you want any? No, I already have some.

En often translates into English as 'some' or 'any'. It can also be used in conjunction with a number, or other specific quantity.

Example: – *Vous avez visité des musées?*
– *Oui, nous **en** avons visité **deux**.*

In this kind of sentence, *en* is usually translated as 'of them' or 'of it', or not at all.

Example: We visited two (of them).

En is usually placed immediately before the verb (or the auxiliary), even in the negative.

Example: *J'ai acheté des œufs, mais je n'**en** ai pas mangé.*

⚠️ **POINT LANGUE**

Using adverbs

• Adverbs are words or phrases such as 'slowly', 'really' etc. which modify the meaning of other words or phrases. French adverbs often end in '-ment': *lentement, vraiment*. However, some of the most commonly used adverbs do not follow this pattern, for example *vite* (quickly), *beaucoup* (a lot), *bien* (well), *mal* (badly), *assez* (enough), *très* (very), *petit à petit* (gradually), *d'habitude* (usually) etc.

Note that adverbs are invariable (i.e. they do not agree in gender or number).

Examples: *Elle a **bien** mangé; Ils cuisinent **bien**.*

• Find four adverbs in the recipe. What does each one modify?

Using object pronouns with the imperative

Look at these sentences and note the position of the object pronoun:

• *Ajoutez le miel et **mélangez-le** à la pâte.*
Add the honey and **mix it in.**

• *Le gâteau est chaud, **ne le mangez pas**!*
The cake is hot; **do not eat it**!

An object pronoun used with a verb in the imperative is placed:
• **after** the verb if the verb if in the **affirmative**
• **before** the verb if the verb is in the **negative**

3 La cuisine française et d'ailleurs

✔ Eating trends in France and the UK
✔ Foreign food and fast food
✔ Questions using *combien?* and *combien de temps?*

1a Que mangent les Français aujourd'hui? Lis cet article.

1 La France est connue dans le monde entier pour la qualité de sa cuisine. Les Français aiment manger bien et, traditionnellement, ils donnent beaucoup d'importance aux repas.

2 Un repas de fête peut durer plusieurs heures. Le repas est souvent une excuse pour se retrouver en famille ou entre amis et pour bavarder.

3 Beaucoup de Français font leurs courses dans les marchés, et la majorité préfère les produits frais aux produits surgelés. Les "produits bio" ont de plus en plus de succès, mais ils sont un peu chers.

4 Mais les Français qui travaillent n'ont pas toujours le temps de cuisiner, et la restauration rapide, les plats à emporter et les plats préparés, français ou étrangers, sont aussi populaires.

5 Toutefois, en France, "fast-food" ne rime pas nécessairement avec "hamburger": les Français préfèrent un sandwich au saucisson (les baguettes françaises sont si bonnes!) ou une salade composée.

plats à emporter	takeaway meals
les produits bio	organic products

b Choisis un titre pour chaque paragraphe.

a Tout le monde sait qu'en France, bien manger est une priorité

b Les Français ne sont pas étrangers à la restauration rapide

c Les Français ont une préférence pour les produits naturels

d Le repas est un moment de rencontre et de convivialité

e En France, la restauration rapide a un côté traditionnel

convivialité	social interaction

2a Adapte trois phrases de l'exercice 1 pour parler de ton pays. Mentionne des caractéristiques typiques.

Exemple (si tu habites en Grèce):

La Grèce est connue dans le monde entier pour sa cuisine saine et variée.

Traditionnellement, les Grecs donnent beaucoup d'importance à l'huile d'olive.

Un repas de fête important, en Grèce, est le repas du dimanche de Pâques. Les préparatifs peuvent durer plusieurs heures.

b Écoute les phrases de tes amis de classe. En groupe, sélectionnez les dix meilleures. Individuellement, écrivez un article basé sur ces dix phrases. Ajoutez des exemples et justifiez vos opinions si possible.

3 Ces trois personnes aiment la cuisine étrangère? Trouve deux lettres correctes pour chaque personne.

Exemple: 1 — a

a Je mange souvent des plats étrangers au restaurant.

b Cette cuisine étrangère est très spéciale.

c La cuisine des autres pays, c'est intéressant.

d J'adore essayer des plats nouveaux.

e Les ingrédients sont bizarres!

f C'est trop piquant pour moi.

g Je n'aime pas les plats épicés.

épicé	spicy
piquant	hot

4a Tu aimes la cuisine étrangère? Explique!

Exemple: J'aime beaucoup la cuisine italienne. J'adore les pâtes et les pizzas parce que…

b Lis ton texte à un(e) partenaire, puis écoute son texte. Vous êtes d'accord? Discutez!

5 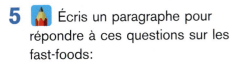 Écris un paragraphe pour répondre à ces questions sur les fast-foods:

1 Qu'est-ce que tu penses de la restauration rapide? Tu aimes ça? Pourquoi?
2 Est-ce que tu manges souvent dans un fast-food? Quand? Avec qui?
3 Qu'est-ce que tu y manges, exactement?
4 Est-ce que tu achètes/ta famille achète des produits bio? Pourquoi?

6a À ton avis, c'est la France ou l'Angleterre? C'est vrai?

1 On y mange souvent du rosbif le dimanche.
2 On aime bien le steak saignant ou à point.
3 On a tendance à préférer la viande bien cuite.
4 On mange des fraises en regardant le tennis.
5 Le pain frais? On en achète tous les jours.
6 Le fromage? On le mange avant le dessert.
7 On y boit en moyenne 200 litres de thé et 95 litres de bière par personne et par an.
8 Le curry y est devenu un plat national.

b Compare tes habitudes et les habitudes décrites dans l'exercice 6a. Fais une liste.

Exemple: Je ne mange jamais de rosbif, je suis végétarien. Je déteste le steak.

c Compare tes habitudes et les habitudes de ton/ta partenaire. C'est très différent?

Point grammaire

Using *combien?/combien de temps?*

Combien? translates as 'how much/many?' It can be used by itself but is usually followed by *de* (or *d'*) and a noun.

Examples:
● *Ça fait combien?*
How much does it cost?
● – *Je voudrais des pommes, s'il vous plaît.*
I would like some apples, please.
– *Oui, **combien**?*
Yes, how many?
● *Il faut **combien** de farine?*
How much flour do you need?

Combien de temps? translates as 'how long?'
Example: **Combien de temps** restez-vous en France?
How long are you staying in France?

QUESTIONS CULTURE

● *Cuisine, crème brûlée, purée, fondue, hors d'œuvre…* Why do you think these French words have become part of the English language? Do you know any others? Do you know whether their meaning is exactly the same in both languages?
● Why is the meat we eat called beef and pork, not cow and pig? Two clues: the Normans ruled over the Anglo-Saxons for hundreds of years, and the French words for beef and pork are…?
● There are also English words for food or drink used in the French language, some of which appear in this unit. Can you find any? And do you know what *un rosbif* is in France?

INFO PRONONCIATION

1 Final consonant
a The final consonant is usually pronounced in the words of one of the following two lists, but not in those of the other. Can you read both lists correctly?
(i) *le riz, une noix, un avocat, le jus, le porc, le sang, les œufs*
(ii) *un œuf, le bœuf, un os, le bifteck*
b Now listen to the recording and repeat.
c In some words, the final consonant can either be pronounced or not. Have a go, then listen to the recording and repeat.
un ananas, un yaourt, les os

2 Words containing 'gn'
a Can you say *champignon*? Now say the following:
du champagne, de l'agneau, un steak saignant, je grignote entre les repas, un oignon
b Listen to the recording and repeat.

3 Which of these would you eat or drink?
a *un désert* or *un dessert*?
b *un poisson* or *un poison*?

4 Can you say the following correctly?
a *du thé, de l'alcool, une boisson alcoolisée*
b *l'ail, le maïs, l'huile, la vanille*
c *un plat asiatique exquis et au parfum délicieux*
Now listen and repeat.

5 Just for fun, try these tongue twisters!
a *Trois truites cuites, ou trois truites crues?*
b *Six saucissons secs et sept saucisses sèches.*
c *Fruits frais, fruits frits, fruits cuits, fruits crus.*

4 Bien manger pour être en bonne santé

1  Ces aliments sont la clé d'une alimentation équilibrée. Pourquoi? Trouve les paires correctes.

1 les produits laitiers: lait, fromage, yaourts…

2 la viande, les œufs, le poisson…

3  les matières grasses: le beurre, l'huile, la crème…

6  l'eau, beaucoup d'eau, toujours de l'eau!

4 le pain, les pâtes, le riz, les légumes secs…

5 les fruits et les légumes, crus et cuits

a Indispensable au corps, elle élimine les toxines et elle hydrate.

b Ils apportent du calcium, nécessaire pour les os et les dents.

c Elles sont préférables si elles sont d'origine végétale.

d Ils apportent des vitamines, des minéraux, des fibres et de l'eau.

e Ces aliments sont une source de fer, important pour le sang.

f Ces aliments donnent beaucoup d'énergie.

2 🎧 Ils ont une alimentation saine? Trouve la lettre correcte pour chaque personne.

Exemple: 1 — b

a Elle ne prend pas de produits laitiers.
b Il ne mange que des produits gras et sucrés.
c Elle ne boit qu'un peu d'eau.
d Elle ne prend que des produits laitiers.
e Il boit trop d'alcool.
f Elle a une alimentation très variée.
g Il ne mange que des légumes en boîte.
h Il ne mange pas assez de fruits et légumes.

---

une alimentation saine/équilibrée	a healthy/balanced diet

3 ✏ Copie la grille. Pense à ce que tu manges et écris des exemples dans les colonnes appropriées.

Produits laitiers	Viandes, œufs, poisson	Matières grasses, sucre	Fruits et légumes	Pâtes, riz, légumes secs, pain	Boissons
Exemple: lait	*poulet au curry*	*barre chocolatée*	*poires*	*lentilles*	*coca*

4a ✏ Tu as une alimentation saine? Qu'est-ce que tu dois changer? Regarde ta grille. Choisis et complète cinq phrases de cette liste.

J'ai/Je n'ai pas un bon régime alimentaire parce que…

Je mange trop/bois trop de…

Je ne mange pas/ne bois pas suffisamment de…

Je ne mange jamais/ne bois jamais de…

J'ai une alimentation très/assez/trop peu variée. Je…

Je ne mange/bois que…

Je dois manger/boire plus de/moins de…

un régime alimentaire	a (food) diet

b 💬 Compare tes phrases avec les phrases de ton/ta partenaire. Qui a une alimentation plus équilibrée? Pourquoi?

5 💬 Imagine et réponds *très* vite aux questions!

1 Tu as très faim. Qu'est-ce que tu voudrais manger?
2 Maintenant, tu as très soif. Qu'est-ce que tu voudrais boire?
3 Ce que tu as choisi est bon pour ton régime alimentaire? Pourquoi?

6 📖 Fais deux listes: les bonnes habitudes et les mauvaises habitudes.

1 Je mange à des heures irrégulières, je n'ai pas de routine pour mes repas.

2 Je mange dans le calme, confortablement installé. Je prends mon temps.

3 Je mange souvent seule devant la télé ou en surfant sur internet.

4 Quand je fais un régime, je ne prends pas de petit déjeuner.

5 Je mange quand je m'ennuie, même si je n'ai pas très faim.

6 Je grignote souvent entre les repas: une barre chocolatée, des chips…

7 La bière? Oui, j'en bois, mais avec modération! Je sais me contrôler!

grignoter	to nibble
faire un régime	to be on a diet

7 a ✏️ Adapte des phrases de l'exercice 6 pour parler de tes bonnes et mauvaises habitudes.

Exemple: En général, je mange à des heures régulières…

b 💬 À deux, lisez et comparez vos phrases.

Point grammaire

Using the negative *ne…que*

Ne…que applies a restriction to a word or to the part of the sentence in which it is used and is similar to *seulement*. Both words translate as 'only'.

*Example: Je **ne** mange **que** des céréales.*
I only eat cereals.

Du, de la, de l' and *des* do not have to change to *de*, as they do with other negatives (e.g. *Je ne mange **pas de** céréales*).

When *ne…que* is used with a verb in the perfect tense, *que* is placed after the past participle.
*Example: Je **n'ai** mangé **que** des céréales.*
I only ate cereals.)

---

8 📖 Lis le mél de Fabienne et les réponses de ses copains.

Salut tout le monde!

J'en ai marre! J'arrive pas à réviser, je suis crevée, j'ai sommeil! Je vais pas être prête pour le bac! Comment vous faites, vous, pour être en forme?

Réponses urgentes souhaitées!

Bisous,

Fabienne

Salut Fabienne!

Mon secret, c'est le chocolat! Quand je fatigue ou que je déprime, un peu de choco et hop! Je repars! Courage!

À +

Nathalie

Fabienne and her friends repeatedly leave out the *ne* of *ne…pas*. This is a common occurrence in spoken and informal French (but not advisable in your French exams!)

Fabienne,

Si toi t'as pas le bac, personne l'aura, t'es la plus forte! Alors, arrête de t'inquiéter!

Mais j'y pense… est-ce que tu bois assez?

:-) David

T'as pas la pêche? Fais-toi un petit café bien fort et bien sucré! Moi, j'en prends trois ou quatre par jour en ce moment, et je m'endors pas sur la trigonométrie!

Allez, ciao!

Jérémie

Salut mon chou!

T'as pas vu la pub à la télé? « Un kiwi par jour = vitamine C = tonus et forme pour la journée! »!!!

Bisous,

Ariane

---

a Complète les phrases avec les mots appropriés.

fatiguée	bonne	Ariane	chez elle	repas
en forme	Jérémie	impatiente	mauvaise	examen

1 Fabienne et ses amis préparent un … en ce moment.
2 Elle demande conseil à ses amis parce qu'elle est … .
3 Quand elle n'est pas … , Nathalie mange du chocolat.
4 David pense que Fabienne est une … étudiante.
5 David et … donnent de bons conseils à Fabienne

b Two items of food are used in an unusual way here. What do you think 'mon chou' and 't'as pas la pêche' might mean?

9 ✏️ Écris un mél à Fabienne pour lui donner tes conseils.

5 La cuisine, la publicité et les médias

☑ **Information on food packaging**
☑ **Adverts about food and drink**
☑ **Food programmes**

1 📖 Tu comprends quel produit tu achètes? Réponds aux questions suivantes.

1. Is this product good quality? Explain.
2. Are you buying sliced or whole mushrooms?
3. Where will you find the use-by date?
4. Is this tin recyclable? How do you know?
5. Where should you store this product?
6. Besides the name and address of the producer, what other information is on the label?

les champignons (m) de Paris cultivated mushrooms

CÉBON
Champignons de Paris
ENTIERS 1ER CHOIX

Pour toute information écrite à: Service Consommateurs St ELOI BP 33 80320 CHAULNES Fabriqué par: F.C. 49400 SAUMUR France.

Valeurs nutritionnelles moyennes pour 100g	
Protéines	2,3g
Glucides	0,6g
Lipides	0,5g

CHAMPIGNONS DE PARIS 1ER CHOIX ENTIERS
Ingrédients: Champignons de Paris, eau, sel, acidifiant: E330, antioxydant: E300.
SUGGESTION DE PRÉPARATION: Égoutter les champignons sans les rincer. Pour les cuisiner en légumes, les faire revenir et assaisonner à votre goût. Ils peuvent également être utilisés directement dans une sauce ou en garniture pour personnaliser vos plats.
À consommer de préférence avant: voir date figurant sur le fond.
À conserver dans un endroit frais et sec.

Poids net 200g Poids net égoutté 115g

2 📖 C'est pour quel produit? Trouve les paires correctes.

a. 82% de matières grasses. À conserver en dessous de 6°C.
b. Servir frais. Bien agiter avant de servir pour mélanger la pulpe de fruit.
c. Après ouverture, conserver au frais et consommer dans les 48 heures.
d. À conserver à l'abri de la chaleur et de l'humidité.
e. Température de cuisson conseillée 180°C max. Laisser refroidir avant de remettre dans la bouteille.
f. Tartine et cuisson.
g. 12% Vol. Mis en bouteille à la propriété.

1. Farine pour gâteaux
2. Huile végétale
3. Vin de table
4. Beurre doux
5. Jus d'orange
6. Petits pois extra-fins
7. Margarine

3 🎧 Choisis le bon conseil pour chaque personne.

a. Regarde la date limite d'utilisation.
b. Le mode d'emploi va te renseigner.
c. Vérifie bien la liste des ingrédients.
d. Regarde si le lieu d'origine est indiqué.
e. Vérifie le nombre de calories et le pourcentage de matières grasses.

4 📖 Lis le texte. Trouve les *trois* phrases vraies.

Réconcilier le plaisir de manger et la diététique, c'est particulièrement difficile pour les jeunes car l'environnement social des jeunes est souvent très complexe. Ils reçoivent des messages très différents et contradictoires.

Il y a l'exemple des parents et de la famille, et il y a aussi les professionnels de la santé et les enseignants: ils font beaucoup d'efforts pour éduquer les jeunes en matière d'alimentation.

Les médias donnent souvent aux produits alimentaires une image ambiguë ou double: on fait par exemple de la publicité pour l'alcool, mais on dit que c'est dangereux pour la santé.

Enfin il y a les copains. Sous la pression des copains, les jeunes mangent ou boivent plus facilement quelque chose qui n'est pas bon pour leur santé.

1. Les jeunes trouvent dur de savoir quoi manger.
2. Il n'y a personne pour conseiller les jeunes.
3. Les messages des médias sont contradictoires.
4. Les jeunes aiment la publicité pour l'alcool.
5. Les jeunes sont influencés par leurs copains.

5 📖 La nourriture et la publicité. Lis ce que dit la pub (1–5), et après trouve ce que la pub ne dit pas (a–e).

Exemple: 2 — c.

1

Votre boisson favorite, version light. À teneur réduite en sucre!

2

Riche en lait, source de calcium.

3

Du soleil et des vitamines dans votre assiette en hiver… Mmm…quelle bonne idée!

4 Risotto au poulet

C'est délicieux, c'est rapide, ce n'est pas compliqué!

5
Eau minérale
Saveur framboise

Pêche? Framboise? Kiwi? Choisis le parfum de ton eau!

Voici ce que la pub ne dit pas…

a Ce produit est hors saison dans ton pays. Pour arriver dans ton assiette maintenant, il a consommé beaucoup d'énergie en chauffage, transport etc.
b On a ajouté du sel lors de la préparation, et des colorants. En plus, c'est cher!
c Malheureusement, c'est également riche en calories et en matières grasses!
d Attention à l'apparence de cette boisson! En fait, elle contient beaucoup de sucre.
e Moins de sucre, d'accord. Mais ça contient des colorants et de la caféine… trop stimulant?

6 🔺 À deux. Pensez à un produit que vous consommez (boisson ou nourriture).

a Écrivez un slogan publicitaire pour vendre ce produit.

b Expliquez en une ou deux phrases ce que votre publicité ne dit pas aux clients.

7 📖✏️ Lis ces commentaires sur deux émissions de cuisine à la télé.

Carte postale gourmande

a Les recettes sont géniales, pas chères et faciles à réaliser! C'est mon émission de cuisine préférée!
b Continuez longtemps votre émission! J'adore visiter des régions différentes et découvrir les cuisines régionales!
c Le présentateur est comique, sympa et connaisseur. Il parle de la cuisine de notre belle France avec amour. Merci!
d Avec cette émission, on découvre chaque semaine pas un, mais plusieurs chefs. C'est formidable, non?

Chef, la recette!

a J'ai beaucoup d'admiration pour Cyril Lignac. Apprendre le métier à des jeunes, c'est formidable!
b L'émission est fascinante. Chaque semaine, les jeunes progressent un peu plus et nous apprenons à cuisiner avec eux.
c Cyril Lignac, c'est le Jamie Oliver français. Grâce à son émission, des jeunes en difficulté vont pouvoir trouver du travail. Bravo!
d C'est un plaisir de regarder cette émission. Cyril, le chef de l'émission, est jeune, beau et intelligent. J'adore!

le métier	the job
apprendre	to teach (in this context)
grâce à	thanks to

Complète ces phrases:

1 Les téléspectateurs aiment *Carte postale gourmande* parce que … (3 raisons).
2 Cyril Lignac est populaire parce que … (2 raisons).
3 À mon avis, l'émission la plus intéressante c'est … parce que … (2 raisons).

8 💬 Pose les questions suivantes à ton/ta partenaire, puis réponds à ton tour.

1 Est-ce que ta famille regarde quelquefois les programmes de cuisine à la télévision?
2 Il y a une émission de cuisine que tu trouves intéressante? Qu'est-ce que c'est? Pourquoi?

Paper 4: writing (section 1)

In the first task you have to write a list of eight items in French, all related to a given topic.

1 Votre collège. Préparez une liste de vocabulaire (**8 mots en français**) pour parler de **votre collège** à votre ami(e) français(e).

Exemple: Devoirs

Points to remember

- The images help you think about different aspects of the topic.
- You do not need to write sentences, just single words. Write only the required number of items.

In the second task you have to write approximately 80–90 words in French on a topic with which you should be familiar. This is a *directed task*. You are given the general topic area in the leading question. Then you are given a breakdown of the task into different aspects that you have to cover.

2 Qu'est-ce que vous aimez boire et manger?

(a) Dites ce que vous aimez boire et manger.

(b) Expliquez pourquoi vous aimez ça.

(c) Décrivez un déjeuner typique au collège.

(d) Dites ce que vous allez boire et manger ce soir.

Vous devez écrire environ 80–90 mots **en français**.

Points to remember

In this type of exercise, you should aim to:

- cover *all* the aspects listed in (a)–(d)
- demonstrate that you can write simple, but full, sentences
- use a range of vocabulary, verbs and structures (e.g. *parce que/quand.../ne...pas*), express and justify simple opinions
- write as accurately as possible, so that your message can be clearly understood
- respond appropriately to the question in the immediate future

Sample student answer

Here is an example of a first draft:

J'aime coca. Je deteste thé. J'aime beaucoup frites et hamburgers. J'adore pizzas et curries et ma mères' gateau. Coca cola c'est très bon, mais thé c'est horrible! C'est ma grand-mères' favorite! Frites et hamburgers c'est cool dans McDonald's avec mes copains. Je prefere pizzas et curries, c'est different.

Un jour de college je mange dans l'école mais je mange dans la cantine à midi avec mon copine, frites et saucisses, c'est bon, et pour dessert glace. Ce soir nous manger spagettis. Je boire un coca mais mes parents boire vin rogue!

The definite article (*le*) is missing before *coca*. Can you find any other examples of this mistake?

This construction is not French. How do you express possession in French? Can you see any more examples of this error?

There are two accents missing from this word. Where do they go?

The word *copine* is feminine, so what should you use instead of *mon* before it?

There are errors in the verbs here. Which tense should you use? Look again at question (d), which asks 'What are you going to eat and drink this evening?'

Review the draft.

- Does it cover all aspects listed in the question?
- Is the message clear? Is it saying what is intended?
- Is the vocabulary varied, or are there repetitions?
- Can you spot any spelling mistakes?
- Are there accents missing?
- Does the answer have the number of words required?

Try to improve on the first draft.

- Correct the mistakes you have noticed.
- Find different words or organise your text to get rid of any repetitions.
- Some sentences in the draft are very short. See if you can link ideas together better.
- You are not sure how to form the immediate future? Look at the example in the rubric: ...***vous allez manger*** *ce soir* ('...**you are going to eat** this evening'). Adapt to the *je* form to say 'I am going to eat': *je vais manger.*

After improvements, the answer could look like this:

J'aime le coca, c'est bon, mais je déteste le thé, c'est horrible! C'est la boisson favorite de ma grand-mère! J'adore aussi les frites et hamburgers à MacDonald's, c'est cool avec mes copains, mais je préfère les pizzas et les curries, parce que c'est différent. Le gâteau de ma mère c'est excellent.

Un jour de collège, avec ma copine on mange à la cantine à midi, c'est pas mal. On prend des frites avec des saucisses, c'est bon, puis d'habitude une glace pour dessert. Ce soir avec mes parents nous allons manger des spaghettis. Je vais boire un coca, mais ils vont boire du vin rouge.

Tips for success

In an exam or test situation, you would have to work quickly, but the process should be:
- Study the writing question, jot down vocabulary, phrases, verb tenses to be used for each task.
- Write your answer.
- Review and improve where you can.

Tips for success

When practising:
- Write a first draft individually.
- Exchange drafts with a partner, review each other's work and make suggestions.
- Redraft your text.
- Don't forget to check your work through at the end.

Vocabulaire

Les repas   Meal times

Pour le petit déjeuner, je mange…   For breakfast, I eat…

   …des céréales avec du lait.   …cereals with milk.

   …une tartine avec du beurre et de la confiture.   …a slice of bread with butter and jam.

   …du pain grillé avec de la marmelade.   …toast and marmalade.

Je bois un verre de jus d'orange/une tasse de thé/un bol de café.   I drink a glass of orange juice/a cup of tea/a bowl of coffee.

Au déjeuner, je prends…   For lunch, I have…

   …de la viande avec des pâtes.   …meat with pasta.

   …des haricots à la sauce tomate.   …baked beans.

   …du poisson (frit) avec des frites.   …(fried) fish and chips.

   …du rôti de bœuf avec des pommes de terre rôties.   …roast beef with roast potatoes.

Je mange un sandwich au fromage/au jambon.   I eat a cheese/ham sandwich.

Au goûter, je prends un yaourt.   In the afternoon/At snack time, I have a yoghurt.

Pour le dîner, je prends du potage/un hamburger.   For dinner, I have soup/a beefburger.

Je bois de l'eau minérale plate/gazeuse.   I drink still/sparkling mineral water.

Comme entrée/plat principal…   As a starter/a main course…

Comme légumes/dessert/boisson, je prends…   For vegetables/dessert/a drink, I have…

un repas de fête/le repas de Noël/le réveillon   a celebration meal/Christmas dinner/Christmas Eve or New Year's Eve party

un casse-croûte/un pique-nique   a snack/a picnic

Je mange à la cantine/chez moi/seul(e)…   I eat in the canteen/at home/alone…

Nous mangeons en famille/ensemble.   We eat as a family/together.

Qu'est-ce que c'est?   What is it?

C'est un plat épicé/piquant/salé/sucré.   It is a spicy/hot (highly spicy)/savoury (salted)/sweet dish.

C'est frit/grillé/rôti/en sauce.   It is fried/grilled/roasted/cooked in a sauce.

C'est bien cuit/à point/saignant.   It is well done/medium rare/rare.

Les principaux ingrédients sont…/Il faut…   The main ingredients are…/You need…

On peut y mettre/on y met…   You can put/you put…in it.

Pour réaliser une recette   To make a recipe

Pour faire un/une/des…   To make a…/some…

Il faut les ingrédients suivants: You need the following ingredients:

   une cuillerée à café de/une cuillerée à soupe de/   a teaspoonful of/a tablespoonful of/

   une pincée de/un demi-litre de/100 grammes de…   a pinch of/half a litre of/100 grammes of…

Ajoutez…/Battez…/Coupez…/Enlevez…   Add…/Beat…/Cut…/Take out…

Faites bouillir/cuire/griller/rôtir pendant 30 minutes.   Boil…/Cook…/Grill…/Roast for 30 minutes.

Laissez…/Mélangez…   Leave…/Mix…

Mettez au four/dans une casserole.   Put in the oven/in a (sauce)pan.

Remplissez…/Servez…/Versez…   Fill…/Serve…/Pour…

C'est long à cuire/C'est vite cuit.   It takes/It does not take a long time to cook.

Qu'est-ce que tu aimes manger?   What do you like to eat?

Je suis végétarien (-enne) car…   I am a vegetarian because…

   …la viande, ça ne me dit rien.   …meat does not appeal to me.

   …la viande, je trouve ça dégoûtant.   …I find meat disgusting.

   …je suis contre la cruauté envers les animaux.   …I am against cruelty to animals.

Mon plat préféré/ma nourriture préférée, c'est le…/la…/les…   My favourite dish/food is…

Ce que je préfère, c'est les plats étrangers/les plats à base de…   What I like best are foreign dishes/dishes whose main ingredient is…

J'en mange à tous les repas/les jours de fête.   I eat some with every meal/on special (celebration) days.
Je n'en bois jamais.   I never drink any.
Ça sent bon/mauvais.   It smells good/bad.
J'aime/Je n'aime pas l'odeur.   I like/do not like the smell.
Ça a l'air délicieux/horrible.   It looks delicious/horrible.

C'est quelle sorte de nourriture?   What kind of food is it? ●

les plats cuisinés/préparés   ready-cooked/ready-made dishes
les plats prêts à emporter   take-away food
les produits bio(logiques)/frais/surgelés   organic/fresh/frozen produce
la cuisine rapide/le fast-food   fast food
C'est une recette étrangère/exotique/traditionnelle.   It is a foreign/exotic/traditional recipe.

Pour être en forme   To be fit and healthy ●

Il faut...   You must...
  ...avoir un régime alimentaire équilibré.   ...have a balanced diet.
  ...avoir une alimentation saine et variée.   ...eat healthy and varied food.
Il est (dé)conseillé de/d'...   It is (in)advisable to...
  ...boire beaucoup d'eau.   ...drink a lot of water.
  ...consommer des produits laitiers.   ...eat dairy products.
  ...éviter les matières grasses.   ...avoid fats.
  ...manger suffisamment de fruits et de légumes.   ...eat enough fruit and vegetables.
  ...ne pas boire trop d'alcool.   ...not to drink too much alcohol.
Je dois faire attention à ce que je mange parce que je suis allergique à la farine/au lait/aux noix.   I have to be careful with what I eat because I am allergic to flour/milk/nuts.
C'est/Ce n'est pas...   It is/It is not...
  ...(très) bon/dangereux/mauvais pour la santé.   ...(very) good/dangerous/bad for your health.

Comprendre ce qu'on achète   Understanding what we buy ●

À conserver en dessous de 6°C/à l'abri de l'humidité/de la chaleur.   Keep/store below 6°C/in a dry/cool place.
Bien agiter avant de servir.   Shake before serving.
Après ouverture, consommer dans les 48 heures.   Once opened, consume within 48 hours.
Lire les conseils de préparation.   Read the suggestions for preparation.
Respecter les températures de cuisson recommandées.   Follow the recommended cooking temperatures.
Vérifier le mode d'emploi.   Check the directions for use.
Voir la date limite d'utilisation.   See the use-by date.
Ça contient des colorants/de la caféine.   It contains (artificial) colouring/caffeine.
On a ajouté du sel/du sucre.   Added salt/sugar.

La cuisine et les médias   Food and the media ●

Les recettes sont...   The recipes are...
  ...appétissantes/bien expliquées/faciles à réaliser.   ...appetising/well explained/easy to make.
  ...géniales/originales/pas chères.   ...brilliant/original/not expensive.
Les plats sont gourmands/innovateurs/variés.   The dishes are mouth-watering/innovative/varied.
Je suis accro des émissions de cuisine!   I am hooked on/a great fan of food programmes!
Le présentateur...   The presenter...
  ...est enthousiaste/fantastique/fascinant.   ...is enthusiastic/fantastic/fascinating.
  ...est un connaisseur/un expert.   ...is a connoisseur/an expert.
  ...explique vraiment bien.   ...explains really well.

On sort

☑ **Leisure facilities in your area**
☑ **Publicity about leisure activities and public events**

1 Les loisirs dans ta région

1 🎧 Il est facile de sortir là où tu habites? Écoute ces gens qui parlent des distractions dans leur région et note:

1 deux distractions qui existent
2 les distractions qu'ils aimeraient avoir
3 un inconvénient mentionné

Exemple:
1 *petits cafés, une crêperie*
2 *un restaurant marocain*
3 *les billets d'entrée sont trop chers*

2 ✏️ 💬 Pour toi, dans la ville idéale, quelles sont les cinq distractions indispensables? Écris une liste; explique ton choix.

Exemple: Un cinéma — parce que moi, j'adore voir les films.

Lis ta liste à un/une partenaire.

3 📖 Fabien, Faly et Brieuc expliquent ce qu'il y a pour les loisirs dans leur ville. Lis, puis réponds aux questions.

On décrit Perpignan, M'Boro ou Saint-Évarzec?

1 Les sports nautiques sont à proximité.
2 On ne peut faire que du tennis et de la natation.
3 L'argent est presque toujours nécessaire.
4 Pendant l'été, il y a plus d'activités.
5 Il y a une ville très proche.
6 On peut y voir des films.
7 Il y a un parc d'attractions dans la région.
8 Il n'y a aucun cinéma tout près.

J'ai de la chance parce qu'il y a toujours quelque chose à faire à Perpignan. Il y a plein de cinémas, et je viens de voir le dernier film de Cécile de France au cinéma Castillet. Pour les adultes, il y a des bars, comme "L'Ascot" et "Tio Pépé". Pour les sportifs, nous avons des complexes sportifs. Pour les enfants, il y a des ateliers de poterie et de théâtre. Pour fêter les anniversaires, on va au bowling — il y en a deux — ou au restaurant. L'année dernière, on est allé au restaurant "Le Gastro". On ne s'ennuie jamais ici, mais il faut avoir de l'argent parce que tout est cher.

Fabien

À M'Boro, il n'y a presque rien! Pas de cinéma, pas de bowling, pas de patinoire. Il y a quelques installations sportives; on peut donc nager à la piscine et faire une partie de tennis. Malheureusement, Dakar, la capitale, est à 117 kilomètres. J'aimerais bien avoir la possibilité de visiter un jardin zoologique, un parc à thèmes, voir une pièce au théâtre ou aller au cinéma. Je vais bientôt voir ma sœur à Dakar où il y a plus de distractions.

Faly

À Saint-Évarzec, nous n'avons qu'un terrain de foot; j'y vais pour jouer au foot avec mes copains. Heureusement, il y a des distractions tout près, par exemple à Fouesnant, qui est à 10 minutes, ou à Quimper, qui est à 15 ou à 20 minutes. La vie est plus animée en été. Il y a beaucoup de fêtes en Bretagne en été et j'aime aller à la plage parce qu'il y a des clubs nautiques. Pour mon anniversaire, je vais aller au parc de loisirs à Milzac — ça s'appelle "La Récré des 3 Curés". Il y a 35 attractions, y compris des toboggans géants, des jets d'eau et des montagnes russes.

Brieuc

4 Prépare un dépliant sur ce qu'il y a pour les loisirs dans ta ville et ta région. Mentionne le sport, le cinéma, les clubs, les parcs d'attractions. Mentionne où tu es allé(e) récemment. Utilise des phrases dans l'encadré.

> Dans la ville, il y a…
>
> Si vous êtes sportifs, on a…
>
> Pour les fanas du cinéma, nous avons…
>
> Vous aimez faire les magasins? Visitez…
>
> Le samedi, il y a…
>
> Promenez-vous…
>
> Dans la région, on peut…

5a En Bretagne, en été, on peut découvrir ce qu'il y a à faire dans *Le Journal des plages*, un journal gratuit. Regarde ces annonces et réponds aux questions.

Trouve le français pour:

a family atmosphere
b lots of games
c a big show
d in the open air
e from 8 p.m.
f a parade
g fireworks
h except the weekend
i workshop
j children under 5
k a theatre play
l reservation advisable
m no reductions
n flea market
o guided walk

b Réponds aux questions en français.

Exemple: C'est quand la fête du château à Brêles?
C'est samedi 6 juin.

1 C'est quand le concert de jazz à Douarnenez?
2 Les feux d'artifice à Plobannalec-Lesconil vont commencer à quelle heure?
3 C'est où le tournoi de pétanque à Plouhinec?
4 Quelle est la date du festival de musique francophone?
5 Qu'est-ce qu'on peut manger à Roscoff le lundi?
6 La fête du château à Brêles va finir à quelle heure?
7 Le concert de jazz à Douarnenez va commencer à quelle heure?
8 À Pont Aven, est-ce que tout le monde doit payer le même prix?
9 Où peut-on réserver des places pour *La Comédie du langage*?

c Choisis deux annonces et explique-les en anglais.

Brêles — Samedi 6 juin, Fête du Château. Une ambiance de fête familiale avec de nombreux jeux. Restauration sur place. Château de Kergoadec 14h à 18h. Entrée gratuite.

Douarnenez — Mardi 18 août, Festival Son, Lumières et Danse, un grand spectacle pour toute la famille. Mercredi 19 août, Concert de jazz — trois artistes sur scène en plein air. À partir de 20h.

Plobannalec-Lesconil — Samedi 19 juillet, Fête de la Langoustine. 10 h Promenade en mer, 12h Dégustation de langoustines, 17h Un Défilé — un groupe folklorique, 21h Chants de marins et marché nocturne, 23h Feux d'artifice.

Quimper — Tous les jours en août sauf le week-end. Atelier Grimage. Maquillage pour enfants. Tu veux être princesse? Roi des animaux? N'hésitez pas. Office de tourisme. De 10h à 12h. Gratuit.

Pont Aven — Vendredi 25 juillet. Quatrième édition du festival de musique francophone. À l'affiche cette année: trois groupes africains. Parking. Restauration. Entrée: 5 €; enfants de moins de 5 ans: gratuit. Tarif réduit étudiants.

Concarneau — Samedi 20 août, *La Comédie du langage*. Pièce de théâtre Jean Tardieu. Réservation conseillée. S'adresser à l'office de tourisme. Pas de réductions. Accès handicapés.

Roscoff — Les lundis d'accueil. Pour les nouveaux vacanciers. Avec dégustations (cidre, crêpes), animation musicale. Quai d'Auxerre. De 18h00 à 19h00 gratuit. Brocante sur la place du Marché

Plouhinec — Jeudi 16 juillet, 14h00 Randonnée guidée, 16h00 Tournoi de pétanque sur le parking de la plage — payez sur place. Vendredi 17 juillet, Fête de la danse, une soirée dansante. Grillade. Musique traditionnelle. Jusqu'à minuit. Réservation: 2 jours à l'avance. Retirez vos billets à l'office de tourisme.

6 Écoute ces annonces qui donnent des détails sur des événements en Bretagne à la radio. Note:

		Exemple:
1	l'événement	**1** *Raid de char à voile*
2	le prix	**2** *2 euros*
3	le jour ou la date	**3** *Jeudi/1ᵉʳ août*
4	l'heure	**4** *14 h 30*
5	le lieu	**5** *Binic*

2 Des invitations à sortir

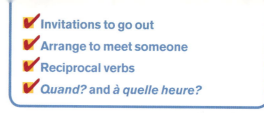

✔ Invitations to go out
✔ Arrange to meet someone
✔ Reciprocal verbs
✔ *Quand?* and *à quelle heure?*

1 Dans l'encadré A, il y a des suggestions pour inviter quelqu'un à sortir. Choisis la bonne réponse dans l'encadré B, puis lis les phrases avec ton/ta partenaire.

A

a Tu es libre ce soir?
b Tu aimerais aller au cinéma?
c Tu aimerais sortir avec moi?
d Qu'est-ce que tu vas faire ce week-end?
e On pourrait peut-être aller au café demain?
f Tu as fait des projets pour vendredi?
g Il y a un concert ce soir, on y va?
h Tu veux me donner le numéro de ton portable?
i Quelle est ton adresse e-mail?
j On pourrait jouer au tennis ce week-end?

B

1 Non merci, je ne suis pas sportive.
2 Non merci, le cinéma, ça ne me dit rien.
3 Je vais sortir avec mon petit copain.
4 Oui, j'ai déjà acheté des billets pour la disco.
5 Je dois faire mes devoirs.
6 Non, je ne suis pas libre.
7 Je n'ai pas d'ordinateur.
8 Sortir avec toi? Tu es fou/folle!
9 Non, je suis privé(e) de portable.
10 Demain, désolé(e), je ne peux pas.

2a Change les suggestions dans l'encadré A de l'exercice 1.

b Comme réponse, choisis des phrases dans l'encadré ci-dessous pour accepter:

*Exemple: **a** Tu es libre vendredi? — Oui, je suis libre.*

Oui, avec plaisir	Mon adresse e-mail, la voilà
Oui, je veux bien	Si tu insistes
Oui, pourquoi pas?	Si ça te fait plaisir
Oui d'accord	Si c'est toi qui paies
Quelle bonne idée!	Oui, je suis libre

3 Écoute ces jeunes qui invitent des amis à sortir. Note:
• si la personne accepte ou refuse
• la raison donnée

4 Révise les verbes "vouloir" et "devoir". Avec un(e) partenaire, écris cinq excuses pour refuser une invitation. En classe, choisissez les cinq meilleures.

Exemples: Je veux regarder la télévision.
Je dois me laver les cheveux.

5 Voici quelques phrases utiles pour se donner rendez-vous. Avec un(e) partenaire, choisis la bonne phrase en anglais.

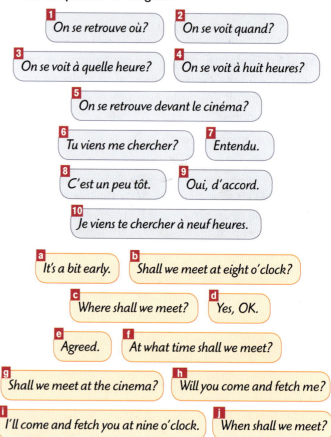

1 On se retrouve où?
2 On se voit quand?
3 On se voit à quelle heure?
4 On se voit à huit heures?
5 On se retrouve devant le cinéma?
6 Tu viens me chercher?
7 Entendu.
8 C'est un peu tôt.
9 Oui, d'accord.
10 Je viens te chercher à neuf heures.

a It's a bit early.
b Shall we meet at eight o'clock?
c Where shall we meet?
d Yes, OK.
e Agreed.
f At what time shall we meet?
g Shall we meet at the cinema?
h Will you come and fetch me?
i I'll come and fetch you at nine o'clock.
j When shall we meet?

6 Ton collège va recevoir un groupe de jeunes Français de 11 à 18 ans. Écris un programme d'événements pour ces visiteurs. Ils vont passer 7 jours chez vous. Pour chaque événement, donne les détails suivants: la date, l'heure, où ça se passe et le prix.

Exemple: disco; samedi 25 mai; de 9 h 00 à 11 h 00; salle des fêtes; gratuit.

7 a Lis la conversation ci-dessous avec ton/ta partenaire.

b Change les détails en gras.

— Tu es libre **ce week-end**?

— Oui, pourquoi?

— Il y a un concert de jazz à **Pont Aven samedi** soir, je vais y aller avec des copains; tu aimerais venir aussi?

— Ça dépend; ça coûte combien?

— **Rien; c'est gratuit.**

— Ça commence à quelle heure?

— **À huit heures.**

— Oui, j'aimerais bien y aller.

— On se retrouve à quelle heure?

— On se voit à **sept heures vingt** devant **la fontaine**?

— Entendu, à **samedi**.

Point grammaire

Reciprocal verbs

In exercise 7, there are two examples of **reciprocal** verbs. *On se retrouve à quelle heure?* (At what time shall we meet each other?) and *On se voit à sept heures vingt?* (Shall we see each other at 7.20?)

Reciprocal verbs are formed in the same way as reflexive verbs. Here are some frequently used reciprocal verbs:

- *s'aimer*   to love each other
- *se détester*   to hate each other
- *s'embrasser*   to kiss each other
- *se disputer*   to argue with each other
- *se parler*   to talk to each other
- *se quitter*   to leave one another
- *se retrouver*   to meet each other
- *se voir*   to see each other
- *se téléphoner*   to telephone each other

Examples: *Nous nous parlons.*   We talk to each other.
           Elles se sont vues.   They saw each other.

Point grammaire

Using *quand?* and *à quelle heure?*

To ask 'when?' or 'at what time?' use *quand…?* or *à quelle heure…?*.

Examples: *C'est **quand** le concert?*
           When is the concert?
           *La pièce de théâtre commence **à quelle heure**?*
           At what time does the play begin?

8 Écris un e-mail à ton ami(e) français(e).

- Invite ton ami(e) à sortir avec toi samedi soir.
- Explique où tu vas aller et pourquoi.
- Propose l'heure et le lieu de rencontre.
- Demande-lui son numéro de portable.

! INFO PRONONCIATION

Liaison (1)

1 In French, the consonant at the end of a word is generally silent. Listen to the following examples and repeat.

a *un jouet en bois*

b *Ils font du sport tous les jours.*

However, if the next word starts with a vowel or a silent 'h', a linking, or liaison, can occur. Listen to the following sentences and repeat.

a *Les enfants préfèrent le sport.*

b *Je joue aux échecs avec mon ami.*

2 The rules of liaison are quite intricate, but liaisons are made between words that are closely linked within a sentence.

- A liaison is compulsory between an adjective and a noun, or an article and the next word. Say the following phrases out loud:

  a *un petit hôpital*

  b *mes amis*

  c *les anciens élèves*

- A liaison is compulsory between a verb and the pronoun that precedes or follows it. Say the following sentences:

  a *Ils arrivent.*

  b *Nous en achetons.*

  c *Vient-il avec nous?*

Listen to the recording of the examples for point 2 and repeat.

Now say the following out loud, making a liaison where necessary:

a *Nous adorons la musique africaine.*

b *Mon ami Patrick est en France. Il est arrivé hier.*

c *Sait-elle que nous habitons dans un ancien hôtel?*

Listen to the recording and repeat.

Did you make the liaisons in the right places?

3 La musique

1 📖 On décrit quel genre de musique? Choisis un style dans l'encadré.

hip-hop	punk	pop
boogie-woogie	blues	jazz
techno	reggae	

a C'est un style musical basé sur le piano.

b C'est un mélange de funk, de soul et de pop avec des synthétiseurs.

c Rendue populaire par des groupes comme The Clash, c'est une musique rapide avec des messages politiques.

d C'est la plus populaire des expressions musicales jamaïcaines. Instruments typiques: batterie, guitare, mélodica.

e C'est une musique afro-américaine. Instruments typiques: saxo, trompette, trombone, clarinette, contrebasse, guitare basse.

f Style apparu dans les années soixante, ses chansons parlent d'amour. Instruments typiques: guitare électrique, batterie, guitare acoustique.

g C'est un genre de musique électronique; c'est avant tout une musique de danse, répétitive. Instruments typiques: clavier, synthétiseur, boîte à rythmes, séquenceur.

h C'est un style de musique vocale et instrumentale, où on exprime sa tristesse; ses origines culturelles viennent du sud des États-Unis.

Point grammaire

Jouer de

The verb *jouer* is followed by *de* for musical instruments. If the noun following *de* is masculine (e.g. *le piano*) *de* + *le* become *du*, e.g. *Je joue du piano*.

2 🎧 Écoute ces gens qui parlent de la musique qu'ils aiment. Note a) le genre de musique qu'ils aiment écouter maintenant et b) le chanteur ou le groupe qu'ils préfèrent maintenant.

Exemple: 1a) la musique pop; b) Robbie Williams

Point grammaire

Ne...plus

The negative *ne...plus* means 'no more' or 'no longer'. As with *ne...pas*, the *ne* goes before the verb and *plus* goes after. In the previous listening exercise, there were some examples of *ne...plus*.

Je **n'**écoute **plus** le rap.	I **no longer** listen to rap.
Il **n'**y a **plus** de bons rappeurs.	There are **no more** good rap artists.

Can you work out what the following mean?

- *Je ne suis plus fana d'elle.*
- *Je n'aime plus la musique techno.*
- *Je n'écoute plus sa musique.*

3 💬 Imagine que tu viens de voir des chanteurs à un concert et que tu n'aimes plus le même genre de musique qu'auparavant. Fais des phrases.

Exemple:

Maintenant	Auparavant
La musique pop — One Direction	*Le rock*

Maintenant, j'écoute la musique pop; mon groupe préféré est One Direction; je n'écoute plus le rock.

	Maintenant	Auparavant
1	Le boogie-woogie — Jools Holland	La musique classique
2	Le reggae — The Wailers	Le punk
3	Le jazz — The Sunshine	Le hip-hop
4	Le blues — L.D.Banton	La techno
5	Le rap — Matt Pokora	La musique folk

4 🎧 Fabien, Faly et Brieuc parlent de musique. Pour chaque personne, choisis la réponse correcte.

1 Fabien a) joue de la guitare b) préfère la musique reggae c) n'a pas de chanteur préféré.

2 Faly a) préfère la musique pop b) chante dans une chorale c) joue de la flûte.

3 Brieuc a) aime la musique classique b) déteste la musique de Matt Pokora c) a découvert Matt à la télévision.

5 🎧 Écoute les réponses données par des ados. Quelle question a-t-on posée?

a Quel genre de musique préfères-tu?
b Quand est-ce que tu écoutes de la musique?
c Qui est ton groupe ou ton chanteur/ta chanteuse préféré(e)?
d Tu joues d'un instrument de musique?
e La musique t'intéresse?
f Tu fais partie d'un groupe, d'un orchestre ou d'une chorale?
g Tu voudrais apprendre à jouer d'un instrument?
h Comment est-ce que tu écoutes de la musique?

6 💬 Et toi? Réponds aux questions de l'exercice 5 et pose-les à ton/ta partenaire.

7 📖 Lis le texte et choisis la réponse correcte.

Matt Pokora

Matt Pokora, né Matthieu Tota le 26 septembre 1985, a grandi à Strasbourg. Dès l'âge de 12 ans, il a écrit des chansons qu'il a interprétées dans un petit groupe de rap avec des copains. À l'âge de 17 ans, il n'a pas hésité à participer à l'émission de télé-réalité *Popstars*, émission où il a gagné avec Lionel et Otis, avec qui il a formé le groupe Linkup. Ils n'ont pas eu beaucoup de succès et après un an, Matt a lancé sa carrière comme artiste solo.

Il a sorti son premier album au début de l'année 2005, ainsi que le single "Elle me contrôle". Le public a été immédiatement séduit. Au début de 2006, un deuxième opus est sorti, *Player*.

1 Matt Pokora a passé son enfance
   a en France   b en Pologne   c au Canada
2 Il a formé un groupe à l'âge de
   a 12 ans   b 17 ans   c 20 ans
3 Il s'est présenté à un concours
   a tout seul
   b avec une chanteuse
   c dans un trio
4 Matt a quitté le groupe Link-Up pour
   a se lancer une carrière différente
   b chanter seul
   c chanter avec un groupe différent
5 Le public a
   a aimé sa musique
   b détesté sa musique
   c critiqué sa musique

8 📖 Lis le texte.

Je suis un grand fan de Party Time, un groupe danois que j'ai vu pour la première fois à la télé et que j'ai entendu sur Radio NRJ il y a quelques semaines. Il y a deux garçons et trois filles; ils jouent tous de la guitare sauf Mélanie, qui chante et qui joue de la batterie. Le chanteur principal s'appelle Erik. Ils se sont rencontrés au collège et ils ont créé leur groupe pour un concours. Ils portent tous des vêtements noirs et un chapeau. La musique est très vive et leurs chansons sont pleines d'émotions, tout en parlant des problèmes du monde du point de vue des adolescents. Leur premier album a connu un grand succès et j'espère les voir en concert le mois prochain. Leur nouvel album s'appelle Fifty-two.

Réponds aux questions en français.

1 Party Time vient de quels pays?
2 Il y a combien de personnes dans le groupe?
3 Comment se sont-ils connus?
4 Quelle couleur préfèrent-ils porter?
5 Donne un détail sur leur musique.

9 ✏️ Lis ce récit d'un concert et écris un paragraphe sur un concert que tu as vu ou change les mots en gras pour donner un récit different.

L'année dernière, au mois d'**août**, j'ai assisté au festival de musique qui s'appelle "**Festival du Bout du Monde**"; ça se passe **annuellement sur la presqu'île de Crozon, sur la côte en Bretagne**. Chaque **année**, il y a **60 000** personnes. Il y a **trois** scènes, et des artistes très connus.

L'ambiance est **chaleureuse** et **familiale**. On est arrivé **le samedi** et on a écouté plusieurs chanteurs des pays francophones — **Omar Pêne du Sénégal, l'orchestre Poly Rythme du Bénin**. Nous avons payé **48 euros** pour les deux jours.

Pour moi, le plus passionnant était **Baaba Maal**, qui vient **du Sénégal**; je l'admire depuis longtemps. Quand il est entré en scène, on a crié et on a applaudi — il a chanté pendant deux heures.

J'ai aussi beaucoup aimé **Alpha Blondy**, **de la Côte d'Ivoire**, et **Khaled**, **d'Algérie**, qui a présenté son nouvel album intitulé *Liberté* — il est un des plus grands chanteurs de raï; c'était **merveilleux**.

4 Le cinéma

✔ **Films**
✔ **Opinions on films**
✔ **French cinema**
✔ **The superlative**

1 📖 ✏️ Qu'est-ce que le cinéma représente pour toi? Lis les textes. Fais une liste a) des genres de films mentionnés et b) des raisons données pour aller au cinéma.

Exemple: 1: a) les films fantastiques b) la détente

1 C'est un moment de détente; j'aime surtout y aller pour les films fantastiques car on est coupé du monde.

2 Le cinéma, c'est le rêve, c'est la réalité, c'est l'oubli des problèmes quotidiens. J'adore les films d'amour.

3 J'y vais pour m'amuser. Je n'ai pas de préférences, je vais voir un peu de tout: dessins animés, films comiques, films d'aventure, films policiers.

4 C'est le divertissement, surtout quand je vois des films de science-fiction, du fantastique, des westerns. Dès que la séance commence, je suis captivée.

5 Rêver, réfléchir, rire, pleurer, aimer, détester – le cinéma, c'est la promotion des sentiments. J'aime toutes sortes de films, je ne suis pas fixée sur un genre précis, mais les films romantiques manquent un peu de dynamisme.

6 On oublie tout en regardant un film. J'aime tous les films sauf les dessins animés et les films d'épouvante, ou les films sous-titrés.

7 C'est la magie de la salle obscure, c'est l'attente.

8 Ça ne représente rien pour moi. J'y vais rarement – je préfère faire autre chose.

2 ✏️ 💬 Écris une phrase pour expliquer ce que le cinéma représente pour toi. Mentionne les films que tu aimes et les films que tu n'aimes pas.

3a 📖 Ces gens parlent de leur film préféré. Lis les textes.

1 Mon film préféré, c'est *Shrek*; je l'ai vu il y a plusieurs années. C'est un film américain, en animation 3D. C'est une comédie, avec les voix de Mike Myers, Eddie Murphy et Cameron Diaz. C'est l'histoire d'un ogre vert qui aime la solitude. Il a beaucoup d'aventures avec la princesse Fiona et un âne, et à la fin Shrek se marie avec Fiona. Je recommande ce film parce que j'ai ri du début à la fin. C'était tout à fait original et la musique est super. Les dialogues sont bien écrits, c'est vraiment drôle.

2 Mon film préféré, c'est *Chocolat*. C'est un film romantique avec Juliette Binoche. C'est un film britannique et américain. C'est l'histoire de Vianne Rocher, qui vient habiter dans un petit village français et ouvre une confiserie, ce qui ne plaît pas à certains habitants. Un jour, un étranger (interprété par Johnny Depp) arrive et il aide Vianne. À mon avis, c'est touchant et charmant, et Johnny Depp joue très bien son rôle.

3 J'adore la série des films *Twilight*. Ce sont des films américains. Le premier film raconte l'histoire de Bella Swan, une humaine de 17 ans, et de sa relation amoureuse avec Edward Cullen, fils d'une famille de vampires. Bella déménage à Forks pour y vivre avec son père. J'aime ce film parce que j'ai lu le livre et je connais déjà l'histoire. Je pense que les personnages sont bien interprétés par Kristen Stewart et Robert Pattison.

b Remplis la grille sur les trois films.

Titre	Genre	Acteurs/Actrices	Personnages	Opinion
Shrek	Comédie Animation 3D	Mike Myers…	Un ogre, une princesse…	Original
Chocolat				
Twilight				

4 ✏️ Écris entre 50 et 100 mots sur ton film préféré. Utilise ces phrases:

- Mon film préféré, c'est…
- C'est (une comédie)
- C'est un film (américain)
- C'est l'histoire de…/Ça raconte l'histoire de…
- J'ai aimé ce film parce que…
- Ça se passe…/L'action se déroule (en France)…
- Les acteurs principaux sont…

5 🎧 Écoute ces cinq personnes qui parlent des films qu'elles ont vus récemment. Décide si les commentaires sont positifs (P), négatifs (N) ou les deux (P + N). Note les mots qui t'ont aidé(e) à trouver la réponse.

6a 📖 Lis les textes sur deux films français.

Deux films français couronnés de succès

Le fabuleux destin d'Amélie Poulain, sorti en 2001, est une comédie romantique réalisée par Jean-Pierre Jeunet avec Audrey Tautou dans le rôle titre. Il raconte l'histoire de la plus jolie serveuse de Montmartre. Elle observe les gens en inventant des stratégies pour les aider. Avec ce film, Audrey Tautou a gagné une notoriété internationale; le film a remporté sept prix, y compris le César du meilleur film.

L'Artiste, sorti en 2011, est une comédie dramatique en noir et blanc. C'est un film muet réalisé par Michel Hazanavicius, avec Jean Dujardin dans le rôle de George Valentin. C'est l'histoire d'une star du cinéma muet confrontée à l'arrivée des films parlants. C'est le film français le plus sélectionné aux Oscars avec dix nominations; il a reçu cinq Oscars, dont meilleur film, meilleure musique et meilleurs costumes. Parmi les films français les plus récompensés, on trouve: *Cyrano de Bergerac, Un homme et une femme* et *La Môme*.

> Les Césars (m)   French film award

b Choisis les phrases vraies, puis corrige les phrases qui sont fausses.

1 Ces deux films sont français.
2 Ils sont tous les deux romantiques.
3 Ils ont eu un succès international.
4 Des acteurs français interprètent les personnages principaux.
5 Les deux films sont sortis en 2001.
6 Les deux films sont parlants.
7 *L'Artiste* a été réalisé par Michel Hazanavicius.
8 *L'Artiste* parle d'une vedette de cinéma.
9 Amélie essaie d'aider les gens.
10 Le film *La Môme* a eu un succès international.

Point grammaire

The superlative

The superlative is used to say that something is, for example, the best, the most difficult, the smallest or the least; for example the least popular.

Use *le*, *la* or *les* with *plus* and the correct form of the adjective.

If the adjective normally goes in front of the noun, the superlative also goes in front of the noun; e.g. *la plus jolie serveuse* (the prettiest waitress).

If the adjective normally goes after the noun, the superlative also goes after the noun e.g. *le film le plus sélectionné* (the most selected film); *le film le moins intéressant* (the least interesting film).

Exceptions

le/la/les meilleur(e)(s)	the best
le meilleur acteur	the best actor
la meilleure musique	the best music
le/la/les pire(s)	the worst
le pire film	the worst film

Note: to say 'of' or 'in' with the superlative, use *de*:
la plus belle femme de France
the prettiest woman in France

7 💬 En suivant l'exemple, réponds à ces questions avec un(e) partenaire.

Exemple: À mon avis, la plus belle femme du monde est Julia Roberts parce qu'elle a les cheveux longs et bouclés et un beau sourire.

À ton avis, qui est…

1 …la plus belle femme du monde?
2 …l'homme le plus intelligent?
3 …le meilleur chanteur du monde?
4 …l'acteur le plus célèbre du monde?
5 …l'acteur le plus amusant?
6 …le pire acteur?
7 …le plus beau chanteur?
8 …l'actrice la plus extraordinaire?

5 Le réseau social

✔ New technologies and communication
✔ Use of new technologies
✔ The imperfect tense (1)

1a 📖 Lis le texte.

La communication

Courriel/messagerie électronique, Twitter, textos, méls, blogs, Facebook, forums — sont tous de nouveaux moyens de communication rendus possibles par les nouvelles technologies; nous avons plus de moyens de communiquer sans nous parler! Nous pouvons échanger des opinions avec des gens que nous ne connaissons pas. Avec les nouvelles technologies, nous avons changé nos habitudes sociales et notre langue; de nouveaux mots se sont intégrés dans le dictionnaire français: "bloggeurs", "curseurs", "disquette", "logiciel", "traitement de textes", "télécharger" sont des mots qui n'étaient pas en usage il y a 20 ans. Un verbe récemment apparu dans le dictionnaire français est "tweeter" — le fait d'envoyer des tweets sur Twitter!

b Quelles sont les phrases qui expriment le sens du texte?

1 Les nouvelles technologies nous donnent moins de moyens de communication.
2 On trouve beaucoup de nouveaux mots dans le dictionnaire pour parler des nouvelles technologies.
3 Nos habitudes sociales ont changé.
4 Tweeter n'est pas un verbe.
5 "Je tweete" veut dire "J'envoie des tweets sur Twitter".

2 🎧 Trois jeunes parlent de la communication. Choisis les affirmations vraies.

1 Jean-Luc n'a pas de portable.
2 Jean-Luc aime le contact avec les étrangers.
3 Annabelle aime la rapidité des textos.
4 Annabelle est contre Facebook.
5 Ahmed est bloggeur
6 Le site d'Ahmed n'est pas populaire.

3 💬 Comment est-ce que tu communiques avec tes amis? Est-ce que tu t'es fait de nouveaux copains sur Twitter? Choisis des phrases ci-dessous pour répondre à ces questions.

J'envoie des textos sur mon portable.	Je vais sur Twitter.
J'envoie des méls.	Je participe à des chats.
Je suis bloggeur.	Je me suis fait de nouveaux amis.
Je vais sur Facebook.	Je suis en contact avec les gens qui aiment les mêmes choses que moi.
J'ai créé mon propre site.	
Je participe aux forums.	J'utilise mon portable.

4 📖 Est-ce qu'il y a des inconvénients avec les nouvelles technologies? Voilà les huit réponses les plus souvent citées. Selon toi, quels sont les cinq inconvénients les plus importants? Explique-les en anglais.

- On n'apprend pas comment se débrouiller sans internet.
- Les appels et l'abonnement sont chers.
- Les portables sonnent partout — on n'a plus le calme au théâtre ou au restaurant.
- Les enfants sont vulnérables s'ils postent des renseignements sur eux-mêmes sans se rendre compte des dangers.
- Il y a des gens qui utilisent internet pour insulter quelqu'un.
- Les radiations émises par un portable peuvent provoquer des tumeurs.
- On passe des heures devant un écran, donc on devient moins actif.
- On se laisse facilement distraire.

5 📖 💬 On a posé la question "Ta vie a changé avec les nouvelles technologies?" Trouve la deuxième partie de la phrase.

A
Je télécharge des chansons sur des sites MP3…
Je cherche des renseignements sur le net…
Je suis toujours sur des sites musicaux…
J'envoie un mél ou un texto…
Je me fais de nouveaux amis sur Twitter…
Je parle à mes copains sur Facebook…

B
…je n'écoute plus la radio.
…je n'écris plus de lettres.
…je n'achète plus de CDs.
…je ne cherche plus les renseignements dans les livres.
…je ne sors plus.
…je ne parle plus à mes copains au téléphone.

6 Lis le texte. Qu'est-ce que Madame Lacan fait maintenant?

Exemple: Elle fait les courses en ligne.

Le portable, internet, les lecteurs MP3 sont aussi courants dans nos vies qu'une télé, une machine à laver. Mme Lacan parle des changements dans sa vie.

Je suis vraiment accro à la nouvelle technologie. Ma vie **était** plus difficile avant. Il y a 10 ans, j'**allais** au supermarché pour faire mes courses, maintenant je fais ça en ligne. Je **regardais** beaucoup la télé, maintenant je surfe sur le net, c'est plus intéressant. Pour les vacances, j'**achetais** mes billets à l'agence de voyage, maintenant je les achète en ligne. Je me branche sur internet pour communiquer avec ma famille dans des pays différents; avant, j'**attendais** des semaines pour avoir des nouvelles. J'**étais** anxieuse quand mes enfants **sortaient**, maintenant ils m'envoient un texto pour m'assurer qu'ils n'ont pas de problèmes.

7 La mère de Fabien lui raconte un peu son passé. Écoute et remplis la grille.

	Jean	Valérie
Description physique	Mince	
Vêtements		
Activités		

8 Un adolescent fait une description de sa vie à l'âge de 5 ans et à l'âge de 12 ans.

Lis le texte, puis écris un paragraphe pour décrire comment tu étais à 5 ans et à 12 ans et ce que tu faisais.

À l'âge de 5 ans, j'étais très petit, j'avais les cheveux bouclés et je portais toujours une salopette. Je ne portais pas de lunettes. Je regardais les bandes dessinées et je mangeais des bonbons. Je jouais avec mon frère et je pleurais beaucoup.

À l'âge de 12 ans, j'étais mince, j'avais les cheveux longs et je portais toujours des vêtements à la mode. Je regardais des feuilletons à la télé et je buvais du coca.

J'écoutais de la musique dans ma chambre et j'envoyais des e-mails à tous mes copains. Je ne faisais jamais mes devoirs. Je me disputais beaucoup avec ma mère parce que je me levais tard.

une salopette	dungarees

Point grammaire

The imperfect tense (1)

In the text above, Madame Lacan is using the imperfect tense to describe i) what she **used to do**:

J'allais au supermarché — I used to go to the supermarket

and ii) **how things were**:

ma vie était plus difficile — my life was more difficult

To form the imperfect tense, take the **nous** form of the present tense (e.g. *nous regardons, nous finissons, nous vendons*), remove '-ons' and add the following endings:

Je → -ais	*Nous* → -ions
Tu → -ais	*Vous* → -iez
Il/Elle/On → -ait	*Ils/Elles* → -aient

The imperfect tense of *regarder* is given in full below:

*Je regard**ais***	*Nous regard**ions***
*Tu regard**ais***	*Vous regard**iez***
*Il/Elle/On regard**ait***	*Ils/Elles regard**aient***

Look at the text again and explain the meaning of the verbs in bold.

6 Les jours fériés, les fêtes et les festivals

- ✔ Bank holidays
- ✔ Festivals
- ✔ The imperfect tense (2)

❗ QUESTIONS CULTURE

Dans tous les pays, il y a des jours fériés, c'est-à-dire un jour de fête religieuse ou nationale où on commémore un événement important.

En France, les jours fériés religieux sont:
- Le lundi de Pâques (date variable)
- Jeudi de l'Ascension (date variable)
- Le lundi de Pentecôte (date variable)
- La Fête de l'Assomption (le 15 août)
- La Toussaint (le 1er novembre)
- Noël (le 25 décembre)

Les jours fériés liés à un événement important sont:
- La Fête du travail (le 1er mai)
- La Fête nationale (le 14 juillet)
- L'Armistice (le 11 novembre)

Est-ce que tu partages des jours fériés avec la France?

Quels sont les jours fériés dans ton pays?

Ce sont des jours fériés religieux ou des fêtes nationales?

1a 📖 Lis le texte.

Deux fêtes nationales

- La fête nationale qui a lieu en France le 14 juillet commémore un événement pendant la Révolution française — la prise de la Bastille (la prison à Paris) en 1789. Le 13 juillet, il y a des feux d'artifice et des bals partout en France et le 14 juillet, c'est un jour de congé et il y a des défilés militaires.
- La fête nationale qui se passe en Suisse le 1er août commémore un serment donné par trois cantons en 1291, d'assistance mutuelle. Dans chaque commune, on allume des feux et les enfants défilent dans les rues en portant des lanternes.

> un serment   an oath

b Quelles phrases expriment le sens du texte?

1 Ces deux fêtes sont des fêtes nationales.
2 Toutes les deux commémorent une révolution.
3 Les deux fêtes se passent en été.
4 On célèbre avec des feux d'artifice dans les deux pays.
5 Il y a des défilés dans les deux pays.

2 🎧 Dans beaucoup de pays, on trouve des fêtes et des festivals un peu différents. Écoute 1 à 7 et remplis la grille.

	Sorte de festival	Où	Quand?	Détails
Exemple: 1	Des humoristes	Montréal	Été	"Juste pour rire" Meilleurs humoristes du monde
2				

> une marionnette   puppet
>
> des chars fleuris   floats decorated with flowers

3 📖 Lis le texte et réponds aux questions.

Comme vous le savez déjà, j'habite en Bretagne où il y a plein de fêtes chaque été, comme "la Fête des filets bleus" à Concarneau, "la Fête du crabe" à Plouarzel, "la Fête des mouettes" à Douarnenez. Ma fête préférée, c'est "la Fête de la crêpe", qui se passe toujours en juillet à Gourin. L'année dernière, le parc s'est ouvert à 10 h 30 et nous sommes arrivés vers 10 heures pendant que tout le monde attendait dans le parking. Le premier événement, c'était l'initiation à la danse bretonne par le Cercle Celtique de Gourin. Pendant que nous regardions ça, les jeux d'enfants ont commencé et on a pu déguster des produits régionaux. Pendant que ma mère faisait une crêpe, j'ai regardé les animations. Ma mère était déçue parce qu'elle n'a pas gagné le concours de la plus grande crêpe! Le soir, on a dansé et on a écouté de la musique traditionnelle.

Brieuc

1 Nomme une des fêtes mentionnées.
2 Quelle est la fête favorite de Brieuc?
3 Qu'est-ce qui s'est passé à 10 h 30?
4 Qui a organisé l'initiation à la danse bretonne?
5 Qu'est-ce que Brieuc a fait à la fête?

Point grammaire

The imperfect tense (2)

The imperfect tense is also used to describe actions that **were happening**.

> *Tout le monde **attendait** au parking.*
> Everyone was **waiting** in the car park.

In some cases, it is difficult to know when to use the imperfect. You will not necessarily always use it correctly at first and might use the perfect tense instead. However, as a general rule, use the imperfect to say **what used to happen** or what **was happening** and use the perfect to describe an action that took place once, usually at a specific time (see Unit 2).

Look at the text in Exercise 3 again. What examples of the imperfect tense can you find?

4 🗨 Réponds à ces questions, puis pose-les à ton/ta partenaire.

1 Où étais-tu hier soir à 7 heures et que faisais-tu? .
2 Où étais-tu samedi dernier à 2 heures de l'après-midi et avec qui étais-tu? Qu'est-ce que tu faisais?
3 Tu étais au collège hier à 10 heures du matin? Qu'est-ce que tu faisais?
4 Tu étais chez des amis vendredi soir? Sinon, où étais-tu et que faisais-tu?

5 🏛 Complète la première partie de la phrase avec un verbe à l'imparfait.

1 Je ...... quand le téléphone a sonné.
2 Il ...... quand je suis arrivée.
3 Vous ...... quand il a fini ses devoirs.
4 Elle ...... quand il a répondu au téléphone.
5 Tu ...... quand je suis parti.
6 Nous ...... quand le prof est arrivé.
7 Vous ...... quand il a lu l'annonce.
8 Ils ...... quand nous sommes partis.
9 Elles ...... quand le magasin a fermé.
10 Je ...... quand tu es sorti.

6 📖 Lis cet article sur Paul Arthur. Copie tous les verbes qui sont au passé composé et tous les verbes qui sont à l'imparfait, puis réponds aux questions.

Paul Arthur — l'acteur qui monte

Figure et voix bien connues de la publicité et des séries, l'acteur de 25 ans, maçon de profession, devient plus populaire grâce à son rôle de Martin, jeune prof, dans le nouveau feuilleton *Lycée Albert*.

Vous le reconnaissez sans doute — c'est celui qui dansait sous la pluie pour faire la promotion d'un shampooing il y a 2 ans, et c'est lui qui enchantait les filles, 1 an auparavant, dans la publicité pour des biscuits au chocolat. Après quelques années de rôles peu importants, il a eu du succès dans la série *Flics*, où on le voyait en uniforme. Après un congé en Amérique entre l'âge de 21 et 22 ans, il a commencé sa carrière à la télévision en acceptant le rôle de Jean-Jacques, un jeune Allemand dans la série *Ne comptez pas sur moi*. Élevé dans la banlieue de Paris, on le trouvait tous les vendredis aux cours d'art dramatique et tous les samedis au cinéma. Son rêve s'est enfin réalisé — il est maintenant célèbre.

1 Quel était le travail de Paul Arthur avant de devenir acteur?
2 Quel âge avait-il quand il faisait la promotion d'un shampooing?
3 Comment est-ce qu'on sait qu'il était populaire quand il était plus jeune?
4 Après la série *Flics*, qu'est-ce qu'il a fait?
5 Où est né le personnage de Jean-Jacques?
6 Qu'est-ce que Paul Arthur faisait le vendredi quand il habitait près de Paris?
7 Qu'est-ce qu'il faisait le samedi?
8 De quoi rêvait-il quand il était jeune?

7 🏛 Écris une présentation sur les jours fériés dans ton pays.

- Mentionne deux jours fériés qui existent dans ton pays.
- Dis quel jour férié tu préfères et pourquoi.
- Dis ce que tu fais d'habitude ce jour-là.
- Explique deux activités que tu as faites l'année dernière.

🎧 Paper 1: listening

Vous allez entendre, deux fois, une annonce pour un restaurant.

Pendant que vous écoutez l'annonce, répondez en français ou avec des chiffres, et cochez les cases appropriées. Il y a une pause dans l'annonce. Vous avez d'abord quelques secondes pour lire les questions.

1 Jours d'ouverture? Tous les jours sauf le ...... **[1]**

2 Repas servis le soir? De ...... à 22h. **[1]**

3 Quels plats sont compris dans le menu du jour? **[1]**

 A
 B
 C

[*PAUSE*]

4 Problème pour...: (cochez **1** case) **[1]**

 A
 B
 C

5 Où est-ce que les enfants peuvent jouer? **[1]**

 A
 B
 C

6 Pas de problème pour...: (cochez **1** case) **[1]**

 A
 B
 C

7 Aujourd'hui, un verre de vin coûte ... euros. **[1]**

[Total: 7]

Paper 2: reading

Paulette envoie un e-mail à son copain Richard. Lisez le texte attentivement.

> Salut Richard,
>
> Merci de ton e-mail. Moi, je fais de la natation tous les lundis. Je suis forte en tennis. L'année dernière, j'ai joué dans une compétition et j'ai fini en première place. Je monte à cheval en été et c'est ce que je préfère. Samedi prochain ma sœur et ma mère vont faire du shopping. Qu'est-ce que tu aimes faire quand tu as du temps libre? Paulette.

Cochez la bonne case.

1 Paulette va à la piscine…

A ☐ une fois par semaine   **B** ☐ tous les week-ends   **C** ☐ de temps en temps

2 L'année dernière Paulette a gagné une compétition de…

A ☐ tennis   **B** ☐ natation   **C** ☐ vélo

3 Son sport favori est…

A ☐ la natation   **B** ☐ l'équitation   **C** ☐ le vélo

4 Samedi prochain sa mère et sa sœur ont décidé de…

A ☐ regarder un match de tennis **B** ☐ faire les magasins   **C** ☐ faire du vélo

5 Paulette veut savoir ce que Richard aime faire comme…

A ☐ sport   **B** ☐ travail   **C** ☐ loisirs

Paper 3: speaking

Role play

Vous téléphonez au cinéma pour acheter des billets pour le film d'horreur. Vous parlez avec l'employé(e).

1 **(i)** Saluez l'employé(e) **et**

   (ii) Dites que vous voulez acheter des billets pour le film d'horreur.

2 Dites pour quel jour vous voulez les billets.

3 Dites combien de billets vous voulez.

4 Écoutez l'employé(e) et choisissez la séance que vous voulez.

5 **(i)** Remerciez l'employé(e) **et**

   (ii) Posez une question sur le film (par exemple: anglais? sous-titré?)

Vocabulaire

Les loisirs dans la ville   Leisure facilities in your town

Il y a toujours quelque chose à faire.   There is always something to do.

Il y a plein d'activités/de distractions/d'événements.   There are lots of activities/entertainment/events.

Il n'y a presque rien.   There is hardly anything.

Si on est sportif, on peut…   If you are a sporty person, you can…

…s'inscrire à un club/aller au complexe sportif.   …enrol in a club/go to the sports complex.

Pour les enfants, il y a des ateliers de théâtre.   For children, there are drama workshops.

La ville est plus animée en été.   The town is livelier in the summer.

On organise un marché nocturne/des dégustations de produits locaux.   They organise an evening market/local produce tasting sessions.

Le seul inconvénient, c'est que…   The only drawback is that…

La seule chose qui existe, c'est…   The only thing there is, is…

Les billets d'entrée sont chers.   Admission tickets are expensive.

L'entrée est gratuite.   Entry is free.

Les sorties   Going out

C'est quand…   When is…

…le feu d'artifice/le tournoi?   …the fireworks display/the tournament?

Tu es libre ce soir?   Are you free this evening?

Tu aimerais…?   Would you like…?

Qu'est-ce que tu fais…?   What are you doing…?

On pourrait peut-être…?   We could perhaps…?

Tu fais quelque chose demain?   Are you doing anything tomorrow?

Il y a une animation musicale; on y va?   There is a music event; shall we go?

Quelle est ton adresse e-mail?   What's your e-mail address?

Tu veux me donner ton numéro de portable?   Will you give me your mobile number?

Désolé(e), je ne suis pas libre/je ne peux pas.   Sorry, I'm not free/I can't.

Ça ne me dit rien; une autre fois.   I'm not interested/I don't feel like it; another time.

Oui, je veux bien/avec plaisir.   Yes, I'd like to/I'd love to.

D'accord, quelle bonne idée!   OK, what a good idea!

Si tu veux/Si tu insistes/Si ça te fait plaisir.   If you want/If you insist/If it makes you happy.

On se voit/se retrouve quand/où?   When/where shall we meet?

On parle de musique   Talking about music

Je fais partie d'un groupe/d'une chorale.   I am in a band/a choir.

Je joue/J'apprends à jouer du clavier/de la batterie.   I play/I am learning to play the keyboard/the drums.

Je vais assister à un festival de musique.   I am going to attend/go to a music festival.

C'est un genre de musique…   It is a type of music…

…basé sur le…/rendu populaire par…   …based on…/made popular by…

C'est un mélange de…   It is a mixture of…

Mon chanteur/ma chanteuse préféré(e) est…   My favourite singer is…

Il/Elle a sorti un album intitulé…   He/She has released an album entitled…

Il/Elle a connu un grand succès.   He/She has been very successful.

Il/Elle est populaire parce que…   He/She is popular because…

Il/Elle écrit ses propres chansons.   He/She writes his/her own songs.

Il/Elle occupe les premières places du hit-parade.   He/She is at the top of the charts.

Il/Elle est formidable sur scène.   He/She is great on stage.

On parle de cinéma   Talking about cinema

Qu'est-ce qu'on passe comme film?   What sort of film is on?

Je viens de voir le dernier film de…   I have just seen the latest film from…

82

C'est un film...   It is a...

...de suspense/d'amour/amusant/policier/historique.   ...thriller/romantic/funny/detective/historic film.

...émouvant/effrayant/d'épouvante/violent/réussi.   ...moving/scary/horror/violent/successful film.

...triste/tragique/lent/en noir et blanc/doublé/sous-titré.   ...sad/tragic/slow/black-and-white/dubbed/subtitled film.

C'est l'histoire de.../Ça raconte l'histoire de...   It's the story of.../It tells the story of...

Le film est en version originale/en version française.   The film is in the original language/in French.

La première séance commence à 19 h 00.   The first showing starts at 7.00 p.m.

Les personnages ont été bien/mal interprétés.   The characters were well/badly played.

Au début, j'ai trouvé le film lent.   At the beginning, I found the film slow.

La fin était complètement inattendue/irréaliste.   The end was completely unexpected/unrealistic.

J'ai beaucoup aimé les effets spéciaux.   I really liked the special effects.

J'ai ri/pleuré du début à la fin.   I laughed/cried from start to finish.

C'est une superproduction.   It is a blockbuster.

Il a été couronné de succès.   It has been crowned with success.

Cet acteur/Cette actrice interprète le personage de.../joue le rôle de.../joue le rôle titre.   This actor/actress plays the character of.../plays the part of.../plays the title role.

Il/Elle a tourné plus de 30 films.   He/She has acted in over 30 films.

Il/Elle a gagné des trophées.   He/She has won trophies.

Il/Elle a été récompensé(e).   He/She has received awards.

Les nouvelles technologies New technologies

Je me branche sur internet.   I log on to the internet.

Je passe beaucoup de temps sur la toile/le net.   I spend a lot of time on the web/the internet.

Je vérifie ma messagerie électronique.   I check my e-mails.

J'envoie des méls/des e-mails/des courriels.   I send e-mails.

Je reçois des textos/SMS.   I receive texts.

Je vais sur Twitter/Je tweete.   I go on Twitter/I tweet.

Je participe à des chats/des forums.   I go to chatrooms/contribute to forums.

Je suis bloggeur/bloggeuse.   I am a blogger.

Je télécharge de la musique/des films.   I download music/films.

J'ai créé mon propre site internet.   I have set up my own website.

Je fais du traitement de texte.   I do word-processing.

Un réseau social   A social network

Nos habitudes sociales ont changé.   Our social habits have changed.

Les fêtes et les festivals Celebrations and festivals

On commémore un événement religieux/historique.   We commemorate a religious/historical event.

Le lundi de Pâques   Easter Monday

Le jeudi de l'Ascension   Ascension Day

Le lundi de Pentecôte   Whit-Monday

La fête de l'Assomption   The Assumption

La Toussaint   All Saints' Day

La fête du travail   1 May (Workers' Day)

Il y a un défilé militaire.   There is a military parade.

Les enfants défilent dans les rues.   Children parade/march down the streets.

On se déguise pour le carnaval.   People dress up for the carnival.

Il y a des chars fleuris.   There are floats decorated with flowers.

Ce festival...   This festival...

...rassemble/regroupe les meilleurs acteurs/musiciens.   ...brings/draws together the best actors/musicians.

C'est un festival renommé/connu du monde entier.   This festival is renowned/known worldwide.

On prépare les vacances

1 Les vacances, c'est pour quoi faire?

1 Les vacances, c'est pour quoi faire? Choisis l'expression correcte pour chaque dessin.

Exemple: 1 — Les vacances, c'est pour partir au soleil.

a	boire et manger	**g**	faire du tourisme
b	partir au soleil	**h**	s'amuser avec les copains
c	faire des activités nouvelles	**i**	oublier les problèmes
d	se reposer	**j**	passer du temps avec la famille
e	faire des voyages	**k**	échapper à la routine
f	rester à la maison		

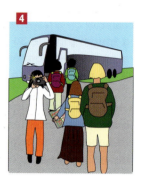

2 Écoute et vérifie tes réponses.

3 Écoute encore. Note un détail supplémentaire pour chaque personne (en français).

Exemple: 1 — il pleut beaucoup ici.

4a Copie la liste des dix raisons (a–j) dans l'ordre d'importance (le plus important en n° 1, etc.).

b Avec ton ami(e), essayez de trouver des raisons supplémentaires pour partir en vacances. Prenez des notes.

Exemple: visiter un pays étranger, dormir …

c Copie et complète ce texte. Utilise les notes des autres exercices, et ajoute des détails.

Pour moi, les vacances c'est essentiel pour…

Aussi, pendant les vacances, c'est important de…

Pour moi, ce n'est pas nécessaire de…pendant les vacances.

Exemple: **Pour moi, les vacances c'est essentiel pour** *partir au soleil, parce qu'ici il pleut beaucoup. Pendant les vacances, j'aime visiter un pays étranger où le climat est chaud, comme l'Espagne ou le Maroc.* **Aussi, pendant …**

Point grammaire

Using *ne…nulle part*

Ne…nulle part is the French for 'nowhere' (or 'not… anywhere').

Examples:

- *Je **ne** vais **nulle part**.*
  I do**n't** go **anywhere**.

- *Où allais-tu? – **Nulle part!***
  Where were you going? **Nowhere!**

Note that in the perfect tense, *nulle part* is placed **after** the past participle.
*Example: Je **ne** suis allé **nulle part**.*
I went nowhere.

5 📖 À ton avis, quelles réponses du sondage ont choisi les trois personnes?

Exemple: Mme Lenoir: 1c, 2c, etc.

> **Mme Lenoir** *Je pars en voyage organisé, mais je n'aime pas aller à l'étranger. La France est un très beau pays, et je visite une ville différente chaque année. J'aime voir les monuments célèbres. Les voyages durent entre cinq et dix jours. Je n'aime ni le camping ni les gîtes: je reste toujours à l'hôtel.*

> **Matthieu** *Chaque année, je pars pour deux semaines dans un pays différent, de préférence un pays où on parle français et où je peux aller à la plage! L'an prochain je vais aller en Tunisie. Je voyage seul, parce que j'aime être indépendant. Je loge dans les auberges de jeunesse ou au camping, c'est moins cher.*

> **M. Cantalou** *J'aime passer mes vacances à la campagne avec ma femme et mes enfants. Nous louons une maison pour un mois, en France ou dans un autre pays. Ma femme fait du tourisme avec les enfants, mais moi, je ne vais nulle part! Je me détends dans le jardin.*

louer	to rent
une auberge de jeunesse	a youth hostel

Questionnaire

1 Avec qui partez-vous en vacances?
  a Je pars seul(e) en vacances.
  b Je pars en vacances avec un(e)/des ami(e)s/ma famille.
  c Je pars en vacances avec un groupe/en voyage organisé.

2 Quelle est votre destination favorite?
  a Je préfère aller au bord de la mer.
  b J'aime aller à la montagne/à la campagne.
  c J'adore visiter des grandes villes.

3 Vous passez les vacances à l'étranger?
  a Ça dépend. Quelquefois je reste en France.
  b Les pays étrangers ne m'intéressent pas.
  c Je vais toujours à l'étranger.

4 Que faites-vous pendant les vacances?
  a Je fais du tourisme, je visite les monuments.
  b Je ne fais rien, je me repose.
  c Je prends le soleil et je me baigne.

5 Où logez-vous, d'habitude?
  a J'aime bien l'hôtel/faire du camping.
  b Je loge chez ma famille.
  c Je loue une maison ou un appartement.

6 Combien de temps partez-vous?
  a En général, je pars pour une semaine.
  b Je pars toujours pour quinze jours/un mois.
  c Je ne pars pas longtemps: quelques jours.

quinze jours	a fortnight

6a 🗨 À deux, répondez aux questions du sondage.

b ✏ Écris tes réponses au sondage. Ajoute des détails.

*Exemple: Je pars en vacances avec des amis **du collège qui s'appellent Eliot, Sandra et William**.*

> *J'aime aller à la montagne **en hiver pour faire du ski**, mais je préfère aller au bord de la mer **en été quand il fait chaud**. **L'été prochain, je vais aller sur la côte atlantique**.*

7 🎧 Lucas habite près de Gruyères, dans les Alpes de Suisse romande. Coche les quatre aspects qu'il mentionne.

a sa famille ✓ (*exemple*)
b ses copains
c ses repas
d sa routine scolaire
e le travail
f ses activités de loisirs
g les voyages de ses parents
h le tourisme dans sa région
i ses vacances passées à la mer

> **Point grammaire**
>
> ### Using *ne...ni...ni*
>
> *ne...ni...ni* is the French for 'neither...nor'.
>
> **Examples:** *Je **n'**aime **ni** les campings **ni** les gîtes.*
> I like **neither** campsites **nor** *gîtes*.
>
> *Je **ne** voulais **ni** partir **ni** voyager.*
> I wanted **neither** to go away **nor** to travel.

2 Quelle destination?

✔ Where to go on holiday
✔ Holiday activities and interests
✔ The future tense

1a  Lis attentivement ces brochures.

b 🎧 Écoute (1 à 8). Quelle destination choisiront-ils?

Exemple: 1 — Paris.

Paris vous attend!

Des tours guidés vous permettront de voir les sites touristiques les plus célèbres: la cathédrale Notre-Dame de Paris, la basilique du Sacré-Cœur, l'Arc de Triomphe, les Champs-Élysées… Si l'art vous intéresse, vous trouverez à Paris des trésors culturels mondialement connus, comme la Joconde au musée du Louvre ou la peinture impressionniste au musée d'Orsay.

Pour vous détendre, vous prendrez le bateau: dîner romantique sur la Seine ou croisière paisible sur le Canal Saint-Martin… Pour une soirée inoubliable, vous choisirez un spectacle ou un cabaret: dîner et French Cancan au célèbre Moulin Rouge, piano-bar, discothèque branchée… Et bien sûr, vous n'oublierez pas la tour Eiffel — elle est incontournable!

Excursions possibles à Disneyland Paris, Versailles et châteaux de la Loire.

incontournable	must-see
branché(e)	trendy
la Joconde	Mona Lisa

Genève et le lac Léman, une expérience unique!

À 3 heures de Paris par le train, en bordure du lac Léman, Genève est la capitale de la paix et du luxe! On y trouve le siège de la Croix Rouge et le siège européen de l'ONU. Genève vous offre ses parcs, son célèbre jet d'eau, ses musées, boutiques de luxe, restaurants gastronomiques, discothèques, bars musicaux…

Les visiteurs y prendront le bateau pour une croisière sur le magnifique lac Léman, et découvriront des panoramas uniques.

Les sportifs pratiqueront la voile, la pêche, la randonnée, le VTT, ou encore, à 40 minutes du lac, le ski et le snowboard.

Pour l'hébergement, beaucoup de possibilités: hôtels, auberges de jeunesse, gîtes et campings au charme particulier.

le siège	the headquarters	la paix	peace
chic	smart	un jet d'eau	fountain

Venez découvrir le Sénégal: vous adorerez!

Vol direct Paris–Dakar + circuit 7 jours/6 nuits pension complète

Jour 1 Arrivée à l'aéroport de Dakar, transfert à l'hôtel. Plage et piscine.

Jour 2 Visite des villages de la brousse, déjeuner dans une famille sénégalaise.

Jour 3 Dakar (marchés typiques) et l'île de Gorée (traversée en chaloupe).

Jour 4 Balade dans les dunes en 4×4. Repas sénégalais, baignade dans le lac.

Jour 5 Visite d'une réserve naturelle protégée. Après-midi au bord de l'océan.

Jour 6 Désert de Lompoul: promenade en dromadaire, soirée danses, nuit sous la tente.

Jour 7 Barbecue près du Lac Rose. Repos. Transfert à l'aéroport de Dakar.

la brousse	bush (woodland)
une chaloupe	launch (type of motor boat)
une balade (en voiture/en chameau)	walk (a drive/a camel ride)
un dromadaire	dromedary (one-humped camel)

Point grammaire

The future tense

Up to now, you have used the *aller* + infinitive construction to talk about the future. This construction, known as the **immediate future**, enables you to say that something is **going to happen**. To say that something **will happen** (or will be happening), there is another **future tense** (called *futur simple* in French). Here are some examples used in exercise 1a:

- *Vous **trouverez** à Paris des trésors culturels.*
  You will find cultural treasures in Paris.

- *Vous **prendrez** le bateau.*
  You will take the boat.

Here is the *futur simple* of *manger* in full:

Je manger**ai**	Nous manger**ons**
Tu manger**as**	Vous manger**ez**
Il/Elle/On manger**a**	Ils/Elles manger**ont**

The endings (highlighted in bold) are simply added to the infinitive. They are the same for all verbs, but in the case of -re verbs, you must drop the 'e' from the infinitive first (i.e. *je prendrai*, and not *je prendreai*).

List all the verbs in the future tense that you can find in the three brochure extracts in exercise 1a and give the infinitive of each.

2 📖 C'est Paris, Genève ou le Sénégal? Attention! Il y a peut-être deux réponses!

1 C'est une destination idéale si on s'intéresse aux affaires internationales.
2 Le soir, on trouvera facilement des distractions.
3 Cet endroit semble très riche sur le plan culturel.
4 Ce voyage a l'air très excitant, il offre des aventures extraordinaires.
5 Les jeunes pourront faire une excursion au parc d'attractions.
6 Cette ville paraît fascinante, on y verra des boutiques très chic!
7 C'est parfait pour les sportifs! Ils y feront toutes sortes d'activités de plein air.
8 Les visiteurs utiliseront des moyens de transport inhabituels. Ce sera une expérience unique!
9 Pour le logement, les touristes auront vraiment le choix!

Point grammaire

Irregular verbs in the future tense

A number of verbs do not follow the pattern described on page 86 to form their future tense. *Être*, *avoir*, *faire*, *voir* and *pouvoir* are some of the most important verbs that are irregular in the future tense. Can you find an example of each in exercise 2?

Other important irregular verbs are *aller* (I will go = *j'irai*), *vouloir* (I will want = *je voudrai*), *venir* (I will come = *je viendrai*), *devoir* (I will have to = *je devrai*) and *recevoir* (I will receive = *je recevrai*).

❗ POINT LANGUE

To look… + adjective

Look at the following examples:
- *Cet endroit **semble** grand.*
- *Il **paraît** très riche.*
- *Et il **a l'air** excitant.*

All three verbs/phrases (*sembler*, *paraître*, *avoir l'air*) can be used to render the English construction 'to look…+ adjective':
- This place seems (looks) big.
- It appears to be (looks) rich.
- And it looks exciting.

---

3 ✏️ Trouve dans les textes (page 86) des exemples pour illustrer les points suivants.

La Joconde

Exemple: Paris est une ville qui offre de nombreuses activités culturelles.
→ *On peut visiter des musées, comme le Louvre ou le musée d'Orsay.*

1 À proximité du lac Léman, les possibilités d'hébergement sont multiples.
2 Le Sénégal offre des activités inhabituelles dans un environnement nouveau.
3 La région de Genève, c'est l'endroit rêvé pour des vacances de luxe à la montagne et sur l'eau.
4 Si on va à Paris, on peut faire des visites et des promenades très variées.
5 Au Sénégal, on goûtera aux spécialités locales.

4 💬 Pour tes vacances, choisis une des trois destinations de l'exercice 1a. Explique à un(e) partenaire qui a choisi une destination différente où tu iras, pourquoi, où tu logeras, ce que tu feras et ce que tu verras.

5a 🎧 Projets de vacances – c'est André? Faly? Les deux? Lis les phrases a–f, écoute et décide.

Exemple: a — André

a recevra ses cousins
b visitera la capitale
c ne partira pas en vacances
d verra les monuments célèbres
e ira à la plage
f passera deux semaines super

b 🎧 Écoute encore et note des détails supplémentaires en français.

6 ✏️ Avec un(e) partenaire, préparez une publicité (poster ou PowerPoint) pour attirer les touristes francophones dans votre ville ou votre région. Écrivez 100 mots environ. Ajoutez des photos.

3 Comment voyager?

✔ Means of transport
✔ The future tense after *quand*
✔ Questions with *quel* and *lequel*

1a Fais la liste de tous les moyens de transport que tu connais en français.

b Ces personnes expliquent comment elles voyagent. Écoute et complète ta liste des moyens de transport.

c Écoute encore et note un détail supplémentaire pour chaque personne.

| un routier | long-distance lorry driver |
| le SAMU (Service d'Aide Médicale Urgente) | emergency medical services |

Exemple: 1 — bus ou métro dans la journée seulement.

2 M. et Mme Dupont habitent en Angleterre, mais ils rentreront en France pour les vacances. Trouve les paires correctes.

1 Vous partirez en France en auto?

2 Vous n'aurez pas peur des camions, sur l'autoroute?

3 Vous traverserez la Manche comment? En bateau?

4 Quand vous serez en France, vous voyagerez en train, quelquefois?

5 Vous louerez des vélos, quand vous irez à la montagne?

6 Vous pourrez aller jusqu'à la plage en autobus?

a Nous prendrons le TGV, c'est si pratique!

b Oui, on louera des VTT, c'est idéal pour ça!

c Non. À la gare routière, nous prendrons un car.

d Oui, nous venons d'acheter une nouvelle voiture!

e Nous traverserons en ferry.

f Non, nous avons l'habitude des poids lourds, nous serons prudents.

| un VTT (vélo tout terrain) | mountain bike |
| un poids lourd | heavy goods vehicle |

3 Comment voyageront-ils pendant les vacances? Écoute Matthieu, Magali, Mme Blois et Léa. Copie et complète le tableau.

Nom	Moyen(s) de transport	Durée du voyage	Déjà utilisé ce moyen de transport?	Que feront-ils pendant le voyage?

4 Pose ces questions à tes copains/ tes copines et prends des notes.

1 Où est-ce que tu iras en vacances?
2 Comment est-ce que tu voyageras?
3 Combien de temps durera le voyage?
4 Est-ce que tu as déjà voyagé en… (avion/car/train etc.)?
5 Qu'est-ce que tu feras pendant le voyage?

Point grammaire

Quand + futur simple

Look at these examples and compare them with their English translations:

● *Quand vous serez* en France, *vous voyagerez en train*?
When you are in France, will you travel by train?

● *Vous louerez des vélos, **quand vous irez** à la montagne*?
Will you hire bikes, **when you go** to the mountains?

When a verb that follows *quand* refers to a future event, it has to be in the future tense (whereas the present tense is used in English).

5 📖 M. et Mme Wood ont décidé d'aller passer 8 jours dans la région de Perpignan, où leur fils fera un échange avec Fabien. Lis le texte.

On peut voyager de Southampton à Perpignan en voiture. On prend le ferry à Portsmouth, ou à Douvres pour une traversée plus courte. Si on a le mal de mer en bateau, on peut mettre la voiture sur le Shuttle à Folkestone, mais c'est assez cher. Arrivés en France, on prend l'autoroute. Malheureusement, les autoroutes ne sont pas gratuites en France! Et en été, il y a beaucoup de circulation!

On peut y aller en train. On prend l'Eurostar à Londres, on change à Lille. Là on prend un TGV direct jusqu'à Perpignan. Les TGV sont très rapides. La traversée de la Manche par le tunnel est facile. S'il y a de grosses vagues parce que la mer est agitée, on n'a pas le mal de mer! Mais le voyage en Eurostar coûte assez cher.

On peut prendre un car qui fait le trajet de Londres à Barcelone, en Espagne: il s'arrête à Perpignan. C'est bon marché, mais c'est long et fatigant.

On peut aussi y aller en avion! En été, il y a un vol direct de Southampton à Perpignan. C'est une compagnie aérienne à bas prix qui fait cette ligne, donc les tarifs sont intéressants. Le vol ne dure que 2 heures.

| 8 jours | often used to mean 'a week' |
| avoir le mal de mer | to be seasick |

a Fais la liste des avantages et des inconvénients mentionnés dans le texte pour la voiture, le shuttle et l'Eurostar, le TGV, le car et l'avion.

Exemple: le ferry: avantage non mentionné, inconvénient: mal de mer

b Pense aux moyens de transport qui ne sont pas mentionnés dans le texte (le vélo, le métro, etc.). Trouve un/des avantage(s) et un/des inconvénient(s) pour chacun.

6 💬 Pose ces questions à un(e) partenaire, puis réponds à ton tour.

1 Comment est-ce que tu voyages pour aller de chez toi au collège ou en ville?
2 Tu aimes faire ce trajet? Pourquoi?
3 Quel moyen de transport est-ce que tu recommandes pour circuler en ville?
4 Quel est ton moyen de transport préféré pour voyager loin? Pourquoi?
5 Tu aimes prendre l'autoroute? Pourquoi?
6 À ton avis, quel moyen de transport est le moins dangereux en général? Explique.
7 Est-ce qu'il y a un moyen de transport que tu n'as jamais utilisé? Lequel? Tu voudrais l'essayer?

7 ✏️ Tu dois faire un long voyage. Choisis ta destination. Explique comment tu voyageras et pourquoi. (Utilise "quand + futur simple" dans ta réponse.)

*Exemple: D'abord, je louerai une voiture pour aller à Londres. **Quand j'arriverai** à Londres, je prendrai…*

Point grammaire

Asking questions with *quel* and *lequel*

- Both these question words are used in this unit, for example:
  - ***Quel** moyen de transport est-ce que tu recommandes?*
  - *Est-ce qu'il y a un moyen de transport que tu n'as jamais utilisé? **Lequel**?*

How would you translate *quel* and *lequel* in these sentences?

- Now look at these examples:
  - *Mes voisins vont partir en Afrique.*
  - ***Lesquels?***

  - ***Quelles** villes as-tu visitées?*

Quel…? translates into English as 'Which…?', and *Lequel?* as 'Which one?'. Both question words can be feminine and/or plural. *Quel* agrees with the noun that follows and *lequel* with the noun that it replaces. The possible forms are *quel, quelle, quels, quelles* and *lequel, laquelle, lesquels, lesquelles.*

4 Où loger pendant les vacances?

1 📖 Regarde les posters et lis les descriptions. C'est A, B ou A+B?

1. L'hôtel se trouve au centre-ville.
2. Il n'y a pas de bruit, on est sûr de dormir.
3. C'est facilement accessible en voiture, en avion ou en train.
4. On ne paie pas de supplément pour le parking.
5. On a la climatisation et une piscine.
6. La réceptionniste parle anglais et espagnol.
7. C'est bien situé pour visiter la vieille ville.

2 🎧 M. et Mme Toule comparent les deux hôtels. Ils ont deux enfants.

1. Donnez trois détails sur l'hôtel Les Palmiers que M. et Mme Toule aiment.
2. Quel est le problème?
3. Donnez deux détails sur l'hôtel du Lion d'Or que les Toule n'aiment pas.
4. Donnez un aspect positif commun aux deux hôtels.
5. Le Lion d'Or n'a pas de restaurant. C'est un problème?
6. Qu'est-ce que les Toule décident?
7. Pourquoi?

3 🎧 💬 On téléphone à l'Hôtel du Lion d'Or pour réserver. Mme Toule (T) appelle et parle à la réceptionniste (R). Écoutez puis lisez le dialogue à deux.

T: Bonjour madame. Est-ce que vous avez des chambres libres **pour le 5 août**, s'il vous plaît?

R: Oui. Combien de chambres voulez-vous?

T: Je voudrais réserver **une chambre familiale. Nous sommes quatre, deux adultes et deux enfants.**

R: C'est pour combien de nuits?

T: C'est pour **trois nuits, à partir du 5 août.**

R: Nous avons **une chambre familiale avec douche, au premier étage, à 92€.** Et une autre **avec salle de bains, au deuxième étage, à 103€.** Laquelle préférez-vous?

T: Je prendrai **la chambre avec douche.** Est-ce que le petit-déjeuner est compris dans le prix?

R: **Non, le petit-déjeuner est en supplément, c'est 9€ par personne.** C'est à quel nom, s'il vous plaît?

T: **Toule, T-O-U-L-E.** Et je peux payer par carte de crédit, n'est-ce pas?

R: Bien sûr.

Maintenant, recommencez le dialogue en changeant les détails qui sont en gras.

A
Hôtel du Lion d'Or ★★★
Hôtel trois étoiles de charme au cœur de la ville
À deux pas des magasins et du centre historique
Tarifs chambres: simples 54 €–65 €, doubles (lits jumeaux ou grand lit) 75 €–86 €, familiales 92 €–103 €. Toutes nos chambres sont avec douche ou baignoire.
Réservation: 00 33 (0) 4 43 52 09 15 ou liondorhotel@wanadoo.fr
Parkings de ville payants à 100 m 24h/24. Accès Wifi gratuit.
Petit déjeuner non-inclus – Demi-pension non disponible.
Possibilité de paiement à distance par carte bancaire.

54 € –65 €
75 € –86 €

B
Hôtel Les Palmiers ★★★★
Calme et luxe au cœur d'un parc de 15 000 m²
À quelques minutes du centre-ville et de l'autoroute
Proche aéroport et gare
Restaurant gastronomique midi et soir • bars
• patio fleuri • piscine chauffée
Réservation: 00 33 (0) 4 43 56 12 67
ou contact@lespalmiers.com
Chauffage central dans toutes nos chambres

130 € –160 €
180 € –220 €
200 € –260 €

• Petit déjeuner en supplément
• Connection internet
• Wifi gratuite

4a ✏️ Sur internet, cherche et note des renseignements sur un hôtel de ta région.

b 💬 Présente ton hôtel à un touriste français.

5a ✏️ Sur l'ordinateur, ou sur papier, crée un poster pour l'hôtel de tes rêves. Illustre le poster et écris les détails en français.

b ✏️ Écris une description de l'hôtel pour publier dans une brochure touristique (80 mots environ).

6 📖 Lis l'information sur la colonie de vacances. Trouve et corrige les quatre phrases fausses.

un atelier	a workshop
un stage	a training course
un moniteur	an instructor
une colonie de vacances	a holiday camp

a La colonie est pour les jeunes de 9 à 16 ans.
b Les jeunes ont tous une chambre individuelle.
c Il est possible de camper une nuit.
d On peut choisir sa chambre.
e Les bâtiments sont en bon état.
f On doit préparer ses repas.
g Il n'y a rien pour les malades.

7a 💬 Quels sont les avantages et les inconvénients de la colonie de vacances? Discute avec un(e) partenaire.

b ✏️ Réponds aux questions.

Tu aimerais passer des vacances dans cette colonie?

Explique pourquoi ou pourquoi pas (mentionne les activités et l'hébergement).

8 📖 Lis et réponds aux questions.

C'est un gîte rural, une chambre d'hôtes ou les deux?

1 On n'est pas indépendant.
2 On est dans un environnement rural.
3 On est reçu par les propriétaires.
4 On peut ne rester qu'une nuit si on veut.
5 On peut préparer ses propres repas.

Aventures et activités nautiques, en Bretagne

Colonie de vacances

Notre colonie de vacances accueille les enfants de 9 à 12 ans et les ados de 13 à 16 ans. Les séjours sont de 1 ou 2 semaines. Les activités ont lieu tous les jours sauf le dimanche, matin et après-midi.

Activités nautiques
Voile, catamaran, planche à voile

Activités terrestres
Pêche à pied, plage, randonnée à pied ou en VTT, tir à l'arc, ateliers de bricolage, salles de jeux

Stages en option
Surf, initiation à la plongée, ou au kayak de mer ou au kite surf
Nouveau! En option: une nuit sous tepee.

🐚 Toutes les activités sont surveillées.

🐚 Moniteurs diplômés (1 moniteur pour 8–14 jeunes).

🐚 Entièrement rénovée en 2011, notre colonie de vacances offre confort, sécurité et fonctionnalité.

🐚 Hébergement: Chambres séparées filles/garçons de 4 à 6 lits. Un seul dortoir de 8 lits. Répartition dans les chambres en fonction de l'âge. Infirmerie.

🐚 Repas préparés sur place par cuisinier professionnel et servis dans une salle de restaurant spacieuse.

---

9 🎧 Auberge de jeunesse ou camping? Écoute Sabine et Florence. Choisis les mots corrects pour compléter le texte.

aider	bruit	attendre	loin	tente	temps
inconnus	cher	sac de couchage	enfants		

Sabine et Florence ne peuvent pas aller à l'hôtel, parce que c'est trop … pour elles.
Florence ne veut pas aller au camping, à cause du … .
Mais Sabine ne veut pas aller à l'auberge de jeunesse parce qu'elle sera obligée d' … .
Elle n'aime pas l'idée de dormir dans un dortoir ou de partager sa chambre avec des … .
Finalement, les deux jeunes filles n'ont pas de … donc elles devront loger à l'auberge de jeunesse!

une tente	tent
faire le ménage	do the housework

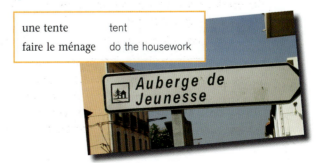

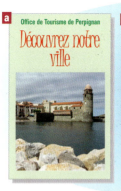

a — Office de Tourisme de Perpignan — **Découvrez notre ville**

b — **Promenade et pêche en mer** — Location de bateaux

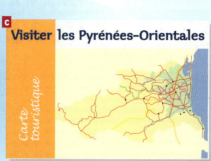

c — **Visiter les Pyrénées-Orientales** — Carte touristique

d — Les trésors de la région vous attendent!

e — *Laissez-vous porter!*

f — *À table!* — Les bonnes adresses

g — **Programme** juillet/août

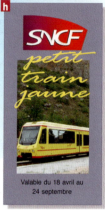

h — **SNCF** *petit train jaune* — Valable du 18 avril au 24 septembre

1  À deux, identifiez la documentation.

1 un dépliant sur les excursions en car
2 un guide touristique de la ville
3 une liste des musées et galeries d'art
4 une carte de la région
5 un horaire des trains
6 un dépliant sur les festivals et les événements culturels
7 une brochure sur les bars, les cafés et les restaurants
8 un dépliant sur les promenades en bateau

2 Quelle documentation vont-ils demander à l'office de tourisme?

Exemple: 1 — c.

1 Ils vont voyager en voiture.
2 Ils ne savent pas où ils pourront manger.
3 Il veut tout savoir sur la ville qu'il visite.
4 Elle voudrait faire une sortie en mer.
5 Elle veut savoir s'il y aura un concert pendant son séjour.
6 Ils ne prendront pas la voiture tous les jours, c'est fatigant. *(deux réponses)*
7 Ils pensent qu'il y a un musée préhistorique dans la région.

3a Sur www.tourisme.fr, cherche des informations touristiques sur une région, une ville ou un événement. Prends quelques notes en français.

b Présente l'information à ton/ta partenaire ou à ta classe.

4 Lis la lettre à l'Office du Tourisme de Nantes.

> Jacques Touné
> 12, rue du Lavoir
> 13 800 Istres
>
> Istres, le 15 avril
>
> Monsieur /Madame,
>
> Je viendrai en vacances à Nantes au mois de juillet avec ma famille. Comme je n'ai pas internet chez moi, pouvez-vous m'envoyer un plan de la ville et une brochure sur la région? Je voudrais aussi un dépliant sur les hôtels, s'il vous plaît.
>
> Je voudrais savoir s'il y a des festivals ou des spectacles culturels pendant l'été. Et qu'est-ce qu'il y a pour les jeunes de 12 à 15 ans? Enfin, est-ce qu'on peut louer des vélos?
>
> Je vous remercie d'avance et vous prie d'accepter, Monsieur /Madame, mes salutations distinguées.
>
> Jacques Touné

! POINT LANGUE

Writing a formal letter

● Have a look at M. Touné's letter.
● Note how the letter is set out: how the date is written, and the formula for the formal greeting and formal ending.
● List all the different phrases used to make a request and to find out information, and give their meaning.

5 📖 Lis ce texte sur le tourisme à la Réunion. Réponds aux questions en français.

> – **Qu'est-ce qui attire les visiteurs à la Réunion?**
> – *C'est surtout la géographie et la géologie de l'île. La Réunion, c'est une montagne volcanique dans l'océan. Avec sa végétation et ses cascades, c'est le paradis des randonneurs. Le Piton de la Fournaise est un volcan encore actif: on peut s'approcher des coulées de lave. Et la flore réunionnaise passionne les botanistes.*
>
> – **Et les plages?**
> – *Les plages sont fabuleuses, autant pour les amateurs de surf et de plongée que pour les pêcheurs. Mais l'île est très montagneuse et n'a qu'une trentaine de kilomètres de plages. Sur certaines plages, le sable est noir.*
>
> – **Vous avez des festivals à la Réunion?**
> – *La population de l'île est très mixte: blancs, noirs, Indiens musulmans, Chinois... Avec le temps, la population de la Réunion est devenue une population "arc–en–ciel", culturellement très riche! Les traditions, les festivals, les fêtes religieuses diverses, la cuisine reflètent la mixité et la diversité de la population.*
>
> – **Et la meilleure époque de l'année pour venir?**
> – *D'avril à novembre, pour éviter les risques de cyclones pendant la saison chaude. À partir de novembre, il vaut mieux ne pas se baigner sur les plages désertes.*

une coulée de lave	lava flow

1 Qu'est-ce qui attire les touristes vers la partie montagneuse de l'île?

2 Quels sont les avantages et les inconvénients de l'île?

3 Qu'est-ce qui fait la richesse culturelle de l'île?

4 Donne des exemples de cette richesse culturelle.

5 C'est une bonne idée de visiter l'île à Noël?

6 🎧 Le père d'André, M. Dorali, travaille à l'office de tourisme de Saint-Denis de la Réunion. On lui a posé les questions dans quel ordre?

1 Est-ce que les touristes fréquentent beaucoup les offices de tourisme?

2 Et combien de temps restent les visiteurs?

3 Combien de touristes viennent par an?

4 D'où viennent les visiteurs?

5 Et où logent les touristes?

6 Donc ils arrivent à l'aéroport... Alors sur l'île, comment se déplacent-ils?

7 💬 Pose ces questions à un(e) partenaire.

1 Tu aimerais visiter la Réunion? Pourquoi?

2 As-tu déjà visité une île? Explique. Tu aimerais visiter une île? Laquelle?

! **INFO PRONONCIATION**

The future tense

1 In all forms of a French verb in the future tense, you hear a 'r' sound in the last syllable. Where does this sound come from? Is it also the case for those verbs that are irregular in the future tense? (Check the examples you have come across.) This can help to identify the tense of a verb in a listening exercise. It also means that it is important for you to pronounce this French 'r' sound as accurately as you can. Try to say the following:

> *je finirai, elle partira, nous serons, je verrai, tu sortiras, on aura, ils iront, elle se lèvera*

Now listen and repeat.

2 The following verbs present an additional pronunciation problem. How do you think they should be pronounced? Have a go!

> *je jouerai, elle créera, vous louerez, je continuerai, nous remercierons, ils oublieront*

Now listen and repeat.

Look carefully at the following pairs of verbs. Which verb from each pair do you hear on the recording? Check their meaning.

a *je vendrai/je viendrai*

b *nous serons/nous saurons*

c *tu iras/tu auras*

d *je devrai/je dirai*

e *elles se lèveront/elles se laveront*

f *il verra/il voudra*

Now practise saying the verbs in pairs.

! **QUESTIONS CULTURE**

Les Français et les vacances

Tu le savais?

- Les vacances scolaires sont plus longues en France que dans la majorité des autres pays.
- Si un jour férié tombe un mardi ou un jeudi, souvent en France "on fait le pont" (on ne travaille pas le lundi ou le vendredi, et on a un week-end de quatre jours).
- La France est le pays au monde qui reçoit le plus de visiteurs étrangers.
- Quatre départements français doublent leur population en été.
- La majorité des Français passent leurs vacances en France.

Et dans ton pays, c'est comment?

Paper 1: listening

The two tasks here have different formats but are part of the same exercise. The top rubric gives the *setting*, which is common to both sections. In each task, you hear extracts of between 150 and 175 words. Both are interviews, each with two speakers. The questions test your understanding of familiar language, but the setting may be unfamiliar to you. You must answer in French.

Points to remember

- You hear the first extract twice before you need to work on the second one.
- Pauses are built into the recordings, *before and after* each playing of each extract.
- You can expect the recorded extracts to follow the order of the statements.
- Extracts contain factual information and examples of past-tense verbs and a range of structures.

Vous allez entendre une interview avec les employés de deux agences de voyages marocaines. Pendant que vous écoutez l'interview, répondez aux questions.

Première partie: Questions 1 à 5. Vous allez d'abord entendre l'interview avec l'employée de la première agence. Dans chaque phrase de l'exercice, il y a un détail qui ne correspond pas à l'extrait enregistré. Écoutez l'extrait et écrivez le(s) mot(s) juste(s) **en français**.

Vous avez d'abord quelques secondes pour lire les questions 1 à 5.

1 Ce que les touristes préfèrent, ce sont les ***paysages*** ………….. [1]

2 Les touristes logent en général dans un ***gîte*** ou bien à l'hôtel ………….. [1]

3 Avant de réserver, les gens se renseignent en consultant l'~~***office de tourisme***~~ ………….. [1]

4 Les touristes visitent toujours les ***boutiques*** étroites du vieux Marrakech ………….. [1]

5 Avant d'acheter un souvenir, il faut parler ~~***de la tradition***~~ avec le marchand ………….. [1]

Points to remember

You need to listen for synonyms or equivalent phrases. For example, compare statement 1 with the corresponding passage in the recording:

Ce que les touristes préfèrent, ce sont les ***paysages***.

Il y a le soleil, les paysages…mais le plus souvent, ce qui plaît aux touristes, ce sont les traditions.

Note exactly which words you have to replace. For example:

- In statements 1–4, the articles *les*, *un*, *l'* and *les* remain. You are listening out for words of the same gender and number.
- In statement 5, *de la* has been crossed out, so the answer cannot be a feminine singular noun.

Tips for success

Before you hear the second recorded extract, study the rubric for the second section. Work out what you have to do.

● Study the questions to learn a little about the content of the extract, but also to see what you have to find out. Try to work out what they mean. You could make notes in the margin.

● When you hear the recording, write quickly and make sure you move through the questions in pace with the recording.

● Complete and refine your answers with the second hearing.

Deuxième partie: Questions 6 à 9. Maintenant vous allez entendre, deux fois, l'employé de la deuxième agence. Pendant que vous écoutez, répondez aux questions **en français**.

Vous avez d'abord quelques secondes pour lire les questions.

6 De quelle nationalité sont les clients de cette agence? .... **[1]**

7 Qui sont les clients de la plupart des hôtels marocains? .... **[1]**

8 Selon l'employé, quel est l'inconvénient de la plupart des hôtels marocains? .... **[1]**

9 Dans les hôtels de cette région, qu'est-ce qu'on ne doit pas faire? .... **[1]**

[Total: 9]

Points to remember

● You do not have to answer in full sentences in this type of question.

● Always aim to write as accurately as possible. However, it is better, for example, to give an answer that contains a spelling mistake than not to answer at all. Provided this answer communicates the expected message clearly, it should be acceptable.

● For an answer to be accurate, you may have to change, for example, from a noun to a verb, from an infinitive to a tense, from one form of a verb or a possessive (e.g. *je, mon*) to another (e.g. *il/elle, son*).

● Always pay attention to negatives. Question 9, *Dans les hôtels de cette région, qu'est-ce qu'***on ne doit pas faire?** is in the negative. It could mean that you are listening out for something that is forbidden or does not have to be done. You may also have to distinguish between things that must be done and things that must not be done.

Work through the second part of the listening exercise.

When you have corrected the exercise, listen to the entire recording again, while looking at the questions and answers. This should help reinforce your understanding of this type of exercise, as well as consolidate your listening skills.

Vocabulaire

Les vacances, c'est pour quoi faire?   What are holidays for?

Les vacances, c'est pour...   Holidays are for...
...se reposer/se retrouver en famille.   ...resting/getting together with the family.
Je profite des vacances pour...   I take advantage of the holidays to...
...échapper à la routine/me détendre.   ...escape the routine/relax.
J'attends toujours les vacances avec impatience!   I always look forward to the holidays!
Pendant les vacances, on peut...   During the holidays, you can...
...faire la grasse matinée/partir à l'étranger/   ...have a lie-in/go abroad/
se faire de nouveaux amis.   make new friends.

Les activités   Activities

J'aime...   I like ...
...essayer des sports nouveaux.   ...to try new sports.
...faire une croisière en mer.   ...to go on a sea cruise.
...faire de l'alpinisme/de la plongée.   ...to go climbing/to go diving.
...me bronzer sur la plage.   ...to sunbathe on the beach.
...visiter un parc d'attractions.   ...to visit a theme park.
...voir les sites touristiques.   ...to see the tourist sites.
Pendant les vacances, j'adore...   During the holidays, I love ...
...faire des excursions/du tourisme.   ...to go on outings/to go sight-seeing.
...faire la fête/sortir le soir.   ...to party/to go out in the evening.
...me baigner dans la mer.   ...to swim in the sea.
...passer du temps avec mes copains.   ...to spend time with my friends.
...partir en voyage organisé.   ...to go on a package tour.
...voir des endroits nouveaux.   ...to see new places.

Pour voyager   Travelling

Je voyagerai en voiture/à moto.   I will travel by car/motorbike.
Je prendrai l'Eurostar/le train/le TGV.   I will take the Eurostar/the train/the TGV.
Je partirai en avion/en bateau/en car.   I will go by plane/boat/coach.
Nous traverserons la Manche en ferry.   We will cross the Channel by ferry.
Nous louerons une voiture/un camping-car.   We will hire a car/a camper van.
Nous prendrons le bus/le métro/un taxi.   We will take the bus/the underground/a taxi.
Mes parents m'accompagneront/m'amèneront en voiture.   My parents will give me a lift.
L'avion décollera à... et atterrira à... .   The plane will take off at... and will land at... .
La traversée/Le vol durera... (minutes/heures)   The crossing/The flight will last... (minutes/hours)
une compagnie aérienne à bas prix   a low-cost airline

Transports: avantages et inconvénients   Transport: advantages and disadvantages

Je préfère voyager en... parce que c'est...   I prefer to travel by... because it is...
...bon marché/confortable/excitant.   ...cheap/comfortable/exciting.
...moins dangereux/pratique/rapide.   ...less dangerous/practical/fast.
Je n'aime pas voyager en... parce que...   I do not like to travel by... because...
...c'est fatigant/lent/stressant/trop cher.   ...it is tiring/slow/stressful/too expensive.
...j'ai le mal de mer/j'ai peur.   ...I get seasick/I am scared.
Les autoroutes sont payantes en France.   You have to pay to use the motorway in France.
À mon avis, on (n')est (pas) en sécurité.   In my opinion, it is (not) safe.

Le logement   Accommodation

D'habitude, nous réservons...   We usually book…
  ...une chambre d'hôte/des chambres à l'hôtel.   …a room in a B&B/hotel rooms.
Nous logeons dans une auberge de jeunesse.   We stay in a youth hostel.
Nous aimons faire du camping.   We like to go camping.
Mes parents louent un gîte.   My parents rent a gîte.
Je resterai chez ma tante/chez des amis.   I will stay at my aunt's house/with friends.
Nous dormirons dans un dortoir/la caravane.   We will sleep in a dormitory/the caravan.
Mes parents ont réservé...   My parents have booked…
  ...une chambre simple/double/avec des lits jumeaux...   …a single/double room/with twin beds…
  ...dans un hôtel trois/cinq étoiles...   …in a three/five star hotel…
  ...avec demi-pension/pension complète.   …with half/full board.
Le petit-déjeuner est inclus dans le prix.   Breakfast is included in the price.

Le camping et l'auberge de jeunesse   Campsite and youth hostel

Nous avons réservé un emplacement pour...   We have booked a pitch for…
  ...deux personnes/une tente et une voiture.   …two people/a tent and a car.
  ...à l'ombre/avec une prise électrique.   …in the shade/with an electric socket.
L'eau (n') est (pas) potable.   The water is (not) drinkable.
Il y a une épicerie/un terrain de jeux/une laverie/un bloc sanitaire.   There is a grocery shop/a playing area/a laundry block/a toilet block.
On peut louer des sacs de couchage/des draps.   It is possible to hire sleeping bags/sheets.
J'aime faire du camping parce que...   I like camping because…
  ...on est en plein air/on est plus libres.   …you are outdoors/you have more freedom.
Je n'aime pas faire du camping parce que...   I do not like camping because…
  ...il y a des insectes/il y a du bruit.   …there are insects/it is noisy.
  ...quand il pleut, tout est mouillé.   …when it rains, everything gets wet.

À l'office de tourisme   At the tourist office

Je voudrais...   I would like…
  ...une carte de la région/un horaire des trains.   …a map of the area/a train timetable.
  ...un plan de la ville/une liste des galeries d'art.   …a town plan/a list of art galleries.
  ...le programme des cinémas.   …the cinema programme.
Avez-vous...   Do you have…
  ...un dépliant sur les excursions en car?   …a leaflet on coach trips?
  ...un guide touristique de la cathédrale?   …a tourist guide for the cathedral?
Pourriez-vous me donner...   Could you give me…
  ...un dépliant sur les festivals et les concerts?   …a leaflet on festivals and concerts?
  ...une brochure sur les promenades en bateau?   …a brochure about boat trips?
  ...des renseignements sur le quartier historique?   …information on the historic district?
Pouvez-vous me dire...   Can you tell me…
  ...ce qu'il y a pour les jeunes de 12 à 15 ans?   …what there is for 12–15-year-olds?
  ...où se trouvent les parkings?   …where the car parks are?
  ...s'il y a des événements musicaux?   …if there are any musical events?
Pouvez-vous me recommander...   Can you recommend…
  ...un hôtel trois étoiles près du centre-ville?   …a three-star hotel near the town centre?
  ...un (bon) restaurant végétarien près d'ici?   …a (good) vegetarian restaurant nearby?
J'aimerais savoir...   I would like to know…
  ...s'il y aura un feu d'artifice/ce qu'on peut voir ici.   …if there will be fireworks/what we can see here.
  ...où se trouve la place/le marché.   …where the square/the market is.

On arrive en France!

1 Bonne route!

- ✔ Signs, notices and maps
- ✔ Asking and finding your way
- ✔ Hiring a car at the airport

1 📖 Regarde le plan, et identifie la destination. Attention! En France, les voitures roulent à droite, bien sûr!

le centre commercial | un rond-point | un feu rouge/des feux | un passage à niveau | la gare routière

un carrefour

la boulangerie

l'hôtel de ville

le commissariat

la bibliothèque

l'arrêt de bus

le pont

DÉPART

le skatepark

1 Allez tout droit et prenez la première rue à droite. Tournez à gauche avant d'arriver au parking. C'est à droite.

2 C'est très simple. Il faut aller tout droit jusqu'au deuxième feu rouge. Au feu rouge, il faut tourner à droite, et c'est un peu plus loin sur votre droite.

3 Allez tout droit. Aux premiers feux, tournez à gauche. Continuez tout droit, traversez le pont et prenez la première à gauche.

4 Aux feux, vous prenez à gauche, et au prochain carrefour, vous devez tourner à droite. Vous la trouverez sur votre droite.

5 Montez l'avenue jusqu'au deuxième feu rouge. Après, prenez la rue à gauche et continuez tout droit. Vous arriverez à un rond-point. Là, prenez la deuxième sortie, et c'est à 100 mètres environ.

6 Aux deuxièmes feux, tournez à droite. Descendez l'avenue, passez devant l'hôtel de ville. Au prochain carrefour, prenez à gauche, et au carrefour suivant, à droite. Traversez le passage à niveau, et vous y êtes!

2a 🎧 Écoute et note en français ce que cherche chaque touriste.

b 🎧 ✏️ Écoute encore et note trois questions différentes posées par les touristes.
Puis complète ta liste avec les questions de tes voisins.

3a 💬 Avec un(e) partenaire, regardez le plan et répondez aux questions des touristes de l'exercice 2 à tour de rôle.

b 💬 Maintenant, inventez des dialogues complets: une personne est le/la touriste, et l'autre donne les renseignements.

4 📖 💬 L'arrivée à l'aéroport. Lis le texte, puis réponds aux questions.

M. et Mme Wood, les parents de James, sont arrivés à l'aéroport de Perpignan. Ils ont pris un vol direct au départ de Southampton. Ils ont embarqué à l'heure prévue, mais ils ont décollé à 10 h 55 au lieu de 10 h 15. À part ça, l'avion était plein, mais le vol s'est très bien passé. Ils ont été très contents, en débarquant à Perpignan, de voir que le soleil était au rendez-vous. Ils sont passés au contrôle des passeports et puis ils ont attendu pendant 20 minutes l'arrivée de leurs bagages. Ils se dirigent maintenant vers le bureau de l'agence de location de voitures qui se trouve dans une salle voisine. Ils vont devoir parler français…ça y est, les vacances commencent!

Trouve et corrige les 4 phrases fausses.

1 Les Wood ont dû changer d'avion à Paris.
2 Le vol des Wood est probablement arrivé en retard.
3 Il y avait beaucoup de passagers dans l'avion.
4 M et Mme Wood sont déçus parce qu'il ne fait pas très beau à Perpignan à leur arrivée.
5 Ils vont louer une voiture pour leur séjour dans la région.
6 Avant de se diriger vers le bureau de l'agence de location, ils ont récupéré leurs valises.
7 L'agence de location est assez loin.
8 Les Wood ne parlent pas français.

5 M. et Mme Wood sont à l'agence de location de voitures. À ton avis, que va leur demander l'employé?

1 une pièce d'identité du conducteur
2 le permis de conduire du conducteur
3 le certificat d'assurance anglais
4 une photo d'identité du conducteur
5 les détails de la réservation
6 la carte de crédit du conducteur
7 le billet d'avion avec la date du retour en Angleterre
8 une adresse locale où les contacter

6 Écoute et vérifie tes réponses de l'exercice 5. Note deux détails supplémentaires.

7 Regarde les dessins et les textes des panneaux. Trouve la deuxième partie des messages. (Pour deux panneaux, il y a deux possibilités.)

1 A7 AUTOROUTE DU SOLEIL

2 Bienvenue en France

3 SORTIE DE GARAGE

4 PARKING PAYANT

5 STATIONNEMENT INTERDIT SUR LA PLACE

6 CIRCULATION À SENS UNIQUE

7 EMBOUTEILLAGE À LA SORTIE 10

a Placez le ticket sous le pare-brise du véhicule
b Visiteurs en provenance du Royaume-Uni, attention! Roulez à droite
c Vitesse réduite sur 5 kilomètres
d Sortie et péage 2 km
e Laisser le passage libre
f les jours de marché
g pendant la durée des travaux

| le péage | pay station |
| le pare-brise | windscreen |

⚠ INFO PRONONCIATION

Silent 'h'?

1 Try to pronounce the following out loud:

*l'**h**oraire des bus, j'adore les **h**uîtres, cet **h**ôtel est un **h**ôtel de luxe*

Now listen and repeat.
The 'h' in the bold words is silent.

2 The 'h' in the following words is different:

*J'aime les **h**aricots verts.*
*Tu prends des **h**ors d'oeuvre?*

Listen to the recording and repeat.

Words ending in -tion and -ssion

1 In this unit, many words end in -tion, for example:

la destination, la location, une station, la tradition

In these words, the letter 't' is not pronounced 'sh' as in English, but as 's'.

Try to say the words in the list above.
Now listen to the correct pronunciation and repeat.

Say the following words correctly:

une réservation, une portion, une caution, la situation, une consommation, l'information

Listen to the recording and repeat.

2 The same problem arises with words ending in -ssion, because of the identical spelling in English. For example:

pression (une bière pression), expression (une expression difficile), impression (une bonne impression)

Try to say the words in the list above.
Now listen to the correct pronunciation and repeat.

2 À votre service!

✔ Arriving at a hotel or a campsite
✔ Asking for information at the tourist office
✔ Revise negatives

1 📖 🎧 M. et Mme Wood (W) arrivent à leur hôtel et parlent au réceptionniste (R).

a Complète le texte avec les mots de la boîte.

b Écoute et vérifie.

2a 💬 À deux, lisez le dialogue.

b 💬 Maintenant, imaginez un scénario différent en changeant les mots en gras.

3 📖 Regarde le plan et complète la description avec les mots de la liste.

à partir de	salle de bains attenante	pension complète
premier étage	réservation	couloir
une semaine	fiche	

W Bonjour, **monsieur**. Nous avons réservé **une chambre pour (1)**.

R C'est à quel nom, s'il vous plaît?

W **Wood. W, DEUX O, D.** Nous avons fait la (2) par téléphone.

R Ah, voilà! M. et Mme Wood, une chambre double avec (3), **jusqu'au 18 août.** Si vous voulez bien remplir cette (4). Merci. Voilà votre clef. C'est la chambre **116**, au (5). Elle est très agréable, il y a **un balcon qui donne sur le jardin.** Vous prenez **la (6)**?

W **Non, le petit déjeuner seulement. Où est la salle à manger?**

R **Au fond du (7) à gauche, madame.**

W **Et le petit déjeuner est servi (8) quelle heure le matin?**

R **À partir de 7 heures 45 et jusqu'à 9 heures 15.**

W **Où est l'ascenseur, s'il vous plaît?**

R **Juste derrière vous, madame.**

Le Camping du Lac est très agréable. Il y a un (1) pour les enfants et une piscine pour faire de la natation. Il y a une laverie (2) bloc sanitaire. Pour manger, on peut faire ses courses au magasin d'(3). On peut aller au restaurant, mais les barbecues sont (4). On (5) avoir d'animaux au camping, et on ne doit pas rouler en (6) pendant la nuit. Mais il y a beaucoup d'arbres et un petit lac, c'est très (7)!

4 🏕 Tu es au Camping du Lac. Copie et complète le petit mail en français. Ajoute des détails supplémentaires (regarde le plan et le poster, et utilise ton imagination!)

à côté du	interdits	voiture	joli
ne peut pas	alimentation	terrain de jeux	

CAMPING DU LAC

Règlement:
Vitesse maximum 20 km/h
Circulation interdite de 23 h à 8 h
Il est interdit d'allumer du feu
Les animaux ne sont pas admis

entrée

6 7 8 9 10 11 12 13 14 15 16 17 18 19

réception alimentation bar-restaurant

Piscine

1 2 3 4 5

bloc sanitaire

laverie

OUVERT TOUTE L'ANNÉE
Tentes, caravanes, mobil-homes, chalets

terrain de jeux

lac

20 21

Tarifs: Emplacement + 2 personnes: 30 €/nuit • 8 €/personne supplémentaire/nuit
Enfant moins de 7 ans: 5 €/nuit • Draps et sacs de couchage en vente à la réception

---

Salut!

Je suis au Camping du Lac avec un groupe de mon collège. Nous dormons dans des tentes, c'est ...... ! Dans le camping il y a ...... , mais il n'y a pas de .... Ma tente est située ...... , et les douches sont ...... de mon emplacement. J'aime le camping, parce que .... Mais ....

5 🎧 À l'office de tourisme. Note en français ce qu'on demande (1–6).

Exemple: 1 – une brochure, une carte

6 🎧 La maman de Gabi se renseigne à l'office de tourisme. Trouve et corrige les 4 phrases fausses.

un siège	seat
un casque	(safety) helmet
ramener	to bring back
une caution	(breakage) deposit

a Louer un vélo pour un matin coûte 12,50 €.

b Sa fille n'a que trois ans.

c Louer un siège pour enfant ne coûte rien.

d Il n'y a pas de casques pour enfants.

e Il vaut mieux réserver à l'avance.

f Le soir on peut garder le vélo jusqu'à 18 h 15.

g On peut louer le matériel le week-end.

h Elle pourra payer par carte de crédit.

Point grammaire

Using negatives: recap

In Units 1–6, you revised the main negative constructions, such as *ne…pas*, *ne…rien* etc.

● Find and explain in English all the negatives used in exercise 7 below.

● Pay particular attention to the placing of all the different negative constructions. Can you regroup them according to how they are placed in the sentence?

7 📖 Fais des paires correctes.

À l'office de tourisme de Pasdetouristesici…

1 Quels festivals y a-t-il au mois d'août?

2 Est-ce que le château est ouvert tous les jours?

3 Où va le petit train touristique?

4 Est-ce qu'il y a des tarifs de groupe?

5 Le marché aux puces a lieu quand?

6 Les inscriptions pour les randonnées, c'est ici?

7 Qu'est-ce qu'il y a pour les enfants, le soir?

8 Il ne faut pas payer pour voir l'exposition, n'est-ce pas?

9 Est-ce qu'il y a un concours de boules, ce soir?

a Il n'est jamais ouvert, les fantômes n'aiment pas être dérangés.

b Nous n'organisons jamais de fêtes ou de spectacles en été.

c Il n'a lieu qu'un dimanche par mois, mais hors saison touristique.

d L'entrée n'est ni libre ni gratuite. Les visites sont payantes et guidées.

e Ce soir? Oui, mais je ne vous recommande pas d'y aller, c'est dangereux!

f Il ne va nulle part. Les visites étaient trop populaires, nous les avons arrêtées.

g Nous ne faisons de réductions à personne, sauf aux membres du club.

h Il n'y a rien. Les gens d'ici n'aiment pas le bruit le soir.

i C'était ici. Mais nous n'acceptons plus d'inscriptions, c'est fini!

8 🏰 Avec ton/ta partenaire

● Inventez deux questions supplémentaires à poser à l'office de tourisme de Pasdetouristesici et imaginez les deux réponses.

● Écoutez les exemples des autres étudiants, et faites une liste des dix questions et réponses favorites de la classe.

9 💬 Avec un(e) partenaire, lisez les questions des touristes de l'exercice 7 à tour de rôle, et imaginez les réponses d'un employé plus typique!

Exemple: Question 1 — Il y a un festival de musique, et un festival de danse moderne très populaire.

3 Quel temps fera-t-il?

1a 🎧 Écoute une première fois: on parle de quel endroit?

b Écoute encore: il fera quel temps? Note les symboles.

Exemple **1.** *Guyane française/g, d.*

a ☀️ soleil	**b** 🎏 vent	**c** 🌧️ pluie/averses
		d ⛈️ orage
e 🌤️ beau temps		**f** ☁️ nuages
g ☀️ chaleur		**h** ❄️ froid
i 🌤️ éclaircie		**j** 🌀 cyclone
k ❄️ gel		**l** 🌙 ciel clair

Carte:
- Montréal au Québec
- Gibraltar
- Ouagadougou au Burkina Faso
- Guyane française
- Dubaï
- Delhi en Inde
- Japon
- Singapour
- Queenstown en Nouvelle-Zélande

2 📖 Des touristes en vacances dans la région de Strasbourg en octobre ont obtenu ce bulletin météo à l'office de tourisme. Regarde la carte, puis trouve et corrige les quatre erreurs.

- Le temps sera nuageux ou il neigera sur une bonne partie du département aujourd'hui.
- Il fera plus mauvais temps sur la partie ouest, et il y aura des orages dans le sud-ouest.
- Dans le nord et le nord-est, le temps sera légèrement nuageux.
- Il y aura du soleil dans la région de Haguenau, et des éclaircies sur Strasbourg.
- Dans le centre le ciel sera couvert et le temps sera très ensoleillé.
- Il fera froid à Benfeld, et il fera généralement beau dans le sud-est.

Carte région de Strasbourg:
- Wissembourg
- Sarre Union
- Seltz
- Haguenau
- Saverne
- Strasbourg
- Molsheim
- Schirmeck
- Benfeld

3 🏛 Avec un(e) partenaire, allez sur www.meteofrance.com, ou bien sur www.meteoconsult.fr. Trouvez la météo pour le pays, la région ou la ville de votre choix, n'importe où dans le monde. Prenez des notes, puis écrivez quelques lignes pour expliquer quel temps il fait dans cet endroit aujourd'hui et quel temps il y fera demain.

4 💬 Au choix, enregistrez le bulletin météo que vous avez préparé pour la radio ou faites une présentation du bulletin météo pour la télévision.

❗ POINT LANGUE

Using weather phrases in different tenses

Weather phrases can be difficult because they use irregular verbs. This table should help you.

Passé	Présent	Futur	
Il faisait/ il a fait	Il fait	Il va faire/ il fera	beau/ du soleil/ des averses
Il y avait/ il y a eu	Il y a	Il va y avoir/ il y aura	des nuages/ du brouillard/ de la brume
Le temps était/ a été	Le temps est	Le temps va être/sera	ensoleillé/ nuageux/ orageux
Il pleuvait/ il a plu	Il pleut	Il va pleuvoir/ il pleuvra	
Il neigeait/ il a neigé	Il neige	Il va neiger/ il neigera	
Il gelait/ il a gelé	Il gèle	Il va geler/ il gèlera	

---

5 📖 Lis la carte et réponds aux questions.

Chère Nathalie,

Nous ne sommes pas contents de notre camping, cette année! Les trois premiers jours, il a fait une chaleur atroce. Notre emplacement n'est pas du tout ombragé, donc c'était infernal! En plus, nous sommes près d'un étang, alors le soir c'était plein de moustiques! Avant-hier, nous avons eu un gros orage: l'eau est rentrée dans la tente, tout était trempé.

Enfin, dans la nuit le vent s'est levé, et il a arraché le parasol, qui est allé s'écraser contre le pare-brise de la voiture! Luc est furieux, car il a eu des problèmes pour faire réparer la voiture, et nous avons dû annuler notre sortie aux Morilles...

Je t'embrasse, j'espère que tu passes de meilleures vacances que nous! À bientôt,

Léa

---

6 🎧 Le temps a obligé ces personnes à changer leurs projets de vacances. Écoute (1–4) et note:
- les projets AVANT le problème
- les conditions météo qui ont causé un problème
- ce qu'on a changé ou décidé

7 💬 🏛 Regarde les dessins. Explique le problème et les projets pour l'année prochaine.

Exemple: 1 — *Cette année il voulait faire du ski à Chamonix, dans les Alpes. Mais il a fait soleil et il n'y a plus de neige! Alors il a fait de la randonnée. L'année prochaine, il partira à Malte au bord de la mer.*

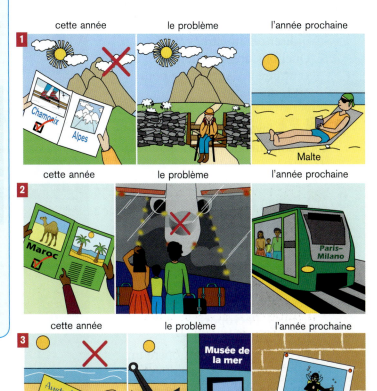

cette année · le problème · l'année prochaine

1 Où logent Léa et sa famille?
2 Combien de temps a-t-il fait chaud?
3 Quels sont les deux inconvénients de leur emplacement?
4 Que s'est-il passé il y a deux jours?
5 Comment le vent a-t-il endommagé la voiture?
6 Qu'est-ce que la famille a été obligée de faire?

---

4 On prend le bus ou le train?

✔ Travelling by bus and by train
✔ Buying tickets and using timetables
✔ Describing a journey

1 💬 Regarde l'horaire de bus. Avec un(e) partenaire, lisez et répondez aux questions.

1 À quelle heure est-ce que le premier bus de la journée arrive à Canet Plage?

2 À quelle heure part le dernier bus de la gare SNCF?

3 Il faut combien de temps pour aller de la gare de Perpignan à Canet Sud?

4 Quand est-ce qu'on ne peut pas utiliser cet horaire?

5 Quel bus doit-on prendre si on veut être à Canet Plage pour 10 h du matin?

2 🖍️ 💬 Inventez des questions supplémentaires. Répondez à tour de rôle.

3a 🎧 Fabien et son correspondant James vont aller à la plage en bus. Écoute leur conversation, puis corrige les mots en caractères gras, qui sont incorrects.

1 Les garçons vont monter dans le bus à ~~l'aéroport~~.

2 Ils ont ~~un bus~~ à 10 h.

3 La compagnie de bus opère un système de ~~tarifs variables~~.

4 On vend des tickets ~~à la gare~~ et dans le bus.

5 Pour payer moins cher, il faut acheter ~~une carte~~.

b 🎧 Écoute encore et:
- note des détails supplémentaires
- regarde l'horaire: James fait une erreur. Tu peux la trouver?

Du lundi au vendredi, les jours ouvrables

Vers Canet-Plage					Vers Perpignan Gare SNCF				
Gare SNCF	06.25	06.55	et toutes les 30 minutes jusqu'à	20.55	Canet Sud	06.47	07.17	et toutes les 30 minutes jusqu'à	20.17
Place Catalogne	06.30	07.00		21.00	Canet Plage	06.51	07.21		20.21
Château Roussillon	06.42	07.12		21.12	Château Roussillon	07.08	07.38		20.38
Canet Plage	06.59	07.29		21.29	Place Catalogne	07.20	07.50		20.50
Canet Sud	07.03	07.33		21.33	Gare SNCF	07.25	07.55		20.55

Horaires valables jusqu'au 30 septembre, et du 31 octobre au 4 novembre.

4 📖 M. et Mme Wood se renseignent sur les transports en commun. Ils voient cette publicité.

LE P'TIT BUS gratuit
au cœur de Perpignan

Ce P'tit Bus sympathique vous dépose sur demande tout au long de votre itinéraire. Pourquoi ne pas en profiter?

Castillet

Le P'tit Bus
Navette gratuite
— Le P'tit Bus circuit commun
— Le P'tit Bus circuit 1
— Le P'tit Bus circuit 2

La fréquence du P'tit Bus est d'environ 7 minutes

De 7h45 à 12h20 et de 13h15 à 19h40

Tous les jours, sauf les dimanches et jours fériés

Lis la publicité, puis:
- fais la liste des avantages et des inconvénients du P'tit Bus
- donne une expression synonyme de « au cœur de Perpignan »

5 📖 Dans le hall de la gare de Perpignan, les Wood regardent les panneaux. Tu comprends les messages? Fais des paires correctes.

1	On veut changer des livres sterling en euros.	**a**	Guichet
2	On a très soif et on veut un casse-croûte.	**b**	Buffet
3	On veut laisser sa valise.	**c**	Zone non fumeuse
4	On veut acheter son billet de train.	**d**	Sortie de secours
5	On est arrivé à la gare à l'avance.	**e**	Bureau de change
6	Il y a une urgence et on veut sortir très vite.	**f**	Compostez vos billets ici
7	On déteste l'odeur du tabac.	**g**	Consigne automatique
8	On doit absolument faire ça avant d'aller sur le quai.	**h**	Salle d'attente

6 🎧 Écoute les réponses de l'employé. Qu'est-ce qu'on lui a demandé?

Exemple: 1 — e

a Est-ce qu'il faut changer?

b Le train pour Nice part à quelle heure, et de quel quai?

c Est-ce que je peux avoir une place à côté de la fenêtre?

d Je voudrais une place dans un compartiment non-fumeur.

e Un aller simple pour Lyon en deuxième classe, c'est combien?

f Donnez-moi un aller-retour en première, s'il vous plaît.

g Le train en provenance de Dijon arrive à quelle heure?

h Est-ce que le train à destination de Paris est en retard?

7 💬 Avec un(e) partenaire, imaginez des dialogues au guichet de la gare. Une personne est l'employé(e), l'autre le voyageur.

8 📖 Gabi va partir en train chez des cousins à Toulouse, avec sa grand-mère et sa petite sœur. Regarde l'information obtenue de la SNCF et réponds aux questions.

Bonjour Madame, Mademoiselle, Monsieur

Nous vous remercions d'avoir choisi le service e-mail de recherche horaire. Voici les résultats de votre recherche:

STRASBOURG GARE	07h58	*corail*	4251	Durée: 11h49
MONTPELLIER	17h15	🚲 🚻		
MONTPELLIER	17h50	*Téoz*	4765	**Non vendu sur internet**
TOULOUSE MATABIAU	19h47	♿ 🦮 🚲		
STRASBOURG GARE	12h02	*corail*	4275	Durée: 09h36
LYON PART DIEU	17h06	🚲 🚻		
LYON PART DIEU	17h40	*TGV*	5117	▶ Choisir cet aller
TOULOUSE MATABIAU	21h38	♿ 🚲		

▶ **Relancer la recherche horaire**

Service Handicapé	Aveugle avec chien	Transport payant	Compartiment Famille
♿	🦮	🚲	🚻

1 Comment a-t-elle obtenu les horaires?

2 Les trains pour Toulouse sont directs?

3 On peut acheter les billets en ligne?

4 Quel train offre le plus de services aux personnes handicapées?

5 Si ces horaires ne conviennent pas, qu'est-ce qu'on peut faire?

6 Quel trajet est le plus rapide? Tu peux expliquer pourquoi?

7 À la place de Gabi, tu voudrais partir à quelle heure? Pourquoi?

9 🖊 Gabi va envoyer un courriel à ses cousins pour leur donner les détails du voyage. Écris le message pour elle. Tu dois inclure:

- la date du voyage
- l'heure du départ de Strasbourg
- les changements en route
- l'heure d'arrivée en gare de Toulouse Matabiau
- des renseignements sur le train

N'oublie pas d'ajouter une petite touche personnelle au message!

5 Bon appétit!

✔ Comparing restaurants and menus
✔ Booking a table and ordering a meal
✔ Ordering drinks and snacks in a café
✔ Disjunctive and emphatic pronouns

1 📖 Ils vont choisir quel restaurant?

1 Leur fils a demandé une fête "magicien".
2 Ils veulent y regarder le match avant de manger.
3 Elle est très pressée, elle doit vite repartir.
4 Il veut un endroit où garer facilement sa voiture.
5 Il aime la cuisine raffinée, mais naturelle.
6 Elle organise une sortie pour le personnel de l'entreprise.
7 Ils aiment la cuisine exotique et ils veulent s'amuser.
8 Ils veulent "voyager" en goûtant à la cuisine arabe.
9 Elles aiment les plats raffinés, et bavarder tranquillement.
10 Il adore choisir lui-même ses ingrédients.

a
Chez Valentin
Restaurant gastronomique au cœur de la ville historique

Ouvert 7j/7 sans interruption de midi à minuit

❖ Cuisine biologique
❖ Idéal groupes ou tête à tête
❖ Salle climatisée

b
Au Ballon Rond
Venez savourer nos grillades de viandes ou de poissons

Diffusions sportives sur grand écran. Ouverture du restaurant après match.

Le midi, menu à prix fixe à 15 €, ou plat du jour à 10 €. Le soir, à partir de 18 €. Parking

c
LA SANDWICHERIE
NOUVEAU! Vous choisissez la taille de votre sandwich selon votre appétit! (à partir de 3,10 € pour le 15 cm/ 5,40 € le 30 cm)

Vous choisissez votre pain (blanc, campagne, complet...), la base de votre recette (jambon, poulet, thon...), vos légumes et votre sauce
RESTAURATION RAPIDE SUR PLACE OU À EMPORTER

d
LE MARRAKECH
✦ La cuisine marocaine par excellence — décor authentique
✦ Couscous, méchoui d'agneau, tajines, pastillas... thé à la menthe et délicieuses pâtisseries traditionnelles
✦ Repas d'affaires en semaine

e
LA PERLE ANTILLAISE
Spécialités antillaises et créoles — Le meilleur colombo de poulet et mouton!

Soirées karaoké • Mariages • Anniversaires à thèmes

À la carte ou repas formule à partir de 22 € (Réservation obligatoire)

2a 🖍 Écris trois phrases vraies et trois phrases fausses sur les restaurants de l'exercice 1.

Exemples: En semaine, on peut dîner Chez Valentin à 18 h.

On sert des plats créoles à La Perle Antillaise.

b 📖 Décide si les phrases de ton/ta partenaire sont vraies ou fausses. Corrige les phrases fausses.

3a 🖍 Réponds aux questions.
Lequel (ou lesquels) des cinq restaurants:
• préfères-tu? Pourquoi?
• aimes-tu le moins? Donne tes raisons.

b 💬 À deux, comparez vos réponses, et discutez.

4 🎧 On réserve une table au restaurant *La Citrouille*. Note:
• le nom, le numéro de téléphone et les préférences du client
• les détails de la réservation

5 🎧 Quel menu choisissent les clients (1–6)? Qu'est-ce qu'ils commandent?

6 📖💬 Trouve l'ordre correct de la conversation entre la cliente et le garçon de café. Puis lis le dialogue avec un(e) partenaire.

1 Bonjour. Qu'est-ce que je vous sers?

2 Désolé, nous n'avons plus de pizzas.

3 Nous avons des croque-monsieur, des merguez, toutes sortes d'omelettes…

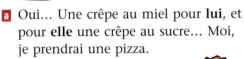

4 Bien, je vous apporte ça tout de suite.

5 Nous faisons aussi des sandwichs grillés.

6 D'accord. Vous voulez quelque chose à manger?

7 Alors, un thé et un sandwich grillé au fromage pour **vous**, et pour **eux**, deux chocolats chauds, une crêpe au miel et une crêpe au sucre… C'est tout?

a Oui… Une crêpe au miel pour **lui**, et pour **elle** une crêpe au sucre… Moi, je prendrai une pizza.

b Des omelettes? Non, je n'aime pas beaucoup ça.

c Oui, c'est tout, merci.

d Garçon, s'il vous plaît!

e Alors, qu'est-ce que vous avez comme plats chauds?

f Deux chocolats chauds pour les enfants, et un thé pour **moi**, s'il vous plaît.

g Je prendrai un sandwich grillé au fromage.

a
La Table D'Ernest
Menu à 24€

Assiette de crudités
Assiette de charcuterie
Soupe à l'oignon gratinée

◆

Escalope de veau
Poulet rôti
Steak au poivre
Côte de porc grillée

Toutes nos viandes sont accompagnées de frites ou de haricots verts sautés, au choix.

◆

Fromage

◆

Fruits frais
Flan au caramel
Mousse au chocolat

b
La Table D'Ernest
Menu à 35€

Nos hors d'œuvre
Cœurs d'artichauts à l'orange
Aubergines à la catalane
Saumon fumé

◆

Nos spécialités
Soupe de poissons méditerranéenne
Canard laqué à l'orientale
Filet d'agneau champignons
Bœuf bourguignon

◆

Nos fromages
Plateau de fromages du terroir

◆

Nos desserts
Gâteau au fromage
Tarte aux pommes maison
Salade de fruits exotiques

7 💬 À deux, regardez la carte du *Café Panaché*, et adaptez le dialogue de l'exercice 6.

Café Panaché
Tarif des consommations

Boissons chaudes		**Boissons alcoolisées**	
Café express/crème	1,75 €	Apéritifs	2,80 €
Café décaféiné	1,80 €	Bière bouteille/pression	3,10 €
Chocolat	2,10 €	Vin rouge/blanc/rosé (verre)	1,20 €
Thé nature/citron	1,80 €	**Snacks**	
		Croissant/brioche	1,10 €
Boissons froides		Sandwichs jambon/saucisson	1,90 €
Sirop de menthe/fraise	1,40 €	**Glaces et sorbets**	
Jus de fruit	1,90 €	Glaces (la coupe)	2,10 €
Citron/orange pressée	2,20 €	Sorbets	2,10 €
Eau minérale plate/gazeuse	1,80 €		

SERVICE COMPRIS

8 💬 Imagine que tu es une des personnes à table dans le dessin de l'exercice 6. Fais une petite présentation de 1 minute.

Point grammaire

Disjunctive and emphatic pronouns

The bold pronouns in the dialogue above are known as disjunctive pronouns. Note how they are disconnected from the verb by a preposition (in this case, the preposition *pour*). Here are some further examples:

*Tu t'assieds **avec moi** ou **à côté de lui**?*

Here is the full list of disjunctive pronouns:

moi, toi, lui/elle, nous, vous, eux/elles

These pronouns can also be used for emphasis:

*Il déteste le rap, mais **eux**, ils adorent ça.*
He hates rap music, but **they** love it.

Can you find an example of an emphatic pronoun in the dialogue above?

6 On est invités!

1 📖 Regarde ces invitations et réponds aux questions.

1. What event is being celebrated in each case?
2. How is it being celebrated?
3. Classify the invitations, from the most formal to the least formal. Explain what helped you to do this, giving examples.

1

Mme Vve Adrienne Daubat &
M. et Mme Marc Gutran vous invitent à
vous joindre à eux pour célébrer le mariage de

Yannick et Zoë

le samedi 15 juin à 14 heures
à l'Hôtel de Ville de Prades. Un vin d'honneur
sera servi dans la salle Lousa après la cérémonie
religieuse en l'église Saint Pierre.

RSVP

2

*Venez vous joindre à nous
le dimanche 14 avril*

Mamie Josette soufflera ses cent bougies!

Rendez-vous dans la salle des fêtes de Villefranche,
rue des Commerces, à partir de 15 heures.

3

Magali nous quitte pour prendre son nouveau poste à Arles en septembre. Tout le personnel est invité à partager son "pot de départ" jeudi midi dans la cantine.

4

Pour fêter les fiançailles de Manon et Antoine, nous organisons une réception à l'Hôtel du Midi, rue des Troubadours, le 12 mai à 20 heures, et serions très heureux si vous pouviez être des nôtres.

*RSVP Matthieu et Valérie Desjardins,
12 rue Diderot, Rodez.*

2 📖 Voici des réponses à des invitations. Réponds aux questions en anglais.

a

*Daniel et moi sommes très heureux d'apprendre la naissance de Chloé. Nous ne pourrons pas être à la fête organisée en son honneur, mais nous viendrons faire sa connaissance dès notre retour.
Affectueusement…*

b

Merci de penser à nous, nous attendons la fête avec impatience! Nous vous embrassons tous bien fort…

c

Nous vous remercions de votre aimable invitation. C'est avec le plus grand plaisir que nous serons des vôtres! Toutes nos félicitations aux parents, et meilleurs vœux de bonheur aux futurs époux!

d

Merci de l'invitation! Nous y serons, c'est promis! Bisous…

e

C'est très gentil de votre part de nous inviter. Nous regrettons de ne pouvoir accepter en raison d'un autre engagement. Nos meilleurs vœux en cette heureuse occasion…

f

Je vous remercie de votre aimable invitation, et me fais une joie de venir. Félicitations et vœux de bonheur…

1. Which replies are accepting an invitation, and which are sending apologies?
2. Are any of the replies suitable for the invitations in exercise 1? Which ones? Explain your choices.
3. Classify the replies from the most to the least formal. Justify your decisions.

3 ✏️ Avec un(e) partenaire, écrivez une invitation formelle pour une occasion spéciale de votre choix.
Échangez l'invitation avec d'autres étudiants, et écrivez une réponse à leur invitation.

4a 🎧 La mère de Fabien parle au téléphone. Note en français:
- à qui elle parle
- pourquoi elle téléphone
- ce qui est décidé

b 🎧 Écoute encore et réponds en anglais.

1. Would you say that Mme Fabrégas is being formal, or informal?
2. Make notes as you listen, to explain why you think that.

5 📖 M. et Mme Wood sont invités chez les parents de Fabien. Trouve l'extrait de conversation approprié pour chaque dessin.

Exemple: 1 — d

1
— Vous prendrez un petit apéritif? Un vin de la région?
— Oui, je veux bien.
— Juste une petite goutte pour moi, je conduis. Merci... À votre santé!

4
— Bonsoir! Mme Wood? Je suis la maman de Fabien, et voici mon mari...
— Enchantée! Je vous présente mon mari...
— Je suis très heureuse de faire votre connaissance...

2
— Vous aimez les poivrons rouges?
— Oui, merci. C'est vraiment délicieux.
— S'il y a quelque chose que vous n'aimez pas, dites-le, n'est-ce pas!
— Je te sers une autre tranche de rôti, Fabien?

5
— Un peu plus de café?
— Vous prendrez un autre morceau de tarte?
— C'est très bon, mais ça me suffit, merci.
— Tu en veux un autre morceau, Fabien?

3
— Tenez, c'est pour vous!
— Quel beau bouquet! Merci, mais il ne fallait pas!
— Et je vous ai apporté une petite bouteille...
— Oh là là! C'est très gentil, mais c'est trop!

6
— Quel joli jardin!
— Merci, c'est très gentil... Venez, je vais vous faire visiter...
— Mais vous n'êtes pas loin du centre-ville, n'est-ce pas?

7
— Merci encore de votre hospitalité.
— Il n'y a pas de quoi...et maintenant, on se fait la bise, d'accord?
— Au revoir, et merci pour tout!
— De rien... Alors à samedi à l'aéroport, pour le départ!

8
— Excusez-moi, est-ce que vous pouvez me passer votre assiette?
— Je vais vous aider à débarrasser...
— Ne bougez pas...Fabien va me donner un coup de main...
— James, tu veux aller chercher le fromage, s'il te plaît?

6 ✏️ Fais la liste des expressions utilisées dans l'exercice 5 pour:
• se présenter ou présenter une autre personne
• inviter et offrir
• accepter ou refuser poliment
• demander ou offrir de l'aide
• remercier

7 💬 À trois ou quatre, inventez une conversation qui vous permettra d'utiliser au maximum les expressions des exercices 1, 2 et 6. Écrivez le script et jouez la scène.

❗ QUESTIONS CULTURE
• What do you know about forms of address in France? List the things you know.
• Are there any differences between being or receiving a guest in France and in the UK or in your country?
• Make a list of any phrases that might help you if you visited a French family.

Review and complete your lists after working through these two pages.

Paper 2: reading

Answering questions in French about an e-mail or letter

This type of question:

- tests your ability to identify the main points, specific details and simple opinions in a text of approximately 200 words
- is likely to include language familiar to you, although the context may be unfamiliar
- usually includes text and questions referring to past and future events

---

Marcel envoie un courriel à son amie Laure. Lisez-le, puis répondez aux questions **en français**.

> Salut Laure,
>
> Je t'écris parce que mes parents vont organiser une sortie à un parc d'attractions pour mon anniversaire et je veux t'inviter.
>
> Comme j'aime les attractions au parc Borély, j'ai demandé à mes parents si je pouvais inviter six de mes amis. Maman a répondu: « Avec six amis, toi, ton père, ta sœur et moi, ça sera trop cher ». Papa a dit: « Marcel, regarde sur internet pour voir s'il y a des réductions. » J'étais déçu parce qu'il n'y a pas de réductions au parc Borély, mais j'ai découvert qu'on offre des billets à tarif réduit pour un groupe de cinq ou plus au Parc des Amis.
>
> Après le dîner, Maman a eu une bonne idée. Elle m'a dit: « J'ai décidé que ta petite sœur est trop jeune pour y aller, donc, elle et moi, nous resterons à la maison. » Ça c'est bien parce que ma sœur est embêtante! Alors, mon père va réserver des billets pour mes six amis, pour lui et pour moi.
>
> Nous espérons donc y aller dimanche à 10 heures. Si tu acceptes, nous allons passer chez toi trente minutes avant pour t'emmener à la gare.
>
> J'espère que tu vas accepter. Ça sera génial. N'oublie pas ton casse-croûte.
>
> À bientôt, Marcel.

1 Où est-ce que Marcel veut inviter Laure?

2 Qu'est-ce que Marcel a demandé à ses parents?

3 Pourquoi est-ce que la mère de Marcel a refusé sa proposition?

4 Qu'est-ce que Marcel a fait hier soir?

5 Quel est l'avantage d'aller au Parc des Amis?

6 Qu'est-ce que la mère de Marcel va faire?

7 Pourquoi est-ce que Marcel est content avec la décision de sa mère?

8 À quelle heure vont-ils aller chercher Laure?

9 Comment vont-ils aller au parc?

10 Qu'est-ce que Marcel demande à Laure d'apporter?

Question 2 asks 'What did Marcel ask his parents?' In the text, Marcel says: *j'ai demandé à mes parents si je pouvais inviter six de mes amis* (I asked my parents if I could invite six of my friends). So the answer is: *S'il pouvait inviter six de ses amis* ('If he could invite six of his friends').

Question 4 is in the perfect tense ('What did Marcel do yesterday evening?'). The text tells us that his father said: *Marcel, regarde sur internet pour voir s'il y a des réductions* ('Marcel, look on the internet to see if there are any reductions'). So the answer is: *(Il a) regardé sur internet* ('(He) looked on the internet').

Question 6 is in the immediate future ('What is Marcel's mother going to do?') Marcel's mum said: *J'ai décidé que ta petite sœur est trop jeune pour y aller, donc, elle et moi, nous resterons à la maison* ('I have decided that your little sister is too young to go there, so, she and I will stay at home'). So the answer is: *(Elle va) rester à la maison* ('(She is going to) stay at home').

Question 9 asks: 'How are they going to go to the park?' Marcel says: *nous allons passer chez toi trente minutes avant pour t'emmener à la gare* ('We are going to come by your house thirty minutes beforehand to take you to the station'). This means they are going by train, so the answer is: *En train*.

Below are the answers to the remaining questions. Explain why they are correct.

1   À un parc d'attractions.

3   Ça sera trop cher.

5   On offre des billets à tarif réduit pour un groupe de cinq ou plus.

7   Sa petite sœur est embêtante.

8   À neuf heures et demie.

10   Son casse-croûte.

Tips for success

- Revise all the *question* words before the exam. The following question words are used in this task: *Où…?, Qu'est-ce que…?, Pourquoi…?, Quel…?, À quelle heure…?, Comment…?* What do they mean? Other questions might include: *Quand…?, Combien de…?, Lequel…?, D'où…?, Qui…?, Combien de temps…?* If you are unsure, look them up.

- You may need to alter possessive adjectives such as *mon, ma, mes* (my) or *ton, ta, tes* (your) to *son, sa, ses* (his or her). This is necessary for question 2.

- Note the tense of the question. Question 4 uses the perfect tense and question 6 needs an answer in the immediate future.

- Give short, concise answers. Avoid copying large amounts of text: full sentences are not always required. Question 9 is an example of this.

Vocabulaire

Comprendre les panneaux Understanding signs

Embouteillage/Péage à la sortie 10 Traffic jam/Toll at exit 10

Roulez à droite Drive on the right-hand side

Circulation à sens unique One-way traffic

Laisser le passage libre Leave the entrance/exit clear

Placez le ticket sous le pare-brise Place ticket under windscreen

Stationnement interdit No parking

On cherche un endroit Looking for a place

Où est/Où se trouve... Where is...

...l'arrêt de bus (m)/le commissariat/la gare routière, s'il vous plaît? ...the bus stop/the police station/the bus station, please?

Où sont/Où se trouvent... Where are...

...les toilettes (f) les plus proches? ...the nearest toilets?

Est-ce qu'il y a...? Is there/are there...?

Je cherche... I am looking for...

Pouvez-vous me dire s'il y a...? Can you tell me if there is/are...?

Savez-vous s'il y a... Do you know if there is/are...

...un bureau de poste près d'ici? ...a post office near here?

...une librairie dans le quartier/coin? ...a bookshop in this district/area?

Pour aller à l'hôtel de ville, s'il vous plaît? How do I get to the town hall please?

C'est loin d'ici? Is it far from here?

C'est par où? Which way is it?

C'est à quelle distance d'ici? What distance is it from here?

Les directions Directions

Allez tout droit... Go straight ahead...

...jusqu'au carrefour/jusqu'aux feux. ...as far as the crossroads/as far as the traffic lights.

Au rond-point.../Au carrefour suivant... At the roundabout.../At the next crossroads...

...continuez tout droit/prenez la première sortie. ...carry on straight ahead/take the first exit.

Au deuxième feu rouge... At the second set of traffic lights...

...tournez à gauche/tournez à droite. ...turn left/turn right.

Descendez/montez l'avenue. Go down/go up the avenue.

Passez devant la gare SNCF. Go past the railway station.

Traversez le pont/le passage à niveau. Go over the bridge/the level crossing.

Ce n'est pas loin./C'est tout près. It is not far./It is very close.

C'est à 2 minutes/500 mètres (d'ici). It is 2 minutes/500 metres away (from here).

C'est/Vous le trouverez sur votre gauche. It is/You will find it on your left.

Au bureau d'accueil At the reception desk

Est-ce que c'est fermé/ouvert... Is it closed/open...

...aujourd'hui/en semaine/tous les jours? ...today/during the week/every day?

Est-ce qu'il y a des réductions pour les enfants/les personnes âgées? Are there any reductions for children/the elderly?

Est-ce que vous faites des tarifs de groupe? Do you do group prices?

Pouvez-vous m'indiquer les tarifs? Can you tell me what the prices are?

C'est fermé le dimanche et les jours fériés. It is closed on Sundays and bank holidays.

Il faut payer un supplément de 10€. You have to pay an extra 10€.

Le concert/le concours de boules a lieu... The concert/the bowls competition takes place...

L'entrée est libre/gratuite. The entrance is free/free of charge.

L'entrée est payante. There is an admission fee.

Les animaux ne sont pas admis. Pets are not allowed.

On prend le bus   Travelling by bus

Je voudrais...   I would like...

Donnez-moi...   Give me...

   ...un ticket/un carnet de tickets, s'il vous plaît.   ...a ticket/a book of tickets, please.

À quelle heure part/arrive le premier bus?   At what time does the first bus leave/arrive?

Combien coûte un ticket?   How much is a ticket?

C'est un tarif unique.   There is only one fare.

Où est-ce qu'on achète les tickets?   Where do we buy the tickets?

Combien de temps dure le trajet?   How long does the journey take?

Il faut combien de temps pour aller de...à...?   How long does it take to go from...to...?

C'est quel arrêt, pour (la gare)?   Which stop is it for (the station)?

Où est le prochain arrêt?   Where is the next stop?

Il y a un bus toutes les 10 minutes...   There is a bus every 10 minutes...

   ...à partir de 6 h 30 jusqu'à 22 h 00.   ...starting from 06.30 and until 22.00.

Il y a trois bus par heure/jour.   There are three buses per hour/day.

On prend le train   Travelling by train

Un aller simple/aller-retour pour Paris...   A single/return ticket to Paris...

...en deuxième/première (classe).   ...second/first class.

Le train à destination de.../en provenance de...   The train going to.../coming from...

   ...arrive à quelle heure/sur quel quai?   ...arrives at what time/on what platform?

   ...est à l'heure/en retard?   ...is on time/late?

   ...part de quel quai?   ...leaves from which platform?

Le train est direct, ou il faut changer?   Is it a direct train, or do I have to change?

Le train va entrer en gare quai 1 voie 2.   The train is approaching platform 1 track 2.

Vous avez une correspondance à...   You have a connection at...

Vous pouvez réserver votre billet en ligne.   You can book your ticket online.

Quels services y a-t-il pour les personnes handicapées?   What services are there for disabled people?

À la gare   At the station

Compostez votre billet avant de passer sur le quai.   Stamp your ticket before going to your platform.

Pour votre sécurité...   For your safety...

   ...il est interdit de traverser les voies.   ...it is forbidden to cross the tracks.

   ...empruntez le passage souterrain.   ...take the subway.

   ...signalez tout bagage non accompagné.   ...report any unaccompanied luggage.

Cette gare est une zone non-fumeuse.   This station is a no-smoking area.

Au restaurant   At the restaurant

Nos viandes sont accompagnées de légumes.   Our meat dishes are served with vegetables.

Je voudrais commander.   I would like to order.

Pour commencer...   To start with...

Comme hors d'œuvre/boisson/plat principal...   For a starter/a drink/main course...

Je vais prendre/Je prendrai...   I am going to have/I will have...

Qu'est-ce que vous avez, comme parfums?   What flavours do you have?

Qu'est-ce que vous me recommandez?   What do you recommend?

Apportez-nous l'addition, s'il vous plaît.   Can you bring us the bill, please?

Le service est compris?   Is service included?

1 Le shopping et les nouvelles technologies

1  Lis le texte sur le shopping.

> Un sondage récent révèle que le shopping est un des passe-temps les plus populaires, chez les ados et chez les adultes en Europe. Grâce aux nouvelles technologies, on peut acheter et vendre sur eBay, commander presque tout en ligne 7 jours/7, 24h/24. Beaucoup de supermarchés sont ouverts jusqu'à très tard, même 24h/24. On peut acheter au marché, au supermarché, dans un centre commercial, dans les magasins individuels et dans les grands magasins.

Quelles sont les trois phrases qui expriment le sens du texte?

1 Le shopping n'est plus populaire comme passe-temps.
2 Avec les nouvelles technologies, on peut faire du shopping à chaque moment de la journée.
3 On ne doit plus se déplacer pour faire ses courses.
4 Les supermarchés sont toujours fermés après minuit.
5 On peut faire du shopping sans ordinateur.

2a Lis ce qu'on dit au sujet du shopping.

> ***J'achète régulièrement des trucs sur eBay*** et je n'ai jamais eu de problèmes. En général, les vendeurs sont honnêtes. Avec ce site web, **on peut aussi vendre des choses.** C'est rapide et c'est facile — tout est très bien expliqué. **On peut y acheter des vêtements de marque** à des prix intéressants.
>
> **Michel**

> ***J'achetais tous mes vêtements sur catalogue***, mais maintenant ***j'achète des vêtements d'occasion*** dans les magasins de bienfaisance. Un jour, je suis entrée dans le magasin Oxfam pour y laisser de vieux vêtements et ***je me suis trouvé deux jupes*** et un T-shirt pour quelques euros. En achetant ces vêtements d'occasion, je fais un geste pour l'environnement et j'évite le gaspillage.
>
> **Christine**

Point grammaire

Demonstrative adjectives

Ce (m), **cette** (f) and **ces** (pl) are demonstrative adjectives, meaning *this* (or *that*) and *these* (or *those*). They agree with the noun to which they refer.

Examples: *Avec **ce site web**, on peut vendre des choses.*
With **this/that website**, you can sell things.

***Cette idée** de tout faire en ligne est fantastique!*
This/That idea of doing everything online is fantastic!

*En achetant **ces vêtements d'occasion**, j'évite le gaspillage.*
By buying **these/those second-hand clothes**, I'm avoiding wastage.

Use **cet** before a masculine, singular noun that begins with a vowel or a silent **h**.

Example: *J'évite **cet affreux embouteillage**.* I avoid **this/that awful traffic jam**.

> ***J'achète presque tout en ligne**. Avant, je passais 2 ou 3 heures au supermarché chaque samedi et maintenant j'évite cet affreux embouteillage dans la ville. **Je passe 15 minutes devant l'écran**, puis un clic et c'est fait. **Cette idée de tout faire en ligne est fantastique!***
>
> **Guillaume**

C'est qui? Michel, Christine ou Guillaume? Complète les phrases avec le bon nom.

1 ...achète des vêtements de seconde main.
2 ...vend et achète à la fois.
3 ...n'achète plus ses vêtements sur catalogue.
4 ...ne va plus au supermarché.
5 ...adore faire du shopping en ligne.

b Explique en anglais les phrases en gras dans le texte.

3 🎧 On parle de comment on préfère faire du shopping. Note (a) les préférences, (b) un avantage et un inconvénient.

Exemple: 1 Préférence   supermarché
Avantage   parking gratuit
Inconvénient   manque de caractère

4 📖 Trouve les paires correctes pour faire des phrases complètes.

A
1 Dans les supermarchés…
2 Au supermarché…
3 Les supermarchés…
4 Les magasins spécialisés…
5 Dans les petites boutiques…
6 Pour certaines personnes…
7 Les centres commerciaux…
8 Avec internet…
9 Quand on achète en ligne…
10 Au marché…

B
a …le shopping est un passe-temps sociable.
b …on ne doit pas se déplacer.
c …le parking est gratuit.
d …on peut acheter 24 heures sur 24.
e …manquent de caractère.
f …on voit des vêtements pas disponibles sur internet.
g …offrent un service personnel.
h …regroupent beaucoup de boutiques.
i …les articles sont souvent chers.
j …on peut choisir les provisions soi-même.

5 💬 Réponds à ces questions.

1 Comment préfères-tu faire tes achats — en ligne, en ville, au centre commercial, au supermarché, dans les magasins de bienfaisance? Pourquoi?
2 Pourquoi est-il populaire de faire les courses sur internet?
3 Ta mère achète des provisions en ligne?
4 Tes parents ont acheté ou vendu des articles sur eBay?
5 Ta famille va au supermarché?
6 Tu achètes dans des magasins de bienfaisance? Pourquoi/pourquoi pas?

6 📖 Tu lis ce message sur internet.

D'habitude, j'achète très peu en ligne, mais mercredi dernier, j'ai commandé un pantalon par internet parce que je n'avais pas le temps d'aller en ville et j'avais besoin d'un pantalon noir, de taille 42, pour aller à un événement spécial. J'ai sélectionné un site sécurisé; j'ai lu les conditions de vente. Le paquet est arrivé deux jours plus tard. En l'ouvrant j'ai découvert un pantalon bleu, de taille 42. Sans hésiter, j'ai envoyé un e-mail à la compagnie, mais toujours pas de réponse. Je ne suis pas content. Que faire? Quelqu'un a une idée? Albert Dubois.

Choisis la réponse correcte.

1 Albert achète en ligne…
  a régulièrement
  b rarement
  c tous les jours.
2 Le pantalon n'était pas…
  a de la bonne taille
  b du bon style
  c de la bonne couleur.
3 Pour signaler le problème, il a envoyé un e-mail
  a vendredi
  b mercredi
  c samedi.
4 Albert est…
  a satisfait
  b heureux
  c mécontent.
5 À la fin, il demande
  a des conseils
  b un remboursement
  c une réponse.

7 💬 Tu as commandé un T-shirt par telephone. Quand il arrive, il y a un problème. Tu téléphones à la compagnie.

1 (i) Salue l'employé(e); et
  (ii) Explique la situation.
2 Réponds à la question.
3 Dis quand tu as passé la commande et comment tu as payé.
4 Explique pourquoi tu veux changer le T-shirt. (Donne deux details.)
5 Tu veux savoir la date de livraison. Pose une question appropriée.

2 Où faire son shopping?

✔ Shopping facilities in your area
✔ Markets and department stores
✔ *Ne...aucun(e)*
✔ Demonstrative pronouns

1a 📖 Brieuc et Fabien parlent des magasins dans leur ville et dans leur région. Lis les textes. Fais une liste de tous les magasins mentionnés.

> Il n'y a pas beaucoup de magasins à Saint-Évarzec. Sur la place du marché, nous avons deux boulangeries, et tout près, il y a une boucherie-charcuterie. Il y a aussi un fleuriste. Nous allons au petit supermarché si nous avons oublié quelque chose. Chaque mois, nous allons au supermarché le plus proche, qui se trouve à Fouesnant. Il n'y a aucun magasin de vêtements, il n'y aucune librairie. Le grand magasin le plus proche se trouve à Quimper. Mais il n'y a aucun problème — on peut acheter en ligne.

Brieuc

> À Perpignan, il n'y a aucun problème si on aime faire les magasins. On a des pharmacies, des magasins de mode, des magasins de fruits et de légumes, des magasins de cadeaux, des pâtisseries, des confiseries, des bijouteries, des magasins de jouets. À Noël, nous allons à une petite épicerie près de chez nous où nous pouvons acheter des gâteaux de différents pays.
> Tous les matins sur la place Cassanyes, il y a un marché où on peut acheter des produits frais du pays, et le dimanche matin, le marché aux puces dans l'avenue du Palais des Expositions est très populaire.

Fabien

b 📖 On parle de Saint-Évarzec, de Perpignan ou on ne sait pas?

1 Ici, on trouve pas mal de marchés.
2 Il n'y a aucun problème si on veut acheter des vêtements.
3 Il n'y a pas de grand magasin.
4 Les salons de coiffure sont nombreux.
5 On ne peut pas acheter de livres.

2 ✏️ Écris entre 80 et 90 mots sur les magasins dans ta ville et ta région. Voici quelques idées: les magasins, les marchés, les supermarchés, les cadeaux de Noël.

3 🎧 Écoute ces personnes qui font des courses. Dans ton cahier, écris les titres "Provisions désirées", "Quantité" et "Problème" et note les réponses. Il y a quatre conversations.

Point grammaire

Ne...aucun(e)

Aucun is an adjective that is used with **ne** to mean 'no...'/'not at all', 'not any', usually for emphasis. Here are some examples taken from the texts in exercise 1. Note that **aucun** agrees with the noun that follows.

Examples: Il n'y a aucun magasin de vêtements.
There is no clothes shop (at all).

Il n'y a aucune librairie.
There isn't a single bookshop.

Note that, with the perfect tense, **aucun** goes after the past participle.

Example: Elle **n**'a vendu **aucun** fruit.
She didn't sell any fruit at all.

Aucun(e) des... is often used at the beginning of a sentence to mean 'None of...'. The negative **ne** comes before the verb.

Examples: **Aucun** des magasins **ne** ferme à midi.
None of the shops closes at midday.
Aucune des librairies **n**'a fermé.
None of the bookshops has closed.

4a ✏️ C'est ton anniversaire! Tu as invité des amis chez toi. Fais une liste de ce que tu veux acheter comme provisions (huit choses) et les quantités.

b 💬 Avec un(e) partenaire, inventez une conversation dans un magasin d'alimentation générale. Utilisez les expressions dans l'encadré.

Ça fait combien en tout?	Je cherche...
Avez-vous...?	Je vous propose...
Je voudrais...	Je n'ai plus de...
C'est combien?	Qu'est-ce que vous avez comme...?
Pouvez-vous me recommander...?	Ça fait...
Et avec ça?	Montrez-moi...
Il me faut...	Donnez-moi...
Vous en voulez combien?	

5 Lis le texte puis réponds aux questions en français.

Une séance de shopping

Vous cherchez une séance de shopping différente? Alors, vous n'avez qu'à visiter les souks en Tunisie, au Mali ou au Maroc. Ce sont des marchés couverts situés normalement dans le vieux quartier d'une ville. Les plus célèbres du Maroc se trouvent à Marrakech, à Essaouira et à Rabat.

Au souk de Marrakech, vous trouverez plus de 40 000 artisans qui vendent des bijoux, des épices, des habits et de la poterie. À Essaouira, les artisans ont la réputation d'être les plus talentueux; vous pouvez y acheter la spécialité de la région — l'huile d'argan — et des tissages dans la rue Chbanate.

Le souk de Rabat est célèbre pour ses tapis, en laine rouge, avec au milieu un médaillon en forme de losange. Le lundi et le jeudi matin, ils se vendent à la criée.* Il faut marchander — c'est-à-dire que les prix ne sont pas fixes; il faut discuter avec le vendeur pour trouver un prix convenable.

*à la criée   by auction

1 Qu'est-ce que c'est qu'un souk?
2 Où est-ce qu'on trouve les souks?
3 Quels pays francophones sont mentionnés?
4 Décris les tapis qu'on peut acheter.
5 Comment sont les marchands à Essaouira?
6 Qu'est-ce qu'on doit faire avant d'acheter?

6 Écoute ces deux personnes qui parlent de leur endroit préféré pour faire du shopping. Dans chaque phrase il y a un détail qui ne correspond pas à l'extrait. Écris le mot juste en français.

1a Le 'Sea-Plaza' est près de ~~l'aéroport~~.
 b On y trouve ~~quatre-vingts~~ magasins.
 c Le centre est ouvert tous les matins sauf le ~~mercredi~~.
2a Le magasin Printemps se trouve à ~~Dakar~~.
 b Il y a un magasin Printemps au ~~Sénégal~~.
 c On peut prendre ~~un autobus~~ pour y arriver.

7 Écris une présentation sur ton magasin préféré. Mentionne son nom, sa situation, ses heures d'ouverture, son personnel, son décor. Dis pourquoi tu aimes y aller. Décris ta dernière visite au magasin.

Cambridge IGCSE® French • International Certificate French

Point grammaire

Demonstrative pronouns

- *Celui* (m), *celle* (f), *ceux* (m pl) and *celles* (f pl) are **demonstrative pronouns** meaning 'the one' and 'the ones', and are usually used to distinguish between two similar objects or people. Here are some examples taken from exercise 3:

  – *Je voudrais commander un gâteau au chocolat [...] comme **celui** à côté des croissants.*
    I would like to order a chocolate cake [...] like **the one** next to the croissants.

  – *Les choux-fleurs sont à combien? **Ceux** de Provence sont moins chers?*
    How much are the cauliflowers? Are **the ones** from Provence cheaper?

  The demonstrative pronoun agrees in gender and number with the noun to which it refers.

- You can add *-ci* or *-là* to the demonstrative pronouns to distinguish between 'this one' and 'that one', or between 'these here' and 'those there'.
  *Example: **Celui-ci** est à 20 € et **celui-là** est à 22 €.*
  This one is €20 and **that one** is €22.

8 Lis le texte sur les Galeries Lafayette. Explique ce texte en anglais.

Les Galeries Lafayette sont un des plus célèbres grands magasins de Paris. Il s'est ouvert en 1912. Plus de 36 millions de visiteurs y vont chaque année. Le magasin se spécialise dans la mode, mais il y a aussi des rayons de cosmétiques, de parfums, de sacs et des étages consacrés à la maison. Ce grand magasin est célèbre pour sa coupole en vitrail. En 1975, la façade et la coupole ont été classées comme monuments historiques.

À Noël, on dresse un sapin de plus de 20 mètres sous la coupole. On peut accéder aux toits et découvrir une vue splendide de Paris.

9 Quels aspects sont mentionnés?

a Comment circuler dans le magasin
b Les heures d'ouverture
c Où se trouvent les différents rayons
d Où on peut manger
e Les rayons au sous-sol et au rez-de-chaussée
f Les cartes avantages

117

✔ Shopping centres
✔ A shopping trip
✔ *Lui* and *leur*

3 Les centres commerciaux

1a 📖 La plupart des centres commerciaux ont des sites web. Regarde la page d'accueil. Cherche ces expressions en français.

opening times	continuously	sales
welcome	closed	local produce
special offers	bank holidays	cheap
members	5% reduction	come and taste

b 📖 Complète les phrases avec des mots en français.

1 Le centre commercial est fermé le ____.
2 Il y a _____ cent magasins.
3 Il faut avoir _____ pour bénéficier des offres spéciales.
4 Si vous gagnez la compétition, vous irez _____.
5 Pour trouver un endroit où on peut manger, il faut cliquer sur _____.

dimanche	mercredi	moins de	un chèque-cadeaux
aux Antilles	restaurants	accueil	plus de
une carte d'adhérent	aux États-Unis		

Centre commercial des Halles

ACCUEIL | SHOPPING | RESTAURANTS | LOISIRS | INFOS PRATIQUES | PROMOTIONS

1
Heures d'ouverture
Du lundi au samedi
De 9 h 00 à 20 h 00. Sans interruption.
Fermé les jours fériés.
Tel: 03 88 51 40 59
Centre commercial
23 place du Bourg
www.centre.deshalles.fr

2
Sélectionnez vos magasins
Imprimez votre itinéraire shopping

3
Bénéficiez toute l'année de promos avec la carte Avantages

4
OFFRES Adhérents
Devenez adhérents de la carte Avantages

5
Pour une semaine
10% à partir du 2ème livre acheté
5% de remise sur tous les magasins

6
Faites plaisir
Offrez des chèques-cadeaux
On accepte les chèques-cadeaux

7
PROMOS et Soldes
Découvrez toutes les offres de vos boutiques (et des marques célèbres) préférées

8
Liste des magasins
120 boutiques ▶
Choisissez un thème ▶
Choisissez un magasin ▶

9
Supermarché
Fruits et légumes ▪ Produits frais du pays ▪ Livraison à domicile ▪ Tout est bon marché ▪ Venez déguster les produits régionaux

10
Du 5 ou 8 juillet
Le centre vous propose une semaine à New York
Gagnez une excursion avec un budget de €400 pour faire votre shopping.
Vous n'avez qu'à formuler un sondage et nous envoyer les résultats.

2 📖 Regarde ces annonces pour quelques-uns des magasins du centre commercial.

a
JÉRÔME
• Un magasin réservé exclusivement aux hommes
• Une équipe souriante pour vous conseiller
• Une nouvelle façon de voir la mode masculine
• À chaque moment de la vie, un look

Au rythme des occasions, JÉRÔME vous propose une mode fun et dans le coup.

b
Bienvenue chez Nouvelle Techno
Envie d'un nouveau portable, d'un mini PC ou d'accéder à internet?
Besoin de communiquer à la maison ou en voyage? Usage personnel ou professionnel?
✓ Nos conseillers sont à l'écoute
✓ On vous trouvera l'offre la mieux adaptée à votre budget

c
Miselle: enseigne internationale de prêt-à-porter féminin
Compte plus de 600 magasins dans 20 pays
Notre ambition: être la marque de mode préférée des jeunes européennes de 18 ans
Nous offrons une mode féminine adaptée à tous les événements de la vie

d
JUNIORS
Roller, vélo, tennis, fitness, montagne?
Venez, découvrez notre espace dédié aux enfants actifs et sportifs!
Junior répondra à tous vos besoins pour un accueil individuel
Vous trouverez vos marques préférées: Adidas, Reebok, Puma, Nike
Toute une gamme d'articles de sport

a 📖 Cherche les phrases utilisées pour attirer les clients, par exemple "une équipe souriante".

b 🔄 Choisis une des publicités et explique-la en anglais.

3 ✏️ Écris une annonce (publicité) pour un magasin de mode ou un magasin de ton choix, en utilisant des phrases tirées des annonces.

4 🎧 Dans ces cinq conversations on essaie de décider quel cadeau on va acheter. Écris les titres "Pour qui?", "Première suggestion" et "Décision" et note les réponses.

Point grammaire

Indirect object pronouns *lui* and *leur*

Lui and *leur* are **indirect** object pronouns. *Lui* usually means '**to/for him**' or '**to/for her**', but it can also mean '**from him**' or '**from her**'. *Leur* usually means '**to/for them**', but it can also mean '**from them**'.

It can be difficult to see the need for an indirect object pronoun, as in English we often say 'I gave him the book' instead of 'I gave the book **to** him'.
Normally indirect object pronouns are placed in front of the verb. In the perfect tense, they are placed in front of the auxiliary (e.g. *Je leur ai acheté ce DVD*). If there are two verbs, the pronoun is placed between the two verbs (e.g. *Je vais lui offrir un cadeau*).

5a 📖 Gabi parle de sa journée de shopping. Explique en anglais les phrases en gras.

Samedi dernier, Alice, Paul et moi avons passé une journée sensationnelle à la place des Halles à Strasbourg. **C'est mon endroit préféré** parce qu'il y a plus de 100 magasins. **Il y a des escaliers roulants** et un petit manège pour les enfants. Il y a cinq lignes d'autobus qui s'arrêtent au centre; moi, j'ai pris la ligne 7, qui s'arrête dans le boulevard Sébastopol. **Tout d'abord, on est tous allés à la parfumerie** Nocibé pour acheter du parfum parce que dimanche prochain, c'est la fête des mères. **Le parfum que j'ai choisi** s'appelle Aline. Après ça, **on a passé une heure à Moa**. On y vend des bijoux, des sacs et des ceintures. **J'ai acheté un collier**. Paul a décidé d'acheter une ceinture en cuir.

❗ INFO PRONONCIATION

Liaison (2)

Students of French often complain that 'French words run into one another' and that it is difficult to make out the different words in a sentence. Liaison (or linking of two words) is mostly responsible for this. In addition to liaison, various strategies are used to enable as smooth a pronunciation as possible. Here are some examples.

1 Adding the letters 't', 'l' or 's'.

Examples:
- *Ira-**t**-elle aux magasins?/Pourquoi a-**t**-on acheté…?*
- *Ce**t** article est cher/Ce**t** homme adore la mode.*
- *Si **l'**on préfère la plage, il y a…/C'est un endroit où **l'**on peut acheter…*
- *Achète ces biscuits! → Achète**s**-en!*
- *Va aux magasins! → Va**s**-y!*

(Note: the addition of an 'l' occurs mainly in formal written French.)

2 Using a different form before a vowel.

Examples:
- *ma sœur → **mon** amie*
- *ta bouche → **ton** oreille*
- *sa passion → **son** idée*

Say all the above examples out loud. Also try to say the words without the additional letters or without changing the form. Which do you find easier to say? Now listen and repeat all the examples.

Ensuite, **nous sommes tous entrés dans le magasin France-Loisirs** pour regarder les livres et les DVD, mais personne n'a rien acheté. On avait tous faim, donc on a pris un sandwich à la Brioche Dorée parce que le service est très rapide et normalement **on y vend des pâtisseries délicieuses**. Quelquefois on va à La Pause, où on peut prendre une omelette, des salades, des pizzas ou des crêpes. Après avoir mangé, Alice et moi sommes allées chez Pimkie!

J'ai essayé des jeans, mais finalement, j'ai acheté un haut. Paul est allé chercher un nouveau portable. Avant de rentrer chez nous, **nous avons regardé les chaussures dans la vitrine de Beryl**, mais nous étions trop fatigués pour essayer des chaussures.

b ✏️ Tu as passé une journée dans un centre commercial avec des amis. Décris ta journée. Mentionne ce que tu as acheté, le café/le restaurant où tu as mangé, le centre et les magasins où tu es allé(e).

---

4 On parle de la mode

1 📖 Lis le texte sur quatre couturiers francophones et complète les phrases en utilisant les mots dans l'encadré.

Exemple: Jean Patou est <u>connu</u> pour ses sweats à <u>rayures</u> bleues et blanches.

compagnie	joueuses	crée
plus	Tunisie	rayures (ex.)
moins	Belgique	connu (ex.)
France	couturière	

1. Azzedine Alaïa vient de _____ mais il habite en France.
2. Sonia Rykiel est une _____ française. Elle _____ des vêtements noirs avec des inscriptions.
3. Jean Patou est _____ âgé que les trois autres couturiers.
4. Il a dessiné des tenues pour les _____ de tennis.
5. Olivier Strelli a créé des uniformes pour une _____ aérienne.

2 ✏️ Pour bien décrire les vêtements, on peut ajouter des détails sur la couleur (bleu, rouge…), le tissu (en coton, en soie…), le motif (à pois, à carreaux…), la taille (long, court…).

Exemple: Elle porte un tee-shirt → Elle porte un tee-shirt à manches courtes → Elle porte un tee-shirt en coton à manches courtes et à rayures rouges.

Change les détails de chaque description ci-dessous.

Exemple: une casquette en velours beige → une casquette en coton noir.

1. Un boléro en fausse fourrure.
2. Un chemisier bleu clair à col rond.
3. Un tee-shirt à motifs géométriques en jersey.
4. Une robe courte à pois bleus sans manches.
5. Une paire de bottes kaki à revers écossais jaune.
6. Une jupe longue à fleurs en coton.
7. Une ceinture bleu marine en cuir.
8. Un short noir uni avec deux grandes poches.

---

1 Azzedine Alaïa, né en 1940, est un styliste et couturier tunisien qui habite en France. Il est reconnu depuis les années 1980 pour ses robes en cuir. En 1984 et en 1985, il a reçu un Oscar de la mode.

2 Sonia Rykiel, née en France en 1930, est connue pour ses pulls et ses tee-shirts à rayures ou avec des inscriptions, souvent sur des vêtements noirs. On l'appelle "la Reine du Tricot".

3 Jean Patou, né en 1887 en Normandie, a créé des collections de pullovers et gilets coordonnés très novateurs à l'époque, des sweats rayés bleu et blanc, et les premiers shorts de tennis, portés par Suzanne Lenglen.

4 Olivier Strelli, né en 1946, couturier belge, a redessiné l'uniforme des hôtesses de l'air de Sabena, et en 2010 c'est la SNCB qui lui a demandé conseil pour moderniser ses uniformes.

3a ✏️ On t'a invité(e) à un bal déguisé. Décide ce que tu vas porter et écris une description de ton apparence (tenue, chaussures, bijoux, accessoires, maquillage etc.).

b 💬 Après avoir décidé ce que tu vas porter, tu vas dans un grand magasin pour acheter tout ce dont tu as besoin. En utilisant les mots dans l'encadré, invente une conversation avec un(e) partenaire.

Nous avons une grande sélection de…

Je vais essayer…

Vous avez quelque chose de plus/moins…?

Je cherche quelque chose pour une soirée importante/ un anniversaire…

Qu'est-ce que vous me proposez?

La cabine d'essayage est là.

En liquide/ Avec ma carte de crédit

J'aime…mais…?

J'aime les deux, mais je préfère…

Vous préférez…ou…?

Je prends les deux.

Vous faites quelle taille/pointure?

Comment voulez-vous payer?

25

4 🎧 Écoute cinq jeunes qui parlent de la mode. À la première écoute note (a) si il/elle suit la mode ou non, (b) une raison. À la deuxième écoute, réponds à ces questions.

Qui mentionne:

1 le prix des vêtements de marque?
2 l'influence des copains?
3 les vêtements qu'il/elle a achetés récemment?
4 l'opinion de sa mère?
5 l'influence des stars?
6 la réaction de ses amis?

5 📖 Lis le texte et réponds aux questions.

Les jeunes, les vêtements et la publicité

- Les jeunes sont accros aux marques! Ils adorent porter des chaussures Nike, Puma et Adidas. Leurs pantalons préférés sont Diesel, Levis et Gap et les chemises favorites sont celles de Ralph Lauren, Zara, Lacoste et Pimkie.
- Sachant que les jeunes veulent avoir 'le bon look' et que la mode est perçue comme un facteur d'intégration, les compagnies mènent une campagne publicitaire très séduisante. Elles donnent une image fun et cool, et font croire qu'on sera heureux si on porte leur logo.
- En plus, on emploie des chanteurs ou des stars populaires pour participer à la publicité. Certains magasins invitent des jeunes à des avant-premières de marques, ou à une journée shopping à prix réduits.
- Rappelez-vous. La publicité a un seul but: vendre.

1 Name one of the most popular designer labels of (a) trousers and (b) shirts.
2 What does the article claim young people want?
3 Give three ways in which companies encourage young people to buy their clothes.
4 What does the last sentence mean?

6 🎧 Écoute les réponses. Quelle question a-t-on posée?

1 Où est-ce que tu achètes tes vêtements?
2 Tu as un magasin préféré?
3 Qu'est-ce que tu portais quand tu étais plus jeune?

4 Tu dépenses beaucoup d'argent dans les vêtements?
5 Quels vêtements as-tu achetés récemment?
6 Que penses-tu des vêtements de marque?
7 Tu portes des bijoux?
8 Qu'est-ce que tu portes le week-end?
9 Tu as un piercing ou un tatouage?

7a 🎧 Choisis les affirmations vraies.

1 La robe bleue est à manches longues.
2 Selon Éloïse, la jupe est à prix réduit.
3 Le T-shirt en velours est à la mode.
4 L'amie d'Éloïse propose un pantalon en soie.
5 À la fin, Éloïse achète le chemisier en soie.

b Écoute encore et corrige les phrases fausses.

Point grammaire

Qui and que

Qui and **que** are **relative pronouns**. They are used to link two parts of a sentence.

1 Qui means 'who' or 'which/that' and refers to the **subject** in the first part of the sentence.

Examples: *Ce tee-shirt **qui** est en velours te va très bien.*
This t-shirt, **which** is in velvet, really suits you.

*La fille **qui** te regarde a la même jupe que toi.*
The girl **who** is looking at you is wearing the same skirt as you.

2 Que means 'who(m)' or 'which/that' and refers to the **object** in the first part of the sentence.

Examples: *Le pantalon noir **que** tu portes avec ta veste est démodé.*
The black trousers **that** you wear with your jacket are old-fashioned.

*L'homme **que** tu regardes est jeune.*
The man **whom/that** you are looking at is young.

8 💬 Et toi? Réponds aux questions de l'exercice 6.

5 Les bureaux de poste et les banques

1a Lis le texte et les phrases. Quelles phrases expriment le sens du texte?

Les bureaux de poste

- La plupart des bureaux de poste sont ouverts du lundi au vendredi **à partir de** 9 h **jusqu'à** 17 h avec **une fermeture** de 12 h à 14 h.
- Dans certaines villes, ils sont ouverts le samedi matin de 9 h à 12 h, et un soir par semaine jusqu'à 19 heures.
- **Les boîtes aux lettres** sont jaunes. **Les heures de levée** sont affichées dessus.
- À Paris, dans la rue du Louvre, il y a un bureau de poste ouvert tout le temps, même la nuit.
- Si vous avez besoin de **timbres**, vous pouvez en acheter dans les bureaux de tabac, les librairies, les papeteries ou dans certains cafés-tabacs.
- Vous pouvez effectuer beaucoup d'opérations en ligne.

1 Les bureaux de poste sont ouverts sans interruption.
2 Les bureaux de poste ferment à 7 heures du soir tous les jours.
3 Il y a certains bureaux de poste qui sont ouverts le samedi matin.
4 Il n'y a aucun bureau de poste ouvert à 8 heures du soir.
5 On peut acheter des timbres dans d'autres endroits à part le bureau de poste.

b Explique en anglais les mots en gras.

2a Écoute les réponses entendues à la poste. Décide si la question posée est a ou b.

1a Est-ce que la boîte aux lettres est à l'extérieur?
  b C'est quel guichet pour les timbres?
2a Faut-il peser la lettre?
  b Quand est-ce que la lettre arrivera?
3a Où est-ce qu'il faut peser le paquet?
  b Je peux acheter des timbres?
4a Je pourrais aussi avoir un carnet de timbres?
  b Il y a combien de timbres dans un carnet?
5a Est-ce que vous avez un timbre à 1 euro 60?
  b Je voudrais envoyer une lettre en Angleterre, c'est combien?

b Écris en anglais la deuxième question posée.

3 Tu vas au bureau de poste en France. Tu veux acheter des timbres.

1a Salue l'employé(e); **et**
  b Dis que tu veux acheter des timbres.
2 Dis à quel pays tu veux envoyer les lettres.
3 Dis combien de timbres tu veux.
4 Écoute l'employé(e) et choisis le tarif que tu veux.
5a Remercie l'employé(e); **et**
  b Demande le prix.

4 Tu vas au bureau de poste en France. Tu veux expédier un paquet. Il contient un objet fragile.

1a Salue l'employé(e); **et**
  b Explique ta situation.
2 Réponds à la question. (Donne deux détails)
3 Dis **où** et **à qui** tu veux envoyer le paquet.
4 Dis comment tu veux payer.
5 Pose une question sur la livraison du paquet.

5 Lis ce texte. Explique-le en anglais.

Les bureaux de poste

Un des services offerts est de créer des timbres personnalisés sur internet ou depuis votre smartphone avec vos photos! Le service s'appelle "MonTimbraMoi!" et c'est pour n'importe quelle occasion spéciale (mariage, invitation, anniversaire).

Il faut:
- se rendre sur le site internet MonTimbraMoi
- télécharger l'application
- importer votre photo
- choisir la valeur des timbres
- effectuer le paiement en ligne

Vous recevrez vos timbres personnalisés par courrier à l'adresse de votre choix.

Les banques en France

- Les plus grandes banques s'appellent le Crédit Agricole, le Crédit Lyonnais, la Société Générale, le Crédit Mutuel, la Banque Nationale de Paris (BNP) et la Banque de France.
- En général, les banques sont ouvertes de 9 heures à 16 heures ou 17 heures, du lundi au vendredi. Certaines banques sont ouvertes le samedi matin mais ferment le lundi.
- Quelques sites web utiles: www.credit-agricole.fr, www.bnpparibas.net.
- On peut effectuer toutes les démarches en ligne à n'importe quel moment.

What are the main banks in your country called?

How do the opening times of French banks compare with those of the banks in your country?

6 Les banques s'intéressent beaucoup aux jeunes et ils rivalisent d'inventivité pour attirer les 12 à 25 ans. En consultant le site web d'une banque, tu peux voir le site "Jeunes" et naviguer sur les pages de l'"Espace Collégiens".

Espace Collégiens

a Gérez vos comptes et votre portefeuille boursier sur internet.

b Des SMS pour vous informer de l'état de votre compte.

c Gérez vos comptes depuis votre téléphone portable.

d Réglez vos dépenses en France et à l'étranger.

e Orientation scolaire, recherche de stage.

f Protégez avec un seul contrat vos appareils numériques portables contre le vol et le bris accidentel.

Which section do you need to help you:

1 manage your account from your mobile phone?
2 pay your expenses in France and abroad?
3 protect against theft and accident?
4 look for a work placement?

7 Explique trois avantages de cette carte.

Exemple: *On peut profiter de réductions au cinéma.*

> **Une carte de retrait d'argent, en France et à l'étranger, à tout moment pour les 12–17 ans.**
>
> ★ Avec cette carte, vous pourrez profiter de réductions au cinéma et de l'accès à des événements uniquement sur invitation.
>
> ★ Vous bénéficierez de la consultation gratuite de vos comptes sur internet et sur mobile.
>
> ★ Une alerte est envoyée sur votre portable ou par e-mail lorsque le solde de la carte atteint 10 euros.

8 Tu vas à la banque en Suisse. Tu veux changer de l'argent anglais pour des francs suisses.

1a Salue l'employé(e); **et**
 b Dis que tu veux changer de l'argent.
2 Dis combien d'argent tu veux changer.
3 Offre une pièce d'identité.
4 Écoute l'employé(e) et choisis les billets que tu veux.
5a Remercie l'employé(e); **et**
 b Pose une question sur les heures d'ouverture.

une pièce d'identité	une carte bancaire	le taux de change
des pièces	de la monnaie	des euros
toucher/changer un chèque	un billet	des livres
	un passeport	de l'argent

9 Écoute les trois conversations à la banque et copie et remplis la grille.

la devise currency

On veut changer quoi et combien?	Problème	Solution

Paper 3: speaking

Giving a presentation

- Include a variety of complex linguistic structures such as *depuis*, *venir de*, *en* + a present participle, *avant de* + an infinitive, subordinate clauses (use connectives such as *mais*, *et*, *parce que*, *où* to join sentences), and a variety of tenses that refer to the past, present and future.
- Express and justify your opinions: phrases such as *je trouve que…* ('I find that…'), *je pense/crois que…* ('I think that…'), *à mon avis…* ('in my opinion') and *selon moi…* ('according to me…') are useful for this. If giving an opinion about a shopping centre, you might say:

À mon avis, le centre commercial est un bon endroit pour faire du shopping parce qu'il y a beaucoup de magasins spécialisés.

- Vary your vocabulary: remember, for example, that *j'aime*, *je préfère*, *j'adore*, *j'aime beaucoup*, *je n'aime pas* and *je déteste* can be used to express your likes and dislikes.
- Narrate some events using *d'abord*, *après ça*, *plus tard*, *finalement* to link events.
- Pronounce words accurately and speak fluently (i.e. without hesitation and without leaving long pauses).

Look at the presentation below. It is short and written in basic language. It could be improved significantly. In your opinion, how could the student make the language structures and tenses more varied? Where could she express opinions and justify her ideas? How could she vary her vocabulary?

Ma présentation est sur mon passe-temps favori. J'adore le shopping parce que c'est amusant. J'adore acheter les vêtements avec ma copine, Emma. Mon magasin favori est 'La Cave'. Je fais du shopping le samedi. Samedi dernier, j'ai acheté un jean. Il est bleu. J'adore aussi le magasin 'Laure' dans le centre commercial. J'achète des bijoux. C'est fantastique. Je voudrais acheter des chaussures pour mes vacances. L'année dernière, je suis allée à New York parce que les magasins sont fantastiques. J'adore le centre commercial dans ma ville parce qu'il y a beaucoup de bons magasins. À Noël, je vais acheter mes cadeaux pour ma famille au centre commercial.

Look at the presentation given below by a different student. Make a list of:

1 the different linguistic structures she uses, including subordinate clauses such as *D'abord, nous sommes allés chez Jones où j'ai essayé trois robes*

2 the verbs in the different tenses: *Je vais parler* (immediate future), *J'ai choisi* (perfect tense)

3 the opinions she gives, e.g. *À mon avis les vêtements étaient trop démodés parce qu'ils étaient trop clairs*

Je vais parler de la mode parce qu'un jour je voudrais devenir couturière. Mon rêve, c'est de désigner les vêtements et de travailler à Paris ou à Milan. J'aime suivre la mode parce qu'à mon avis, il est important de choisir des vêtements qui sont chics. Il faut penser à la couleur de tes cheveux et tes yeux. Je viens d'acheter

un pull gris. Moi, je porte toujours des vêtements décontractés parce que j'aime être confortable le week-end. Je ne porte jamais les shorts car je ne les aime pas et ils ne me vont pas. Le week-end dernier, j'ai assisté au mariage de ma cousine. J'ai choisi de porter une robe en rose foncé avec une veste à manches courtes. J'ai acheté un sac blanc et mes chaussures étaient roses.

J'ai acheté mes vêtements pour le mariage il y a quatre semaines. Je suis allée en ville avec ma mère. D'abord, nous sommes allées chez Jones, où j'ai essayé trois robes mais je ne les aimais pas à cause de la couleur. Après ça, nous avons décidé d'aller chez 'Jean' parce que ma mère aime y aller. À mon avis les vêtements étaient trop démodés parce qu'ils étaient trop clairs. À la fin, j'ai acheté les vêtements dans le grand magasin au centre commercial. L'année prochaine, j'organiserai un défilé de mode pour mon lycée et j'écrirai des articles de mode pour le magazine. Avant d'aller à l'université, j'espère faire un stage.

Answering questions based on a presentation

Tips for success

It is important to:
- respond fully to all the questions, without hesitation. If you do not understand a question, avoid hesitation by seeking clarification, just as you would in English. Use a phrase such as *Pouvez-vous répéter?*
- give opinions, justify and explain your answers, produce longer sequences of speech, use accurate language and complex structures, pronounce words accurately
- avoid giving a prepared monologue or a series of prepared replies

Listen to Student A answering questions on her presentation.

In your opinion does the student meet the criteria described above to give high-quality answers?

Questions

1 Comment s'appelle le centre commercial?

2 Quand est-il ouvert?

3 C'est où exactement?

4 Où est le centre commercial?

5 Décris le centre.

6 À ton avis, il y a un grand choix de magasins?

7 Quelles autres choses as-tu achetées samedi dernier?

8 Ta copine, qu'est-ce qu'elle a acheté?

9 Quel vêtement?

10 Vous avez fait une pause dans un café?

11 Qu'est-ce que vous avez mangé?

12 Quel est ton opinion du café?

13 Qu'est-ce que tu feras à New York?

14 Comment sont les magasins à New York?

Listen twice to Student B answering questions on her presentation. As you listen the first time, note whether she includes a variety of linguistic structures, tenses and vocabulary, opinions, justifications for her opinions, and some narration.

As you listen the second time, decide whether the student, in your opinion, *uses accurate language*, *complex structures*, *past and future tenses correctly*, *pronounces words accurately*, *speaks fluently*.

Questions

1 À ton avis, quels vêtements sont à la mode maintenant?

2 Décris la robe de ta cousine.

3 Tu lis régulièrement des magazines de mode?

4 Quel est ton opinion de 'Vogue'?

5 Qu'est-ce que tu vas faire à l'avenir pour devenir couturière?

6 Tu as déjà fait des vêtements toi-même?

7 Il y a un couturier ou une couturière que tu admires?

8 Que penses-tu des tatouages?

9 Tu penses qu'on devrait porter un uniforme au lycée?

10 Que porteras-tu quand tu seras au lycée?

Vocabulaire

Acheter sur internet   Shopping on the internet

On ne doit plus se déplacer pour faire ses courses.   It is no longer necessary to travel to do your shopping.

On peut regarder les produits sur l'écran.   You can look at the products on screen.

On ne doit pas faire la queue.   You do not have to queue up.

On peut commander en ligne à n'importe quelle heure   You can order online at any time.

On livre vos achats à la maison.   Your goods are delivered to your home.

Je préfère voir la qualité de ce que j'achète.   I prefer to see the quality of what I am buying.

Il faut vérifier les conditions de vente.   You must check the terms and conditions of sale.

Il faut garder le récapitulatif de la commande.   You must keep the summary of your order.

Il y a parfois des problèmes de livraison.   Sometimes there are delivery problems.

Où faisons-nous nos achats?   Where do we do our shopping?

Je fais mes achats...   I do my shopping…

　...dans des magasins de bienfaisance/sur catalogue.   …in charity shops/from mail catalogues.

J'achète des vêtements d'occasion/de seconde main.   I buy second-hand clothes.

J'adore les centres commerciaux, on y trouve de tout.   I love shopping centres; you find everything there.

Tout est au même endroit.   Everything is in the same place.

On peut trouver toutes les marques/garer la voiture.   You can find all the brands/park the car.

Il y a presque toujours du monde.   There is almost always a lot of people.

Les supermarchés manquent de caractère.   Supermarkets lack character.

Ils sont tous pareils.   They are all the same.

J'aime les magasins individuels/spécialisés.   I like individual/specialised shops.

Le service est personnel.   The service is personal.

Il y a un marché aux puces sur la place.   There is a flea market on the square.

Le marché couvert est très ancien.   The indoor market is very old.

Le grand magasin le plus proche se trouve à...   The nearest department store is at/in…

Mon magasin préféré s'appelle...   My favourite shop is called…

J'aime faire les magasins/du lèche-vitrines.   I like going round the shops/window-shopping.

Les centres commerciaux   Shopping centres

Il faut payer plus/On paie moins pour...   You have to pay more/You pay less for…

Les heures/horaires d'ouverture sont de... à...   Opening times are from… to…

Ils ouvrent plus tôt.   They open earlier.

Ils sont ouverts sans interruption.   They are open all day.

On y trouve...   You can find…

　...toutes les grandes enseignes internationales.   …all the big international chains.

　...toutes vos marques préférées.   …all your favourite makes/brands.

　...toute une gamme de boutiques/d'articles.   …a whole range of boutiques/items.

Il y a des promotions spéciales/des soldes.   There are special offers/sales.

On fait souvent des remises.   They often do discounts.

On peut y déguster les produits du pays/du terroir.   You can taste local produce.

Dans un grand magasin   In a department store

Où se trouve le rayon vêtements/le rayon meubles?   Where is the clothing/the furniture department?

Au sous-sol/Au rez-de-chaussée/Au premier étage.   In the basement/On the ground floor/On the first floor.

Au deuxième étage/À chaque niveau.   On the second floor/On each level.

Je cherche...   I am looking for…

　...l'escalier roulant/l'ascenseur.   …the escalator/the lift.

...le rayon arts ménagers.   ...the household goods department.

...le rayon parfumerie.   ...the perfume counter.

On peut acheter une carte-cadeau.   You can buy a gift-card.

On parle de la mode   Talking about fashion

Est-ce que tu suis la mode?   Are you a follower of fashion?

J'adore les défilés de mode.   I love fashion shows.

J'imite le look de mes chanteurs préférés.   I copy my favourite singers' look/style.

Les stars font de la publicité pour les grandes marques.   Stars advertise famous brands.

Mon/Ma styliste favori(te) est...   My favourite designer is...

Il/Elle crée/dessine des collections pour...   He/She creates/designs collections for...

Ses motifs sont uniques/novateurs.   His/Her designs/patterns are unique/innovative.

Il/Elle est connu(e) pour ses...   He/She is known for his/her...

La mode coûte un prix fou.   Fashion costs a fortune.

C'est une perte d'argent.   It is a waste of money.

On trouve des articles à des prix plus raisonnables.   You can find more reasonably priced items.

On achète des vêtements   Buying clothes

Vous faites quelle taille?   What size are you? (clothes)

Vous faites quelle pointure?   What size are you? (shoes)

La cabine d'essayage est là.   The changing room is there.

Pouvez-vous me montrer des...?   Can you show me some...?

Je vais essayer...   I am going to try on...

Qu'est-ce que vous me proposez?   What do you suggest?

Je prends les deux.   I will take them both.

Je le/la prends.   I will take it.

Je les prends.   I will take them.

C'est trop cher/grand/petit.   It's too expensive/big/small.

Vous en avez d'autres?   Do you have any others?

Au bureau de poste et à la banque   At the post office and at the bank

Je voudrais envoyer un colis (un paquet).   I would like to send a parcel.

Est-ce qu'il y a du courrier/une boîte aux lettres?   Is there any mail/a postbox?

C'est quel guichet pour les carnets de timbres?   Which counter is it for books of stamps?

Il faut peser la lettre?   Do I need to weigh the letter?

Les heures de levée sont affichées.   Collection times are displayed.

On peut effectuer beaucoup d'opérations en ligne.   You can carry out many transactions online.

J'ai un compte bancaire/compte en banque.   I have a bank account.

Sur internet, on peut...   On the internet, you can...

   ...gérer son compte/régler ses dépenses/   ...manage your account/pay your expenses/

   vérifier le solde de sa carte bancaire.   check the balance on your account.

Quel est le taux de change?   What is the exchange rate?

Où est le distributeur automatique?   Where is the cash machine?

Il me faut...   I need...

   ...des pièces/de la monnaie/des billets.   ...coins/loose change/bank notes.

   ...toucher (changer) un chèque de voyage.   ...to cash (change) a traveller's cheque.

On a des problèmes!

1 Café, restaurant, hébergement

✔ **Complaining about poor service in a café or restaurant**

✔ **Complaining about inadequate accommodation**

✔ **The pluperfect tense**

1 📖 Regarde la liste des problèmes. Ça se passe au café, au restaurant, ou dans les deux?

Exemple: a – restaurant

a Il manquait une fourchette et un couteau.

b J'avais demandé du poulet et on m'a servi du porc.

c La serveuse n'était pas très polie.

d Le service était compris, mais le garçon m'a demandé un pourboire.

e Ma femme avait un verre sale.

f Le serveur a renversé de la sauce sur ma veste.

g Nous avions réservé mais nous avons dû attendre.

h La serveuse a fait une erreur dans l'addition.

i J'avais une chaise cassée.

j L'accueil n'était pas très chaleureux!

2 🎧 Anna Buchler, la mère de Gabi, parle à son amie. Complète les phrases.

Anna avait réservé une table dans un restaurant pour **(1)**.

C'était un restaurant **(2)**.

Pour être sûre d'avoir une table, elle avait réservé **(3)**.

Malheureusement, le patron s'était trompé de **(4)**.

Anna était vraiment **(5)** et très déçue.

Alors elles sont allées dans une **(6)**.

Elles ont aimé **(7)** et le décor.

Mais il y a eu des problèmes avec **(8)** et la musique.

L'année prochaine, Gabi fêtera son anniversaire chez **(9)**!

3 💬 Tu as eu des problèmes au café ou au restaurant. Raconte! Tu dois mentionner:

- le nom du café/restaurant
- où il se trouve et à quelle occasion tu étais là
- avec qui tu étais là
- le problème
- ce que tu as fait et dit

4 📖 Fais des phrases complètes pour décrire les problèmes à l'hôtel Millais à Paris.

une araignée

1 La fenêtre…	**a** …ne marche pas.
2 La moquette…	**b** …fait trop de bruit.
3 L'ascenseur…	**c** …est en panne.
4 Il n'y a pas de…	**d** …est cassée.
5 Nous n'avons pas de…	**e** …dans mon drap.
6 Il y a une araignée…	**f** …est dégoûtant.
7 Le rideau…	**g** …papier dans les WC.
8 Le chauffage central…	**h** …dans notre armoire.
9 Le miroir…	**i** …ne ferme pas.
10 Il y a un trou…	**j** …est déchiré.
11 L'ampoule…	**k** …un oreiller.
12 Le robinet…	**l** …est tachée.
13 Il manque…	**m** …savon.

5 💬 À deux, lisez les phrases obtenues en ajoutant une opinion choisie de l'encadré.

Exemple: La fenêtre ne ferme pas. À mon avis, c'est trop dangereux!

1
C'est
Je trouve ça
À mon avis, c'est

2
trop
tout à fait
vraiment
très
plutôt
assez

3
inadmissible inacceptable
malsain désastreux
inquiétant insupportable
stressant affreux
dangereux indispensable
terrible

6 🎧 Mme Saltay et sa collègue Melle Douai sont à Paris avec un groupe d'étudiantes de leur collège. Une nuit, Mme Saltay fait un mauvais rêve. Écoute (1–9). C'est quel dessin?

7 📖 Des touristes ont posté cette information sur un site internet.

	Hôtel Belle Étoile	Hôtel du Centre
Chambres	●●●●○	●●●○○
Service	●●○○○	●●○○○
Rapport qualité/prix	●●●○○	●●●●○
Propreté	●●●●○	●●●●○
Situation géographique	●●●○○	●●●●○

a Quel commentaire pour quel hôtel?

1 Un bon hôtel pour le prix que nous avons payé. La chambre n'était pas très spacieuse et la douche ne marchait pas très bien, mais nous étions près de l'île de la Cité et de la Cathédrale Notre-Dame, quel bonheur! Nous n'avons presque pas vu le personnel de l'hôtel, sauf le propriétaire, qui n'était pas très bavard. Le restaurant de l'hôtel était fermé pour travaux, mais les restaurants et les bars de ce quartier très animé étaient une meilleure option!

2 Un hôtel cher que je ne recommande pas. Les croissants étaient délicieux, et le café, parfait, mais le service était loin d'être impeccable. La chambre avait tous les conforts nécessaires, mais le personnel n'était ni sympathique ni discret! Notre chambre étant au septième étage, nous avions vue sur la baie, mais la plage était à 20 minutes de marche. Heureusement, nous n'avions réservé que pour trois nuits!

b Réponds aux questions.

1 Pourquoi les touristes ont-ils donné 2,5 sur 5 aux deux hôtels pour le service?

2 La fermeture du restaurant de l'hôtel 1 n'était pas un problème. Pourquoi?

3 Selon toi, quel était le problème le plus grave dans chaque hôtel?

4 Penses-tu que les touristes retourneraient dans ces hôtels? Pourquoi?

8 ✏️ Écris un commentaire sur l'hôtel du cauchemar de Mme Saltay. Regarde les exemples dans l'exercice 7. (Imagine le service et la situation géographique.)

9 💬 Ta famille a eu des problèmes à l'hôtel. Explique à ton/ta partenaire! C'était la chambre? Les repas? Le personnel? L'hôtel en général? Les voisins?

2 Problèmes d'achats et pannes

✔ **Unsatisfactory goods and services**
✔ **Dealing with the issues**
✔ **Breakdowns**

1a 📖 Vérifie le vocabulaire et explique les problèmes en anglais.

a Il y a un défaut.
b On n'est pas satisfait de la qualité.
c L'article ne correspond pas à la description.
d C'est la mauvaise taille.
e On n'aime pas la couleur.
f L'article est abîmé.
g Il manque quelque chose.
h Il y a eu un problème de livraison.

b 📖 Ça correspond à quel problème (a–h)?

Exemple: 1 — c

1 Le catalogue dit que le sac est en cuir, mais ce n'est pas exact.
2 J'ai acheté un top absolument adorable pour ma sœur, mais elle le trouve trop foncé.
3 Léo a reçu l'iPhone qu'il avait commandé, mais la webcam ne marche pas.
4 Ma copine m'a offert du maquillage, mais il n'est pas trop bon!
5 Le pull que nous avons acheté à Élise est bien trop grand.
6 Quand j'ai ouvert le paquet, il n'y avait qu'une chaussure à l'intérieur!
7 L'enveloppe était déchirée, et il y avait une grosse marque sur le livre.
8 Les employés n'ont pas pu rentrer l'armoire par la porte — elle était trop grande.

2 🎧 Ces cinq personnes ont eu un problème avec leurs achats en ligne. C'est quel problème de l'exercice 1a, exactement?

Exemple: 1 — f

❗ POINT LANGUE

Look at the verb construction in this sentence:

*On a **fait réparer** le scooter.*

This construction, *faire* + infinitive, is equivalent to the English 'to get something done'.

The sentence above translates as: 'We had the scooter mended/we got the scooter mended.'

Can you find more examples of this construction on this page? Translate the sentences into English.

---

3 📖 Lis ces commentaires trouvés sur un forum internet.

1 J'ai acheté une tablette tactile, mais impossible de visionner des vidéos! Elle n'a pas plus de 1 h et demie d'autonomie et pourtant le descriptif dit qu'elle est équipée d'une batterie longue durée! Je suis sûr qu'il y a un défaut. J'ai le reçu, je vais l'échanger. **Paul**

2 Mon père m'a acheté un scooter d'occasion dans un garage. Après huit jours, j'ai commencé à avoir des problèmes. On a été obligés de le ramener au garage, et on l'a fait réparer. **Youssouf**

3 Je ne fais plus livrer de pizzas à domicile! L'autre jour, je pense que la boîte était tombée par terre pendant le transport, alors je me suis fait rembourser! **Ilona**

4 Mon écran plat que j'ai commandé en juin? Toujours pas arrivé! Je vais contacter le service client, et je vais faire annuler la commande. **Mairek**

5 Je me suis acheté un clavier électrique: il n'y avait pas de câble dans la boîte. Et comme les instructions sont en chinois, je ne comprends pas si le câble est normalement inclus ou s'il faut l'acheter séparément. Je vais me plaindre au propriétaire du magasin! **Nadia**

une tablette tactile	tablet computer
un écran plat	flat-screen television
un clavier électrique	electric keyboard

Trouve et corrige les 4 phrases fausses.

a La tablette de Paul ne marche pas bien.
b Une charge de sa batterie dure plus de 1h 30.
c Le scooter de Youssouf n'était pas neuf à l'achat.
d Youssouf et son père l'ont réparé dans le garage.
e On a rendu son argent à Ilona.
f Mairek ne veut plus acheter l'écran plat.
g Il a contacté le service client.
h Nadia n'a pas besoin de câble pour son clavier.
i Elle va contacter le magasin.

4 ✏️ Tu n'es pas content(e) d'un achat que tu as fait. Écris un message sur le forum de l'exercice 3.

5 Étudie le vocabulaire ci-contre. Écoute les conversations et note:
- le(s) problème(s)
- où est la voiture
- le type de voiture ou le numéro d'immatriculation

6 Tu es en France avec des amis qui ne parlent pas français. Réponds aux questions du mécanicien.

a

b

- Qu'y a-t-il pour votre service?
- Quel est le problème, exactement?
- C'est urgent?
- Où êtes-vous?
- Qu'est-ce que vous avez, comme voiture?
- Votre numéro d'immatriculation, c'est?
- Et votre numéro de portable?

(Tu dois choisir la voiture, et ton/ta partenaire peut inventer des questions supplémentaires.)

7 Imagine que tu es une des personnes du dessin b de l'exercice 6. Fais une présentation de 1 minute pour expliquer ce qui s'est passé.

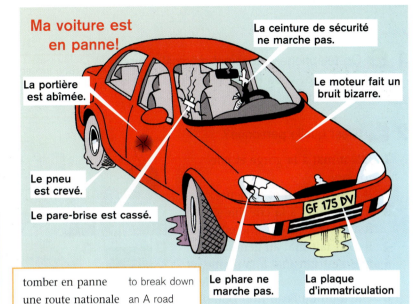

Ma voiture est en panne!

La ceinture de sécurité ne marche pas.

Le moteur fait un bruit bizarre.

La portière est abîmée.

Le pneu est crevé.

Le pare-brise est cassé.

Le phare ne marche pas.

La plaque d'immatriculation

GF 175 DV

tomber en panne	to break down
une route nationale	an A road
dépanner	to mend/to fix
les freins (m)	brakes
le GPS	sat nav

! INFO PRONONCIATION

Contractions

1 Before a vowel or a silent *h*. For example:

le + été = **l'**été   la + amie = **l'**amie

le + homme = **l'**homme   la + heure = **l'**heure

La pomme? Je **l'**ai mangée. (**not** je la ai mangée).

Le russe? Il va **l'**apprendre. (**not** il va le apprendre).

Say the examples with and without the contractions. Which do you find easier to pronounce?

2 One-syllable words containing *e*. For example:

ce + est = **c'**est   de + un = **d'**un

me + envoie = **m'**envoie   que + un = **qu'**un

Can you find other one-syllable words containing *e* that follow this rule?

3 Before the pronoun *y*. For example:

Il **n'**y a pas de gendarmerie.

J'y suis allé.

4 *Du, des, au, aux,* and *s'il*. For example:

Il a **du** retard. (**not** il a de le retard)

J'ai **des** problèmes. (**not** j'ai de les problèmes)

Il va **au** parc. (**not** à le parc)

Tu as mal **aux** pieds. (**not** à les pieds)

S'il fait beau, on peut se baigner, **s'il** te plaît? (**not** si il)

Read the examples with and without the contractions. Which make for smoother pronunciation?

Try to find in this unit other examples of contractions that have not been mentioned here.

3 Problèmes de santé

✔ **Aches and pains**
✔ **Seeking medical help**
✔ **Tips for keeping fit**
✔ *En* + **present participle (2)**

1  On téléphone au cabinet médical pour prendre rendez-vous (1–4). Note trois détails par conversation.

mon médecin traitant	my GP/usual doctor
un congé	leave/day off

2 C'est quelle personne?

1 Elle a mal à la gorge et elle tousse.
2 Il a mal à l'œil et il pleure.
3 Il a très mal à la cheville gauche, il a probablement une entorse.
4 Il s'est fait mal au genou.
5 Elle s'est fait mal à la jambe, et elle marche avec des béquilles.
6 Elle a bu de l'eau non potable et maintenant elle a mal au ventre.

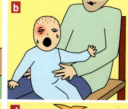

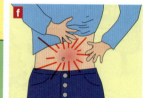

3a Retrouve la conversation entre le médecin et le patient (les phrases du docteur sont dans l'ordre).

1 Bonjour, M. Grosbois. Qu'est-ce qui ne va pas?
2 Vous avez de la fièvre. Vous êtes malade depuis quand?
3 Hmm… oui, je vois. Écoutez, je vais vous faire une ordonnance, et vous irez à la pharmacie.
4 Non, mais vous allez vous reposer quelques jours. Vous avez votre carte vitale, s'il vous plaît?
5 Merci. Qu'est-ce que vous avez à la main?
6 Je vais vous donner une crème. Je vous donne aussi des comprimés pour la fièvre, et des pastilles pour la gorge. Buvez beaucoup, c'est très important!
7 Si dans trois jours ça ne va pas mieux, revenez me voir.

a Pas de problème, j'ai toujours soif!
b Je ne me sens pas très bien, docteur. J'ai très mal à la gorge. J'ai froid, aussi.
c Voilà, docteur.
d C'est grave, docteur?
e D'accord, docteur. Merci beaucoup.
f J'ai commencé à me sentir fatigué vendredi après le travail. J'avais mal partout… alors, je me suis couché en arrivant à la maison!
g Je me suis fait mal en tombant de vélo, la semaine dernière. Ce n'est rien.

b Lisez la conversation à deux. Changez les détails.

! POINT LANGUE

Avoir mal/se faire mal

Can you work out the difference between *avoir mal* and *se faire mal* from the following example?

> *Il s'est fait mal au dos quand il est tombé, et maintenant il a très mal au dos!*

Avoir mal is used to say that a part of your body is hurting.

Se faire mal is used to say that you injured part of your body.

Both expressions are followed by *au/à la/à l'* or *aux*, depending on the gender and number of the part of the body.

Point grammaire

En + **present participle (2)**

Look at the examples below from exercise 3. Try to work out what they mean.

1 *Je me suis fait mal en tombant de vélo.*
2 *Je me suis couché en arrivant à la maison.*

The *en* + present participle construction can have the following meanings in English:

- while doing something (see Unit 2, page 25)
- by doing something (example 1)
- on doing something (example 2)

4a 🎧 Écoute les conversations téléphoniques (1–4). C'est quelle(s) phrase(s) pour quelle(s) personne(s)?

Exemple: 1 — a, c

a Elle ne va pas mieux.
b Elle va mieux.
c Elle n'a pas très faim.
d Elle a eu de la température.
e Elle a déjà vu un médecin.
f Elle est enrhumée.

b 🎧 Écoute encore et note un détail supplémentaire pour chaque personne.

5 📖 Voilà ce que le pharmacien a dit. Retrouve les clients.

1 Donnez-lui une cuillerée de ce sirop pour enfants trois fois par jour.
2 Voilà des comprimés pour la douleur, à prendre matin et soir. Voyez un médecin si ça ne va pas mieux d'ici 48 heures.
3 Prenez un peu de paracétamol pour la fièvre. Restez au chaud, buvez beaucoup. Vous serez vite guéri… Vous voulez une boîte de Kleenex?
4 Puisque vous êtes malade depuis plusieurs jours, je vous conseille d'aller voir un médecin.

supporter	to bear/to stand
la douleur	pain
comestible	edible
empêcher	to prevent
arracher une dent	to take a tooth out
plomber une dent	to put a filling in a tooth

a Je voudrais des mouchoirs en papier, et… qu'est-ce que vous avez, pour le rhume?
b Ça fait plusieurs jours que j'ai mal au cœur. J'ai envie de vomir, je ne peux rien manger, et je me sens très fatigué!
c Ma fille tousse depuis quelques jours, la toux l'empêche de dormir la nuit. Vous pouvez me donner quelque chose? Elle a 5 ans.
d Je me suis réveillé avec un mal de tête terrible! C'est vraiment difficile à supporter! Qu'est-ce que vous me recommandez?

6 🎧 Mathilde appelle le cabinet dentaire. Corrige les mots incorrects.

Mathilde voudrait voir le dentiste ~~dans la semaine~~. C'est la ~~deuxième~~ fois qu'elle téléphone au cabinet. La réceptionniste dit que le dentiste est ~~fatigué~~. C'est le fils de Mathilde qui a ~~mal à une dent~~. En ce moment, il est ~~au collège~~. Finalement, le fils de Mathilde verra le dentiste ~~demain~~.

7a 🎧 Ces personnes ne sont pas en forme. Écoute et choisis un conseil pour chaque personne.

a *Prenez l'escalier! Prendre l'escalier cinq ou six fois par jour, c'est comme dix minutes d'exercice physique!*

b *Allez porter les messages à vos collègues vous-même, c'est meilleur pour vos jambes!*

c *Pourquoi ne pas aller faire une promenade? Et jetez ces cigarettes à la poubelle!*

d *Essayez de dormir un peu plus longtemps en vous couchant un peu plus tôt!*

b ✏️ 💬 Écris un conseil pour ces personnes. Compare avec ton/ta partenaire.

Marie-Pierre travaille dans un magasin en ville. Pendant sa pause déjeuner, elle va au café internet et elle mange en lisant son courrier.

Tim va au travail en voiture. Ce n'est pas loin, mais avec la circulation, il met vingt minutes. Alors, il est toujours hyper stressé.

❗ QUESTIONS CULTURE

This is from a French chemist's website:

Nos services et nos compétences
Orthopédie, homéopathie, herboristerie, dermo-cosmétique, location et vente de matériel médical, incontinence, animaux, champignons, aide à la vie quotidienne.

Compare these services and products with those usually available from chemists in your country.

You click on the link for '*champignons*' and find the following text. What advice is given? Is there anything similar in your country?

Nos pharmaciens ont reçu une formation qui leur permet d'identifier la plus grande partie des champignons.
Ne risquez pas votre vie!
Demandez l'avis d'un pharmacien avant de consommer des champignons!

4 Et si on a un accident?

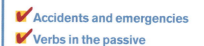
1a 🎧 Regarde les dessins et écoute (1–4). Quels problèmes sont mentionnés?

b 🎧 Écoute encore et pour chaque personne, note:
- les circonstances de l'accident
- ce que chaque personne a été obligée de faire

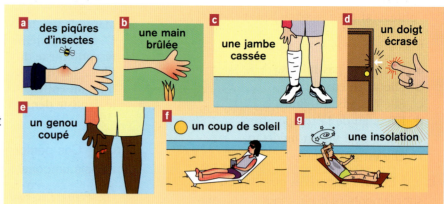

a des piqûres d'insectes
b une main brûlée
c une jambe cassée
d un doigt écrasé
e un genou coupé
f un coup de soleil
g une insolation

2 💬 ✏️ À deux, choisissez un dessin non utilisé dans l'exercice 1. Discutez et écrivez quelques phrases pour expliquer ce qui s'est passé.

3 📖 Manon parle d'un accident de montagne pendant ses vacances dans les Pyrénées.

Alain et moi, nous avions décidé de monter au sommet du Canigou. Donc ce matin-là, nous nous étions levés très tôt, et à 9 heures nous étions déjà arrivés au sommet, à 2785m d'altitude! D'habitude les vues sont fantastiques. Par contre, ce jour-là le brouillard nous empêchait de voir la vallée, et nous avons décidé de redescendre sans même nous reposer.

Mais en redescendant, Alain a glissé et il est tombé. Il avait très mal, et il avait les genoux couverts de sang. Heureusement, ce jour-là, je n'avais pas oublié ma trousse de premiers secours. J'avais du désinfectant et du sparadrap, donc je m'en suis servie ... Mais Alain disait qu'il ne pouvait pas marcher et il semblait beaucoup souffrir. J'ai paniqué! J'ai fait le 15 sur mon portable pour appeler les urgences…

Trouve et corrige les 4 phrases fausses.

1 Alain et Manon ont escaladé une très haute montagne.
2 Manon était heureuse en voyant les beaux paysages.
3 Alain et Manon se lèvent très tôt tous les jours.
4 Alain s'est blessé pendant le retour.
5 Manon prend toujours sa trousse de premiers secours quand elle va en montagne.
6 Elle a nettoyé les blessures d'Alain et elle a mis du sparadrap.
7 Alain n'avait pas très mal.
8 Les blessures d'Alain avaient l'air graves.

du sparadrap	a plaster

4 📖 Pendant ses vacances, Mme Wood a trouvé cette information dans le journal local.

a Trouve la traduction française pour les expressions suivantes.

> doctor on call
> nurse on duty
> telephone book
> police station
> fire station
> prescription

SERVICES MÉDICAUX DE GARDE

Médecins de garde: de 20h à 8h, composer le ☎ 17 (Police Nationale).

SAMU: 24h sur 24, ☎ 15.

Infirmières de garde: toutes les infirmières sont en service. Veuillez contacter votre infirmière habituelle ou l'infirmière la plus proche de votre domicile (voir annuaire téléphonique).

Pharmacies de garde: nuit du jeudi au vendredi: pharmacie Fort, près de la caserne des Pompiers. ☎ 04 68 34 45 73.

De 22h à 7h, se présenter au commissariat de police avec ordonnance et papiers d'identité.

b Choisis les mots pour compléter les phrases.

des médicaments	urgent	un médecin de garde
sécurité	une infirmière	
la pharmacie	malade	

a Si on est (**1**)…… pendant la nuit, il faut contacter les services médicaux de garde.
b Pour avoir accès à (**2**)…… la nuit on doit d'abord appeler la Police Nationale.
c Si c'est vraiment (**3**)…… ou grave, on peut téléphoner directement au SAMU.
d Si on a besoin d'(**4**)…… , il n'y a pas de problème, elles travaillent.
e Pour acheter (**5**)…… pendant la nuit, on va directement à la pharmacie Fort jusqu'à dix heures du soir.
f Après ça, (**6**)…… est fermée au public. Pour des raisons de (**7**)…… , on doit d'abord passer au commissariat de police.

5 Tu dois téléphoner aux urgences en France.

a Prépare par écrit ce que tu vas dire. Tu dois utiliser *avoir mal* ou *se faire mal*, et la construction *en* + participe présent.

Exemple: Allô? Mon copain a eu un accident. Il est tombé en faisant du roller. Il a très mal au bras gauche, et il ne peut pas marcher. Je pense qu'il a une cheville cassée!

1 Allô, les urgences? Mon petit frère a eu un accident. Il…

2 Allô? C'est le SAMU? Venez vite! Ma professeur de français va très mal! Elle…

3 Allô? C'est le docteur Sauvet? Venez vite! Ma mère est très malade. Elle s'est intoxiquée…

b Lis les messages à ton/ta partenaire. Comparez les messages.

c Maintenant, invente d'autres scénarios!

une peau de banane	banana skin
descendre de l'autobus	to get off the bus
glisser	to slip

Point grammaire

The passive

Compare the following sentences:

*Le 4×4 **a heurté** la voiture bleue.*
*La voiture bleue **a été heurtée** par le 4×4.*

Both convey the same content, but in the first sentence the subject of the verb *did* something (the 4×4 bumped into the blue car). In the second sentence, the subject of the verb *had something done to it* (i.e. it was passive – the blue car was bumped into).
The passive is used to say that things are done/were done/will be done to someone or something. It is formed from *être* in the required tense followed by the past participle of the verb. The past participle agrees with the subject of the verb.

6 Regarde les dessins et copie les descriptions dans l'ordre correct.

Mercredi dernier, j'ai été témoin d'un accident de la circulation…

1 J'allais en ville à pied. Soudain, un chien est sorti du parc en courant et a traversé le boulevard.

2 Le motocycliste aussi a freiné. Le chauffeur du camion, surpris, a tourné le volant vers la droite, et la moto a été renversée par le camion!

3 Le motocycliste a été emmené à l'hôpital par les secouristes. Le conducteur de la voiture bleue avait très mal au cou, et il est aussi allé à l'hôpital. Le chien est parti en courant!

4 Une moto qui roulait lentement venait en sens inverse.

5 L'ambulance et les gendarmes sont arrivés. Les gendarmes se sont occupés de la circulation.

6 Le conducteur de la voiture bleue a freiné, mais le conducteur du 4×4 qui la suivait n'a pas pu s'arrêter. La voiture a été heurtée par le 4×4.

7 Le motocycliste était gravement blessé. Heureusement, il portait son casque! J'ai immédiatement appelé les secours sur mon portable.

5 Dans la rue et dans les médias

1  Au voleur! Écoute ces personnes (1–4), toutes victimes d'un vol. Remplis la grille.

 a
 b
 c
 d
e
f
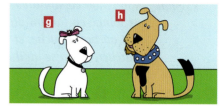 g   h

Numéro	Objet volé	Description	Volé quand	Volé où?	Réaction?
Exemple:	d — montre	jolie, bracelet en or	ce matin	dans le métro	déçue

POINT LANGUE

To say what something is made of, use *en* + the material:

*une table **en bois*** (a wooden table)

*une boîte **en verre*** (a glass box)

Can you find other examples in exercise 1?

2 On t'a volé un des objets non utilisés dans l'exercice 1. Explique à ton/ta partenaire de quoi il s'agit/fais une courte description/dis où et quand on te l'a volé/décris ta réaction.

Point grammaire

Possessive pronouns

mine ➔ *le mien, la mienne, les miens, les miennes*

yours ➔ *le tien, la tienne, les tiens, les tiennes*

his/hers/its ➔ *le sien, la sienne, les siens, les siennes*

ours ➔ *le nôtre, la nôtre, les nôtres*

yours ➔ *le vôtre, la vôtre, les vôtres*

theirs ➔ *le leur, la leur, les leurs*

French possessive pronouns agree in gender and in number with the object that they replace (not with the person to whom the object belongs).

Examples: Ton **sac** est noir, **le mien** est gris.

Your **bag** is black, **mine** is grey.

Ma **sœur** a 7 ans, **la sienne** a 9 ans.

My **sister** is 7, **his/hers** is 9.

Find the two possessive pronouns used on the postcard, and explain their use in the context.

3 Lis la carte postale et réponds aux questions en français.

Bonjour de Prague! La ville est très atmosphérique, et le Pont Charles avec ses sculptures est magnifique. Malheureusement, nous avons perdu les photos que nous avions prises hier, parce qu'on nous a volé l'appareil photo numérique que je venais d'offrir à Daniel. On nous l'a volé dans le tramway. Il y avait beaucoup de monde et nous étions serrés comme des sardines! Daniel ne pouvait pas bouger, parce que derrière lui il y avait un homme très grand. Quand l'homme est descendu, la fermeture éclair du sac à dos de Daniel était ouverte. Son portable et l'appareil photo avaient disparu ainsi que l'homme!

Nous allons retourner au Pont Charles prendre de nouvelles photos avec mon portable. Heureusement, Daniel n'avait que le sien dans le sac à dos au moment du vol, et moi j'avais le mien dans mon sac à main, avec l'argent et les cartes bancaires!

Bises, Annie et Daniel

serrer	to squeeze

1 D'où la carte a-t-elle été écrite?

2 Quelles étaient les conditions dans le tramway?

3 Qu'est-ce qui a été volé, exactement?

4 Qu'est-ce qui n'a pas été volé?

5 Annie pense que le voleur était un homme grand. Pourquoi?

6 Donnez deux détails qui montrent qu'Annie et Daniel adorent le Pont Charles.

4 Tu es en vacances. On vient de te voler quelque chose. Écris une carte postale à un(e) ami(e) français(e). Explique:

- où tu es, avec qui, pour combien de temps
- ce qu'on t'a volé et quand c'était
- où tu étais et ce que tu faisais quand le vol a eu lieu
- ta réaction et ce que tu as fait quand tu as découvert le vol
- ce que tu vas faire maintenant

5a Écoute ce récit d'une agression dans la rue. Choisis les réponses correctes.

1 L'agresseur avait environ…
   a …quinze ans.
   b …quarante ans.
   c …quatre-vingts ans.

2 L'agresseur a…
   a …volé le sac à main puis poussé la dame.
   b …fait tomber la dame avant de voler le sac.
   c …crié avant d'attaquer la dame.

3 Après l'agression, le garçon…
   a …est parti en courant.
   b …est parti promener son chien.
   c …est arrivé en courant.

4 Les services d'urgence…
   a …étaient là en dix minutes.
   b …sont arrivés immédiatement.
   c …ont appelé le garçon sur son portable.

5 La vieille dame a d'abord…
   a …pleuré parce qu'elle avait peur.
   b …été emmenée à l'hôpital.
   c …été questionnée par la police.

b Écoute encore et note des détails supplémentaires.

6 Lis ces articles de journaux, et choisis un titre approprié pour chacun.

a Un incendie a fait huit blessés, dont deux graves, à Montpellier dans la nuit de mercredi à jeudi. L'incendie, qui a nécessité l'intervention d'une cinquantaine de pompiers, a complètement détruit deux appartements. Les pompiers ont réussi à éteindre les flammes vers 3 heures du matin.

b Les pluies violentes de la semaine dernière sont à l'origine de la dévastation qui s'offre partout à nos yeux. Les rivières se sont métamorphosées en véritables torrents, détruisant tout sur leur passage: des ponts ont été emportés, des routes noyées, les réseaux électriques détruits…

c Deux alpinistes qui s'étaient perdus à cause du brouillard ont été retrouvés ce matin. L'un d'eux était blessé, mais l'intervention rapide des secouristes a permis d'éviter le pire: demi-heure après avoir été retrouvés, ils étaient transférés d'urgence par hélicoptère au centre hospitalier de Grenoble.

d Le séisme a frappé deux fois samedi soir dans un quartier de Zhangye, en Chine. Huit personnes ont trouvé la mort et vingt-neuf ont été blessées. Dix mille maisons ont été détruites dans la région, et 20 000 tentes et 2 tonnes de vêtements chauds ont déjà été envoyés vers Zhangye.

1 Attaque à main armée dans un bar du centre ville
2 Son téléphone lui sauve la vie
3 Tremblement de terre: les secours s'organisent
4 Accident de haute montagne: le drame est évité
5 Le feu a fait deux blessés graves la nuit dernière
6 Le conducteur avait un taux d'alcool trop élevé
7 Inondations catastrophiques dans toute la région

7 Écris un article basé sur un des trois titres non utilisés de l'exercice 6. Avant d'écrire, relis les exemples a–d et note:
- comment les phrases sont construites
- les temps des verbes utilisés (passé-composé, plus que parfait)
- l'utilisation du passif
- le vocabulaire utilisé (fais une liste des mots et expressions que tu peux utiliser dans ton article)

Paper 4: writing

Select *one* writing task from a choice of three and write approximately 130–140 words **in French**. (See p.7.)

Below are three examples of the types of task that might be set in the exam. Further advice on how to approach this writing question and further sample answers are given on pages 202–03 (Exam Corner 14).

Further advice on how to approach this writing question and further sample answers are given on pages 202–03 (Exam Corner 14).

Tips for success

Read all three questions (a)–(c). Take a few moments to think carefully about which task to choose.

- Decide which topic you feel most confident to write about.
- Consider which type of task (a letter, an article, an account) you find easiest.
- Look at the breakdown of tasks in the bullet points. Consider whether you can successfully respond to each one.

Choisissez **un** des sujets suivants. **Vous devez écrire 130–140 mots**.

(a) Un échange scolaire

Vous avez passé une semaine chez votre correspondant(e). À votre retour, vous écrivez une lettre à ses parents pour les remercier.

- Dites comment s'est passé votre voyage de retour.
- Expliquez pourquoi vous avez aimé votre séjour chez eux.
- Dites ce que vous pensez des échanges scolaires.
- Dites ce que vous aimeriez faire avec votre correspondant(e) quand il/elle viendra chez vous.

(b) « Un bon prof, c'est quoi? »

Écrivez un article pour le journal d'un collège français.

- Faites la description d'un professeur que vous considérez "bon prof".
- Pourquoi c'est un bon professeur? Donnez des exemples.
- Expliquez comment ce professeur a influencé vos études.
- Dites si vous aimeriez être professeur plus tard et pourquoi.

(c) Les vacances en famille

Vous êtes allé(e) en vacances avec votre famille. Racontez.

- Dites où vous êtes allés, et ce que vous avez fait.
- Il y a eu un problème sur la route. Expliquez.
- Dites comment vous et votre famille avez réagi.
- Dites où vous voudriez passer vos prochaines vacances.

Points to remember

This type of task tests your ability to:

- write about a variety of topics in a setting that may be real or imaginary
- express and justify ideas and opinions
- express feelings, relate and explain reactions
- convey clear messages, using a wider range of vocabulary, verb tenses and structures

Example: based on question (a)

Read the draft below.

Cher Monsieur et Madam Marty,

Merci pour ma semaine chez votre maison, c'était excellent!

Le voyage de retour c'était long parce que le car tombé en panne sur l'autoroute. Il faut attendre deux heures pour la reparation. Je suis arrivé très fatigant!

J'ai adoré votre maison, comme j'imaginé les maisons français! Votre region c'est belle et le jour à Versailles, c'est excellent. Aussi j'aimé rencontrer Florian, c'est fromidable parce qu'il aime rugby comme moi.

Moi je trouve les échanges c'est une formidable idea parce qu'on peut apprendre sur la culture de l'autre pays. Maintenant j'adore la cuisine français (et le vin!). Aussi mon français c'est meilleur, je crois?

Quand Florian vient l'été prochain, je voudrais aller a Londres avec lui. On va aller en train et métro, très différent pour lui, je crois!

Merci beaucoup pour tous,

Anthony

Check the contents of the draft.

- Have all the tasks set in the bullet points been addressed?
- Is Anthony's text clear enough for you to understand what he is trying to say?
- Is everything he has written relevant to the tasks set?

Check the verbs.

- Anthony has tried to use a variety of tenses. Find examples of verbs in different tenses in his text — for example, *c'était* (imperfect), *j'ai adoré* (perfect), *je trouve* (present), *je voudrais* (conditional), *on va aller* (immediate future).
- Not all his verbs are correctly formed, for example *le car* **tombé** *en panne* should be *le car* **est tombé** *en panne*. Can you find another example of this?

- He has not used all the tenses appropriately. For example, *il* **faut** *attendre* is a present tense, so Anthony has said 'it is necessary to wait', when clearly he meant to say 'we had to wait', i.e. *Il a fallu attendre/on a dû attendre*.
- The verbs *j'imaginé/vient* are also in the wrong tense. Can you correct them?

Check the rest of the text for accuracy.

- Anthony has made a number of other mistakes, such as misspellings (*madame*), wrong agreement at the end of adjectives (*chers*), forgetting accents (*région*) or words (*il aime* **le** *rugby*). Find and correct other similar errors.
- Can you find any other inaccuracies? What would you have written instead?

Read this second draft in response to bullet points 1 and 2 of the task. Work in pairs.

Improvements are shown in bold. Note in particular:

- how repetitions have been avoided
- the new items of vocabulary
- the new structures that have been introduced

Chers Monsieur et Madame Marty,

Merci pour ma semaine **chez vous**, c'était excellent!

Le voyage de retour **était** long parce que **malheureusement**, le car **est tombé** en panne **quand nous étions** sur l'autoroute. **En arrivant** j'étais très **fatigué parce que nous avons dû** attendre deux heures pour la réparation!

J'ai adoré votre maison, **qui** est **exactement** comme **j'imaginais** les maisons françaises. **J'ai beaucoup aimé** Versailles, **je l'ai trouvé très beau. Surtout, je suis heureux de connaître** Florian, c'est **formidable** parce qu'il aime le rugby, comme moi.

Now write a draft answer for the last two bullet points.

Swap answers with a partner; check their work, comment and make suggestions. Rewrite your draft.

Choose one of the other two questions (b or c) and write an answer (to cover all the bullet points).

Vocabulaire

Café, restaurant, hôtel   Café, restaurant, hotel

Il manque un couteau/une cuillère/deux fourchettes.   There is/are a knife/a spoon/two forks missing.

Il y a…   There is…

   …un cheveu/une mouche dans mon assiette (f).   …a hair/a fly on my plate.

   …un trou dans la nappe.   …a hole in the tablecloth.

   …une erreur dans l'addition (f).   …an error in the bill.

La serveuse a demandé un pourboire.   The waitress asked for a tip.

Le garçon a renversé mon verre.   The waiter knocked my glass over.

Le patron (la patronne) s'est trompé(e).   The boss/owner made a mistake.

Le robinet est cassé/ne marche pas.   The tap is broken/does not work.

Le drap est déchiré.   The sheet is torn.

Il n'y a pas de savon/d'oreiller/de lumière.   There is no soap/pillow/light.

La moquette est sale/tachée.   The carpet is dirty/stained.

L'ampoule est grillée.   The bulb has gone.

Problèmes avec les achats   Problems with goods

Ça ne me plaît pas beaucoup/du tout.   I don't like it much/at all.

Ce n'est pas ma taille/mon style.   It is not my style/size.

C'est abîmé/démodé.   It is damaged/old-fashioned.

C'est trop court/grand/étroit/large/long.   It is too short/big/narrow/wide/long.

Il y a un défaut.   There is something wrong with it/There is a defect.

Je ne suis pas satisfait(e) de la qualité.   I am not satisfied with the quality.

Il y a eu un problème de livraison.   There was a delivery problem.

Je voudrais l'échanger/les échanger.   I would like to exchange it/exchange them.

J'ai gardé mon reçu.   I have kept my receipt.

Réactions   Reactions

Quel dommage!/C'est dommage!   What a pity!/It's a shame!

Je suis déçu(e)/fâché(e)/furieux(euse)/en colère.   I am disappointed/cross/furious/angry.

C'est inadmissible/incroyable/inacceptable.   It is intolerable/incredible/unacceptable.

Je trouve ça dégoûtant/malsain.   I find it disgusting/unhealthy.

Je veux annuler ma commande/être remboursé/me plaindre/voir le propriétaire.   I want to cancel my order/to get a refund/to complain/to see the owner.

La voiture ne marche pas   The car is not working

Ma voiture est en panne.   My car has broken down.

Mon numéro d'immatriculation est le…   My registration number is…

Pouvez-vous changer/réparer le…?   Can you change/mend the…?

Pouvez-vous me dépanner?   Can you fix my car?

J'ai un pneu crevé.   I have a burst tyre.

La ceinture de sécurité/le moteur ne marche pas.   The seat belt/the engine doesn't work.

Les freins/Les phares ne marchent pas.   The brakes/the lights do not work.

Le pare-brise/La portière est cassé(e)/abîmé(e).   The windscreen/the car door is broken/damaged.

Le GPS fonctionne mal.   The sat nav is not working properly.

Problèmes de santé   Health problems

Qu'est-ce qui ne va pas?   What is wrong?

J'ai mal à l'œil/au cou.   My eye/neck hurts.

J'ai mal à la tête/aux dents.   I have a headache/toothache.

Je me suis fait mal à l'épaule/au poignet/à la cheville/aux doigts.   I've hurt my shoulder/my wrist/my ankle/my fingers.

Je me suis coupé l'orteil/cassé une dent.   I've cut my toe/broken a tooth.

Je me suis blessé(e)/brûlé(e) à l'épaule.   I've injured/burned my shoulder.

Je me suis fait une entorse.   I have a sprain.

J'ai chaud/froid/faim/soif.   I'm hot/cold/hungry/thirsty.

J'ai de la fièvre/des boutons/la grippe/une insolation/un (mauvais) rhume.   I have a temperature/spots/the flu/sunstroke/a (bad) cold.

J'ai mal au cœur.   I feel sick.

J'ai pris un coup de soleil.   I am sunburnt.

Je dors mal/Je tousse/J'ai vomi.   I am not sleeping well/I have a cough/I was sick.

Je suis enrhumé(e)/fatigué(e)/malade.   I've caught a cold/I'm tired/I'm ill.

Je vais mieux/plus mal.   I'm better/worse.

Je suis guéri(e).   I've recovered.

Chez le médecin/le dentiste   At the doctor's/dentist's

Je voudrais prendre rendez-vous.   I would like to make an appointment.

Ça (vous) fait mal?   Does it hurt (you)?

C'est douloureux?   Is it painful?

Ce n'est pas grave.   It is not serious.

Je vais vous donner...   I am going to give you...

   ...des comprimés/des gouttes/un médicament.   ...some tablets/some drops/some medicine.

   ...des pastilles/du sirop.   ...some throat sweets/some cough mixture.

Prenez-les deux fois par jour/avec les repas.   Take them twice a day/with your meals.

Gardez le lit pendant 3 jours.   Stay in bed for 3 days.

Je vais vous faire une ordonnance/une piqûre.   I am going to give you a prescription/an injection.

Il faut arracher/plomber une dent.   You have to have a tooth out/a filling.

Les accidents   Accidents

Il/Elle s'est fait mal/s'est blessé(e)...   He/she hurt himself/herself/injured himself/herself...

Il a été gravement blessé.   He has been seriously injured.

Il y avait un accident de la circulation.   There was a road accident.

Le conducteur a freiné/roulait trop vite.   The driver braked/was going too fast.

Il n'a pas fait attention.   He did not pay attention/he was not careful.

La voiture a doublé/heurté/renversé le motocycliste.   The car overtook/bumped into/knocked down the biker.

Elle a glissé sur du verglas.   It skidded on some black ice.

On l'a emmené(e) à l'hôpital.   He/She was taken to hospital.

L'incendie/Le tremblement de terre a détruit...   The fire/The earthquake has destroyed...

Les inondations ont détruit...   The floods have destroyed...

On a appelé les pompiers/les services d'urgence.   The fire brigade/The emergency services were called.

Au voleur!   Stop thief!

On m'a volé...   I have been robbed/someone has stolen my...

On m'a cambriolé(e)/J'ai été cambriolé(e).   ...I have been burgled.

C'est une montre de marque...   The make of the watch is...

C'était un bijou de famille/un objet de valeur.   It was a piece of family jewellery/a valuable object.

C'est en argent/bois/cuir/or/verre.   It is made of silver/wood/leather/gold/glass.

Il y a (une étiquette avec) mon nom à l'intérieur.   There is (a label with) my name on the inside.

J'ai fait une déclaration de vol.   I have reported the theft.

J'ai dû remplir une fiche.   I had to fill in a form.

Quand le vol a eu lieu, j'étais.../je faisais...   When the theft took place, I was.../I was doing...

Je l'avais laissé(e)/mis(e)...   I had left it/put it...

Au secours!   Help!

1 Finies les vacances!

1 Trois jeunes Français parlent de leurs vacances. Réponds aux questions.

a *L'année dernière, j'ai passé une semaine à Royan, sur la côte atlantique. Mes parents y avaient loué un appartement face à la mer. J'ai rencontré beaucoup de jeunes à l'école nautique. J'ai fait de la voile, du surf et de la natation. Ma sœur a fait de l'équitation et des courses pendant que mes parents se bronzaient! Je me suis bien amusé. L'année prochaine, nous y retournerons.* **Jacques**

b *Mon prof d'histoire a organisé un voyage au Luxembourg en juillet et j'y suis allée. Nous avons voyagé en train et logé à l'auberge de jeunesse. J'avais déjà visité la capitale avec ma famille — c'était intéressant. Le deuxième jour, nous avons visité la ville médiévale de Clervaux pour voir son château qui date du 12ème siècle et nous avons aussi vu le château Bourscheid. Ce que j'ai préféré, c'est visiter la vieille ville de la cité. L'année prochaine, j'irai en Suisse avec ma famille pour faire du ski.* **Héloïse**

c *On a passé 5 jours à Marrakech, dans un hôtel près du centre. Le premier jour, on a fait une excursion guidée de la cité. D'abord, on a visité le Jardin Majorelle et ses jardins botaniques. Après, on a vu le Palais de la Bahia. Le soir, sur la place Djemaa el-Fna, on a regardé des acrobates et j'ai goûté une spécialité locale: la pastilla — du pigeon avec des pistaches et des amandes! Je n'avais jamais rien mangé d'aussi bizarre, mais c'était bon. L'année prochaine, nous organiserons une visite en Guadeloupe.* **Paul**

Qui…
1 …est resté en France?
2 …a essayé un plat local?
3 …a fait un voyage scolaire?
4 …n'a pas passé ses vacances en famille?
5 …a fait la connaissance de personnes de son âge?
6 …a nagé?
7 …a fait des visites historiques?
8 …visitera le même endroit l'année prochaine?
9 …partira en hiver?
10 …ira vers une destination chaude?

Point grammaire

Revision of tenses

Find two examples of the following tenses in the texts in exercise 1:

a the perfect (e.g. *J'ai passé une semaine à Royan.*)

b the imperfect (e.g. *C'était intéressant.*)

c the pluperfect (e.g. *J'avais déjà visité.*)

d the future (e.g. *J'irai en Suisse.*)

Translate the sentences into English and explain why each tense has been used.

2 C'est le jour de la rentrée scolaire. Les étudiants parlent des grandes vacances. Écoute Maxime, Manon et Théo. Pour chaque personne, donne les détails suivants en français.

Exemple:	Maxime
Avec qui?	Deux amis
Où?	Londres
Quand?	Fin juillet
Combien de temps?	…
Transport?	…
Problèmes?	Mal de mer
Logement?	…
Activités	Stage
Opinion	Très utile

3 Écris une présentation sur tes vacances. Mentionne ta destination, ton logement, tes activités, ton opinion des vacances et tes projets pour l'année prochaine.

4a 📖 🔶 Choisis la bonne question pour chaque réponse.

1 Où as-tu passé tes dernières vacances?
2 Quand es-tu parti(e)?
3 Avec qui es-tu parti(e)?
4 Pourquoi est-ce que tu es allé(e) là?
5 Combien de temps es-tu parti(e)?
6 Comment as-tu voyagé?
7 Où as-tu logé?
8 Qu'est-ce que tu as fait?
9 Est-ce que tu as passé de bonnes vacances?
10 Où iras-tu l'année prochaine?

a J'y suis allé(e) avec ma famille.
b Nous avons logé dans un hôtel.
c Nous y sommes restés 2 semaines — 1 semaine à Zermatt et 1 semaine à Blitzingen.
d Nous avons visité la ville de Zermatt. Nous avons vu les glaciers.
e L'année dernière, je suis allé(e) en Suisse.
f Nous y sommes allés en train — le voyage a duré presque 10 heures.
g Je suis parti(e) au mois de juillet.
h Oui, les vacances étaient superbes parce qu'on a fait beaucoup d'activités différentes.
i J'irai peut-être au Maroc parce qu'on nous dit que c'est fascinant.
j On y est allé(s) parce qu'on aime faire des randonnées dans les montagnes.

b Lis les questions et les réponses avec un(e) partenaire.

c Et toi? Réponds aux questions aussi!

5 🎧 André parle des vacances. Choisis les deux phrases correctes.

1 Ses cousins ont passé un mois chez André.
2 Ses cousins ont visité les volcans.
3 La tante d'André adore les fleurs.
4 Ses cousins ont visité des endroits bien connus.

6 📖 Lis ces deux récits de voyage.

a Note trois différences entre le voyage de Julie et le voyage de Marc.

b Explique en anglais les expressions en gras.

A Ma famille et moi sommes partis en vacances en Italie. Papa avait décidé de prendre la voiture. **On s'est levés à 5 h du matin** pour éviter les embouteillages. **On s'est mis en route** vers 6 h du matin. **On s'est arrêtés en route** toutes les 2 heures **pour se reposer**. Il n'y avait pas beaucoup de circulation. On a fait une pause vers midi pour manger et pour acheter de l'essence. **On est arrivés sans problèmes** après 6 heures de voyage. Ma sœur m'a énervé dans la voiture parce qu'elle chantait des chansons de Vanessa Paradis, et moi j'écoutais Matt Pakora sur mon iPod. **Julie**

B Il y a 1 mois, on est partis en vacances en Martinique. **On avait réservé nos billets bien à l'avance.** On est allés à l'aéroport en taxi. Le trajet a duré 20 minutes. **On a enregistré les bagages** et on est allés tout de suite à la salle d'attente où **on a attendu pendant 2 heures** — c'était barbant. Moi, j'ai écouté JeyLiba sur mon iPod et mes parents ont bu du café. On est montés dans l'avion à l'heure et **on a décollé à l'heure**. Pendant le vol, j'ai regardé par la fenêtre et écouté encore de la musique. **On a atterri à l'aéroport de Fort-de-France. Le trajet a duré plus de 8 heures.** **Marc**

7 ✏️ Il y a 1 an, on est parti en vacances en Suisse. On avait décidé de prendre le train mais, en arrivant à la gare, on a appris que le train était déjà parti. Continue l'histoire.

- Raconte pourquoi tu es arrivé(e) en retard.
- Qu'est-ce que tu as fait pour arriver à ta destination?
- Donne tes réactions à ces événements.

Point grammaire

Using *faire* in the perfect tense

In Unit 2, it was explained that the verb *faire* normally 'to do' or 'to make' sometimes means 'to go' (e.g. *faire du vélo* = to go cycling). When talking about holiday or leisure activities in the perfect tense, you may need to use *faire* and not the verb *aller*, e.g. *J'ai fait du vélo* = I went cycling.

Find examples of *faire* in the perfect tense in exercise 1. Note them and translate them into English.

2 Les rapports avec la famille

✔ Holidays with parents
✔ Relationships with family
✔ Phrases using *avoir*

1 📖 Lis ces récits sur des vacances passées en famille.

a Qui a passé de bonnes vacances?

b Qui s'est disputé avec quelqu'un de la famille?

c Fais une liste des raisons données.

> **Alain:** *J'ai passé des vacances affreuses à la montagne avec mes parents et ma sœur qui est vraiment stupide. Je ne peux pas la supporter. Mes parents se sont disputés et ils ont refusé de me laisser aller à la fête. Ils ne sont jamais tolérants. On n'aime pas les mêmes choses.*

> **Georges:** *Je suis parti 10 jours au bord de la mer avec mes parents. Ça s'est très bien passé parce qu'ils ne sont pas stressés et tout le monde s'est bien entendu. On a pu discuter et ils m'ont permis de sortir avec mes nouveaux copains et de choisir des activités.*

> **Hélène:** *C'était trop pénible, comme d'habitude. Je n'ai pas eu le droit d'aller en disco comme ma sœur, et on a dû visiter des monuments et des musées barbants. Je me suis disputée avec ma sœur. Le problème, c'est que tout le monde aime faires des choses différentes.*

> **Claire:** *Des voisins m'ont invitée à faire une excursion à la montagne. Mon père n'était pas d'accord. Il disait que c'était dangereux. Je me suis fâchée et il m'a privée de sorties.*

2a 🎧 Écoute les réponses de ces personnes. Quelle question a-t-on posée? (Tu n'as pas besoin de toutes les questions.)

   a Tu aimes partir en vacances avec ta famille?

   b Est-ce que tu as passé beaucoup de temps avec ta famille?

   c Est-ce que vous aimez tous le même type de vacances?

   d Est-ce que tu as eu des problèmes avec tes parents?

   e Est-ce que quelqu'un a gâché tes vacances?

   f Tu partiras avec tes parents l'année prochaine?

b 💬 Et toi? Réponds aussi aux questions de l'exercice 2a.

3a 📖 On s'entend bien? Choisis une phrase dans l'encadré pour finir la phrase.

   1 J'adore mon petit frère parce qu'il…

   2 J'ai un bon rapport avec ma grande sœur parce qu'elle…

   3 Je m'entends moins bien avec mon frère aîné parce qu'il…

   4 Je suis proche de ma grand-mère parce qu'elle…

   5 Je m'entends bien avec ma cousine parce qu'on…

   6 Je me dispute souvent avec ma mère parce qu'elle…

   7 Ma sœur s'entend mal avec mon père parce qu'il ne…

   8 Je ne supporte pas mon cousin parce qu'il…

   9 Mon frère et moi, on se dispute toujours parce que je…

   10 Je ne m'entends pas avec mon oncle parce qu'il…

a	m'encourage.	**f**	aime la même musique.
b	me critique.	**g**	me gâte.
c	la laisse pas sortir.	**h**	prends son iPod!
d	est adorable.	**i**	fait des bêtises.
e	est trop sérieux.	**j**	est embêtant.

b Choisis cinq adjectifs pour finir la phrase.

Selon moi, les bons parents sont:

calmes	pleins de vie	généreux
patients	compréhensifs	sérieux
autoritaires	paresseux	riches
sévères	tolérants	gentils
égoïstes	équilibrés	travailleurs
drôles	sympas	affectueux

c Selon moi, les bons parents…

écoutent leurs enfants	sont tolérants
respectent leurs avis	ne se fâchent pas
passent du temps avec eux	ne critiquent pas
encouragent leurs ambitions	ne crient pas
s'occupent de leurs besoins	

4 Lis les interviews de Gabi, Brieuc et Faly. Corrige les phrases fausses.

1 La mère de Gabi n'est pas toujours libre quand Gabi a besoin d'elle.
2 Gabi a beaucoup de responsabilités.
3 Gabi ne voit jamais sa grand-mère.
4 Brieuc a une opinion assez positive de son beau-père.
5 Brieuc a accepté facilement la séparation de ses parents.
6 Le père de Brieuc n'est plus présent dans sa vie.
7 Le frère et la sœur aînés de Faly lui manquent.
8 Depuis que son frère et sa sœur aînés sont partis, Faly se sent un peu seule.
9 Faly n'a pas un bon rapport avec sa sœur aînée.
10 Faly a du mal à supporter son petit frère.

– Gabi, avec ta mère et ta petite sœur, ça se passe bien?

> Il n'y a pas de problèmes majeurs! C'est un peu dur sans mon père... ma mère est obligée de travailler beaucoup. Donc elle n'est pas toujours disponible quand je voudrais. Mais on est bien ensemble. Je fais beaucoup de choses à la maison pour l'aider. On a de la chance, ma grand-mère n'habite pas loin, c'est elle qui garde ma petite sœur dans la journée. Et moi je passe beaucoup de temps chez elle aussi, elle est formidable! Elle m'apprend beaucoup de choses, elle m'aide et elle m'encourage beaucoup.

– Brieuc, tu as de bonnes relations avec ton beau-père?

> J'ai des copains qui ne s'entendent pas du tout avec leurs beaux-parents. Chez eux il y a toujours des disputes. Moi je ne peux pas me plaindre. Bien sûr, quand mes parents ont divorcé, c'était très difficile. Je n'avais pas le moral... Mais je vois mon père tous les week-ends. On fait beaucoup de choses ensemble. C'est un peu comme s'il était encore à la maison. Et mon beau-père fait tout pour me faire plaisir, on joue au foot ensemble, il s'intéresse à mon travail... et il ne se dispute jamais avec ma mère.

– Faly, tu as une grande famille. Ça se passe comment?

> Ma sœur et mon frère aînés ne sont plus à la maison, et la maison est un peu vide maintenant. Avant, j'avais toujours quelqu'un avec qui parler! Mon petit frère m'agace. Comme tous les ados de 13 ans, il pense qu'il a toujours raison! J'ai beaucoup de respect pour mes parents, mais celle avec qui je m'entends le mieux dans la famille, c'est ma grande sœur. Pendant les vacances je suis allée la voir à Dakar, on est allées partout et on a bavardé du matin au soir. Et le 8 août, pour mon anniversaire, elle a organisé une fête pour moi... C'était merveilleux!

5 Écoute ces ados qui parlent des disputes dans leur famille. Qui se dispute et pourquoi?

Exemple: **1** *Son frère et son père.*
Le père n'est pas tolérant.

6 Écris cinq phrases pour parler de tes rapports avec ta famille. Mentionne si tu t'entends bien avec tes parents/ta famille en général. Pourquoi/pourquoi pas? Avec qui tu t'entends le mieux?

7 La vie de famille, le mariage, les enfants... Qu'est-ce qu'ils en pensent? Lis les phrases avant d'écouter l'enregistrement (1–7).

a Être enfant unique, ce n'est pas idéal.
b Rester ensemble et se disputer tous les jours? Non, merci!
c J'ai une grande famille, c'est génial parce qu'on n'est jamais seul!
d À mon avis, ce n'est pas possible d'être toujours d'accord dans une famille.
e Dans une famille, il faut s'aider.
f C'est un peu difficile de trouver un espace privé!
g J'ai du mal à accepter la séparation de mes parents.

! POINT LANGUE

Phrases using *avoir*

Avoir is used in the following expressions, where in English we would use the verb 'to be':

avoir ... ans	to be ... years old
avoir de la chance	to be lucky
avoir chaud	to be hot
avoir faim	to be hungry
avoir froid	to be cold
avoir honte	to be ashamed
avoir le mal de mer	to be seasick
(en) avoir marre	to be fed up
avoir peur	to be afraid
avoir raison	to be right
avoir soif	to be thirsty
avoir sommeil	to be sleepy
avoir tort	to be wrong

Of special note are:

avoir lieu	to take place
avoir mal	to have an ache/pain
avoir l'air	to appear/to seem

3 Tu aides, chez toi?

✔ **Household chores**

✔ **Problems these may bring to family relationships**

✔ *Après avoir…*

1 📖 Lis ce message apparu sur internet.

J'appelle à l'aide ceux qui ont des ados!

J'ai trois enfants de 11, 13 et 15 ans avec qui j'ai un bon rapport — sauf en ce qui concerne le ménage.

Comment faire participer mes enfants aux tâches ménagères? Je travaille à plein temps, je n'ai pas le temps de tout faire. Je demande gentiment, mais ça finit toujours par des disputes.
Carole

📖 Voici des réponses au message. Choisis les trois meilleurs conseils, selon toi. Compare-les avec un(e) partenaire.

a Offre-leur de l'argent.

b Dis-leur "Ou vous aidez ou vous serez privés de sorties".

c Donne-leur une récompense — pas d'argent, mais une sortie de leur choix.

d Explique-leur: je ne peux pas tout faire, je ne suis pas la bonne de la maison.

e Dis-leur de choisir une tâche chacun.

f Ne fais rien pour eux s'ils ne te donnent pas un coup de main.

2a 📖 Tu lis des réponses inattendues au message de l'exercice 1. Explique-les en anglais.

a N'ayant pas d'ado, je vais essayer ces astuces avec mon mari! Lucie

b Il paraît que ces astuces marchent aussi pour les femmes! Ma femme ne fait rien. Henri

c J'ai un peu honte — la chambre de mon grand fils de 14 ans est mieux rangée que le salon et la cuisine!

b 📖 Tu lis cette réponse au message de l'exercice 1, de Karine qui a 13 ans. Quelle est ta réaction?

À mon avis, c'est normal d'aider les parents à la maison, surtout si les parents travaillent comme les miens. Moi, je range ma chambre le week-end, je fais la vaisselle et je donne à manger au chat tous les soirs. Mon frère sort la poubelle, il met la table et il débarrasse la table. Et mon père? Il nettoie la salle de bains et il passe l'aspirateur. Ma mère? Elle fait du jardinage, elle fait la lessive et elle sort les sacs poubelle. Chacun fait son lit et ma mère change les draps.

---

c 📖 Trouve ces phrases dans le texte.

a He clears the table.

b She takes out the rubbish bags.

c He takes out the bin.

d I tidy my room.

e He lays the table.

f Each one makes their own bed.

g My mum changes the sheets.

h I do the washing-up.

i I feed the cat.

j He cleans.

k She does the garden.

l He hoovers.

3a 🎧 Écoute Marianne, Jean, Léa, Patrick et Océane:

● Qu'est-ce qu'ils font pour aider chez eux?

● Quand est-ce qu'ils font ça?

Exemple: *Marianne remplit le lave-vaisselle tous les jours. Elle met la table tous les soirs…*

b 🎧 Écoute encore: ils ont une opinion positive (P), négative (N), ou positive et négative (P+N) du travail de la maison?

Exemple: *Marianne — N*

4 📖 Ton ami Thomas t'envoie un mél. Réponds aux questions.

J'en ai marre! Tous les soirs après avoir mangé, j'essuie la vaisselle. Je fais la poussière dans le salon une fois par semaine. Après avoir fait tout ça, je n'ai pas beaucoup de temps libre mais ma sœur Laure ne fait rien pour aider! Après le collège, elle fait du sport. Sa chambre est en désordre permanent. À l'heure de la vaisselle, elle a toujours besoin d'aller aux toilettes. Bizarre, non? Après être allée aux toilettes, elle disparaît dans sa chambre sous le prétexte des devoirs, mais je sais qu'elle envoie des textos à ses copines. Mes parents sont trop naïfs.

---

1 Que fait Thomas tous les soirs?

2 Quand fait-il la poussière?

3 Que fait sa sœur Laure pour aider?

4 Comment est la chambre de Laure?

5 Où va-t-elle quand Thomas fait la vaisselle?

6 Qu'est-ce qu'elle fait semblant de faire dans sa chambre?

7 Selon Thomas, comment sont ses parents?

5 🎧 Quelle excuse donnent ces huit jeunes pour ne pas aider?

a J'ai beaucoup de travail scolaire.

b Ce n'est pas ma responsabilité.

c Je ne m'entends pas avec mes parents.

d Ma mère ne travaille pas.

e C'est trop fatigant.

f Nous avons une femme de ménage.

g Je n'ai pas le temps!

h Ma mère est trop exigeante!

i On ne m'a jamais demandé d'aider!

j J'ai des choses plus intéressantes à faire!

exigeant(e)   demanding

6 💬 Réponds aux questions puis interroge ton/ta partenaire, et prends des notes.

1 Qu'est-ce que tu fais pour aider à la maison?
2 Quand est-ce que tu fais ça exactement?
3 Tu aimes ça? Pourquoi?
4 Qu'est-ce que tu as fait hier ou ce matin, par exemple?
5 Qu'est-ce que tu ne fais jamais? Pourquoi?
6 Tu penses que tu fais suffisamment pour aider? Pourquoi?
7 Est-ce que tout le monde aide, dans ta famille?
8 À ton avis, c'est normal d'aider à la maison? Pourquoi?
9 Quelles excuses est-ce que tu donnes quand tu ne veux pas faire du ménage?
10 Que feras-tu pour aider pendant les vacances?

7 💬 En classe, chaque élève doit expliquer ce qu'il/elle a fait comme ménage. Utilise après avoir et répète les tâches des autres.

Exemple: **Élève 1:** *Hier, j'ai fait la vaisselle.*
Élève 2: *Après avoir fait la vaisselle, j'ai passé l'aspirateur.*
Élève 3: *Hier j'ai fait la vaisselle et après avoir passé l'aspirateur, j'ai nettoyé la cuisine, etc.*

❗ QUESTIONS CULTURE

Les tâches ménagères: qui fait quoi dans une famille française?

En moyenne, les femmes consacrent près de 4 h par jour aux tâches domestiques, contre 2 h 30 pour les hommes.

Tâches	Hommes	Femmes
Ménage, cuisine, linge, courses	1 h 23	3 h 03
Soins aux enfants	0 h 14	0 h 31
Bricolage	0 h 25	0 h 04
Jardinage, soins aux animaux	0 h 22	0 h 14
Insee — enquête Emplois du temps 2009–2010		

Ces résultats sont-ils comparables à ce qui se passe dans ton pays?

Dans certains pays, comme le Maroc, la Tunisie, le Sénégal, les tâches ménagères sont toujours exclusivement le domaine des femmes. Quelle est ton opinion?

Point grammaire

Using the *après avoir* construction

Look at these sentences and compare them with their English translations:

*Tous les soirs **après avoir mangé** j'essuie la vaisselle.*

Every evening **after eating** (or: after I have eaten), I do the washing up.

***Après avoir fait** tout ça, je n'ai pas beaucoup de temps libre.*

After doing (or: after I have done) all that, I do not have much free time.

The *après avoir* construction is useful for talking about consecutive actions in a concise and structured way. However, for the construction to be possible, **the subject of both verbs in the sentence must be the same**.

Now look at this example:

Après être allée aux toilettes, elle disparaît dans sa chambre.

Which auxiliary is used in this example? Why?

What would happen if the subject of the verbs was masculine or/and plural?

Make up some sentences of your own to use the *après avoir/après être* constructions.

4 Qui sont tes copains?

✔ Your best friend
✔ Revision of the future tense
✔ Verbs followed by *à*

1 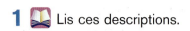 Lis ces descriptions.

a Honnête et généreux. Plein de vie, et très drôle. Adore le sport, aime la compétition.

Max

b Réservé, mais sympathique. Très sensible. Doué en informatique et passionné de musique.

Julien

c Toujours de bonne humeur. Très bavarde! Adore ses copains et joue du saxo. Veut devenir célèbre.

Mélanie

d Fier, jaloux et hypocrite. Curieux et casse-pieds. Ne s'intéresse qu'à lui-même.

Benoît

e Très patiente, mais dynamique. Intelligente et travailleuse, elle veut réussir. Passionnée de science-fiction.

Olivia

a Qui sont les meilleurs amis de Thomas, Manon et Vincent?

b À ton avis, qui trouve difficile de se faire des amis?

c Qui choisirais-tu comme ami(e)?

Justifie toutes tes réponses.

Thomas *En fait, j'ai deux meilleurs copains, un garçon et une fille. On est toujours ensemble tous les trois, on fait de la musique ensemble. Un jour, on enregistrera un album. Ce sera génial, je sais qu'on réussira.*

Manon *Ma meilleure copine? Je la connais depuis toujours! On s'intéresse aux mêmes choses. On a les mêmes idées. Toutes les deux, on veut avoir de bons résultats. On va réviser ensemble pour les examens, elle va m'aider. Quand j'ai un problème, je sais que je peux me fier à elle.*

Vincent *Mon meilleur copain est très amusant et comme moi, il préfère les activités physiques. Dimanche prochain je jouerai dans une finale de tennis, et il sera là pour m'encourager!*

| se fier (à) | to trust (in) |

Point grammaire

Talking about the future

List all the verbs in the future tense in exercise 1. Explain the differences between the two types of future tense used.

List the irregular verbs used in the texts and give their infinitives. Can you remember any more verbs that are irregular in the future tense? Try to list a few. If you are unsure, you can refer back to Unit 6.

2a 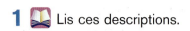 Un(e) vrai(e) ami(e), comment est-il/elle?

1 Classe les qualités d'un(e) vrai(e) ami(e) par ordre d'importance, selon toi.

2 Compare ta réponse avec celle de tes amis de classe.

Un(e) vrai(e) ami(e) est…

fidèle	gentil(le)
loyal(e)	de bonne humeur
honnête	sociable
compréhensif (-ive)	ouvert(e)
généreux (-se)	sensible

b ✏ Écris une phrase pour expliquer ce qu'est un(e) meilleure(e) ami(e) pour toi.
Pour moi, un(e) vrai(e) ami(e) est quelqu'un…

Exemple: Pour moi, un(e) vrai(e) ami(e) est quelqu'un qui me fait sourire et qui me comprend.

a …avec qui je peux partager mes intérêts.

b …à qui je peux tout raconter.

c …avec qui je peux être moi-même.

d …à qui je peux me confier.

e …qui est toujours là pour moi.

f …qui me fait sourire.

g …qui me comprend.

h …qui sait garder un secret.

i …sur qui je peux compter.

3 🎧 Comment est le/la meilleur(e) ami(e) de ces cinq ados?

a Donne trois détails en français.

b Qui choisirais-tu comme ami(e)? Justifie ta réponse.

4 🎧 Écoute les conversations et remplis la grille en français.

	Où ils se sont rencontrés	Quand ils se sont rencontrés	Leurs intérêts	Quand ils se voient
1				
2				
3				
4				

la cité	(housing) estate
le conservatoire de musique	music school
une bande	group/gang

5 📖 Lis la réponse de Christophe à la question "Parle un peu de ton/ta meilleur(e) ami(e)" et complète les phrases à l'aide des mots dans l'encadré.

> Mon meilleur copain s'appelle Marcel. Je le connais depuis 5 ans. On s'est rencontrés au club de tennis. Je l'aime beaucoup parce qu'il est plein de vie, de bonne humeur et sincère — ça c'est le plus important pour moi. D'abord j'ai hésité à lui parler. Puis, un jour, il m'a invité à jouer au tennis et j'ai accepté, et on est devenus de vrais amis. On passe notre temps à faire du sport ensemble. On s'amuse à la piscine et cet hiver on va apprendre à faire du ski et de la luge. Je m'entends bien avec Marcel parce qu'on aime faire les mêmes choses et il m'encourage à faire de mon mieux au collège.

1 Christophe a ...... Marcel il y a 5 ans.
2 Pour Christophe, ... est très importante.
3 Marcel a proposé ...... de tennis.
4 Ils aiment faire ...... ensemble.
5 Christophe s'entend bien avec Marcel parce qu'ils ...... les mêmes intérêts.
6 Cet hiver, ils vont faire ...... ensemble.

la sincérité	écrit	des sports d'hiver
rencontré	une partie	du skate
de la natation	partagent	
du tennis	détestent	

6 📖 Réponds aux questions.

1 Qui sont tes copains?
2 Tu as un(e) meilleur(e) ami(e)?
3 Quand et où est-ce que tu vois tes ami(e)s?
4 Qu'est-ce que vous faites ensemble?
5 Pourquoi est-ce que vous vous entendez bien?
6 Il/elle a quelles qualités?
7 Qu'est-ce que vous avez fait ensemble récemment?
8 Que ferez-vous ensemble le week-end prochain?

7 🎧 On a posé la question: "Tu as été déçu(e) en amitié?" Écoute les réponses. Décide si la personne a été déçue ou non. Justifie ta réponse.

8 ✏️ Et toi, tu es un(e) bon(ne) ami(e)? Écris un paragraphe pour répondre à cette question. Mentionne ta personnalité, ce que tu fais pour aider tes amis et si tu as déçu un(e) ami(e).

Point grammaire

Verbs followed by *à*

Some verbs are followed by *à* + an infinitive. Here is an example in Christophe's account of his best friend:

Un jour, il m'a invité à jouer au tennis.
One day he invited me to play tennis.
There are other examples in his account; can you find them? Look at page 232 for a fuller list.

9 ✏️ Écris en français une description de ton/ta meilleur(e) ami(e). Mentionne:
- sa physique et son caractère
- ce qu'il/elle aime faire
- les qualités d'un(e) vrai(e) ami(e)
- des détails sur votre rencontre
- pourquoi vous vous entendez bien
- quand et où tu le/la vois
- ce que vous ferez ensemble à l'avenir et ce que vous avez fait ensemble récemment

❗ INFO PRONONCIATION

Le tréma

The *tréma* is the double dot found in words such as *Noël* or *maïs*. Say the following, then listen and repeat.

*J'aime le tennis **mais** je préfère la natation.*
*J'ai mangé des pommes de terre et du **maïs**.*

How does the *tréma* affect the pronunciation of the 'i' in *maïs*?

The *tréma* is used with vowels (mainly 'e' and 'i' in French) to show that the vowels should be pronounced separately.

Say the following out loud:

Le maïs, un enfant naïf, une personne égoïste, Noël, Gaëlle, Citroën, faire du canoë.

Now listen and repeat.

Paper 1: listening (section 3)

Vous allez entendre deux fois une interview avec un commissaire de police. Pendant que vous écoutez l'interview, répondez aux questions en cochant la bonne case, **A**, **B**, **C** ou **D**.

Il y a une pause dans l'interview. Vous avez d'abord quelques secondes pour lire les questions.

1 Où et quand l'incident a-t-il eu lieu?

A ☐ Dans un bar samedi soir.

B ☐ Dans la rue vers 23 heures.

C ☐ À la sortie du lycée vers 18 heures.

D ☐ Devant le commissariat samedi.

2 Que sait-on d'Amadou et de Christophe?

A ☐ Ils se connaissaient depuis l'école primaire.

B ☐ Ils s'étaient rencontrés dans leur immeuble.

C ☐ Ils étaient devenus amis en jouant au foot.

D ☐ Ils passaient beaucoup de temps ensemble.

3 Pourquoi ont-ils été attaqués?

A ☐ Pour des motifs racistes.

B ☐ L'alcool est responsable.

C ☐ On ne connaît pas les causes de l'agression.

D ☐ Ils faisaient partie d'un gang de quartier.

[PAUSE]

4 D'après le commissaire, pourquoi les gens sont-ils sortis dans la rue?

A ☐ Pour garder le silence.

B ☐ Pour montrer leur colère.

C ☐ Pour apporter une aide morale aux familles.

D ☐ Par curiosité.

5 Qu'est-ce qui caractérisait les deux victimes?

A ☐ Le manque d'ambition.

B ☐ La réussite.

C ☐ Les difficultés scolaires.

D ☐ Le besoin de voyager.

6 Que peut-on dire de ce type d'incident?

A ☐ C'était plus grave avant.

B ☐ C'est de plus en plus fréquent.

C ☐ C'est la faute des médias.

D ☐ Ce n'est pas pire qu'avant

Paper 4: writing

(a) Pour rester en forme. Écrivez un article de 130–140 mots **en français**.

- Quelles activités peut-on faire pour rester en forme?

- Dites ce que vous avez fait récemment pour rester en forme.

- Dites si vous avez un bon régime alimentaire et pourquoi.

- Dites ce que vous voudriez faire pour être en meilleure santé.

Paper 2: reading (section 2)

Julie envoie un mél à son cousin Martin. Lisez-le puis répondez aux questions **en français**.

Salut Martin! C'est décidé. Vendredi soir j'organise une fête chez moi. C'est la fin de mes examens! Mes parents me donnent la permission d'inviter des amis ici. Mon frère va s'occuper des décorations et j'ai demandé à ma mère de préparer un gâteau au chocolat.

Alors, mercredi, après le collège, au lieu de regarder la télé, j'ai rangé ma chambre, j'ai nettoyé le salon et j'ai fait la vaisselle. Après le dîner, mon père a dit: « Pourquoi as-tu fait du ménage? » J'ai répondu: « C'est parce que je voudrais inviter des amis ici pour célébrer la fin des examens ». Sans hésiter, il a dit: « D'accord, mais seulement dix personnes. » C'est incroyable: Papa a dit oui!

J'ai téléphoné tout de suite à Laure qui a crié: « Ton père est gentil ». J'ai passé une heure à parler au téléphone, mais je dois envoyer un mél à Luc vendredi matin parce qu'il est en vacances. Quand je suis entrée dans le salon, Maman a dit: « Tu as bien rangé le salon. Tu sais... ma voiture est sale ». ...Donc, c'est pénible, mais maintenant je dois aussi laver la voiture de ma mère!

À bientôt, Julie.

1 Qu'est-ce que Julie va faire vendredi?

2 Pourquoi a-t-elle décidé de faire ça?

3 Qu'est-ce que Julie a demandé à sa mère?

4 Que fait Julie normalement après le collège?

5 Mercredi, qu'est-ce qu'elle a fait après le collège? (2 détails)

6 Qu'est-ce qui est incroyable, selon Julie?

7 Quand Julie a tout expliqué à Laure, qu'est-ce que Laure lui a dit?

8 Pourquoi est-ce que Julie n'a pas encore invité Luc?

9 Qu'est-ce qui est pénible, selon Julie?

Paper 3: speaking

With a partner, choose one of the topics below and prepare a presentation of between 1 and 2 minutes. You may find it helpful to look back at the advice given in Exam Corner 8 before you start. Aim to use at least five of the phrases from the box.

Topics   Les vacances   Mes amis   Ma famille   Le shopping   Un repas spécial

Phrases utiles

de plus   au contraire   donc   alors   en conclusion   pour finir   en bref
par conséquent   tout d'abord   cependant   en effet   enfin

Vocabulaire

Les vacances Holidays

J'ai passé les vacances à…/avec…/en famille. I spent my holiday in…/with…/with my family.

Je suis allé(e) passer 10 jours à…/chez ma tante… . I spent 10 days in…/at my aunt's… .

Je suis parti(e) en voyage scolaire. I went on a school trip.

J'ai fait la connaissance d'une fille/d'un garcon. I met a girl/boy.

J'ai rencontré beaucoup de jeunes. I met lots of young people.

Je me suis bien amusé(e). I had a good time.

Je me suis ennuyé(e) (à mourir). I got bored (to death).

Il y avait une bonne ambiance. There was a good atmosphere.

J'ai passé de bonnes/d'excellentes vacances. I had a good/excellent holiday.

J'ai passé des vacances affreuses/ennuyeuses. I had a dreadful/boring holiday.

Je suis rentré(e) il y a 2 jours. I came back 2 days ago.

J'étais impatient(e) de rentrer. I could not wait to come back.

Je n'avais pas envie de rentrer. I did not feel like coming back.

Ça allait, avec les parents? What was it like with your parents?

Ça s'est très bien/mal passé. It went really well/badly.

C'était bien de passer du temps avec mes parents. It was good to spend some time with my parents.

Je me suis disputé(e) avec… I had an argument with…

Ma mère s'est fâchée/mise en colère. My mother got cross/angry.

Mon père s'est énervé/stressé. My father lost his temper/got stressed.

Les rapports avec la famille Relationships with your family

Je (ne) m'entends (pas) bien avec elle/lui/eux. I (do not) get on well with her/him/them.

Je m'entends mieux/moins bien avec… I get on better/less well with…

Je ne peux pas la/le/les supporter. I cannot stand her/him/them.

Il/Elle m'agace. He/She annoys me.

Il/Elle (n') aime (pas) les mêmes choses que moi. He/She (does not) like(s) the same things as me.

On… We…

…(ne) cause (pas) beaucoup ensemble. …(do not) chat a lot together.

…fait beaucoup de choses/ne fait rien ensemble. do lots of things/do not do anything together.

…(ne) peut (pas) discuter. …can(not) have a discussion.

Mon beau-père/ma mère… My stepfather/my mother…

…(n')est (pas) très compréhensif (-ve) avec moi. …is (not) very understanding towards me.

…(n')est (pas) très ouvert(e). …is (not) very open-minded.

…me critique toujours/me néglige. …always criticises me/neglects me.

…me traite comme un(e) enfant. …treats me like a child.

Il/Elle… He/She…

…m'encourage/me gâte. …encourages me/spoils me.

…refuse de me laisser aller à… …refuses to let me go to…

…ne me permet pas de… …does not allow me to…

…(ne) s'intéresse (pas) à ce que je fais. …is (not) interested in what I do.

…(ne) s'occupe (pas) (bien) de moi. …(does not look after) looks after me (well).

J'ai de la chance! I am lucky!

J'en ai marre! I am fed up!

La vie de famille Family life

J'aime bien/je n'aime pas… I quite like/I don't like…

…être enfant unique/avoir une grande famille. …being an only child/having a large family.

Je me sens seul(e)/Je ne suis jamais seul(e). I feel lonely/I am never alone.

Je suis très proche de ma sœur/mon demi-frère. I am very close to my sister/my stepbrother.

J'ai un bon rapport avec…   I have a good relationship with…

Mes parents sont divorcés/séparés.   My parents are divorced/separated.

Ma mère/mon père…   My mother/my father…

    …habite avec quelqu'un/s'est remarié(e).   …lives with someone/has remarried.

Mon père/ma sœur me manque.   I miss my father/my sister.

Dans une famille…   In a family…

    …c'est/ce n'est pas facile d'être toujours d'accord.   …it is/it is not always easy to agree.

    …c'est difficile d'avoir un espace privé.   …it is difficult to have some private space.

    …il faut s'aider.   …you have to help one another.

Meilleur copain/meilleure copine   Best friend ●

On aime les mêmes choses.   We like the same things.

On a/partage les mêmes goûts/idées/intérêts.   We have/share the same tastes/ideas/interests.

On est inséparables/toujours ensemble.   We are inseparable/always together.

On rit/s'amuse beaucoup ensemble.   We have a good laugh/a lot of fun together.

On s'est rencontré(e)s il y a …/à…/en…   We met … ago/at…/in…

On se connaît depuis 2 ans/toujours.   We have known each other for 2 years/for ever.

Je sais que je peux…   I know that I can…

    …compter sur lui/elle.   …count on him/her.

    …me fier à lui/elle.   …trust him/her.

Il/elle est toujours disponible pour moi.   He/she is always there for me.

Il/elle me ressemble.   He/she is like me.

Il/elle ne m'a jamais déçu(e).   He/she has never disappointed me.

C'est l'ami(e) idéal(e).   He/She is the ideal friend.

Aider à la maison   Helping at home ●

Je fais beaucoup de…/plusieurs choses…   I do a lot of…/several things…

Je (ne) participe (pas) aux tâches ménagères.   I (do not) take part in household chores.

Je ne fais pas grand-chose/rien…   I do not do much/anything…

    …pour aider à la maison.   …to help at home.

Je dois…   I have to…

    …donner à manger aux animaux.   …feed the pets.

    …garder/m'occuper de mon petit frère.   …look after/take care of my little brother.

    …faire mon lit/faire la poussière.   …make my bed/dust.

Il faut faire/je suis obligé(e) de faire…   I have to do…

    …du jardinage/la vaisselle/le repassage/   …some gardening/the washing-up/the ironing/

    la lessive/le ménage/les courses.   the washing/housework/the shopping.

Qu'est-ce que tu en penses?   What do you think about it? ●

J'aime bien/J'ai horreur de faire…   I quite like/I hate doing…

Ça m'est égal de faire…   I don't mind doing…

À mon avis…   In my opinion…

    …c'est normal d'aider.   …it is normal to help.

    …ce n'est pas ma responsabilité.   …it is not my responsibility.

Mes parents sont trop exigeants.   My parents are too demanding.

Ce n'est pas juste, parce que…   It is not fair, because…

    …ma sœur/mon frère ne fait rien.   …my sister/my brother does not do anything.

Il/Elle fait seulement semblant d'aider.   He/She only pretends to be helping.

C'est impossible, parce que…   It is impossible, because…

    …j'ai beaucoup de travail pour le collège.   …I have a lot of schoolwork.

    …je n'ai pas beaucoup de temps libre.   …I do not have much free time.

Le travail et l'argent

1 Les jeunes et le travail

✔ Part-time jobs
✔ Advantages and disadvantages of part-time jobs
✔ The relative pronoun *dont*

❗ QUESTIONS CULTURE

- En France, les adolescents entre 14 et 16 ans peuvent travailler pendant des vacances scolaires, si les vacances durent au moins 14 jours.
- La période de travail ne peut pas excéder la moitié de la durée des vacances.
- Les ados ne peuvent pas travailler plus de 7 heures par jour et pas plus de 35 heures par semaine.
- Aucune période de travail ne peut dépasser 4 heures et demie.
- Entre les âges de 14 et 16 ans, les ados ne peuvent faire que de petits boulots.

Tu as compris? Explique en anglais la loi sur le travail des ados en France.

Tu es au courant de la loi dans ton pays? Écris un paragraphe pour expliquer la loi dans ton pays.

1 📖 Quatre jeunes répondent à la question "Tu as un petit boulot pendant les grandes vacances?" Complète les phrases à l'aide des mots dans l'encadré.

> Je travaille pour mon oncle. Je l'aide dans son garage. D'habitude, je nettoie l'intérieur des voitures. Quelquefois, je réponds au téléphone. Ce n'est pas difficile.
> *Luc, 15 ans*

> Mon job à moi, c'est de m'occuper du fils de ma voisine les jours où elle rentre tard du travail. Je prépare le goûter et quelquefois je passe l'aspirateur.
> *Suzanne, 16 ans*

> J'aide mes parents dans leur restaurant. Je travaille comme plongeur ou je mets la table. De temps en temps, je sers des repas ou je prépare les cafés et les thés.
> *Christian, 14 ans*

> L'année dernière, j'ai distribué des dépliants, j'ai fait des courses pour les voisins et j'ai promené le chien de ma tante. Cette année, je partirai en vacances.
> *Juliette, 15 ans*

Exemple: Luc fait des jobs **différents** pour son oncle.

1 Suzanne fait du ...... pour sa voisine.
2 De temps en temps, Suzanne ...... un peu de ménage.
3 Christian est le ...... jeune.
4 Christian fait la ...... et il prépare ....
5 L'année dernière, Juliette a ...... pour ses voisins.
6 Cette année, Juliette ne ...... pas.

vaisselle	partira	les boissons	travaillé	difficiles
baby-sitting	fait	~~différents~~	shopping	plus	travaille
	ménage	moins	travaillera	

2 🎧 Des jeunes parlent de leur petit boulot. Note en français: a) le job et b) un inconvénient.

Exemple: a) Aide son père dans son hôtel.
b) Il veut aller à la plage comme ses amis.

3 📖 Gaëlle a 17 ans. Elle écrit ce message sur internet:

> Je viens de fêter mon dix-septième anniversaire. Je veux chercher un petit boulot, mais comment? Et que faire?

Lis ces réponses et remplis la grille.

> Moi, j'ai fait le tour des magasins, et maintenant je travaille dans un salon de coiffure. L'avantage c'est que les clients sont aimables, donc c'est sympathique. Mais je suis debout toute la journée et c'est fatigant.
> *Isabelle, 18 ans*

> Moi, j'ai mis une annonce dans une vitrine de magasin et sur internet et c'est comme ça que matin et soir je promène Baro, un labrador plein d'énergie dont le propriétaire est malade. J'aime être en plein air. Je suis bien payée mais, en hiver, ce sera dur quand il fera froid.
> *Marianne, 17 ans*

> Moi, j'ai regardé sur internet, et j'ai demandé à des amis. À la fin, j'ai frappé aux portes! Maintenant, je fais beaucoup de jobs différents — du jardinage, du ménage, des courses. Ce n'est pas enrichissant et il y a des gens exigeants, mais le travail est varié et je suis bien payé. *Norbert, 17 ans*

	Aspect négatif	Comment on a trouvé l'emploi	Job	Aspect positif
Isabelle			Salon de coiffure	
Marianne				
Norbert		Frappé aux portes		

Point grammaire

Using the relative pronoun *dont*

Look at these two sentences:

*Je promène Baro, un labrador **dont** le propriétaire est malade.*
I walk Baro, a labrador **whose** owner is ill.

*…les jeunes **dont** les parents n'ont pas de ferme.*
…the young people **whose** parents don't have a farm.

Dont usually translates as 'whose', but how would you translate it in the following sentences?

*J'ai vu trois annonces, **dont** deux qui m'intéressent.*
*Il a invité beaucoup d'amis, **dont** plusieurs sont très amusants.*

4 🎧 Copie et remplis la grille.
Il y a quatre personnes: Léna, Magali, Lucas et Lydia.

les frais (de transport)
(travel) expenses

Personne	Quel boulot?	Quand?	Où?	Transport?	Détail supplémentaire
Exemple: 1 Léna	serveuse	samedi midi	grande surface	bus, environ 20 minutes	ça fait 6 mois

5a 📖 Lis la conversation entre Malick et son ami(e).

— Tu as un petit boulot, Malick?

— Oui, je travaille dans un chenil.

— Quelles sont les heures de travail?

— Je travaille de 5 heures du soir jusqu'à 7 heures du soir, le mardi et le jeudi.

— Que fais-tu?

— Je donne à manger aux chiens et je nettoie.

— Tu gagnes combien?

— Je gagne 30 € par semaine.

— Tu aimes ça?

— Oui, parce que j'aime les animaux et je fais des économies pour m'acheter une moto.

un chenil   kennel
une jardinerie garden centre

b 💬 Avec un(e) partenaire, fais des conversations en utilisant les détails sur Matthieu et Laetitia.

Malick
- Chenil
- 17h–19h mardi et jeudi
- Donner à manger aux chiens, nettoyer
- ♥ /30€ par semaine
- ♥ animaux
- 🐷 *pour acheter* 🛵

Matthieu
- Jardinerie
- 11h–15h dimanche
- Arroser plantes, faire du rangement
- 7€ de l'heure
- 😊 Plein air + patron sympa

Laetitia
- Pâtisserie de sa tante
- 9h–13h samedi
- Servir les clients, préparer les commandes
- 25€ par jour
- 😐 Bien payé mais fatigant

6 💬 Pose les questions à ton/ta partenaire et réponds à ton tour.

1 Tu as un petit boulot? Qu'est-ce que c'est?
2 C'est loin de chez toi?
3 Comment y vas-tu, et combien de temps mets-tu pour y arriver?
4 Quand travailles-tu? Depuis quand?
5 Qu'est-ce que tu fais exactement?
6 Tu gagnes combien?

7a 📖 Fais deux listes: commentaires positifs et commentaires négatifs.

1 Si on a un petit boulot, on est plus indépendant.
2 C'est une expérience nouvelle.
3 Les petits boulots pour les moins de 18 ans ne sont pas souvent intéressants.
4 On a la satisfaction d'avoir gagné son argent.
5 C'est dur de faire des études et d'avoir un petit job en même temps.
6 Quand on a un petit boulot, on est toujours fatigué.
7 Ça prépare au monde du travail.

b ✏️ Il y a d'autres aspects positifs ou négatifs des petits boulots pour les jeunes? Écris tes idées.

8 🎧 Trois jeunes donnent leur opinion sur les petits boulots.

a Chacun mentionne deux opinions de l'exercice 7a. Note les numéros correspondants.

b Écoute encore et pour chacun, note un commentaire qui n'est pas dans l'exercice a.

9 ✏️ Tu cherches un petit boulot. Écris une petite annonce. Mentionne ton âge, ta personnalité, ta disponibilité, ton expérience.

2 Trouver du boulot

✔ Advertisements for jobs
✔ Benefits and drawbacks of different jobs
✔ Applying for a job
✔ Impersonal verbs

1 📖 Regarde ces petites annonces.

1 **Le supermarché Mangetout recherche d'urgence caissiers/caissières**

Bonne présentation. Expérience nécessaire
Travail immédiat. Deux ou trois jours par semaine

Présentez-vous au supermarché

2 **Restaurant du Vieux Marché**

Travail saisonnier et varié pour l'été seulement.
Expérience pas nécessaire
Âge: plus de 18 ans
Adressez-vous au patron

3 **Garage Peugeot offre**

Apprentissage à plein temps et permanent

Mécanicien/ Mécanicienne

Envoyez lettre de motivation

4 *Maison David cherche*

Vendeurs/Vendeuses pour les rayons hommes et femmes
À partir du 1er avril
Salaire intéressant
Connaissance de langues un avantage
Pour tous renseignements, tél. 02 19 41 66 57

5 **Vous avez déjà travaillé dans l'enseignement? Vous êtes patient(e)?**

Vous cherchez un emploi à mi-temps?
Nous cherchons des gens expérimentés
Disponible immédiatement
Prêt à voyager
Envoyez CV et références

Choisis un poste de travail pour ces personnes.

Exemple: *Ismaël adore cuisiner — numéro 2.*

a Jean s'intéresse à la cuisine.
b Lucas est professeur.
c Mélodie parle anglais et espagnol.
d Nathalie adore les voitures.
e Olivier suit la mode.
f Paul veut travailler tout de suite, mais il n'a jamais travaillé.
g Rachid a déjà travaillé dans un lycée.
h Séverine sera libre dès la fin du mois de mars.
i Thérèse cherche du travail pour les grandes vacances.
j Valérie veut travailler à mi-temps. Elle a 16 ans.

2 🎧 Écoute ces personnes qui expliquent comment elles ont trouvé leur job et remplis la grille.

	Job	Trouvé comment?	Conditions	Détails supplémentaires
Madeleine			18 à 25 ans	
Pierre				
Juliette				
Alexis				
Nathalie				

3 📖 ✏️ Choisis six professions dans l'encadré. Pour chacune, écris un aspect positif et un aspect négatif. N'utilise pas la même phrase plus d'une fois.

coiffeur facteur journaliste jardinier médecin
serveur électricien infirmière pompier cuisinier
secrétaire hôtesse de l'air dentiste professeur

On doit...

...faire de longues études.
...se déplacer tout le temps.
...être patient avec les gens.
...rester enfermé toute la journée.
...travailler dans une équipe.
...travailler la nuit.

Ça permet de...

...varier ses heures.
...travailler dans un cadre agréable.
...travailler en plein air.
...prendre ses propres décisions.
...voyager.
...gagner un bon salaire.
...rendre service aux gens.
...prendre des décisions importantes.

C'est un travail intéressant/varié/monotone.
On est en contact avec le public.

On a...	...peu de vacances.
	...un bon salaire.
	...beaucoup de débouchés.
	...des clients difficiles.
On travaille...	...dans des conditions difficiles.
	...dans un cadre agréable.

4 🎧 Écoute ces six personnes qui parlent du travail qu'elles font maintenant et du travail qu'elles faisaient auparavant. Remplis la grille.

	Métier actuel	Métier précédent	Pourquoi on a changé	Avantage du métier actuel
1 Lucie	Dans un bureau	Agent de police	Monotone	Varié

5 📖 Véronique a posé sa candidature pour un emploi de caissière dans un supermarché. Lis sa lettre et réponds aux questions.

Monsieur,

Je m'appelle Véronique Hervé, j'ai 16 ans et je suis étudiante au lycée Marcel Pagnol où je passe mon baccalauréat de langues. Je voudrais postuler pour le poste de caissière que vous offrez dans votre supermarché. Le poste m'intéresse beaucoup parce que j'aimerais travailler dans les relations publiques plus tard. J'ai déjà travaillé comme vendeuse dans une boulangerie pendant les vacances scolaires et maintenant je cherche un travail régulier. Je pense avoir les qualités nécessaires pour ce travail parce que je suis ponctuelle, très patiente et je m'adapte très bien aux nouvelles situations.

Je serai libre à partir de 17 h 00 le lundi, le mercredi et le vendredi, et à partir de 16 h 00 le mardi et le jeudi.

Veuillez agréer, Monsieur, l'expression de mes sentiments distingués.

Véronique Hervé

1 Qu'est-ce qui motive Véronique?
2 Quelles sont les qualités de Véronique?
3 Qu'est-ce qu'elle a déjà fait comme travail?
4 Elle travaille maintenant? Explique.
5 Quand est-ce qu'elle sera disponible?

6 🎧 Écoute une deuxième candidate – Céline Richard – pendant son entretien avec le patron du supermarché. Dans ton cahier, écris les titres "Âge", "Diplômes", "Matières étudiées", "Loisirs", "Qualités", "Langues", "Emplois précédents", "Disponibilité" et "Salaire" et note les détails donnés.

Point grammaire

Impersonal verbs

Impersonal verbs are verbs that are only used in the third person singular (they only take the pronoun *il* as their subject). You have already met some of these:

Examples:
- *il pleut/neige* it is raining/snowing
- *il s'agit de...* it is about...

Another example is *il y a* (there is/there are), which exists only in the impersonal form.

Two other impersonal verbs were used in exercise 6: *valoir* and *falloir*.

Examples:
- *Il vaut mieux me contacter sur mon portable.* It is better to contact me on my mobile.
- *Il faut rendre votre badge.* You have to return your badge.

Il faut literally means 'it is necessary' and *il vaut mieux* means 'it is better to'. A fuller list is given in the grammar section on p. 233.

7 💬 Tu travailles dans une agence de recrutement. On téléphone pour avoir des renseignements sur les jobs ci-dessous. Donne des détails en français en suivant l'exemple.

Exemple: *Il y a* un poste de mécanicien au garage Peugeot dans la rue de la Gare. Le salaire est bon.
Il faut se présenter au garage entre 11 heures et 17 heures.
Il faut avoir des diplômes. *Il s'agit d'un* poste permanent...

Hairdresser
Smart, experienced
Full time
Send CV

Waiter/waitress
For Saturdays and Sundays
Apply in person
Good references • Polite

Sales assistant
Knowledge of languages desirable
Available straight away
Apply by phone

8 🎧 Écoute ces gens qui parlent de leurs conditions de travail. Pour chaque personne, écris une chose qui lui plaît et une chose qui ne lui plaît pas.

9 🔺 💬 Qu'est-ce qui motive les gens à faire un certain métier? L'argent? Leurs intérêts? Avec un(e) partenaire, écris une liste et partage-la avec les autres élèves de ta classe.

3 Le stage en entreprise

❗ QUESTIONS CULTURE

En France, les collégiens de 3ème doivent faire un stage en entreprise pendant une semaine.

Voici des conseils donnés aux élèves. Il faut:

- réfléchir à vos intérêts — si vous aimez le sport, vous pourriez travailler dans un centre de loisirs
- éviter les stages où vous travailleriez avec une seule personne qui ne fait qu'un seul type de travail
- choisir une entreprise où vous pourrez rencontrer plusieurs métiers — un restaurant, un hôtel ou dans le tourisme
- écrire une lettre de motivation qui encouragera un patron à vous accepter

- Quelle est ton opinion des conseils donnés ici?
- Quand et pour combien de temps es-tu obligé(e) de faire un stage dans ton école?
- Quels conseils est-ce qu'on te donne?

1a 🏫 Tu veux faire ton stage pour une entreprise locale qui exporte des produits de bain en France, pour utiliser ton français. Pour faire une bonne impression, écris une lettre de motivation en français. Donne les détails suivants: ton nom, ton âge, ton numéro de téléphone, ton adresse e-mail, pourquoi tu veux y travailler et quand, et des détails sur ton caractère et tes compétences. Ton prof va choisir les cinq meilleures lettres.

b 💬 Une semaine après, on t'invite à passer un entretien. Prépare des réponses à ces questions qu'on te posera peut-être. Lis et réponds aux questions avec un(e) partenaire.

1. Comment vous appelez-vous?
2. Où habitez-vous?
3. Qu'est-ce que vous étudiez?
4. Quels sont vos passe-temps?
5. Êtes-vous déjà allé(e) en France?
6. Quelles sont vos qualités?
7. Que ferez-vous quand vous quitterez le collège?
8. Avez-vous des questions à nous poser?

---

2 📖 Julien et Lise racontent comment ils ont trouvé leur stage.

> **Lise** *Je ne savais pas où faire mon stage. Je ne sais pas trop quel métier je voudrais faire! Finalement, je l'ai fait dans les bureaux d'une compagnie d'assurances où travaille notre voisine. C'est elle qui m'a suggéré de faire une demande. Donc j'ai écrit au chef du personnel, qui m'a demandé d'aller le voir. L'entretien s'est bien passé, et ils ont accepté de me prendre pour une semaine. J'ai eu de la chance!*

> **Julien** *Je veux faire carrière dans le sport, et j'avais pensé faire une demande de stage pour le Centre de Sports de ma ville. Mais d'autres personnes ont eu la même idée avant moi, et quand je suis allé voir la directrice du centre, il n'y avait plus de places. J'ai dû me contenter d'une place que j'ai trouvée dans un magasin d'articles sportifs, un jour où j'y étais allé pour m'acheter des baskets. J'ai été très déçu.*

Trouve les deux phrases correctes.

1. Ni Julien ni Lise n'avaient d'idées pour leur stage.
2. On les a aidés à trouver leur place de stage.
3. Julien a contacté le Centre de Sports trop tard.
4. Lise est allée passer un entretien.
5. Julien et Lise ont été très satisfaits de leur stage.

Point grammaire

Using the relative pronoun *où*

In a longer sentence, the relative pronoun *où* links the second clause to a word in the first clause that refers to a place:

> *Elle habite **à Lyon**//**où** elle travaille.*
> She lives **in Lyon**//**where** she works.

How would you translate *où* in the following examples?

> *Il est parti le jour **où** tu as téléphoné.*
> *Tu te rappelles la première fois **où** tu l'as vue?*

Où can refer to time and translate as 'when'/'that', or not be translated at all. The sentences above could be translated as:

> He left on the day (that) you rang.
> Do you remember the first time (when) you saw her?

Look at Exercise 2. What examples of *où* can you find?

3 🎧 Écoute et note en français:
- où il/elle a fait son stage
- quand il/elle a fait son stage
- ses horaires de présence
- les transports utilisés

4 📖 Georges raconte son stage à la mairie (a–e).

a Le premier jour, **j'étais un peu nerveux. Je ne connaissais personne** et c'était un environnement différent. Je me suis présenté un peu en avance. Je suis resté avec la réceptionniste toute la journée. **Elle m'a expliqué** les responsabilités de chaque personne. J'ai distribué le courrier aux différents bureaux.

b Chaque jour, **j'étais dans un service différent. On m'a demandé de** classer des documents et de taper des lettres à l'ordinateur. **Un jour, j'ai accompagné la déléguée dans une école primaire** et un autre jour, j'ai accompagné le responsable en ville.

c **Il y avait une bonne ambiance.** Tout le monde était patient avec moi. **On m'a traité en adulte** et on m'a donné des responsabilités. **Je me suis senti utile** et ça m'a beaucoup plu.

d **Ma journée préférée**, c'était le vendredi parce qu'il y avait un mariage. Le matin, **j'ai aidé l'employé à préparer la salle** et les documents. L'après-midi, j'ai assisté à la cérémonie.

e **J'ai beaucoup appris pendant ce stage**; c'était très utile. Le stage m'a permis de découvrir le monde du travail. **Maintenant, je suis plus motivé au lycée** et je veux avoir de bonnes qualifications pour entrer dans la vie professionnelle.

a 📖 Trouve la ou les question(s) posée(s) à Georges pour chaque paragraphe.

1 Avec quels professionnels as-tu travaillé?
2 Qu'est-ce que tu as préféré?
3 On t'a confié beaucoup de responsabilités?
4 Comment s'est passée ta première journée de stage?
5 Est-ce que ce stage a été une expérience réussie pour toi?
6 À ton avis, ça vaut la peine de faire un stage?
7 Qu'est-ce que tu as fait exactement?
8 Est-ce que tu as aimé l'environnement de travail?

b 📖 Explique en anglais les phrases en gras dans le texte.

5 🎧 Mohamed et Bertrand parlent de leur stage. Réponds aux questions en français.

Mohamed
Qu'est-ce qu'il veut faire plus tard? **Il veut être médecin ou vétérinaire.**
Comment a-t-il trouvé son stage?
Comment voulait-il voyager?
Qui l'a aidé?

Bertrand
Où voulait-il faire son stage?
Pourquoi a-t-il été déçu?
Où a-t-il fait son stage?
Qui a trouvé son stage?

6 ✏️ Écris une présentation sur ton stage. Utilise le vocabulaire et les phrases des deux pages. Mentionne où tu as fait ton stage, quand, le travail que tu as fait, ton opinion à propos de ton stage, si tu veux faire ce travail à l'avenir et pourquoi (pas).

7a 📖 Tu lis ce message sur internet:

> Je cherche des métiers originaux loin du cliché "comptable derrière son PC". Quelqu'un a une idée?

Lis les réponses. À ton avis, quelles qualités faut-il avoir pour faire ces jobs?

1 Je suis tailleur. Je taille des costumes sur mesure. Je vais lancer ma propre griffe.
2 Je suis technicien son/lumière pour les spectacles. C'est un métier qui bouge et tu vis la fête d'une façon différente.
3 Je fais des reportages photos pour les agences de pub, des photos de mode, des photos pour des agences de presse.
4 Je suis lad-jockey. Je nourris les chevaux, je les panse, je nettoie leur box, j'entretiens les selles, je prépare les chevaux pour les courses.
5 Je suis médecin légiste. Ce métier consiste à examiner les morts pour découvrir comment ils sont morts et dans quelles circonstances.
6 Je suis conchyliculteur — mon travail consiste à élever et à récolter des coquillages.
7 Je suis luthier — je fabrique et je restaure les instruments à cordes frottées (violon, violoncelle) ou pincées (guitare).
8 Je suis éleveur d'escargots — j'élève des escargots pour participer à des concours.

b 💬 Tu aimerais faire un de ces jobs? Explique ta réponse.

4 On téléphone

1 a 🎧 Identifie les deux ou trois phrases (a–m) utilisées dans chaque conversation (1–5).

b 🎧 Écoute encore. Explique en français pourquoi on téléphone.

c ✏️ À deux, inventez des dialogues. Il y a deux scénarios différents:
- la personne appelée est là
- la personne appelée n'est pas là

On appelle

a Est-ce que je peux laisser un message pour…?

b Est-ce que vous pouvez me passer…?

c Je rappellerai en fin de journée.

d Est-ce que je pourrais parler à…?

e Je m'excuse de vous déranger.

f C'est…à l'appareil.

On répond

g Je suis désolé, ça ne répond pas.

h Vous voulez lui laisser un message?

i C'est de la part de qui?

j Ne quittez pas, je vous le passe.

k Voulez-vous me donner votre numéro de téléphone?

l Qui est à l'appareil?

m Est-ce que vous pouvez répéter?

2 📖 💡 Complète les dialogues avec la phrase appropriée. Lisez les dialogues à deux.

a Je me suis trompé(e) de numéro.

b C'est occupé.

c Vous avez laissé un message sur mon répondeur.

d Vous voulez patienter, ou vous préférez rappeler?

e Je vais essayer son portable.

1
— Allô? Est-ce que je pourrais parler à Carole, s'il vous plaît? C'est de la part de Myriam.
— Je suis désolée, mais il n'y a personne de ce nom ici!
— Oh, excusez-moi, ……..

2
— Allô? Mme Blanc à l'appareil. Est-ce que vous pouvez me passer M. Dupuis, s'il vous plaît?
— Oui, tout de suite… Ah, je suis désolée, ……..
Vous voulez lui laisser un message?
— Non, je dois lui parler, c'est urgent. ……..

3
— Allô? Je voudrais parler à Marc Valence, s'il vous plaît. C'est Jeanne Hostailler à l'appareil.
— Je suis désolé, mais sa ligne est occupée.……..

4
— Allô? M. Guitard? Bonjour, c'est Paul Fernand, du garage Peugeot, à l'appareil.……..
— Oui, merci de rappeler. Ma voiture est prête?

3 ✏️ 💡 À deux, inventez des conversations téléphoniques entre des personnes célèbres.
- Préparez les scripts par écrit.
- Jouez les scènes.

4 a 🎧 Les copains de David ont téléphoné pour lui parler. Sa mère a répondu au téléphone et a noté les messages pour lui. Écoute Martin, Rachid et Paul. Quel copain représente chaque numéro?

Ton ami (1) a appelé ce matin juste quand j'allais sortir. Il va partir en vacances à l'étranger. Il a dit qu'il allait rappeler ce soir vers 6 heures.

(2) a téléphoné. Je lui ai dit que tu allais regarder le match de foot au village ce soir, il te verra là-bas.

Tu as eu un appel de (3). Il voulait savoir si tu sortais ce soir. Rappelle-le chez lui avant 6 heures ce soir, STP.

b 📖 Il y a un autre appel pour David. Lis le script et écris le message pour David.

> — Allô? Est-ce que je pourrais parler à David, s'il vous plaît? C'est Lydia Ventoux, de l'agence pour l'emploi.
> — Je suis la maman de David. C'est à quel sujet?
> — Nous avons deux offres d'emploi pour votre fils. Est-ce qu'il peut passer à l'agence?
> — Écoutez, il va rentrer dans une demi-heure, mais moi je dois sortir… je vais lui laisser un message.

Point grammaire

Using *aller* (imperfect tense) + infinitive

Look at the bold verbs in the following examples:

*Ton ami a appelé juste quand **j'allais sortir**.*
*Il a dit qu'**il allait rappeler** ce soir.*

How would you translate them into English?

You have used the construction *aller* + infinitive (but with *aller* in the present tense) to refer to things that are about to or are going to happen. When *aller* is in the imperfect tense, the construction refers to things that *were* about to or *were* going to happen. Therefore, you should have translated the sentences above as:

> Your friend called just as **I was about to go out**.
> He said that **he was going to call back** this evening.

5 🎧 Pendant ton stage, tu écoutes les messages sur le répondeur automatique et écris les détails pour le patron. Pour chaque message, il faut noter: qui a téléphoné, la raison et le numéro qu'on a laissé.

Exemple: M. Lamartine a téléphoné. Il ne peut pas vous voir vendredi à 10 h 30. Pouvez-vous le rappeler avant jeudi? Son numéro de téléphone est le 05 88 13 91 40.

6 🎧 Écoute la conversation entre M. Fabiau et Mme Tricoire. Choisis la bonne réponse.

1 M. Fabiau téléphone à Charles pour…
  a …lui offrir une place de stage.
  b …lui offrir un petit boulot.
  c …lui laisser un message.

2 Charles est resté au studio…
  a …une semaine.
  b …un mois.
  c Ce n'est pas précisé.

3 M. Fabiau a apprécié Charles parce qu'il…
  a …s'intéresse beaucoup à la photo.
  b …a travaillé très dur.
  c …était toujours content.

4 M. Fabiau…
  a …cherche un assistant à temps partiel.
  b …cherche un employé pour les vacances.
  c …cherche quelqu'un à temps complet.

5 Mme Tricoire pense que pour Charles, le travail du lycée…
  a …doit avoir la priorité.
  b …est important, mais pas autant que la photo.
  c …sera un problème.

6 M. Fabiau demande…
  a …si Charles peut le rappeler.
  b …si Charles peut lui envoyer un mél ou un fax.
  c …s'il peut rappeler Charles.

❗ QUESTIONS CULTURE

- Le 112 est le numéro pour les appels d'urgence dans tous les pays de l'Union européenne.
- Les numéros de téléphone français ont dix chiffres. Le premier chiffre est toujours le 0 suivi de l'indicatif de la zone géographique. Paris + Île de France: 1, Nord-Ouest: 2, Nord-Est: 3, Sud-Est: 4, Sud-Ouest: 5.
  Un numéro à Paris: 01 33 41 58 76
  Un numéro à Perpignan: 04 68 94 32 83
- Dans beaucoup de pays francophones, les numéros d'urgence sont composés de trois chiffres. On peut donc se les rappeler facilement. En Tunisie, il faut composer le 197 pour la police, le 190 pour les services médicaux et le 198 pour les pompiers. En Belgique, on utilise le 101 pour la police et le 100 pour les ambulances et les pompiers. En Martinique, on a le 15, le 18 et le 17 pour les appels d'urgence.
- Tu connais les numéros d'urgence dans ton pays pour: la police, les pompiers, une ambulance?

5 On parle de l'argent

✔ Talk about pocket money
✔ Revision of direct and indirect object pronouns
✔ Using two object pronouns together

1 📖 Lis le texte. Réponds aux questions.

> L'argent de poche, faut-il en donner? Quand et combien? Trop ou pas assez?

> Voici des chiffres qui pourront aider les parents avec leur décision.

> Combien reçoivent-ils par an?
> – De 6 à 9 ans   100 €
> – 10 à 11 ans   117 €
> – 12 à 13 ans   163 €
> – 14 à 16 ans   225 €
> – 17 à 18 ans   422 €

> Qui reçoit de l'argent?
> – 50% des 8 à 10 ans
> – 70% des 11 à 17 ans

> En plus de cet argent de poche, les jeunes reçoivent de l'argent pour leur anniversaire, pour Noël, pour des services rendus et pour de bon résultats scolaires.

a Explique en anglais toutes les questions posées dans le texte.

Exemple: *Faut-il en donner? → Should some (pocket money) be given?*

b Explique en anglais ce que représentent ici les chiffres 50% et 70%.

c Quand est-ce que les jeunes reçoivent de l'argent en plus de leur argent de poche?

2 📖 Lis et réponds aux questions en français.

> **a** Je reçois 20 € toutes les deux semaines.

> **b** Moi, on me donne 10 € tous les quinze jours, mais j'ai un petit boulot, donc je gagne aussi.

> **c** Ma mère n'a pas beaucoup d'argent, donc je ne lui demande pas d'argent de poche.

> **d** Mon père est au chômage, je n'ai que 10 € par mois. Mais je gagne pas mal en faisant du baby-sitting.

> **e** Moi, j'ai 35 € par mois. Mes parents me donnent 25 € et mes grands-parents 10 €.

1 Qui a le plus d'argent de poche? Combien par mois?

2 Qui en a le moins? Pourquoi?

3 Qui se débrouille pour avoir plus d'argent? Comment?

3 🎧 Écoute Matthieu, Arnaud et Henri et choisis les deux phrases correctes pour chacun.

1 Il n'a jamais reçu d'argent de poche.

2 Il a plus d'argent que son frère.

3 On lui donne de l'argent pour les occasions spéciales.

4 En plus de son argent de poche, il gagne 50 € par mois.

5 Il est satisfait de son argent de poche.

6 Il voudrait être financièrement indépendant.

4 📖 Lis les textes.

> Ma mère et mon beau-père me donnent 10 € toutes les semaines, et mon père me paie beaucoup de choses. Il me les achète le week-end, quand on est ensemble. Et je travaille le samedi matin, on me paie bien. L'argent que je gagne, je le mets de côté, et avec ces économies, je m'achète des choses importantes, comme ma guitare. L'argent qu'on me donne, j'en dépense une partie et l'autre partie je l'économise. J'essaie d'économiser 20 € par mois.

Brieuc

> Chez moi, ma mère est la seule à travailler. Elle me donne 20 € par mois. En général, je les dépense. J'adore faire du shopping, alors 20 €, c'est vite parti! Je voudrais bien avoir un petit job, mais ma mère compte sur mon aide à la maison. Heureusement, je reçois aussi 10 € de ma grand-mère. Ceux-là, je les mets toujours de côté pour leur acheter des cadeaux de Noël à toutes les deux. Ma mère voulait des boucles d'oreille, et je lui en ai acheté avec mes économies.

Gabi

Corrige les phrases qui sont fausses.

1 Brieuc reçoit de l'argent régulièrement.

2 Il économise tout son argent.

3 Il a acheté sa guitare avec l'argent qu'il a gagné.

4 Gabi reçoit moins de 20 € par mois.

5 Gabi va acheter des boucles d'oreille pour sa mère.

6 Gabi doit aider sa mère à la maison.

Point grammaire

Revision of direct and indirect object pronouns

Look at this example of a direct object pronoun:

Je travaille pour mon oncle, je l'aide.

Here is an example of an indirect object pronoun:

*Brieuc? Son beau-père **lui** donne 10 €.*

Translate the sentences into English, and work out which words the pronouns replace in each instance.

What is the difference between direct and indirect object pronouns?

*Je travaille pour mon oncle, j'aide **mon oncle**.* (direct object)

*Brieuc? Son beau-père donne 10 € **à Brieuc**.* (indirect object)

5 📖 Lis les questions. Choisis la bonne réponse pour chaque question.

Huit questions sur l'argent de poche.

1 Comment reçois-tu ou gagnes-tu ton argent de poche?
2 Tu reçois de l'argent quand tu aides à la maison?
3 Tu reçois une récompense quand tu as un bon bulletin?
4 Tu trouves que tu as suffisamment d'argent?
5 Qu'est-ce que tu fais avec ton argent?
6 Est-ce que tu reçois de l'argent pour ton anniversaire ou à Noël?
7 Tu recevais de l'argent quand tu étais plus petit(e)?
8 Comment as-tu dépensé ton argent récemment?

a Oui, si j'ai de bonnes notes, je reçois 50 €.
b Mes parents versent chaque mois 20 € sur mon compte en banque.
c Quand j'avais 7 ans, ma mère me donnait quelques euros chaque semaine.
d Non, je n'ai pas assez pour mes sorties et pour payer mon portable.
e Je sors avec mes copains, je paie mon GSM.
f J'ai acheté un cadeau pour ma copine et je suis allée au cinéma.
g Oui, j'en reçois pour mon anniversaire, de mes parents et de ma grand-mère.
h Oui, je dois faire des choses comme la vaisselle ou le ménage.

6 🎧 a) Être riche, ça veut dire quoi? b) Est-ce qu'il faut être riche pour être heureux? Écoute ces dix réponses. On a posé question a) ou question b)?

7 ✏️ 💬 Selon toi, être riche, ça veut dire quoi? Est-ce qu'il faut être riche pour être heureux? Réponds à ces deux questions et partage tes réponses avec le reste de la classe.

8 ✏️ 💬 Prépare des réponses aux questions et fais une petite présentation pour ta classe.

Et si tu étais riche?

- Qu'est-ce que tu achèterais pour toi-même, pour ta famille, pour tes amis?
- À qui offrirais-tu de l'argent?

Point grammaire

Using two object pronouns together

Look at these sentences:

*Mon père **me** paie beaucoup de choses. Il **me les** achète le week-end…*

*Ma mère voulait des boucles d'oreille, et je **lui en** ai acheté…*

When two pronouns are needed in the same sentence, they are both placed before the verb. But in which order? Look at the examples above. Do indirect object pronouns always come first? What happens if a reflexive pronoun is used?

Deciding in which order to use pronouns can be difficult, but this table should help.

me te se nous vous	le la les	lui leur	y	en

⚠️ **QUESTIONS CULTURE**

- On sait qu'on utilise l'euro dans beaucoup de pays européens. Mais as-tu entendu parler du franc CFA? C'est la monnaie de six pays en Afrique, y compris trois pays francophones: le Cameroun, le Tchad et le Gabon. Fais des recherches sur internet pour en savoir plus sur cette monnaie.
- Tu connais la devise du Maroc, de l'Algérie, d'Haïti, des Seychelles, de Madagascar, du Québec? Voici les réponses. À toi de les découvrir!

> le dirham   le gourde   l'ariary
> le dollar canadien   la roupie   le dinar

Paper 1: listening

In the task below, you hear three extracts of between 100 and 120 words each. They are part of the same interview.

The accompanying questions test your understanding of authentic spoken language and your ability to recognise points of view, emotions and attitudes. You should expect to have to draw conclusions from what you hear.

There are three questions for each recorded extract or section of the interview. The task is set out below in its entirety and sample answers are given for the first three questions. Full-sentence answers are not needed.

Points to remember

- You hear the three extracts through once, with pauses built into the recordings *before and after* each extract is played.

- You then hear the three extracts (with the same pauses) a second time, and there is an additional pause *at the end of the final extract*.

- You can expect the recorded extracts to follow the order of the questions.

- The extracts may contain an extensive range of language, verb tenses and structures, with sentences getting longer and more complex.

Vous allez entendre, deux fois, une interview avec Hakim, qui parle de ses études de médecine et explique les raisons de ses choix. Pendant que vous écoutez l'interview, répondez aux questions **en français**. Il y a deux pauses dans l'interview. Vous avez d'abord quelques secondes pour lire les questions.

1 Qu'est-ce qu'Hakim a fait à l'âge de dix-huit ans?

Un stage dans un hôpital. .... **[1]**

2 Qu'est-ce qu'il a fait pour être utile?

Passé l'après-midi avec une vieille dame malade. .... **[1]**

3 Pourquoi a-t-il fait cela?

Elle était seule. .... **[1]**

[PAUSE]

4 Comment Hakim s'est-il habitué au monde médical? .... **[1]**

5 Quand a-t-il décidé de devenir médecin? ..... **[1]**

6 Comment le métier de médecin est-il représenté dans les émissions de téléréalité?

.... **[1]**

[PAUSE]

7 Pourquoi les stages sont-ils importants? ...... **[1]**

8 Qu'est-ce qu'Hakim conseille aux jeunes qui cherchent une place de stage? .... **[1]**

9 D'après Hakim, pourquoi le métier de médecin est-il si dur? .... **[1]**

[Total: 9]

Tips for success

You should:

- respond concisely and clearly – the trick is often to find a way to express fairly complex ideas using simple French words

- be as accurate as possible in your phrasing and spelling, even though the accuracy of your French is *not* assessed in the listening paper; inaccuracies must not lead to ambiguity or prevent communication

Worked example

- Listen to the first section of Hakim's interview and look at the answers provided for questions 1–3. Would you have given appropriate responses?

- Look at the script. How much did you understand, and/or what made it difficult for you to answer appropriately?

Int Bonjour Hakim … vous êtes étudiant en médecine à Lausanne, c'est bien ça?

H Oui. Mais je suis en train de faire un stage.

Int C'est votre premier stage?

H Oh non! Mon premier stage, je l'ai fait alors que je n'avais que dix-huit ans! J'ai passé une semaine à l'hôpital de ma ville.

Int C'est utile, un stage dans un hôpital, à cet âge-là?

H Bien sûr, médicalement, je n'étais pas compétent. Mais personnellement, ça m'a beaucoup apporté, et je crois que j'ai été utile aux autres aussi.

Int Pouvez-vous expliquer?

H J'avais du temps à consacrer aux malades. Je me souviendrai toujours de la vieille dame malade avec qui j'ai passé l'après-midi, alors qu'elle était seule à l'hôpital le jour de Noël.

- Listen to the second section of the interview. Try to decide which answers could be acceptable and which would probably be rejected. Can you explain why? (Use the script if you need to.)

4 beaucoup de contacts/toujours des contacts avec le monde médical/père d'Hakim est docteur/ son père a beaucoup de contacts/a toujours eu des contacts avec le monde médical/son père a choisi la même profession

5 toujours/quand il était petit/après son premier stage/à l'école primaire/plus tard/quand ses parents ont dit

6 mal représenté/rien dans les images/les émissions de téléréalité sont sensationnelles/ ces émissions veulent la sensation/dans la téléréalité le métier de médecin est sensationnel/ la téléréalité donne une image fausse du métier/ dans la téléréalité le métier n'est pas dur

Script for the second section

Int Pourquoi vous êtes-vous orienté vers la médecine?

H J'ai toujours eu des contacts avec le monde médical, car mon père avait choisi cette profession avant moi. Depuis l'école primaire, je rêve d'être médecin. Mes parents m'ont toujours dit que je verrais plus tard, quand je serais plus âgé, mais moi j'ai toujours su que c'était le meilleur métier du monde. Je n'ai jamais changé d'ambition. Mon premier stage, qui était un test pour moi, a fini par me convaincre.

Int Diriez-vous que c'est un métier dur?

H Tout à fait. Cela n'a rien à voir avec l'image qu'on en donne dans les émissions de téléréalité, par exemple, dont le seul but est de faire sensation.

- Now do the rest of the task.

Tips for success

- You can often rephrase what you have heard to give a satisfactory answer, using simpler words – e.g. Q4: *père d'Hakim est docteur*).

- You must give sufficient information to answer the questions, but you must not be tempted to write down everything you have heard – e.g. Q4: *Il ne voulait pas laisser la vieille dame, parce qu'elle était seule le jour de Noël*, which is a full, detailed response, but provides many more opportunities for inaccuracies.

Vocabulaire

Tu as un petit boulot?   Have you got a part-time job?

J'ai un petit boulot/un petit job.   I have a part-time job/a small job.
Je travaille à temps partiel/à plein temps.   I work part time/full time.
Je n'ai pas de petit boulot en ce moment.   I do not have a job at the moment.
Je travaille...   I work...
   ...au bureau d'accueil/comme plongeur(euse).   ...at the reception desk/as a washer-up.
   ...dans une grande surface/pour mon oncle.   ...in a hypermarket/for my uncle.
   ...3 heures/deux fois par semaine/tous les samedis matin/pendant les grandes vacances.   ...3 hours/twice a week/on Saturday mornings/during the summer holidays.
Je distribue les journaux.   I have a paper round.
J'aide des personnes handicapées.   I help disabled people.
Je travaille pour une œuvre caritative.   I work for a charity.

On cherche du travail   Looking for work

On cherche (d'urgence)...   We are (urgently) looking for...
   ...serveurs/vendeurs/caissiers.   ...waiters/sales assistants/till operators.
bonne présentation/expérience nécessaire   smart appearance/experience necessary
connaissance de langues   knowledge of languages
expérimenté(e)/disponible immédiatement   experienced/available immediately
   prêt(e) à voyager/qualifié(e)/ayant permis de conduire   ready to travel/qualified/with a driving licence
travail saisonnier/immédiat/varié   seasonal/immediate/varied work
Envoyez une lettre de motivation.   Send a letter of application.
Adressez-vous à.../Présentez-vous à...   Apply to.../Apply in person to...
Précisez vos diplômes.   Give details of your qualifications.

Avantages et inconvénients   Advantages and disadvantages

Le patron/la patronne (n')est (pas)...   The boss is (not)...
   ...généreux (-euse)/exigeant(e)/sympathique.   ...generous/demanding/friendly.
C'est/Ce n'est pas...   It is/It is not...
   ...dur/fatigant/enrichissant/frustrant/monotone.   ...hard/tiring/rewarding/frustrating/monotonous.
On travaille...   You work...
   ...dans un environnement calme/avec le public/en plein air.   ...in a quiet environment/with the public/outside.
   C'est un travail qui...   This work...
   ...(ne) donne (pas) beaucoup de satisfaction.   ...gives (does not give) a lot of satisfaction.
Ça permet...   It allows you...
   ...d'être indépendant(e).   ...to be independent.
   ...de gagner un peu plus d'argent.   ...to earn a little more money.
   ...de rencontrer des gens nouveaux.   ...to meet new people.
   ...de travailler en équipe.   ...to work in a team.

Le stage en entreprise   Work experience

J'ai fait un stage en entreprise du...au...   I did my work experience from...to...
J'ai organisé mon stage moi-même.   I organised my placement myself.
Le conseiller/la conseillère d'orientation...   The careers adviser...
   ...m'a aidé(e) à organiser mon stage.   ...helped me to organise my placement.
   ...m'a aidé(e) à trouver un stage dans.../chez...   ...helped me to find a placement in.../at...
J'ai envoyé une lettre au/à la...   I sent a letter to the...
   ...chef du personnel/directeur (-trice)/responsable.   ...head of HR/manager/person in charge.
J'ai dû passer un entretien.   I had to go for an interview.
J'ai aidé.../J'ai observé...   I helped.../I observed...
On m'a appris à.../demandé de...   They taught me to.../asked me to...

C'est une bonne idée? Is it a good idea?

Ça apprend à être responsable. It teaches you to be responsible.
Ça permet de découvrir le monde du travail. It allows you to find out about the world of work.
Ça prépare à la vie professionnelle. It prepares you for your working life.
J'ai aimé faire quelque chose de pratique. I enjoyed doing something practical.
On peut voir si on aimerait faire ce métier plus tard. You can see whether you'd like to do that job later.
On rencontre des gens différents. You meet different people.
Ça (ne) m'a (pas) beaucoup plu. I enjoyed it (I did not enjoy it) a lot.
C'est une perte de temps. It is a waste of time.

Au téléphone On the telephone

C'est…à l'appareil. It's…calling.
Est-ce que je peux/pourrais… Can I…/Could I…
…laisser un message pour/parler à…? …leave a message for/speak to…?
Est-ce que vous pouvez me passer…? Can you put me through to…?
Je m'excuse de vous déranger… I am sorry to trouble you…
Je me suis trompé(e) de numéro. I have got the wrong number.
Je vais essayer son portable. I am going to try her/his mobile.
Il/Elle a laissé un message sur mon répondeur. He/She left a message on my answer phone.
Qui est à l'appareil?/C'est de la part de qui? Who is calling?/Who (shall I say) is calling?
Je suis désolé(e), ça ne répond pas/c'est occupé. I am sorry, there is no reply/it is engaged.
Voulez-vous… Would you like to…
…lui laisser un message?/patienter?/rappeler plus tard? …leave her/him a message?/hold?/call again later?
Ne quittez pas, je vous le/la passe. Hold the line, I'll put you through.
Pour appeler un numéro d'urgence, il faut faire le… To call an emergency number, you must dial…

Tu as de l'argent? Have you got any money?

Je ne gagne pas beaucoup. I do not earn much.
Je suis assez/très bien/mal payé(e). I am quite/very well/poorly paid.
Je gagne…/On me donne… I earn…/they give me…
…6 livres par heure. …6 pounds an hour.
Je reçois des pourboires. I get tips.
Mes parents me donnent de l'argent de poche/versent x € sur mon compte en banque. My parents give me pocket money/pay x € into my bank account
Je reçois de l'argent de mes grands-parents. I get money from my grand-parents.
Je ne reçois pas d'argent de poche. I do not get any pocket money.
Je (ne) reçois (que) x livres… I (only) get x pounds…
…par semaine/tous les mois/tous les quinze jours. …per week/every month/every fortnight.
…une fois par mois/pour les occasions spéciales. …once a month/for special occasions.
Je reçois une récompense si… I get a reward if…
…j'ai de bonnes notes/un bon bulletin scolaire. …I have good marks/a good school report.
Je suis toujours fauché(e). I am always broke.

Avec l'argent que je gagne/que je reçois… With the money I earn/I get…

J'achète/Je me paie des CD/du maquillage. I buy/I pay for CDs/make-up.
Je dépense tout mon argent. I spend all my money.
J'en dépense une partie. I spend some of it.
Je (ne) gaspille (pas) mon argent. I (do not) waste my money.
J'économise x livres par mois. I save up x pounds per month.
Je fais des économies pour… I save up to/for…
Je mets de l'argent de côté pour… I put money aside for/to…

Notre environnement

1 Les problèmes écologiques dans le monde

1a 📖 Regarde la carte et lis les informations. On parle d'où? Fais des paires correctes.

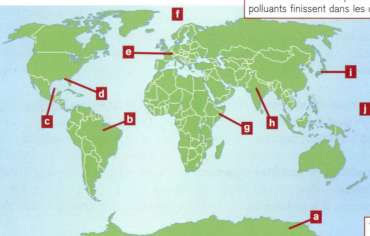

1 Katrina: en août 2005, l'ouragan Katrina a fait plus de mille morts dans le sud des États-Unis et détruit des centaines de maisons.

2 La vague de chaleur de l'été 2003 a fait des dizaines de milliers de morts sur le Vieux Continent, 14 000 victimes en France.

3 Juillet 2011: la famine est pire en Afrique de l'est après les récentes sécheresses et plus de 12 millions de personnes ont besoin d'aide.

4 Avril 2010: 780 millions de tonnes de pétrole à la mer. L'explosion d'une plate-forme pétrolière offshore à l'origine de la marée noire qui pollue le Golfe du Mexique.

5 Bhopal (Inde, 1984): cette catastrophe de l'industrie chimique a fait plus de 2 800 morts et affecté plus de 20 000 personnes.

6 Plusieurs espèces de poissons menacées de disparition par la surpêche, et chaque année des millions de tonnes de produits polluants finissent dans les océans.

7 2009: au-dessus de l'Antarctique, le trou dans la couche d'ozone fait plus de 24 millions de kilomètres carrés.

8 Tous les 10 ans depuis 1980, l'Arctique a perdu environ 10% de sa couche de glace permanente.

9 La destruction de la forêt amazonienne, "poumon de la planète", continue. La forêt abrite 30% des espèces animales et végétales de la planète.

10 Mars 2011: accident nucléaire de Fukushima au Japon, suite au tsunami provoqué par un séisme.

b 📖 Classe les événements en trois catégories:
- les changements climatiques
- la pollution
- la disparition des ressources naturelles

c 📖 Trouve et note les expressions françaises pour:
- the destruction of the rainforest
- an oil slick
- famine
- endangered species
- a heat wave
- the hole in the ozone layer

2a 📖✏ Sur des sites français d'internet, cherche un exemple supplémentaire de problème pour chaque catégorie de l'exercice 1b. (Pour commencer la recherche, utilise des expressions-clé de l'exercice, comme "changements climatiques"/"marée noire" etc.) Prends des notes, puis écris une ou deux phrases sur chaque problème.

b ✏💬 À deux, comparez vos notes et préparez un résumé des points essentiels de vos deux recherches.

c 💬 Présentez votre travail aux autres étudiants de la classe.

3 📖 Lis le texte.

Le réchauffement de la planète est un phénomène indéniable. Au siècle dernier, la température moyenne du globe s'est élevée de 0,6º à 0,8º. Aux pôles nord et sud, et en montagne, la glace fond et disparaît. Le niveau des mers monte. Certaines régions de la planète sont de plus en plus affectées par les cyclones; d'autres, par la sécheresse.

La majorité des scientifiques sont d'accord: la principale cause du réchauffement est l'activité humaine. Depuis 50 ans, la population mondiale a plus que doublé, et l'industrialisation s'est accélérée: l'homme produit de plus en plus de gaz à effet de serre.

Selon les experts du GIEC*, le principal facteur polluant est l'électricité (à cause des méthodes employées pour la produire), puis les transports, l'industrie et le bâtiment. C'est pourquoi les scientifiques demandent aux pays riches de réduire leurs émissions de gaz à effet de serre, pour diminuer les dangers qui menacent d'abord et surtout les pays les plus pauvres.

*GIEC	IPCC
(Groupe intergouvernemental sur l'évolution du climat)	(Intergovernmental Panel on Climate Change)

a Trouve et note les expressions françaises pour:
- global warming
- greenhouse gases
- reduce greenhouse gas emissions

b Maintenant réponds aux questions.

1 Quelles sont les conséquences du réchauffement de la planète? Trouve quatre exemples dans le texte.
2 Quand le réchauffement de la planète a-t-il commencé à s'accélérer?
3 Pourquoi? Donne les deux raisons citées dans le texte.
4 D'après les experts, quels sont les facteurs qui contribuent le plus au réchauffement de la planète? Pourquoi?
5 D'après le texte, qui est le plus en danger sur la planète?

4 📖 Fais des paires correctes. (Pour certaines phrases, il y a plus d'une solution!)

1 Si les pays riches diminuaient leurs émissions de gaz...
2 Si la glace ne fondait pas aux pôles nord et sud...
3 Sans le réchauffement de la planète...
4 Sans les activités de l'homme...

a ...il y aurait moins de cyclones.
b ...les pays pauvres seraient moins menacés.
c ...le niveau des mers monterait moins.
d ...il y aurait moins de gaz à effet de serre.

5 🎧 Quels sont les quatre aspects mentionnés?

a l'agriculture dans les pays pauvres
b la pollution de l'air et de l'eau
c le manque d'eau pour les populations
d la disparition des glaciers
e le réchauffement de la planète
f la disparition des espèces

Point grammaire

The conditional

The conditional is used to say 'would':

*En voiture, j'**arriverais** plus vite.*
I **would get there** more quickly by car.

*Nous **aimerions** vous voir.*
We **would like** to see you.

The conditional is formed by adding the imperfect tense endings to the infinitive of a verb. Verbs that are irregular in the future tense are also irregular in the conditional – for example:

je voudrais	I would like
nous serions	we would be
elle irait	she would go
j'aurais	I would have

Now look at these sentences:

Si j'avais le temps, je voyagerais.
If I had the time, I would travel.

Si elle étudiait un peu plus, elle réussirait son examen.
If she studied a bit harder, she would pass her exam.

The conditional is used to say what would happen if a certain condition were fulfilled.

2 La pollution et le problème des ressources

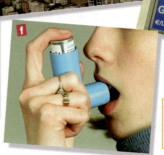

1a 🎧 Des journalistes parlent de la pollution de l'air à la radio. Dans quel ordre (1–6) mentionnent-ils les différents aspects a–f?

BULLETIN DE LA QUALITE DE L'AIR
BUL'DAIR

une usine	factory
le plomb	lead

b 🎧 Écoute encore. Pour chaque aspect mentionné, note un détail supplémentaire.

2a 📖 Lis les textes qui accompagnent les photos.

1 154 milliards de litres d'eau minérale en bouteille ont été consommés dans le monde en 2004, surtout dans des pays où l'eau du robinet ne représente pas de danger pour la santé. Cette consommation excessive épuise les réserves naturelles. Pour fabriquer les bouteilles, on utilise 2,7 millions de tonnes de plastique par an. Puis il y a l'emballage (plastique et carton), le transport, le recyclage ou la destruction. Une bouteille jetée prendra entre 500 et 1 000 ans pour disparaître. Brûler une bouteille donne des produits toxiques.

2 Plus de 800 millions de voitures circulent chaque jour sur la planète. Les Européens utilisent leur voiture pour 80% des kilomètres qu'ils font, et très souvent pour des petites distances. En France, 27% des émissions de gaz à effet de serre sont causés par les transports. Chaque année des millions de voitures arrivent en fin de vie. Aucune n'est entièrement recyclable. Si la demande n'augmente pas, les réserves mondiales de pétrole seront adéquates pour 40 ans de plus.

3 Il n'a jamais été aussi facile d'acheter un bouquet bon marché: station-service, supermarché, internet… Venues d'Asie, d'Afrique, d'Amérique du Sud ou d'ailleurs, les fleurs que nous offrons ont souvent fait des milliers de kilomètres en avion. Pour être belles, elles consomment des pesticides, boivent de l'eau dans des pays où parfois l'eau est limitée, grandissent dans des serres chauffées 24 h/24. Pour la Saint-Valentin 2004, l'Europe a importé 50 millions de tonnes de fleurs du Moyen-Orient (20 avions cargo).

épuiser	to exhaust
jeter	to throw (away)
le pétrole	oil

Réponds aux questions.

1 Quels pays consomment le plus d'eau minérale?
2 Que fait-on des bouteilles vides?
3 Quelles sont les conséquences?
4 Utilise-t-on beaucoup les transports en commun en Europe? Explique.
5 Le recyclage des voitures est-il possible?
6 Que sait-on des réserves de pétrole dans le monde?
7 Pourquoi est-il plus facile d'acheter des fleurs maintenant?
8 Quelles sont les conséquences pour l'environnement et pour la santé?

b Trouve et note les expressions françaises pour:
- none is entirely recyclable
- a health hazard
- excessive consumption is exhausting natural reserves
- packaging

c What do the following figures refer to?
- 154 billion
- 800 million
- 50 million
- 0%
- 27%
- 1,000 years

3 Lis les phrases 1–6 dans la grille. C'est la voiture, les fleurs ou la bouteille d'eau minérale?

	La bouteille d'eau minérale	Le bouquet de fleurs	La voiture
Exemple: 1 Son utilisation n'est pas toujours raisonnable.	✓		✓
2 Ça utilise des ressources naturelles qui sont limitées.			
3 Ça pose des problèmes écologiques et de recyclage.			
4 Ça contribue à la production de gaz à effet de serre.			
5 C'est souvent produit dans des pays pauvres.			

4 Regarde les images et lis les renseignements donnés.

1 Des fraises toute l'année

Royaume-Uni: 20% des fraises sont importées

1 tonne importée du Moyen-Orient = 4,5 tonnes CO_2

(1 tonne produite au Royaume-Uni en saison = 20 kg CO_2)

Litres d'eau?/Produits chimiques?

Emballage

2 Meubles de jardin en bois tropical

Forêts: des millions d'arbres en moins dans le monde chaque année

Forêts tropicales: espèces rares menacées (Asie du Sud-Est: orangs-outans, tigres…)

1/10e commerce mondial du bois = illégal

Transport, emballage

a Choisis un des produits (1 ou 2). À partir des renseignements donnés, écris un petit paragraphe pour expliquer la situation et les problèmes. Tu peux aussi chercher des renseignements supplémentaires sur internet.

b Choisis un produit qui t'intéresse. Cherche des renseignements sur internet, dans un livre ou dans un magazine et prends des notes. Puis écris un paragraphe pour expliquer le problème. Si possible, illustre avec une photo.

c Lis ton paragraphe aux autres étudiants de ta classe, et écoute les autres étudiants. Fais une liste des problèmes mentionnés. Lequel te paraît le plus grave? Pourquoi?

3 Le tourisme et l'environnement

1a 📖 Trouve le paragraphe a–f qui correspond à chaque titre 1–6.

> 1 Avec 75 millions de touristes par an, la France est la première destination touristique du monde.
> 2 À l'Alpe d'Huez, 250 kilomètres de pistes et 785 canons à neige garantissent le ski d'octobre à avril.
> 3 À Paris en été, on peut voir des centaines de cars de tourisme près des sites touristiques.
> 4 L'île grecque d'Antiparos, 35 km², reçoit 10 000 touristes chaque été, soit dix fois sa population.
> 5 Au Kénya, les recherches montrent que le tourisme a un impact sur la faune.
> 6 Le tourisme a profondément affecté l'environnement et le mode de vie des habitants du Népal.

a Pour fabriquer la neige artificielle, on crée des lacs artificiels, ou on prend l'eau dans les lacs voisins. L'environnement est modifié. Et les canons sont bruyants et gourmands d'électricité.

b Les gens qui cultivaient les champs ou gardaient les troupeaux de yacks sont maintenant guides touristiques. Le Sherpa Anu a ouvert un bar-restaurant avec télévision satellite. Sa femme regarde des films, lui le cricket.

c Les véhicules hors routes dérangent les habitudes des animaux, et la présence de restaurants modifie le régime alimentaire des oiseaux et autres animaux, qui mangent les déchets.

d Pour recevoir les touristes, la côte méditerranéenne est devenue une suite de stations touristiques, de parkings et de ports de plaisance (souvent utilisés quelques semaines par an seulement).

e En été on manque d'eau, il y a des bouteilles en plastique et des détritus sur les plages. Plusieurs touristes ont acheté une maison sur l'île, et les maisons sont maintenant trop chères pour les gens locaux.

f Pendant que les touristes visitent les bâtiments, les chauffeurs laissent les moteurs en marche pour maintenir la climatisation. À leur retour, les touristes retrouvent un véhicule frais et confortable.

b 🏯 Relis les textes a–f. Décide si ces phrases sont vraies ou fausses. Justifie tes décisions en donnant un exemple des textes.

Exemple: Le tourisme affecte les plages, mais pas les régions montagneuses.

FAUX: on crée des lacs artificiels pour fabriquer de la neige

1 Pendant la saison touristique, la pollution est toujours pire.
2 L'impact du tourisme sur une région visitée n'est que temporaire.
3 Les touristes font tout ce qu'ils peuvent pour protéger les animaux.
4 Le tourisme cause des problèmes liés à la consommation d'eau.
5 Le confort des touristes passe avant les considérations de pollution.

c 💬 Discutez à deux en français:

- Quel problème évoqué dans l'exercice 1a est le plus grave? Pourquoi?
- Vous connaissez un exemple semblable? Expliquez!

2a 🎧 Trois personnes discutent du tourisme de masse. Qui exprime ces opinions?

a Le tourisme de masse est une source d'emploi.
b L'environnement souffre à cause de l'industrie du tourisme.
c Les touristes sont indifférents à la culture du pays qu'ils visitent.
d Les visiteurs ne respectent pas l'environnement local.
e Le tourisme, c'est bon pour l'économie d'un pays.
f Les touristes passent leurs vacances dans un environnement artificiel.

b 🎧 Écoute encore et note des détails plus spécifiques.

3 📖 Lis le texte sur le tourisme solidaire.

De plus en plus de gens réalisent que le tourisme peut avoir un impact négatif. Pour certains, passer des vacances dans un endroit où l'eau, pourtant rare, sert à remplir les piscines des hôtels, ou à arroser des terrains de golf est devenu intolérable. Ils ne veulent plus nuire à l'environnement. Alors ils cherchent une formule plus satisfaisante.

Ils veulent découvrir la nature et avoir des contacts avec la population locale, mais ils sont déterminés à les respecter. Ils veulent se sentir utiles au pays visité. Ils souhaitent que toute la population profite de l'argent du tourisme, pas seulement une minorité. Ils pensent que les gouvernements et les opérateurs touristiques sont également responsables de la détérioration de l'environnement et des cultures locales.

se sentir	to feel
souhaiter	to wish
nuire	to harm
gaspiller	to waste

a Trouve et corrige les trois phrases fausses.

1 Tout le monde a toujours su que le tourisme avait des conséquences négatives.
2 Dans un hôtel de luxe, un touriste consomme beaucoup d'énergie et de ressources naturelles.
3 Un certain nombre de touristes sont décidés à changer leurs habitudes.
4 Les touristes solidaires ne s'intéressent pas aux habitants du pays qu'ils visitent.
5 Le tourisme solidaire a le profit pour objectif principal.
6 Les touristes ne sont pas les seuls responsables du gaspillage.

b Est-ce que tu peux expliquer l'expression "tourisme solidaire" en anglais?

4 💬 Et toi? Quelle sorte de touriste es-tu?
● Comment voyages-tu quand tu pars en vacances?
● Ton voyage a beaucoup d'impact sur l'environnement? Explique. Est-ce que c'est un problème pour toi?
● Quand tu visites un pays étranger, qu'est-ce qui t'intéresse?
● En vacances, est-ce que tu respectes l'environnement? Donne un exemple.
● As-tu remarqué des problèmes écologiques là où tu vas en vacances? Explique.

Point grammaire

Indefinite adjectives and pronouns

Look at these examples:

***Certains** touristes ne respectent pas l'environnement.*
Some tourists do not respect the environment.

***Plusieurs** touristes ont acheté une maison.*
Several tourists have bought a house.

Certains and *plusieurs* are called indefinite adjectives because they add an unspecified value to the noun.

Other examples of indefinite adjectives are *chaque* (each), *autre(s)* (other) and *quelque(s)* (some).

An indefinite pronoun can be used instead of an indefinite adjective and noun, for example:

***Certains** ne respectent pas l'environnement.*
Some do not respect the environment.

***Plusieurs** ont acheté une maison.*
Several have bought a house.

Other examples of indefinite pronouns are *d'autres* (others), *quelqu'un* (someone) and *quelque chose* (something).

❗ QUESTIONS CULTURE

Le transport de l'avenir?

L'Airbus A380, vous connaissez? Création européenne, cet avion de 500 à 800 passagers est peu bruyant. Sa consommation en carburant et ses émissions de CO_2 sont comparables à celles d'une voiture de taille moyenne. Il transporte plus de passagers avec moins de vols! (Voir photo page 89 et sur internet.)

● Qu'est-ce que tu penses de cet avion? Pourquoi?
● Cet avion est bon pour l'environnement et la planète? Pourquoi?
● Tu aimerais voyager dans cet avion? Explique.

5 a ✏️ Fais deux listes:
● les aspects positifs du tourisme (par exemple *l'industrie du tourisme emploie des millions de personnes*)
● les aspects négatifs du tourisme (par exemple *le tourisme de masse menace la nature*)

b ✏️ À ton avis, quel problème est le plus grave? Pourquoi?

4 Ton environnement local, c'est comment?

1 📖 🖊 Lis les textes. Pour chacun, écris deux remarques positives et deux remarques négatives.

1 Mes parents ne peuvent pas se payer une maison. Alors nous habitons dans une HLM en ville. Ce n'est pas très joli, mais le loyer n'est pas trop élevé. L'appartement n'est pas mal, mais l'immeuble est vieux. On a une ligne de chemin de fer à 100 mètres, avec des trains jour et nuit.

2 Nous avons une maison jumelée en banlieue, à 5 minutes des commerces. On a un parc pas loin, mais on a une route au bout du jardin, et aux heures d'affluence, le bruit et la pollution sont insupportables. Dans le quartier il y a quelquefois du vandalisme. Pour aller en ville, il y a le bus, mais le soir ce n'est pas très recommandé.

3 Nous avons une maison individuelle à la campagne. Si on aime l'espace, c'est bien, je suppose. Mais pour nous, les jeunes, il n'y a rien. Les transports en commun? Inexistants! Si en ville on est gênés par le bruit des voisins, ce n'est pas le cas ici!

> une HLM   council flat
> (habitation à
> loyer modéré)

> **! POINT LANGUE**
>
> Note the meanings of these verbs in the conditional:
>
> | | |
> |---|---|
> | *Je pourrais* | I could/would be able to |
> | *Je devrais* | I should/would have to |
> | *Il faudrait* | One/We should |

2a 🎧 Écoute les solutions proposées. C'est pour quel commentaire de l'exercice 1?

b 🎧 Écoute encore, et note une solution pour chaque commentaire de l'exercice 1.

Exemple: 1 — On pourrait rénover l'immeuble.

3 📖 Problèmes et solutions: fais des paires appropriées.

1 Les poubelles sont toujours pleines, il y a des détritus par terre.

2 On a construit 50 maisons neuves de plus. Il y a du béton partout, et il n'y a plus d'espaces verts pour les enfants.

3 Mon quartier est neuf, mais on a une usine à moins de 500 mètres. Ça ne sent pas très bon.

4 Ce qui m'ennuie le plus là où j'habite, c'est le bruit: les voitures, la musique et les cris des voisins.

a Il faudrait interdire la construction de logements à proximité des zones industrielles.

b On devrait limiter la circulation, et on pourrait essayer de parler gentiment aux voisins!

c Au lieu de ça, est-ce qu'on ne pourrait pas rénover les maisons anciennes du centre-ville?

d Il faudrait vider les poubelles plus souvent.

> le béton   concrete

4 💬 Relis les exercices 1 et 3. Adapte les phrases pour parler des problèmes là où tu habites.

5a 🖊 Écris un paragraphe pour dire où tu habites et décrire l'environnement local. Donne les aspects positifs et les aspects négatifs. Mentionne:
- les types de logements
- les installations et les espaces verts
- ce qu'il y a pour les jeunes
- les transports et la pollution

b 🖊 Qu'est-ce qu'on pourrait faire pour améliorer ton environnement local? Écris quelques suggestions.

Exemples: On pourrait…
On devrait…
Si on construisait…, les gens pourraient…
Il faudrait peut-être…

6 🎧 Six personnes parlent des problèmes de transport. Qui mentionne ça?

a Les bus ne sont pas assez fréquents.

b Les limitations de vitesse ne sont pas respectées et le bruit est insupportable.

c Il n'y a pas suffisamment de parcs à vélos et de zones piétonnes.

d Les piétons ne sont pas en sécurité.

e Les embouteillages et la pollution de l'air rendent la vie impossible!

f Les gens ne devraient pas utiliser leur voiture pour les petites distances.

7a 📖 Lis les définitions et trouve les expressions françaises pour:

park and ride   public transport   car sharing

congestion charge   cycle tracks   car-pool scheme

> **Le covoiturage:** on voyage avec une ou deux personnes qui font le même trajet, à des horaires semblables.
>
> **Le péage urbain:** on paie pour circuler en voiture dans le centre-ville.
>
> **Les parcs-relais:** on gare sa voiture dans un parking hors du centre-ville, et on finit d'arriver en utilisant le bus.
>
> **L'autopartage:** pas de voiture personnelle, mais la voiture en libre-service. On la réserve à l'avance pour une heure, un jour on un mois.
>
> **Les transports en commun:** bus, trains, métro, tramways … le contraire du transport individuel!
>
> **Les pistes cyclables:** des voies strictement réservées aux vélos.

b 💬 🎨 À deux, examinez chacune des propositions de l'exercice 7a. C'est une bonne idée? Pourquoi? Pourquoi pas? Vous avez d'autres suggestions?

Écrivez un paragraphe pour résumer vos idées.

8a 📖 Choisis la bonne expression (a–h) pour reconstituer le poème. Copie le poème en entier.

a pas de mers propres,

b pas d'air propre,

c pas d'icebergs,

d pas de campagne,

e pas de couche d'ozone,

f pas d'espaces pour jouer,

g pas d'animaux sauvages,

h pas d'arbres,

Ce que nous avons

Nous avons les voitures mais nous n'avons …

Nous avons du papier mais nous n'avons…

Nous avons les maisons mais nous n'avons…

Nous avons les hamburgers mais nous n'avons…

Nous avons les bateaux mais nous n'avons…

Nous avons les rues mais nous n'avons…

Nous avons les usines mais nous n'avons…

Nous avons le temps chaud mais nous n'avons…

Nous avons les luxes mais notre planète va mal!

Poem adapted from Another World of Words, *published by Cambridgeshire County Council (1993)*

b 🎧 Écoute et vérifie l'ordre correct.

9 🎨 💬 Écris un poème (ou une chanson, un article pour un journal ou l'internet) sur le thème de l'environnement. Utilise tes notes de vocabulaire!

Enregistre ton travail, et écoute le travail des autres étudiants.

10 🎨 Au choix:

a Est-ce qu'il y a des problèmes avec les transports là où tu habites? Écris un paragraphe pour expliquer. Mentionne:

- quels sont les problèmes
- où et quand exactement
- ce qu'on a déjà fait pour améliorer la situation
- ce qu'on pourrait faire encore

b Si tu étais un député (MP), ou un responsable de ta ville/région, qu'est-ce que tu ferais pour résoudre les problèmes environnementaux causés par les transports?

5 Qu'est-ce qu'on peut faire?

1a 🎧 Brieuc, Gabi et Fabien expliquent ce qu'ils font pour l'environnement. Qui dit ça?

Exemple: L'eau est une ressource précieuse pour la vie — Brieuc

a Il faut protéger la faune, pas l'exterminer!

b La hausse des températures est une menace.

c On ne devrait pas gaspiller les ressources naturelles pour vendre des produits!

d Je ne gaspille plus l'eau comme avant!

e On essaie d'utiliser des énergies renouvelables.

f On économise l'électricité et le chauffage.

> le chauffage solaire   solar heating

b 📖 Maintenant lis le texte. Trouve et corrige les quatre erreurs avec des mots dans l'encadré.

> Gabi, Brieuc et Fabien sont tous les trois étonnés par les problèmes de l'environnement, de la pollution et du réchauffement de la planète. Ils pensent qu'il faut arrêter de gaspiller les ressources naturelles, parce qu'elles sont importées, et qu'on doit réinventer la nature. Avec leur famille, ils font un effort pour consommer l'eau et l'énergie.
>
> Brieuc a dit que son beau-père ferait installer le chauffage solaire à la maison. Fabien a expliqué que l'an prochain, sa famille et lui partiraient en vacances en train au lieu de partir en avion. Gabi a promis qu'à partir de septembre, avec sa copine, elles iraient au lycée à vélo!

> respecter   chères   menacés   protéger   limitées   conserver   responsables   préoccupés

2 ✏️ 💬 Écris deux ou trois slogans pour une organisation environnementale française. Utilise tes notes de vocabulaire!

Lis tes slogans aux autres étudiants. Choisissez les dix meilleurs de la classe.

3 🎨 Tu dois trier le contenu de la poubelle. Écris les listes dans les colonnes appropriées. (Certains articles peuvent aller dans plus d'une liste.)

Ça peut être recyclé	Ça peut être réutilisé	Ça peut être réparé.
les déchets du jardin	le portable	les rollers

> trier   to sort
> les piles   batteries

4 📖 Lis ces bonnes résolutions.

1
Cette année, je vais:
- planter un arbre dans le jardin
- acheter des produits de saison
- porter les piles et les verres au centre de recyclage
- refuser les publicités dans ma boîte aux lettres

2
Au supermarché, je vais:
- choisir des fruits sans emballage
- acheter des légumes bio
- trouver un produit « vert » pour lessive
- prendre du papier WC recyclé

3
À la maison, je vais:
- mettre des ampoules longue durée
- installer une citerne dans le jardin pour récupérer l'eau de pluie
- installer panneaux solaires sur le toit?

4
Ne pas oublier de:
- fermer le robinet quand je me brosse les dents
- éteindre l'ordi et la TV quand je ne m'en sers pas
- prendre des sacs réutilisables pour faire les courses
- éteindre la lumière quand je sors

a  Classe les idées en catégories:
- pour économiser l'énergie
- pour utiliser des énergies renouvelables
- pour réduire la pollution
- pour protéger la nature et les animaux

b 💬 À ton avis, quelle idée
- est la plus utile?
- la plus facile à réaliser?
- la plus coûteuse?

Justifie tes réponses.

5 ✏️ Fais une liste. Mentionne:
- cinq choses que ta famille et toi vous faites, et qui ne sont pas bonnes pour l'environnement et la planète
- cinq choses positives pour l'environnement et la planète que vous faites
- une chose supplémentaire que toi personnellement, tu es prêt(e) à faire pour aider l'environnement et la planète
- une chose que tu trouverais vraiment difficile de faire

6 💬 Explique à ton/ta partenaire ce que toi et ta famille vous faites et ce que vous ne faites pas pour l'environnement et la planète. Qui fait plus d'efforts, ta famille ou sa famille?

Exemple: *Moi, je n'éteins pas l'ordinateur, mais j'éteins toujours la lumière. Ma mère…*

> ❗ **INFO PRONONCIATION**
>
> In this chapter, there are a number of words where the combination of vowels poses a pronunciation problem. Try to say the following out loud:
>
> *les heures d'af**fluence**, l'énergie nu**cléaire**, euro**péenne***
>
> Listen to the recording and repeat. It is necessary to pronounce the consecutive vowels distinctly, in separate syllables:
>
> *les heures d'af**flu//ence**, l'énergie nu**clé//aire**, euro**pé//enne***
>
> Say the following, reading the bold parts as two syllables:
>
> *Des sacs **réu**tilisables, l'air est pol**lué,** il faut **réin**troduire les espèces disparues, une maison indivi**duelle**, il fait trop chaud **dehors**, on doit **réin**venter les villes, il se sent très **préo**ccupé.*
>
> Listen to the recording and repeat.

> **Point grammaire**
>
> ### Direct and indirect speech (1)
>
> Look at this sentence:
>
> *Brieuc a dit que son beau-père **ferait** installer le chauffage solaire.* (Brieuc said that his stepfather would get solar heating installed.)
>
> When Brieuc spoke, this is what he said:
>
> *Brieuc: "Mon beau-père **fera** installer le chauffage solaire."*
>
> In direct speech (i.e. when he speaks), Brieuc uses the future tense to describe what will happen. In indirect speech (i.e. when we explain what he said), the conditional is used to refer to future events.
>
> In exercise 1, Gabi promised that, from September, she and her friend would cycle to school:
>
> *Gabi **a promis** qu'à partir de septembre, avec sa copine, elles **iraient** au lycée à vélo.*
>
> Can you work out what she said in the recording?

Paper 2: reading

A longer, more complex, text with questions in French tests your ability to:

- demonstrate a general and specific understanding of a text that may contain some unfamiliar vocabulary
- recognise points of view, emotions and ideas
- draw conclusions
- write brief, concise, relevant answers

You can expect the following:

- The text contains approximately 300 words.

- There are different types of questions, ranging from *Qui?* ('Who?'), *Où?* ('Where?'), *Quand?* ('When?'), *Pourquoi?* ('Why?') to more challenging questions such as *Qu'est-ce qui montre que..?* ('What shows that…?'), *Comment est-ce qu'on sait que…?* ('How do we know that…?').
- You need to manipulate some of the language in the text and sometimes to provide some words of your own. Long answers in full sentences are not always required. Do not copy large chunks of the text without selecting what is relevant.

Deux artistes qui font du recyclage artistique

Édouard Martinet, artiste de grand talent, est né le 16 janvier, 1963, au Mans, à 206 kilomètres de Paris. Aujourd'hui ses sculptures sont reconnues partout dans le monde. Comme beaucoup de jeunes artistes, Édouard Martinet, qui va devenir célèbre pour ses animaux en métal, va d'abord à Paris pour faire des études d'art. Diplômé en 1998, il sort de l'université et il travaille comme graphiste. Après quatre ans, il va habiter à Rennes pour enseigner à l'Institut des Arts Appliqués.

Sa créativité et son talent sont évidents: il utilise de vieux objets en métal — casseroles, vélos, pièces de voitures, machines, pour les transformer en créatures — en insectes, en poissons ou en oiseaux. Il cherche ses matériaux n'importe où: dans les magasins d'occasion, dans les marchés, même dans les poubelles. Pour chaque sculpture, il prépare des dessins avant d'assembler ses animaux. Ses sculptures originales, et souvent amusantes sont exposées dans beaucoup de pays, en France, en Angleterre, en Russie et aux États-Unis.

Édouard Martinet fait partie d'un grand nombre d'artistes qui se spécialisent dans le recyclage artistique. C'est à la télé marocaine qu'on voit le talent de Lahcen Iwi pour la première fois. Il devient un des sept finalistes dans une émission de téléréalité à la recherche des artisans talentueux. Après l'université où il étudie l'anglais, il travaille dans une menuiserie*. C'est là qu'il fait ses propres ciseaux avec lesquels il coupera ses matériaux. Ses tables en bois couvertes de vieux pneus sont populaires et ses clients sont des désigneurs et des décorateurs.

Aujourd'hui les musées ont plus de place pour l'art recyclé, car ces pièces sont intéressantes et fascinantes, mais cette forme d'art n'est pas populaire avec tout le monde. Quelle que soit votre opinion, c'est bon pour l'environnement.

* *une menuiserie* a joiner's workshop

1 De quelle nationalité est Édouard Martinet? [1]

'What nationality is Édouard Martinet?' The text does not say directly but we read that he 'was born in Le Mans, 206 kilometres from Paris', from which we can conclude that he is French. The answer is *Français*.

2 Quel a été le deuxième emploi d'Édouard Martinet? [1]

'What was Édouard Martinet's second job?' We read that '…he leaves university and he works as a graphic designer. After 4 years, he goes to live in Rennes to teach at the Institute of Applied Arts', so the answer could be *professeur* or *enseignant* or *il enseigne*. The answer *Pour enseigner* on its own is not acceptable, because it means 'In order to teach' and is a straight lift from the text.

3 Que fait Martinet avec les objets qu'il trouve?   **[1]**

'What does Martinet do with the objects he finds?' We read that 'he uses old metal objects…to transform them into creatures'. The answer is, therefore *il transforme les objets en créatures* ('he transforms the objects into creatures'). The answer *Pour les transformer en créatures* is not acceptable because this would be a straight lift from the text and does not strictly answer the question.

4 Pourquoi est-ce que ses sculptures ont connu un succès énorme? (**1** détail)   **[1]**

'Why have his sculptures had a great success? (1 detail)' The text says 'His original and often amusing sculptures are exhibited in many countries…'. There are two possible answers: *elles sont originales* ('they are original') or *elles sont amusantes* ('they are fun'). The answer *Ses sculptures originales, et souvent amusantes sont exposées dans beaucoup de pays, en France, en Angleterre, en Russie et aux Etats-Unis* would be unacceptable. Can you explain why?

5 Où est-ce que Lahcen s'est fait connaître par le public?   **[1]**

'Where did Lahcen come to the attention of the public?' We read that 'It's on Moroccan television that we see Lahcen for the first time' and later 'He becomes one of the seven finalists in a reality television programme'. There are two possible answers: either *à la télé marocaine* ('on Moroccan television') or *dans une émission de téléréalité au Maroc* ('in a reality television programme in Morocco').

6 Quel était l'objectif de l'émission de téléréalité où l'on a vu Lacen Iwi?   **[1]**

'What was the purpose of the reality television programme where Lahcen Iwi was seen?' The text tells us 'He [Lahcen Iwi] becomes one of the seven finalists in a television reality show looking for talented artists'. The answer therefore is either *Chercher des artisans talentueux* or *On cherchait des artisans talentueux*.

7 Comment a-t-il utilisé ses ciseaux?   **[1]**

'How did Lahcen use his scissors?' We read 'It is there [a joiner's workshop], that he makes his own scissors with which he will cut his materials'. Therefore, answer is *Il a coupé ses matériaux* ('he cut his materials'). Note that the verb *couper* needs to be manipulated. In the text it appears in the future tense: …*avec lesquels il <u>coupera</u> ses matériaux*. As the question is in the perfect tense, *il coupera* needs to be changed to *Il a coupé*.

8 Selon l'auteur du texte, qu'est-ce qui explique la popularité de l'art recyclé? (**1** détail)   **[1]**

'According to the author, what explains the popularity of recycled art? (1 detail)' We read 'Today museums have more and more space for recycled art because these pieces are interesting and fascinating.' Therefore, the answer is *C'est intéressant* or *C'est fascinant*.

Tips for success

- Look at the title, as this should help to explain the topic of the text.
- Read the text through to gain a general idea of the content; in particular, underline words that you understand or which are cognates.
- Read each paragraph a second time to gain a more detailed understanding.
- Look at the questions and note on the examination paper the meaning of each question. Look also at the tense of the question. A question that asks: *Qu'est-ce qu'il a fait*? ('What did he do?') is in the perfect tense and therefore needs an answer in the perfect tense.
- Look at the number of marks awarded for each question. This gives an indication of how many pieces of information are required.

Vocabulaire

Les problèmes écologiques   Environmental problems

La sécheresse/un ouragan a tué des milliers de victimes.   The drought/a hurricane has killed thousands of victims.

Un accident industriel/nucléaire a détruit des centaines de maisons.   An industrial/nuclear accident has destroyed hundreds of houses.

La flore et la faune sont menacées.   The flora and the fauna are threatened.

La forêt amazonienne est en danger.   The rainforest is in danger.

Les espèces rares risquent de disparaître.   Rare species could disappear.

La planète se réchauffe/les températures montent.   The planet is warming up/temperatures are rising.

Il n'y a pas (suffisamment) d'eau potable.   There is not (sufficient) drinking water.

La pollution   Pollution

L'air/La terre est pollué(e).   The air/The soil is polluted.

Les océans/Les plages/Les rivières sont pollué(e)s.   The oceans/The beaches/The rivers are polluted.

Les gaz d'échappement/les produits chimiques polluent l'atmosphère.   Exhaust gases/Chemicals pollute the atmosphere.

Il faut améliorer la qualité de l'air.   Air quality must be improved.

L'essence sans plomb est moins polluante.   Lead-free petrol is less polluting.

Le tourisme: avantages et inconvénients   Tourism: advantages and disadvantages

Le tourisme affecte/a un impact sur...   Tourism affects/has an impact on...

   ...l'environnement/la faune.   ...the environment/the fauna.

   ...le mode de vie des populations locales.   ...the way of life of local populations.

Le tourisme de masse est une menace pour la nature/les cultures locales.   Mass tourism is a threat to nature/local cultures.

Le tourisme...   The tourist industry...

   ...apporte du travail/de l'argent.   ...brings work/money.

   ...emploie des millions de personnes.   ...employs millions of people.

Aller à l'étranger/Voyager c'est une expérience enrichissante.   Going abroad/Travelling is a rewarding experience.

Les ressources naturelles   Natural resources

La consommation excessive épuise les ressources naturelles.   Natural resources are exhausted by excessive consumption.

La nature est menacée.   Nature is under threat.

L'eau potable est précieuse.   Drinking water is precious.

Des espèces sont en voie de disparition.   Some species are disappearing.

Les réserves de pétrole sont limitées.   Oil reserves are limited.

Il faut/Il faudrait...   We must/We should...

   ...économiser l'énergie/respecter l'environnement.   ...save energy/respect the environment.

Il ne faut pas/faudrait pas...   We must not/we should not...

   ...gaspiller les ressources naturelles/nuire à l'environnement.   ...waste natural resources/harm the environment.

Les voitures: problèmes et solutions   Cars: problems and solutions

C'est un danger pour les piétons.   It is a danger to pedestrians.

Il y a toujours des embouteillages.   There are always traffic jams.

Le bruit de la circulation est insupportable.   The traffic noise is unbearable.

Les gens se garent n'importe où.   People park anywhere.

Les parkings sont toujours pleins.   Car parks are always full.

On ne peut pas circuler aux heures d'affluence.   In the rush hour, you cannot move.

On devrait...   We should...

   ...améliorer les réseaux de transports en commun.   ...improve public transport networks.

   ...utiliser davantage les transports en commun.   ...use public transport more.

On ne devrait pas... We should not...

   ...autoriser les voitures dans les centres-villes. ...allow cars in the centre of towns.

   ...utiliser la voiture pour les petites distances. ...use cars for short distances.

On pourrait... We could...

   ...utiliser les parcs-relais. ...use the park and rides.

   ...construire des voitures moins polluantes. ...build less polluting cars.

   ...partager sa voiture avec d'autres personnes. ...share our car with other people.

Les problèmes locaux   Local problems

Dans ma cité/mon quartier/ma rue/ma ville... On my housing estate/in my area/street/town...

   ...il y a quelquefois du vandalisme. ...we sometimes have vandalism.

   ...il n'y a plus beaucoup de commerces. ...there are no longer many shops.

   ...il n'y a rien pour les jeunes. ...there is nothing for young people.

   ...les gens jettent des ordures par terre. ...people throw rubbish on the ground.

   ...les poubelles sont toujours trop pleines. ...dustbins are always too full.

   ...les transports en commun sont inexistants. ...public transport is non-existent.

   ...on est gênés par le bruit des voisins. ...the noise from neighbours is a nuisance.

   ...on n'a pas beaucoup d'espaces verts. ...we do not have many green spaces.

   ...il y a du béton partout. ...there is concrete everywhere.

   ...les enfants ne peuvent pas jouer en sécurité. ...children cannot play safely.

Un environnement meilleur   A better environment

Il y a beaucoup de zones piétonnes. There are a lot of pedestrianised areas.

Il n'y a pas beaucoup de criminalité. There is not much crime.

Il n'y a plus de papiers sales par terre. There are no longer dirty wrappers on the ground.

Les alentours sont propres. The surrounding area is clean.

On a amélioré l'éclairage. Lighting has been improved.

On a construit... They have built...

   ...des pistes cyclables. ...cycle tracks.

   ...des terrains de jeux/de sport. ...play areas/sports grounds.

On a planté des arbres et des plantes. They have planted trees and plants.

Des gestes utiles   Helpful gestures

Pour économiser l'énergie et les ressources naturelles... To save energy and natural resources...

   ...je ferme le robinet. ...I turn off the tap.

   ...j'éteins l'ordinateur et les lumières. ...I switch off the computer and the lights.

Il vaut mieux acheter des produits de saison. It is better to buy products that are in season.

On peut aussi... You can also...

   ...baisser un peu le chauffage. ...turn the heating down a little.

   ...utiliser des ampoules de longue durée. ...use long-life bulbs.

   ...utiliser des énergies renouvelables. ...use renewable energies.

On peut recycler... You can recycle...

   ...le carton/les emballages/le papier/le verre. ...cardboard/packaging/paper/glass.

On a des conteneurs spéciaux pour les déchets verts/les objets en métal. There are special containers for green waste/metal objects.

Pour lutter contre la pollution/protéger la nature... To fight against pollution/protect nature...

   ...il est préférable de choisir des produits bio. ...it is preferable to choose organic products.

   ...il est conseillé d'acheter des produits recyclés. ...it is advisable to buy recycled products.

   ...il vaut mieux ne pas utiliser des produits nocifs. ...it is better not to use harmful products.

   ...nous porterons les piles au centre de recyclage. ...we will take batteries to the recycling point.

   ...nous utiliserons des sacs réutilisables pour faire les courses. ...we will use re-usable bags to do our shopping.

1 On discute des problèmes actuels

1 📖 Ces ados ont répondu à deux questions: "Qu'est-ce qui compte le plus pour toi?" et "Qu'est-ce qui t'inquiète le plus?" Lis les réponses.

> **Nabila** *Ce qui compte le plus pour moi, c'est ma famille. On est très solidaires et on a des traditions solides. Et je suis fière de mon pays. Mais je suis inquiète pour mon avenir parce que, dans mon pays, il n'y a pas beaucoup de perspectives d'emploi pour les femmes. Et puis la vie est chère. Ce qui me fait le plus peur, ce sont les guerres et la violence.*

> **Léa** *Personnellement, je suis heureuse. J'ai ma famille, mes amies, mon petit copain. Les études se passent bien, malgré le stress des examens et, avec mon petit boulot, j'ai assez d'argent pour les sorties. Mais c'est sûr qu'il y a des choses qui ne vont pas dans le monde, comme l'environnement, le SIDA ou les drogues.*

> **Khaled** *Chez nous la vie est dure. Il n'y a pas beaucoup de travail. Beaucoup doivent abandonner les études par manque d'argent. Ils n'ont pas d'emploi, et chez nous, ce n'est pas comme en France — il n'y a pas d'argent pour les chômeurs! Mais plus tard je veux me marier et avoir des enfants, et j'ai l'espoir d'une vie meilleure.*

> **Pierre** *Le pire souci de ma vie en ce moment? Ma famille! Mon père qui a dû partir travailler à l'étranger pour pouvoir payer les factures et la maison, ma mère avec qui je trouve difficile de parler de mes problèmes, mon grand-père qui est gravement malade, et ma sœur qui fume en cachette! Heureusement, j'ai les copains et le lycée, et je reste concentré sur mes examens.*

> **Kossi** *Dans la banlieue, on se sent exclus. On est pénalisés par la pauvreté, la couleur de notre peau, et même par notre nom! Nos perspectives? Très limitées! C'est tout ça qui m'inquiète. Mais moi je suis déterminé à avoir une vie décente, et j'étudie dur pour réussir.*

a Réponds aux questions.

1. Qui n'a pas de soucis personnels?
2. Qui a confiance dans sa famille?
3. Qui a peur de ne pas trouver de travail?
4. Pour qui les diplômes sont-ils importants?
5. Qui travaille pour oublier ses problèmes?
6. La situation familiale est un souci pour qui?
7. Les conflits inquiètent quel jeune?
8. Qui mentionne les problèmes de santé?
9. Qui s'efforce de rester optimiste?

b Quels sont les deux ou trois sujets les plus mentionnés par les ados?
Qu'est-ce que chacun en dit, exactement?

2 a 🎧 Note ce qui est le plus important pour ces quatre jeunes, et leur plus grand problème.

Exemple: **Angélique.** *Les amis et le collège/les parents*

b Écoute encore et note des détails supplémentaires.

3 🎧 L'adolescence est quelquefois une période difficile, mais ça peut être aussi une période passionnante et pleine d'optimisme. Qu'est-ce qui te rend heureux/heureuse?

Écoute Fabien, Faly, Brieuc, André et Gabi qui parlent de ce qui les rend heureux, et note des détails en français.

Exemple: Fabien — une partie de foot

4 💬 Réponds aux questions, puis interroge tes copains de classe.

1. Qu'est-ce qui t'inquiète le plus?
2. Qu'est-ce qui compte le plus pour toi?
3. Tu as confiance en toi?
4. Qu'est-ce qui te rend heureux/heureuse?

5 Lis ce texte sur le chômage, puis réponds aux questions en français.

> Le chômage continue de s'aggraver et frappe durement l'Union Européenne, où plus de 25,4 millions de personnes sont sans emploi en août 2012! En fait, la carte européenne du chômage est marquée par les contrastes. Alors que le nombre de chômeurs est bas au Luxembourg, aux Pays-Bas et en Allemagne par exemple, il a vraiment augmenté en Espagne et en Grèce. En France métropolitaine, le nombre de demandeurs d'emploi a continué d'augmenter légèrement pour le cinquième mois consécutif.
>
> Les gouvernements de l'UE s'inquiètent de la gravité du chômage touchant les jeunes. Plus de 5,516 millions d'Européens de moins de 25 ans, soit un jeune Européen sur cinq, sont maintenant à la recherche d'un emploi. Enfin, plus expérimentés donc plus chers, souvent moins adaptés aux nouvelles technologies, et parfois connaissant les premiers ennuis de santé, les seniors sont aussi fréquemment victimes du chômage.

1 Comment sait-on que l'Europe est gravement frappée par le chômage en 2012?
2 Quelle est la situation en Europe du sud?
3 Est-ce qu'il y avait plus de chômeurs ou moins de chômeurs dans l'Hexagone il y a cinq mois? Explique.
4 Quels sont les deux groupes de personnes les plus affectés par le chômage?
5 Pourquoi les personnes un peu plus âgées sont-elles durement frappées par le chômage?

6 Lis les récits de ces ados qui ont connu les problèmes liés au chômage.

Fais la liste de tout ce qui a changé dans la vie de Lise, Martin et Luc à cause du chômage.

Exemple: **Lise** *Elle n'avait plus d'argent/Sa mère n'a pas pu payer le loyer etc.*

> **Lise** *Quand j'avais 10 ans, ma mère a été licenciée parce que le restaurant où elle préparait les repas a fermé. Et comme je n'avais pas de père, on n'avait pas d'argent. Elle n'a pas pu payer le loyer; on a été obligés d'aller vivre avec ma grand-mère — on n'avait pas beaucoup de place.*

> **Martin** *Mon père a travaillé pour la même société pendant 30 ans, mais un jour le patron l'a vendue à un Canadien qui l'a déménagée au Canada. Âgé de 52 ans, mon père n'a pas retrouvé d'emploi et on a dû renoncer aux vacances et à beaucoup d'autres choses, comme les cadeaux ou les sorties. Mon père est déprimé. Il n'a plus d'énergie.*

> **Luc** *Ma sœur n'a pas de diplômes et elle n'a jamais pu obtenir de poste fixe. Elle est restée au chômage pendant 5 ans. Tous les jours, elle regardait les annonces sur internet. Enfin elle a trouvé un emploi saisonnier dans le sud. Elle est employée dans un hôtel près de Nice. Je pense qu'elle ne reviendra pas ici. Je ne la vois presque plus. Elle me manque terriblement!*

7 À ton avis, quelles sont les deux choses de la liste les plus graves? Discute avec un(e) partenaire. Explique tes choix.

8a Quatre chômeurs parlent de leurs problèmes. Note les details.

	Travaillait là depuis combien de temps?	Raisons du chômage	Conséquences
Sophie			
Laurent			
Monsieur Lechat			
Michel			

b Écoute encore et note un détail supplémentaire pour chaque personne.

9a Voici des conseils pour éviter le chômage. À ton avis, quels sont les trois les plus utiles? Justifie ta réponse.

Être compétent en informatique

Accepter de quitter sa région

Être prêt à travailler le week-end

Contacter des employeurs

Choisir une profession où il y a beaucoup d'emploi

Rester positif, actif et opportuniste

S'entraîner pour les entretiens d'embauche

Apprendre au moins une langue étrangère

Mettre son CV sur les sites de recrutement

b En classe, comparez vos choix. Cherchez d'autres idées et faites une liste.

✔️ **Difficulties encountered as a student**
✔️ **Pressure to complete work and effects on social life**
✔️ **Ways to improve the situation**
✔️ *Venir de* **in the imperfect tense**

1 🎧 Écoute cinq jeunes qui parlent de leurs difficultés scolaires. Choisis les affirmations vraies. Choisis seulement six affirmations.

1a Marc fait les mêmes choses tous les ans.
b Il n'est pas sérieux en classe.
c Les autres dans la classe ne le prennent pas au sérieux à cause de son âge.
2a Louise a été malade.
b Louise ne va pas au collège cette année.
c Louise aime se lever de bonne heure.
3a Jérôme n'aime pas les autres étudiants.
b Jérôme est trop timide en classe.
c Jérôme est très égoïste.
4a Yves n'a pas accès à un ordinateur chez lui.
b Ses parents l'aident beaucoup.
c Chez lui, personne ne peut l'aider avec ses études.
5a La vie de Rose est difficile à cause de son handicap.
b Les autres étudiants ne l'aiment pas.
c Tout le monde se moque d'elle.

2 📖 Léa a beaucoup de problèmes au collège en ce moment. Lis le texte puis les phrases (1–5). Trouve et corrige les trois phrases qui sont fausses selon le texte.

Exemple: *Léa fait de la danse depuis plusieurs semaines.* **Faux.**
→ *Léa travaille dur depuis plusieurs semaines.*

1 Pour Léa, les loisirs sont plus importants que le travail scolaire.
2 Selon Léa, son oral d'espagnol s'est mal passé.
3 Elle n'avait rien fait pour préparer sa présentation.
4 Léa trouve injuste que ses parents la comparent à son frère.
5 La grand-mère de Léa pense que Léa ratera ses examens.

Ma vie est devenue un cauchemar!

Ça fait plus de six semaines maintenant que je ne sors plus le nez de mes livres! Pour avoir plus de temps pour les devoirs, j'ai même décidé d'arrêter la danse, qui est pourtant ma plus grande passion, jusqu'en septembre. Mais ça ne fait rien, comme nous passons nos examens dans moins d'un mois, je crois que ça en vaut la peine.

Ça ne paraît pas possible, mais au collège cette semaine j'ai un contrôle tous les jours. C'est comme si tous les profs s'étaient mis d'accord pour nous rendre la vie insupportable. Avant-hier j'ai dû faire une présentation orale en espagnol, malheureusement j'étais tellement nerveuse que j'ai oublié tout ce que je venais d'apprendre. J'ai été très déçue et j'ai trouvé trop injuste de recevoir une mauvaise note après avoir essayé si dur de réussir!

En plus, je dois dire que mes parents ne sont ni patients ni compréhensifs avec moi. Mon frère, lui, a toujours eu les meilleurs résultats de sa classe, alors mes parents ne comprennent pas pourquoi moi je n'ai que des notes moyennes. Mais moi je n'y peux rien si mon frère est un génie et moi non! Malheureusement, il vient de partir à l'université, alors c'est dommage mais il ne peut plus m'aider. En plus, il me manque beaucoup.

Par contre je sais que je peux toujours compter sur ma grand-mère dans les moments difficiles, elle m'accueille toujours avec le sourire. Elle me dit toujours: « Ne t'inquiète pas, en travaillant comme tu fais, tu ne peux pas échouer. » Grâce à elle, j'ai le courage de continuer.

rater un examen	to fail an exam

3 🗨️🖼️ Voici une série de conseils pour sept étudiants qui ont des problèmes.

a Pourquoi est-ce que tu ne changes pas de place?

b Si des étudiants te maltraitent, il faut absolument que tu en parles à un prof le plus vite possible. Les profs ne peuvent pas tout deviner!

c Tu n'es probablement pas le seul à avoir des difficultés. Tes copains seront contents si le prof explique une nouvelle fois.

d N'attends pas la dernière minute pour commencer le travail et les recherches. Fais un plan, et travaille régulièrement.

e Tu dois apprendre à bien t'organiser. Prépare un emploi du temps pour les devoirs. Décide sur quelle matière tu dois travailler chaque soir.

f Est-ce qu'il n'est pas possible de communiquer ces idées par l'intermédiaire d'un délégué de classe?

g Le travail scolaire, c'est important, mais tu dois aussi te détendre. En t'organisant bien, tu trouveras le temps.

un(e) délégué(e) de classe	class representative
deviner	to guess

a Lis les conseils avec un(e) partenaire. Discutez pour imaginer les problèmes.

b Écrivez des phrases pour expliquer.

Exemple: d — *Cette personne a des problèmes pour finir le travail pour la date fixée par le professeur. Elle commence toujours son travail trop tard.*

c 🎧 Maintenant, écoute les étudiants (1–7). Choisis un conseil approprié pour chacun (a–g).

Exemple: 1 — d

Compare le script et ce que ton/ta partenaire et toi vous avez écrit.

4 📖🖼️ Lis encore les conseils de l'exercice 3. Quels conseils sont utiles pour toi? Pourquoi? Maintenant choisis des conseils utiles pour ton/ta partenaire!

Point grammaire

Venir de in the imperfect + infinitive

Venir de in the present tense, followed by an infinitive, is used to refer to the immediate past (see p. 35). For example:

Il *vient de partir* à l'université.
He has just left for university.

In the following example, *venir de* is in the imperfect tense:

J'ai oublié tout ce que **je venais d'apprendre**.
I forgot everything that **I had just learnt**.

The construction conveys the fact that an event **had just** taken place when another event happened.

❗ INFO PRONONCIATION

Past participle endings

The past participle of a verb in the perfect tense agrees, in gender and in number, with the direct object pronoun placed before the verb. Look at these examples:

- *Elle a choisi un CD et elle l'a acheté.*
- *Ma profession, je l'ai toujours aimée.*
- *Les examens? Je les ai finis.*
- *Les lettres? Ils les ont lues.*

Read the examples aloud. Does the addition of an 'e', 's' or 'es' at the end of the past participle alter its pronunciation? Check by listening to the recording.

Now listen to the following examples and repeat. Pay attention to the ending of the past participles.

- *J'ai choisi un CD et je l'ai offert à mon copain.*
- *C'est une longue lettre; ma mère l'a écrite ce matin.*
- *Les cadeaux? Nous les avons ouverts!*
- *Elle a choisi les cartes et elle les a écrites.*

What do you notice? Why do you think this happens?

The pronunciation of a past participle that ends in a consonant changes when it becomes feminine. Adding an 'e' or 'es' to it means that that consonant is sounded. Can you think of other verbs that will have to follow this pronunciation rule?

3 Les personnes âgées

✔ The elderly in different communities
✔ *Depuis* with the imperfect tense
✔ *Lequel* as a relative pronoun

1 a 🎧 Si je vous dis "personnes âgées", à qui pensez-vous? Écoute Clémence, Nadima, Patrick, Antoine, Marianne et Louis, et note:

- qui sont les personnes âgées mentionnées
- leur âge (si on le donne)
- où elles habitent
- un détail supplémentaire sur leur vie

Exemple: **1 Clémence**: *Mamy/arrière-grand-mère// 95 ans//maison de retraite//a fêté son anniversaire avec toute sa famille*

b 🎧 Quels mots emploie-t-on pour décrire les personnes âgées de l'exercice 1a? Essaie de deviner. Puis écoute et note les lettres.

a	actif/active	**k**	absent(e)
b	seul(e)	**l**	indépendant(e)
c	triste	**m**	curieux/curieuse
d	de mauvaise humeur	**n**	souriant(e)
e	ouvert(e)	**o**	heureux/heureuse
f	vulnérable	**p**	déterminé(e)
g	déprimé(e)	**q**	fragile
h	désorienté(e)	**r**	distrait(e)
i	généreux/généreuse	**s**	tolérant(e)
j	pauvre	**t**	alerte

Point grammaire

Using *depuis* with the imperfect tense

In Unit 1, there were examples of *depuis* used with the present tense (pages 10 and 19). In the sentences below, taken from the descriptions by Nadima and Patrick, *depuis* is used with a verb in the **imperfect** tense. Can you work out what these sentences mean?

- *Elle était veuve depuis 2 ans.*
- *Ils étaient retraités depuis 1 mois.*

When *depuis* is used with the imperfect tense, it means that something 'had been happening' for a certain time.

Example: *Il travaillait ici depuis 45 ans.*
      He had been working here for 45 years.

2 ✏️ À deux, continuez la liste d'adjectifs ou d'expressions utiles pour parler des personnes âgées.

3 📖 Lis le texte, puis réponds aux questions.

En France, le départ à la retraite symbolise l'entrée dans la catégorie sociale du troisième âge. Une nouvelle vie commence, dans laquelle les jeunes seniors n'ont plus les contraintes du travail.

Les plus de 60 ans restent cependant très actifs. Tant que la santé est bonne, ils profitent de leur temps libre pour les loisirs, aident leurs enfants ou travaillent comme bénévoles. Ils mettent leur expérience au service des jeunes, des moins fortunés, ou encore des plus âgés, car en France, comme dans beaucoup de pays, il y a maintenant un "quatrième âge".

Quand leur condition physique ou mentale ne leur permet plus d'être autonomes, les personnes âgées se dirigent vers des maisons de retraite ou autres structures spécialisées, dans lesquelles elles vivent parmi des gens du même âge. D'autres sont accueillies par leur famille. Ainsi, elles restent davantage en contact avec les générations plus jeunes avec lesquelles elles cohabitent.

1 Quand le "troisième âge" commence-t-il, symboliquement?
2 Pourquoi dit-on qu'une nouvelle vie commence?
3 À part les loisirs et les enfants, à quoi les jeunes seniors consacrent-ils leur temps?
4 Qu'est-ce que le "quatrième âge"?
5 Quand les personnes âgées perdent-elles leur indépendance?
6 Quelles personnes âgées ont des relations plus proches avec les plus jeunes?

4 📖 Et ailleurs, comment vivent les personnes âgées? Lis le texte.

En général dans les pays en développement, la personne âgée a un statut social respectable. On considère souvent les anciens comme des sages, dont on peut beaucoup apprendre. Un proverbe africain dit qu' "un vieillard qui meurt, c'est comme une bibliothèque qui brûle."

En Afrique, traditionnellement, les personnes âgées sont prises en charge par leur famille. Beaucoup vivent chez leurs enfants. Souvent, l'aide financière des enfants est la source de revenus la plus importante pour la population âgée. Parfois les jeunes adultes partent à la ville ou émigrent en quête de travail, alors les conditions de vie des vieux restés au village sont très difficiles.

les pays en développement	developing countries

Trouve et corrige les trois phrases fausses.

En Afrique, et généralement dans les pays pauvres:

a La société n'a pas de place pour les anciens.

b Tous les anciens partagent le logement de leurs enfants.

c Les anciens reçoivent de l'argent des plus jeunes.

d Les anciens sont respectés pour leur savoir et leur expérience.

e Les personnes âgées sont heureuses quand les jeunes partent.

f Sans l'aide des jeunes, les anciens ont des problèmes pour survivre.

5 💬 À deux, commentez et expliquez le proverbe africain. Donnez un exemple.

6 ✏️ Fais la liste de tous les mots utilisés dans ces deux pages pour faire référence aux personnes âgées. Traduis-les en anglais.

Exemple: les vieux → the elderly; mamy → granny

7 🎧 Ces personnes (1–9) parlent des problèmes ou des avantages de la vie des personnes âgées. Note l'aspect mentionné, et l'avantage ou le problème.

Exemple: 1 transports en commun pas adaptés/ isolement

8 💬 ✏️ À deux, continuez la liste des avantages et des problèmes de la vieillesse. Puis écrivez des suggestions pour améliorer la situation.

Exemple: Beaucoup de personnes âgées ont des difficultés à faire leurs courses.
On pourrait les accompagner aux magasins, porter leurs sacs ou faire les courses pour eux.

Point grammaire

Using *lequel* as a relative pronoun

Lequel means 'which' and is used as a relative pronoun after a preposition when the noun to which it relates is not a person. It must agree with this noun. *Lequel* is the masculine singular, and the other forms are: *laquelle* (f), *lesquels* (m pl) and *lesquelles* (f pl).

Here are some examples taken from exercise 5:

- *les structures dans lesquelles elles vivent*
  the organisations in which they live

- *les générations avec lesquelles elles cohabitent*
  the generations with which they cohabit

9a ✏️ Prépare une présentation de 1 à 2 minutes sur une personne âgée – de ta famille ou une connaissance. Tu peux par exemple parler de sa personnalité, de sa vie, de son travail, de ta relation avec elle.

Incorpore du vocabulaire et des aspects vus sur ces deux pages. Essaie d'inclure une variété de structures et de temps pour les verbes, et un exemple de *depuis* avec l'imparfait. Regarde les conseils page 124.

b 💬 Lis ta présentation à ton/ta partenaire en classe. Tu peux aussi l'enregistrer.

c ✏️ 💬 Prépare 6–8 questions sur le script de la présentation de ton/ta partenaire. Puis questionne-le/la oralement.

Regarde les mots dans cet encadré. Qu'est-ce qui est suggéré?

Qui sont les personnes âgées?

des mécaniciens   *des infirmières*   des ministres

des pauvres   des riches   **des sportifs**   des profs

des agriculteurs   des mannequins   des artistes

des scientifiques   des Français   **des Américains**

des Chinois   **des Africains**   des stars du cinéma

des chauffeurs de bus   *des ouvriers*   des patrons

4 Vivons ensemble

✔ **Effects of intolerance**
✔ **Organisations promoting harmony**
✔ **Verbs followed by *de***

1 a Lis ces gros titres de journaux et trouve les expressions françaises pour:

a racial attack
b worshippers
c racial discrimination
d hatred
e stop racism in the stadiums
f desecration at the cemetery
g arrests
h travellers
i victims of racism

1 Agression raciste contre une famille marocaine

2 Trois mois de prison pour deux policiers municipaux accusés de dégradation de beurs

3 On condamne l'agression contre les fidèles de l'église Saint-Joseph

4 On va porter plainte contre des boîtes de nuit pour "discriminations raciales"

5 Refus d'embarquement discriminatoire: une compagnie aérienne devant les juges

6 Pour vivre ensemble: conférence d'examen sur le racisme, la haine et le rejet de l'Autre

7 Un supporteur de football décédé: halte aux violences et halte au racisme dans les stades

8 Actes ignobles: profanation au cimetière militaire

9 Arrestations: trois jeunes condamnés pour leurs propos racistes à l'égard des gens du voyage

10 Décès de deux adolescents maghrébins victimes du racisme

b Qu'est-ce qu'on mentionne?

Exemple: L'intolérance religieuse — numéro 3

1 Le racisme dans le sport.
2 La lutte contre le racisme.
3 La mort de deux hommes d'Afrique du Nord.
4 Le comportement violent envers une famille francophone.
5 Des gens empêchés de voyager.
6 Abus de pouvoirs.
7 Le racisme dans les discos.

2 Oscar, Francine, Roger, Yannick et Blondine discutent du racisme. Qui exprime les opinions suivantes?

Exemple: Le racisme n'est pas un grand problème — Oscar

1 On peut vivre heureux à côté de voisins de pays différents.
2 Les mariages mixtes deviennent plus fréquents.
3 J'ai vu moi-même des incidents racistes.
4 Les agressions me choquent.
5 Quelquefois on change ses habitudes pour éviter l'agression.
6 L'attitude des gens vis-à-vis des immigrés n'est pas toujours positive.

Point grammaire

Verbs followed by *de*

Some verbs are followed by *de* + an infinitive. The most common are:

(s')arrêter de	to stop
cesser de	to stop
décider de	to decide
se dépêcher de	to hurry
empêcher de	to prevent
essayer de	to try
éviter de	to avoid
menacer de	to threaten
être obligé de	to be obliged
oublier de	to forget
refuser de	to refuse

Here are two examples from exercise 2.

Un garçon a refusé de me servir.
A waiter refused to serve me.

Ils ont arrêté de le battre.
They stopped hitting him.

Work out the meanings of these other examples from exercise 2:

- *Mes grands-parents ont décidé de venir travailler en France.*
- *Ils ont essayé de s'intégrer dans leur quartier.*
- *Il évite de rentrer tard.*
- *Il y a des garçons qui l'empêchent de rentrer dans son immeuble.*

3a 📖 Lis les textes. Puis change les trois phrases qui sont fausses.

> **a** Le 18 février, à la sortie du match, une foule de supporters ont menacé de lyncher un supporter beur. Seul face à un groupe violent, il a pris fuite dans une rue près du supermarché. Un jeune policier, Marc Dubois, est venu à son aide en ouvrant le feu. Un des supporters est mort.

> **b** Le 17 mars, pendant le match contre Marseille, Fabien N'Dour, joueur international, insulté par un supporter, est allé dans la tribune. L'arbitre a sorti un carton jaune, car il est défendu de quitter le terrain. N'Dour a porté plainte pour injure raciale.

1a Cet incident s'est passé avant le match.
 b La victime est née en Afrique.
 c L'incident a eu une conséquence fatale.
2a Dans l'incident du 17 mars, c'est le supporter qui a été insulté.
 b N'Dour se voit comme victime de racisme.
 c Pendant un match, un joueur est obligé de rester sur le terrain.

b Lis le texte puis réponds aux questions.

> Les incidents de racisme dans le sport choquent beaucoup de gens et on a pris des mesures pour essayer d'éliminer ces incidents.
> - Si un supporter insulte un joueur, il est interdit de stade pendant 3 mois; si le joueur porte plainte, le supporter peut aller en prison et il risque une amende.
> - L'Union européenne de football a pris une mesure qui donne la permission aux arbitres d'arrêter temporairement le match ou même d'arrêter définitivement un match en cas d'incident raciste.
> - La commission de discipline de la FFF* peut suspendre de toute fonction officielle un joueur si son comportement est considéré comme étant raciste.
>
> *La Fédération française de football

1 Quelle est la réaction de la majorité des personnes aux incidents racistes?
2 Qu'est-ce qui se passe si un supporter insulte un joueur?
3 Qu'est-ce qui se passe si un joueur porte plainte?
4 Qu'est-ce que les arbitres peuvent faire en cas d'incident raciste?
5 Si un joueur se comporte d'une manière raciste, qu'est-ce qu'il risque?

4 🎧 Hervé, Alice et Marcel parlent du racisme. Qui exprime les opinions suivantes?
1 Qui dit qu'il faut être tolérant?
2 Qui pense qu'il ne faut pas se croire supérieur?
3 Qui est de l'avis que tout le monde a le droit de vivre sur Terre?
4 Qui dit qu'il faut dénoncer tout comportement discriminatoire?
5 Qui pense qu'on devrait découvrir la culture et le mode de vie des autres?

5 ✏️ 💬 Selon toi, comment peut-on améliorer la vie de ceux qui sont victimes du racisme? Écris des phrases en utilisant les mots dans l'encadré. Lis tes idées en classe.

Il faut/Il ne faut pas...

> respecter la diversité   juger les autres   dénoncer l'abus
> être tolérant   traiter tout le monde avec respect
> comprendre les différences entre les cultures

> ❗ **QUESTIONS CULTURE**
> - **SOS Racisme** et le **MRAP** (Mouvement contre le racisme et pour l'amitié entre les peuples) luttent contre le racisme et les formes de discrimination en apportant de l'aide juridique aux victimes et en étant attentifs aux propos racistes dans la presse, à la télé et à la radio.
> - Le slogan de **SOS Racisme** est "Touche pas à mon pote" et celui du **MRAP** est "Tous pas pareils, tous égaux."
> - En Belgique, il y a un organisme qui s'appelle le **Centre pour l'égalité des chances et la lutte contre le racisme**, et en Suisse, c'est le **CICAD** qui vous aidera.
> - La population de la France se compose d'un mélange de gens d'origines différentes qui donne au pays une diversité culturelle. C'est surtout dans la musique que l'on voit une harmonie entre cultures à travers les groupes multiraciaux ou les concerts multiraciaux.
>
> Tu connais des organisations dans ton pays qui luttent contre la discrimination?
>
> Donne des exemples supplémentaires de contextes où des personnes de cultures et d'origines différentes travaillent et vivent en harmonie.

Paper 3: speaking

The conversation

You can expect the conversation to:

- last approximately 5 minutes
- include a variety of question types, starting with simple questions that demand short answers such as *Quand?* ('When?'), *Qui?* ('Who?'), *Où?*

('Where?'), *Combien?* ('How many?'), *Que?/Qu'est-ce que?* ('What?') and *Comment?* ('How?') to more searching questions such as *Qu'est-ce que tu penses de...?* ('What do you think of...?'), *Parle-moi de...* ('Tell me about...') and *Décris...* ('Describe...')

- have questions in a variety of tenses
- be based on the topic areas from the syllabus, although any topic used in your presentation will *not* be tested again in the conversation

---

Below is the transcript of part of a conversation from a speaking test.

1 Before listening to the conversation, read the questions and answers. In your opinion, does the student answer all the questions fully and clearly? Is the language accurate? Does the student frequently offer and justify opinions and narrate events?

2 Listen to student A. In your opinion, does the student pronounce words correctly and answer without hesitation?

3 What do you think the student needs to do to improve her performance?

- **Quel âge as-tu?**
- Seize ans.
- **Il y a combien de personnes dans ta famille?**
- Cinq personnes. Ma mère, mon père, mon frère, ma sœur et moi.
- **Avec qui habites-tu?**
- Ma mère et mon père.
- **Que font tes parents?**
- Mon père est pompier et ma mère est journaliste.
- **Comment est ta mère?**
- Elle est assez grande.

[*SHORT PAUSE*]

    Elle a les cheveux noisette et bouclés. Elle est sympa.

- **Qu'est-ce que tu as fait avec ta famille récemment?**
- Samedi dernier, je suis allée au bowling parce que c'était l'anniversaire de ma mère.
- **Qu'est-ce que tu pratiques comme sport?**
- Je joue au rugby et je joue au foot.

[*SHORT PAUSE*]

    J'adore le sport car c'est amusant.

- **Être en forme, c'est important pour toi? Explique ta réponse.**
- Oui, c'est très important car je fais du sport.
- **Quel est ton opinion du tabac?**
- À mon avis, c'est dégoutant et

[*SHORT PAUSE*]

    très mauvais pour la santé.

- **Que feras-tu à l'avenir pour garder la forme?**
- Je vais manger sainement. Je ne vais pas fumer.

Listen to Student B answering the same ten questions. In your opinion, is the performance worthy of a top grade? Explain reasons for your answer.

– **Quel âge as-tu?**

– Seize ans; mon anniversaire est le 22 juin.

– **Il y a combien de personnes dans ta famille?**

– Cinq: ma mère, qui s'appelle Lauren, mon père Martin. Il est très sympa, et j'ai deux sœurs, Lottie et Karen, qui sont plus âgées que moi.

– **Avec qui habites-tu?**

– Avec mes parents, et ma sœur Lottie. Je m'entends bien avec Lottie parce qu'elle est généreuse et elle m'aide.

– **Que font tes parents?**

– Mon père est au chômage depuis cinq mois. Il a perdu son emploi. Il était facteur. Ma mère travaille pour une compagnie d'assurance.

– **Comment est ta mère?**

– Je pense qu'elle est très sympa parce qu'elle n'est jamais de mauvaise humeur. Elle mesure 1 mètre cinquante-trois et elle est très jolie avec les cheveux marron et les yeux bleus. Elle aime jouer au tennis.

– **Qu'est-ce que tu as fait avec ta famille récemment?**

– Il y a deux semaines nous sommes allés à une pizzéria pour fêter l'anniversaire de ma mère. D'abord, nous avons mangé une salade et après, nous avons choisi des pizzas ou des pâtes. Comme dessert, moi, j'ai pris une glace et ma mère a mangé du gâteau au chocolat. Après le repas, nous sommes allés au cinéma.

– **Qu'est-ce que tu pratiques comme sport?**

– Je n'aime pas beaucoup le sport parce que c'est fatigant mais, au collège, je joue au tennis en été.

– **Être en forme, c'est important pour toi? Explique ta réponse.**

– Oui, parce que c'est important pour la santé. Je vais au collège à pied.

– **Quel est ton opinion du tabac?**

– Je crois que c'est une mauvaise habitude et il ne faut pas fumer parce qu'on peut avoir des maladies. À mon avis, c'est cher.

– **Que feras-tu à l'avenir pour garder la forme?**

– Je ferai plus de sport. Je jouerai au squash en hiver et j'irai peut-être au club de natation. Je mangerai sainement.

Points to remember

It is important to:

- respond clearly and fully to all, or nearly all, the questions
- frequently justify and explain your ideas or opinions
- answer with confidence, without hesitation
- use a wide range of structures, vocabulary, idioms, including past and future tenses. Listen carefully to ascertain whether the question relates to the present, past or future. There is often a time marker that gives a further clue: *normalement, aujourd'hui, d'habitude* relate to the present; *hier, l'anneé/la semaine dernière, récemment* all refer to the past, while *demain, l'année/la semaine prochaine* and *à l'avenir* refer to the future.

- pronounce words correctly, and have good intonation. Remember, for example, that in most cases, a final 'p', 's' and 't' are silent and that 'e', 'es' and 'ent' of the present tense endings of -*er* verbs are also silent
- narrate events
- answer with accuracy. If, for example, you want to answer using the present tense, remember that the ending of a regular -*er* verb with *je* is -*e*, and that the ending for *vous* is -*ez*. Learn words with their gender – e.g. *le* livre, *la* maison. Remember that an adjective agrees with the noun it is describing and that this sometimes changes the pronunciation of the adjective – e.g. *un livre vert* but *une robe vert***e**.

Vocabulaire

Qu'est-ce qui compte pour toi?   What's important for you?

Ce qui compte le plus, c'est…   What counts most is…
Ce qui me fait le plus peur, c'est…   What scares me the most is…
Je m'inquiète pour…   I worry about…
Ma plus grande inquiétude, c'est la pauvreté/le SIDA/ la crise du logement/le chômage/le racisme/l'inégalité.
My greatest concern is poverty/AIDS/the housing crisis/unemployment/racism/inequality.
Tu as des soucis?   Do you have any worries?
Les profs devraient être plus compréhensifs.   Teachers should be more understanding.
J'ai des difficultés à me faire des amis.   I find it difficult to make friends.
On ne me donne pas de liberté.   I'm not given any freedom.

Qu'est-ce qui te rend heureux?   What makes you happy?

Je me sens heureux/heureuse quand…   I feel happy when…
   …je suis entouré(e) de toute ma famille.   …I am surrounded by all my family.
   …je suis au milieu de mes amis.   …I am with/surrounded by my friends.
Je me sens libre de toute préoccupation.   I feel free from all worries.
Le meilleur moment de la semaine, c'est…   The best moment in the week is…
Je suis content(e) de…   I am happy to/with…
Il/Elle/Ça me rend très heureux (-euse).   He/She/It makes me very happy.

On parle du chômage   Talking about unemployment

Il/Elle a perdu son emploi/travail.   He/She has lost his/her job.
Il/Elle a été licencié(e).   He/She was made redundant.
Il/Elle est au chômage.   He/She is unemployed.
Je me suis inscrit(e) au chômage.   I signed on to the unemployment register.
J'ai dû quitter mon appartement.   I had to leave my flat.
On a dû renoncer aux vacances.   We had to give up our holidays.
On n'a pas pu payer le loyer/les factures.   We could not pay the rent/the bills.
On a été obligés de…   We had to…
On doit…   You need to…
   …être prêt à quitter sa région.   …be prepared to leave your area.
   …travailler le week-end/bien préparer son CV.   …work at weekends/prepare your CV well.
   …se préparer pour l'entretien d'embauche.   …prepare yourself for the job interview.
   …faire des stages différents.   …do different work experience.
   …obtenir beaucoup de diplômes.   …get lots of qualifications.
   …être compétent en informatique.   …have ICT skills.

Les problèmes au collège   Problems at school

Ça se passe bien/pas mal/mal.   It is going well/ok/badly.
Ma vie est devenue un cauchemar/difficile/insupportable.   My life has become a nightmare/difficult/unbearable.
Il y a des élèves qui…   There are students who…
   …ne m'écoutent jamais sérieusement.   …who never listen to me seriously.
   …empêchent les autres de travailler.   …prevent others from working.
   …maltraitent les autres/se moquent des autres.   …bully others/make fun of others.
J'ai manqué l'école.   I have missed school.
J'ai eu des problèmes de santé.   I have had health problems.
Je manque un peu de confiance.   I am not very confident.
Je n'ose pas poser de questions/parler en classe.   I dare not ask questions/speak in class.
J'ai du mal à…   I find it difficult to…
   …finir mon travail pour la date fixée.   …meet deadlines.
   …me concentrer en cours/organiser mes révisions.   …concentrate in class/organise my revision.

Je suis dans un fauteuil roulant. I am in a wheelchair.

J'ai eu une retenue/des contrôles/des notes moyennes. I had a detention/tests/average marks.

Le travail scolaire est important, mais on doit aussi se détendre. School work is important, but you have to relax as well.

J'ai peur d'échouer à mon examen de... I am worried about failing my ... exam.

Les examens/les contrôles me stressent. I find exams/tests stressful.

Les personnes âgées The elderly

Mon arrière-grand-père/mon arrière-grand-mère (f)... My great-grandfather/My great-grandmother...

   ...est dans une maison de retraite. ...is in a retirement home.

   ...vit dans une résidence pour personnes âgées. ...lives in a home for the elderly.

Mon vieil oncle/Ma vieille tante est... My elderly uncle/My elderly aunt is...

   ...autonome/indépendant(e). ...autonomous/independent.

   ...toujours de bonne/de mauvaise humeur. ...always in a good/bad mood.

   ...souvent déprimé(e). ...often depressed.

   ...assez désorienté(e). ...quite confused.

   ...très distrait(e). ...very absent-minded.

   ...veuf/veuve. ...a widower/a widow.

Il/Elle se répète beaucoup. He/She repeats him/herself a lot.

Il/Elle est/était à la retraite depuis... He/She has been/had been retired for/since...

Les personnes âgées... The elderly...

   ...n'ont plus les contraintes du travail. ...no longer have any work constraints.

   ...profitent de leur temps libre. ...enjoy/make the most of their free time.

   ...consacrent beaucoup de temps à... ...devote a lot of time to...

   ...bénéficient de réductions. ...benefit from reductions.

Ils ont de bonnes/de mauvaises conditions de vie. They have good/bad living conditions.

Le pire pour une personne âgée, c'est... The worst thing for an elderly person is...

   ...la solitude/l'isolement/la maladie. ...solitude/isolation/illness.

On parle de l'intolérance et du racisme Talking about intolerance and racism

Il/Elle est d'origine étrangère. He/She is of foreign origin.

Ils/Elles ont une autre religion/une culture différente. They have a different religion/a different culture.

Le racisme/L'intolérance/La discrimination existe... Racism/Intolerance/Discrimination exists...

   ...dans le sport/au collège/dans le cadre du travail. ...in sport/at school/at work.

Le racisme/La discrimination se manifeste à travers... Racism/Discrimination is seen through...

   ...des paroles/des actes de violence/des injustices. ...words/acts of violence/injustice.

   ...des meurtres/des graffitis. ...murders/graffiti.

Ils (ne) sont (pas) bien intégrés dans la société. They are (not) well integrated into society.

Pour combattre le racisme/la discrimination, il faut... To fight against racism/discrimination, we need to...

   ...respecter les autres/accepter les mariages mixtes. ...respect others/accept mixed marriages.

   ...bien traiter les autres/éviter de juger. ...treat others well/avoid judging.

   ...essayer de comprendre les différences culturelles. ...try to understand cultural differences.

   ...dénoncer les abus/se montrer tolérant. ...denounce abuse/be tolerant.

Il ne faut pas se croire supérieur. There is no need to feel superior.

On condamne les agressions contre... Attacks against...are condemned.

On punit les discriminations religieuses/raciales/sexistes... Religious/Racial/Sex discriminations are punished.

On porte plainte contre les insultes/les injures. Complaints are lodged against insults/abuse.

On donne une amende aux gens qui... People who... are fined.

On vit dans une société égalitaire? Do we live in an egalitarian society?

Mon monde à moi

1 Être pauvre et sans abri

1 📖 Lis le texte.

> Famine, malnutrition, maladies évitables, conditions sanitaires précaires, logement sans électricité et sans eau sont la réalité pour des milliards d'humains. Le nombre de personnes qui vivent dans l'extrême pauvreté augmente. Tous les ans 5 millions d'enfants meurent de causes liées à la pauvreté, et 100 millions d'enfants ne vont pas à l'école.
>
> "Abolissons la Pauvreté" est un mouvement international qui pousse les premiers ministres et les présidents des pays riches à affronter cette situation. En 2000, les états membres de l'ONU ont promis de réduire l'extrême pauvreté et la faim.
>
> Parmi les pays les plus pauvres, on trouve la Tanzanie, l'Éthiopie, la Somalie, Madagascar et le Mali.

Réponds aux questions en choisissant un mot dans l'encadré.

1 Pour des milliards d'humains, il est impossible de _____ .
2 Une grande partie de la population mondiale n'a pas de _____ .
3 Beaucoup de gens n'ont pas _____ à l'eau potable.
4 Les problèmes liés à la pauvreté _____ .
5 Les pays les plus pauvres se trouvent en _____ .

soins médicaux	s'améliorent	Europe		se nourrir
animaux	dormis	jouent	Afrique	se reposer
	logement	accès	empirent	

2a 💬 Qu'est-ce que c'est que la pauvreté? Donne ton opinion en utilisant les phrases dans le tableau.

C'est le manque de/d'	revenu, logement, vêtements, ressources pour vivre dignement, eau potable
C'est l'impossibilité de	se soigner, s'éduquer, se nourrir, faire de l'exercice, se développer personnellement, vivre avec dignité

✔ **Poverty at home and abroad**
✔ *Savoir* and *connaître*

b ✏️ 💬 La pauvreté ne touche pas seulement ceux des pays pauvres. La France compte plus de 8 millions de pauvres, soit environ 13% de la population, et 1,6 millions de Français vivent dans des habitations sans douches et sans toilettes. Connais-tu l'ampleur de la pauvreté dans ton pays? Fais des recherches sur internet. Écris un paragraphe basé sur tes statistiques.

3 📖 Lis le texte, puis réponds aux questions.

Médecins du monde

Une des conséquences du chômage est le manque d'argent pour le loyer mensuel. Nombreux sont ceux qui se retrouvent sans logement: on les appelle les "sans-abri" ou les "SDF" (sans domicile fixe). En France, le nombre de sans-abri s'élève à plus de 86,500.

Pendant l'hiver 1993, un froid intense s'était installé dans la capitale; un groupe de SDF s'est dirigé vers la station de métro Saint-Martin pour y chercher refuge. Le groupe est devenu si important que la station a dû fermer. Le lendemain, Médecins du monde a élévé une tente pour renseigner les SDF sur leurs droits aux soins médicaux et pour les emmener à des foyers d'urgence.

Depuis ce jour-là, Médecins du monde agit pour les SDF, mais nombreux sont ceux qui se retrouvent toujours sur les trottoirs la nuit. Médecins du monde a distribué des centaines de tentes aux sans-abri à Paris pendant l'hiver 2005–2006 pour les protéger contre le froid, une operation qu'on a nommée "À défaut d'un toit, une toile de tente".

1 Sans travail, qu'est-ce qu'on ne peut pas faire?
2 Qui sont les sans-abri?
3 Pourquoi est-ce que les SDF sont allés à une station de métro?
4 Comment est-ce que l'association Médecins du monde a réagi?
5 Qu'est-ce qui s'est passé pendant l'hiver 2005–2006? Pourquoi?

4a 📖 On a demandé à Brieuc et à Gabi "Que fais-tu pour aider les pauvres?" Lis leur réponse.

> *Ma mère et moi aidons les "Banques Alimentaires" qui distribuent de l'aide alimentaire aux victimes de la pauvreté. Il existe 97 Banques Alimentaires en France, aux Antilles et à la Réunion. Chaque année, la collecte nationale des BA se déroule pendant un week-end en novembre à travers toute la France. En 2011, on a collecté l'équivalent de 25 millions de repas en 2 jours.*
>
> **Gabi**

> *Je ne fais pas grand-chose pour aider les autres, mais au collège, on organise des événements pour collecter des fonds. L'année dernière, on a préparé des gâteaux à la maison, puis on les a vendus pendant la récréation. On a donné l'argent à une association pour les sans-abri.*
>
> **Brieuc**

Corrige les phrases qui sont fausses.
1 Gabi fait du bénévolat au collège.
2 Brieuc fait du bénévolat avec sa famille.
3 Il y a plus de cent Banques Alimentaires en France.
4 Brieuc parle de ce qu'il va faire.
5 Tous les deux aident les personnes qui n'ont pas de logement.

b 🖍 Écris un paragraphe pour expliquer ce que tu fais pour collecter des fonds et à qui ces fonds sont destinés.

5 🎧 On a parlé à Julie, qui fait du bénévolat. Choisis une lettre pour finir chaque phrase.
1 Julie habite…
2 Chaque mois, on aide…
3 On sert…
4 Plus de 35%…
5 On collecte des provisions…
6 Près de 750 000 personnes…

a …dans les magasins.
b …ont reçu de l'aide.
c …des personnes sont des enfants.
d …des restaurants.
e …plus d'un million de personnes.
f …presque 500 000 repas.
g …au Canada.

6 📖 Lis le texte puis réponds aux questions.

Beaucoup d'associations humanitaires font appel aux chanteurs et aux acteurs pour les aider à récolter des fonds. L'alliance entre le monde du show-business et l'aide humanitaire a eu de grands succès.

En France, l'humoriste Coluche a créé une association qui s'appelle "Les Restos du Cœur", dont le but est de donner à manger aux personnes en grande difficulté pendant l'hiver. Il a rassemblé un groupe d'artistes qui ont donné des concerts et ont enregistré des albums. Tous les bénéfices sont donnés aux Restos. Depuis 1989, les artistes ont sorti dix albums.

On sait qu'il y a 2000 Restos du Cœur en France et que chaque hiver 60 millions de repas sont distribués gratuitement par 40 000 bénévoles.

En 2012, le concert annuel a eu lieu le 16 mars et a été diffusé sur TF1. Le lendemain, le double CD et le double DVD du concert ont été mis en vente au profit des Restos du Cœur. Chaque vente aura permis à l'association de distribuer 18 repas.

1 Comment est-ce que les célébrités aident les associations humanitaires?
2 Qui est Coluche?
3 Que fait l'association Les Restos du Cœur?
4 Que fait le groupe d'artistes?
5 Qu'est-ce qu'on fait avec le profit des CD?

Point grammaire

Savoir and *connaître*

Both verbs *savoir* and *connaître* mean 'to know' in English. Use *savoir* to refer to knowledge of facts. Use *connaître* to show that you are well acquainted with someone or something. Look at these examples:

> *On **sait** qu'il y a 2000 Restos du Cœur en France.*

> *Je **connais** des personnes qui ne mangent pas régulièrement.*

2 L'enfance

1 📖 On ne vit pas tous la même enfance. Lis les deux textes et réponds aux questions.

> J'ai passé 2 ans dans un camp de réfugiés. J'avais 10 ans quand nous avons fui notre village pour échapper à la violence de la guerre civile. Une nuit, ma mère a dit à mes frères de mettre tous leurs vêtements et elle a ordonné à ma sœur de chercher l'argent qu'on avait caché. Nous avons réussi à aller dans un camp de l'autre côté de la frontière. Nous avons dû fabriquer des briques pour construire une petite cabane. Nous étions cinq dans une seule pièce. Nous n'avions qu'une seule couverture. Maman me donnait une de ses robes pour me couvrir la nuit. Tout le monde avait faim. Nous avons tout perdu: notre commerce, notre foyer.
>
> **Nabila, 17 ans**

1 Pourquoi est-ce que Nabila et sa famille ont quitté leur village?
2 Qu'est-ce qu'ils ont pris avec eux?
3 Où ont-ils trouvé asile?
4 Qu'est-ce qu'ils ont fait, une fois arrivés?
5 Comment étaient leurs conditions de vie dans le camp? Donne deux détails.
6 Quelles ont été les conséquences de la guerre civile pour eux?

> Je travaille pour l'Unicef; mon rôle à moi est de libérer les enfants soldats. On sait qu'il y a 300 000 enfants qui participent à des conflits armés. La plupart ont entre 15 et 18 ans. On les utilise comme porteurs, messagers, espions et même combattants. Depuis 2001 on a pu sortir près de 100 000 enfants des forces armées.
>
> Avant ça, j'aidais des enfants mendiants qui erraient dans les rues. Quelques-uns étaient abandonnés, victimes des ruptures familiales, d'autres venaient de familles pauvres envoyés mendier par leurs parents, et il y avait les enfants fuyards et aventuriers — pour eux, la rue est pleine d'aventures. **Louise Lavelle**

Corrige les phrases qui sont fausses.

1 Louise travaille pour une organisation française.
2 Le métier actuel de Louise est d'aider les sans-abri.
3 Les enfants soldats devraient être au lycée.
4 Les enfants mendiants étaient tous des enfants abandonnés.
5 Avant de faire son métier actuel, Louise travaillait avec des réfugiés.

2 🎧 Rachid, qui travaille pour la Croix Rouge, et Raoul, qui travaille pour Médecins sans Frontières, parlent de leur travail dans un camp de réfugiés. Qui exprime les opinions suivantes?

1 Je travaille là où il y a eu un tremblement de terre ou une inondation.
2 Mon travail consiste à soigner les enfants.
3 Les réfugiés sont souvent épuisés.
4 Je distribue des repas.
5 On fournit de l'eau potable.

Point grammaire

Verbs followed by *à* + person + *de* + infinitive

Some verbs require *à* in front of the person and *de* in front of the infinitive.

Look at this example from the text about Nabila:

> ...*ma mère a dit **à** mes frères **de** mettre tous leurs vêtements*

> ...my mother told my brothers to put on all their clothes

and

> *elle a ordonné **à** ma sœur **de** chercher l'argent*

> she ordered my sister to look for the money

For a full list, look at page 232.

3 🏔 Tu connais des organisations qui aident les enfants? Fais des recherches sur internet. Fais une présentation sur une organisation que tu ne connaissais pas avant.

4 Fabien et sa famille ont parrainé un enfant. Lis le texte.

Il y a 2 ans, nous avons décidé de parrainer un enfant à travers l'association du CFPE (le Centre français de protection de l'enfance). La première fois que Louis est venu chez nous, j'avais 12 ans, et lui, il avait 11 ans. Louis vit avec son papa à Perpignan et vient chez nous deux week-ends par mois et pendant les vacances. Il a perdu sa mère il y a 1 an et son père est au chômage. On se considère comme des frères. Il est sportif, donc il fait du sport avec moi. Il nous apporte beaucoup de joie. J'espère qu'on sera amis pour toujours.

Fabien

Réponds aux questions en choisissant un mot dans l'encadré.

1 Fabien est plus _____ que Louis.
2 La mère de Louis est _____ .
3 Le père de Louis n'a pas d'_____ .
4 Fabien et Louis font du sport _____ .
5 Fabien ne veut jamais _____ l'amitié de Louis.

| âgé emploi divorcée amis jeune copains |
| morte ensemble professionnel perdre oublier |

5 Amélie parle de SOS Villages d'Enfants. Réponds aux questions.

Il y a combien de/d'…
1 …villages enfants en total?
2 …enfants dans les villages?
3 …mères SOS?
4 …maisons à Bussigny?
5 …enfants à Bussigny?

6 Heureusement, Gabi et André ont passé une enfance heureuse. Lis les textes.

Je pense que chacun de nous se rappelle au moins des flashs de son enfance. J'imagine qu'ils sont dans le désordre. Ma mémoire est pleine de beaux souvenirs. Je me souviens très bien du temps où mon père vivait avec nous. Mes parents étaient contents ensemble. Avant la naissance de ma sœur, ils me gâtaient! Je me souviens du chien de ma grand-mère. Je montais sur lui pour faire du cheval! Je me rappelle aussi mon premier jour à l'école. J'ai pleuré parce que je ne voulais pas quitter ma mère. **Gabi**

Je pense que les souvenirs qui restent sont ceux qui sont accompagnés d'un son, d'une odeur ou d'un sentiment. Mon souvenir le plus lointain est celui du jour où mon petit frère est né. J'ai accompagné mon père à l'hôpital et on a vu mon frère pour la première fois. Je garde un bon souvenir aussi des vacances qu'on passait au bord de la mer. On jouait dans le sable et on se baignait dans la mer. **André**

Corrige les phrases qui sont fausses.

1 Gabi et André ont tous les deux de bons souvenirs de leur enfance.
2 Gabi aimait jouer avec sa sœur.
3 Gabi n'a aucun souvenir de son école.
4 André se souvient de la naissance de son frère.
5 André n'a aucun souvenir de ses vacances.

7 Laure, Janine, Armelle et Nicolas parlent de leur enfance. Choisis les six phrases qui sont vraies.

Laure…
a …s'est coupé les cheveux.
b …se rappelle des sorties en famille.
c …a un mauvais souvenir de son enfance.

Janine…
d …ne voit jamais son père.
e …se rappelle les disputes entre ses parents.
f …n'aimait pas ses cousins.

Armelle…
g …est tombée d'un arbre.
h …aimait l'école primaire.
i …n'a pas de bons souvenirs.

Nicolas…
j …avait un animal domestique.
k …ne voyait jamais ses cousins.
l …pense que son enfance était sans soucis.

8 Écris un article sur ton enfance pour le magazine d'un collège francophone. Mentionne:
● ton souvenir le plus lointain
● ce que tu faisais le week-end et pendant les vacances
● ce que tu aimais faire et ce que tu n'aimais pas faire

3 Les fêtes dans les pays francophones

✔ Special religious occasions

✔ New year celebrations

✔ Pronouns with verbs that require *à* + person + *de* + infinitive

1 a Dans beaucoup de pays, les fêtes religieuses jouent un rôle important tout le long de l'année. Fais des paires correctes pour découvrir des fêtes importantes.

1 Yom Kippour est une fête juive qui a lieu…

2 Noël est une fête chrétienne qui…

3 La fête Aïd al-Ahda est célébrée par…

4 Diwali est une fête hindoue qu'on….

   a …appelle la "Fête des Lumières".

   b …le 10 du mois de tishri.

   c …les Musulmans 10 jours après la fin de Ramadan.

   d …a lieu le 25 décembre.

b On parle de quelle fête de l'exercice 1a?

1 On va à l'église et on mange un grand repas familial. On célèbre la naissance de Jésus.

2 On porte de nouveaux vêtements et les enfants reçoivent des cadeaux. Ça s'appelle aussi la fête du sacrifice.

3 Cette fête a lieu entre fin octobre et mi-novembre et dure 5 jours. Elle symbolise la quête de la lumière interne.

4 D'habitude, on fait le jeûne et on ne travaille pas. C'est le grand jour du pardon.

2 Fais des recherches sur deux fêtes religieuses, puis fais une présentation en français. Mentionne le nom de la fête, quand elle a lieu, sa signification et ce qui se passe d'habitude. Utilise ces phrases:

C'est une fête…   Elle a lieu…

Elle commémore…   D'habitude, on…

3 Écoutez deux interviews avec Laura et Nathalie. Elles parlent de leur fête préférée. Choisis les six phrases qui sont vraies.

1 Laura…

   a …parle d'une fête célébrée par les Juifs.

   b …décrit une fête qui a lieu au début de l'année.

   c …vit cette fête avec des amis.

   d …suit la tradition de manger des choses sucrées.

   e …allume des bougies une fois par jour.

2 Nathalie…

   a …parle d'une fête chrétienne.

   b …va à l'église avant de manger.

   c …met une botte sous le sapin.

   d …ouvre des cadeaux le 24 décembre.

   e …mange la bûche de Noël à la fin du repas.

4 Lis le texte et réponds aux questions.

Ma fête préférée, c'est l'Aïd al-Fitr, qui marque la fin de la période du jeûne de Ramadan. C'est un jour de vacances, une journée de célébrations. La fête de l'Aïd al-Fitr tombe à une date différente chaque année parce qu'elle est fixée selon le calendrier musulman, qui est réglé suivant les phases de la lune. Le calendrier recule donc de 10 jours chaque année.

Nous organisons des festins et nous rendons visite à nos amis. En début de matinée, nous nous levons très tôt. Nous prenons des dattes et de l'eau et, vêtus de nos plus beaux vêtements, nous allons soit à la Mosquée soit dans un grand champ pour la première prière de l'Aïd. La période de Ramadan est très importante. Pendant ce mois nous ne devons ni manger ni boire du lever au coucher du soleil. Ce jeûne a pour but de nous enseigner la patience, la modestie, la spiritualité et l'empathie pour ceux qui sont moins fortunés. Tous ceux qui peuvent, donnent de l'argent aux plus pauvres. L'année dernière, après la prière, nous sommes allés chez nos grands-parents. Ma sœur et moi avons reçu des cadeaux; toute la famille s'est donné des cadeaux. Le soir on a mangé un grand repas ensemble.

1 Quelle est la signification de la fête de l'Aïd al-Fitr?

2 Pourquoi est-ce que la fête change de date?

3 Comment est-ce que la vie est différente pendant la période de Ramadan? (1 détail)

4 Que font les musulmans le matin? (3 choses)

5 Quel geste de générosité font les musulmans?

6 Qu'est-ce que Rachid a fait l'année dernière?

5 Écris un article sur ta fête préférée pour un magazine scolaire francophone. Mentionne:

• le nom et la date de la fête

• ce qui se passe traditionnellement

• pourquoi tu aimes cette fête

• ce que tu as fait l'année dernière

6 Lis Marc et Alain, qui parlent du nouvel an. Corrige les affirmations qui sont fausses.

> Chez nous, en France, c'est la coutume de fêter l'arrivée du nouvel an en veillant jusqu'à minuit le soir du 31 décembre. Ma petite sœur n'a que 10 ans mais l'année dernière mes parents lui ont permis de faire la fête aussi. D'habitude, à 23 h 59, le décompte du jour de l'an commence puis, aux douze coups de minuit, on se souhaite une bonne année et on débouche du champagne. Chaque année, c'est la tradition de faire des résolutions. Il y a 1 an mes parents m'ont demandé de travailler dur et je leur ai promis de faire de mon mieux.

Marc

> Pour moi, l'année juive commence le premier mois de tishri, puisqu'on utilise le calendrier hébreu pour l'observance des fêtes religieuses. Normalement ça tombe en septembre ou en octobre. Ce jour-là est considéré comme le jour du jugement. La fête du nouvel an s'appelle "Rosh Hashana" et elle commémore la création du monde. Cette année, comme d'habitude, on la fêtera comme toujours. C'est une journée de jeûne et de prière à la synagogue. Après le coucher du soleil, on partage un repas en famille. C'est la tradition de manger des pommes, du miel, des dattes et des figues.

Alain

1 À minuit, Marc boit de l'alcool.
2 Rosh Hashana est une fête chrétienne.
3 Les Juifs et les Chrétiens célèbrent le nouvel an à la même date.
4 Cette année Alain va faire quelque chose de différent.
5 Alain mange un grand repas à midi.

Using pronouns with verbs that require
à + a person + de + infinitive

On page 196, it was explained that certain verbs require **à** + a person + **de** + an infinitive.

Example: *Il a demandé **à** ses enfants **de choisir** un cadeau.*

He asked his children to choose a present.

If you want to replace the person/persons with a pronoun, you need to use an indirect pronoun: **me**, **te**, **lui**, **nous**, **vous**, **leur**.

Example: *Je **leur** ai promis de faire mon mieux.*

I promised them to do my best.

7a Écoute une interview avec Maryse, qui parle du nouvel an. Dans chaque phrase il y a un détail qui ne correspond pas à l'extrait. Écris le mot juste.

1 Maryse habite ~~en France~~.
2 Le 31 décembre elle fait la fête ~~en ville~~.
3 Pendant la soirée, elle regarde ~~un documentaire~~ à la télé.
4 L'année prochaine, elle va célébrer le nouvel an avec ~~des amis~~.

b Écoute Cathy. Réponds aux questions en français.

1 Que fait-elle d'habitude pour fêter le nouvel an?
2 Que fait le président?
3 Où a-t-elle célébré l'année dernière?
4 Pourquoi a-t-elle été étonnée?

8 Fais une présentation sur les célébrations du nouvel an en répondant aux questions.

1 Comment se fête le nouvel an chez toi?
2 Qu'est-ce que tu as fait l'année dernière?
3 Comment serait ta fête idéale pour le nouvel an?

4 Les traditions

1 📖 Faly évoque deux traditions de son pays. Lis le texte.

Il y a d'abord la tradition des salutations. Au Sénégal, elles sont traditionnellement très longues; elles peuvent durer plusieurs minutes. Quand nous rencontrons une connaissance dans la rue, nous devons la saluer avec respect. La tradition veut que nous demandions ensuite des nouvelles de toute la famille, car la famille est importante pour nous. Par respect pour les ancêtres de la famille, on répète plusieurs fois le nom de famille de celui qu'on salue. À la campagne, la coutume exige que vous demandiez s'il a plu suffisamment dans le village de la personne. C'est important pour les récoltes.

Une autre tradition, c'est le marchandage. Le commerçant vous demande un prix puis attend que vous marchandiez. Bien sûr, on ne marchande pas dans les boutiques qui vendent des produits comme le dentifrice et le savon, ou le riz et le sucre, dont les prix sont fixés par le gouvernement! Mais le vendeur de vêtements, de fruits et légumes, d'objets d'occasion ou artisanaux, souhaite que vous discutiez le prix avec lui. Le marchandage, c'est un échange, autant qu'une question de prix. Passer du temps à marchander, c'est montrer de l'estime à l'autre. Au Sénégal, on marchande même le prix d'un taxi!

a C'est vrai (V) ou faux (F)?

1 Saluer une personne au Sénégal prend du temps.
2 On doit se renseigner sur la santé des ancêtres.
3 On évoque en se saluant des sujets importants.
4 Le marchandage est une pratique habituelle.
5 On peut marchander absolument tout.
6 On marchande uniquement pour payer moins.
7 Prendre le temps de saluer et de marchander est un signe de respect.
8 Les salutations et le marchandage sont des échanges sociaux importants.

b Fais cet exercice après avoir étudié le Point Grammaire. Complète ces phrases avec le verbe approprié, au subjonctif.

Au Sénégal, la tradition veut que…

a …nous (saluer/ignorer) les gens dans la rue.
b …vous (montrer/se moquer) du respect.
c …les gens (choisir/demander) un prix plus bas.
d …tout le monde (accepter/marchander).

Point grammaire

Introduction to the present subjunctive (1)

In her text, Faly writes:

*La tradition **veut** que nous <u>demandions</u> des nouvelles.*

*La coutume **exige** que vous <u>demandiez</u> s'il a plu.*

*Le vendeur **souhaite** que vous <u>discutiez</u> le prix.*

*Le commerçant **attend** que vous <u>négociiez</u>.*

The underlined verbs are in a form that you have not seen before, called the **present subjunctive**.

The present tense with which you are familiar would be *nous demandons, vous demandez, vous discutez, vous négociez*.

Look at the verbs in bold. They express a **will** (*veut*), a **demand** (*exige*), a **wish** (*souhaite*) or an **expectation** (*attend*). The subjects of these verbs (tradition, custom, the salesman, the shopkeeper) want, demand, wish or expect the action or event described by the underlined verb that follows.

To show that they describe an event **as viewed or felt by the subject of the first verb**, these verbs are used in the subjunctive.

The subjunctive can be used after verbs or phrases expressing many other views or feelings, such as doubt, possibility, necessity, regret, surprise and fear.

To form the present subjunctive, take the *ils* form of the normal present, and take away *-ent*.

Then add the following endings: *-e, -es, -e, -ions, -iez, -ent*

Examples: *Ils pleurent → Ils regrettent que **vous pleuriez**.*
They are sorry that you are crying
*Ils finissent → Je crains qu'elle ne **finisse pas**.*
I fear that she might not finish
*Ils vendent → Il s'étonne que je **vende** ma voiture.*
He is surprised that I should sell my car.

2  André parle de quelques traditions de la Réunion.

Les traditions et les coutumes de la Réunion sont très variées et reflètent la diversité de la population, dont les origines sont multiples: l'Afrique, l'Inde, la Chine, l'Europe… On peut citer la marche sur le feu, venue de l'Inde, les défilés multicolores du nouvel an chinois et, bien qu'ils soient officiellement interdits, les combats de coqs, venus d'Afrique. Et puis les différentes communautés ont apporté leurs traditions religieuses ou culinaires, par exemple.

Une tradition très populaire, c'est le pique-nique du dimanche. On se retrouve à la campagne, à la plage ou à la montagne, et c'est un véritable banquet qui s'organise, en famille ou entre amis! Il y a des aires de pique-nique un peu partout sur l'île et, par crainte des incendies, des barbecues ont été construits pour cuisiner les plats traditionnels. Il faut que vous soyez là tôt pour avoir un emplacement à l'ombre et pour avoir une belle vue. Mon père dit que le pique-nique est une tradition récente, parce que jusqu'à ce que les gens aient des voitures, ça n'était pas possible. En tout cas, c'est une vraie fête!

Réponds aux questions en français.
1 Pourquoi les traditions sont-elles si variées à la Réunion?
2 Donne deux exemples de leur diversité.
3 Une des traditions citées ne devrait plus exister. Laquelle? Pourquoi?

4 Explique pourquoi le pique-nique est convivial.
5 Pourquoi a-t-on construit des barbecues?
6 Donne deux exemples qui montrent que le pique-nique est un bon repas.
7 Quelles sont les deux conditions que doit remplir un emplacement?
8 Comment le pique-nique a-t-il pu devenir une tradition populaire?

3 Réponds aux questions par écrit. Puis questionne ton/ta partenaire.
1 Laquelle des traditions mentionnées par Faly et André te paraît la plus intéressante? Pourquoi?
2 Laquelle te paraît désagréable, ou inacceptable? Pourquoi?
3 Parle de quelques traditions qui existent là où tu habites.
4 Laquelle aimes-tu, et laquelle n'aimes-tu pas? Donne tes raisons.
5 Parle d'une tradition étrangère que tu trouves bizarre, amusante ou choquante.

4 La grand-mère de Fabien, à Perpignan, puis le grand-père de Brieuc, en Bretagne, parlent des traditions de leur enfance. Quels aspects ne sont mentionnés que par un seul grand-parent?
a une tradition basée sur la musique
b une tradition qui inclut les voisins
c l'inclusion de plusieurs générations
d l'importance attachée aux vêtements
e une tradition liée au climat
f la langue régionale
g une tradition qui n'a pas disparu

Point grammaire

Introduction to the present subjunctive (2)

Look at these examples:

*Il faut que vous **soyez** là tôt.*

You must be there early.

*Il faut que vous **ayez** une belle vue.*

You must have a nice view.

*bien qu'ils **soient** interdits*

although they are forbidden

*jusqu'à ce que les gens **aient** des voitures*

until people had cars

- The verbs in bold are all in the present subjunctive.

- Here, the **subjunctive** is used after the phrase *il faut que* (expressing a necessity), and after the conjunctions *bien que* (although) and *jusqu'à ce que* (until).

- These verbs (*être* and *avoir*) are irregular in the subjunctive.

Paper 4: writing

In this type of question, introduced in Exam Corner 9, you have to write a continuous response of 130–140 words *in French*. You should prepare to write for different purposes and contexts, about real or imaginary subjects and to express and justify ideas and points of view effectively.

Here is a sample task:

Vous devez écrire 130–140 mots sur le sujet suivant:

« Les traditions ont un rôle important. »

Écrivez un article.

- Décrivez une tradition importante dans votre famille ou votre pays.

Task 1 lends itself to the use of the present tense. There might be an opportunity to refer to the past (e.g. origin of the tradition) or to the future, but these tenses will be needed in tasks 2 and 3, so their use is not essential here.

- Parlez d'un événement traditionnel qui a marqué votre enfance.

Your answer to task 2 needs to be anchored in the past. You could use the imperfect ('when I was little…'/what used to happen) and perfect tenses (refer to a specific occasion).

- Dites quelle tradition vous voudriez changer, et pourquoi.

Task 3 gives you the chance to refer to the future, using either the conditional (what you would like to do…) or the future tense (In the future/when I am older, I will…).

Decide what you are going to write about. Choosing topics that are real rather than imagined, should make it easier for you to write about them with some detail.

List the structures you think that you may be able to use to good effect.

Write down vocabulary and phrases that come to mind for each task. For example: task 1 — *Chez nous/dans ma famille* (to put the answer into context), *chaque année/toujours* (to show it is a tradition), *planter un arbre* (your choice of topic), *mon grand-père/moi/mon père*.

Sample student answer A

This sample response answers the first bullet point in the above task. (Spellings and other inaccuracies have been corrected.)

The vocabulary needs to be more varied. Though clearly a key element here, *planter un arbre* is used three times, and an alternative needs to be sought.

Using *quand* allows for longer sentences to be built, but it would be better to find an alternative to avoid its repeated use. It would be good to introduce more of the structures you were hoping to use.

Dans ma famille, nous avons une tradition que j'aime beaucoup: quand un enfant naît, nous plantons toujours un arbre dans le jardin! Mon grand-père a planté le premier arbre pour mon père, et mon père a planté un arbre quand je suis né. Moi, j'adore mon arbre!

The relative clause introduced by *que* adds both structure and fluency.

This sample answer uses present and perfect tenses quite naturally, and the verb forms are varied.

Sample student answer B

Compare this answer to Student answer A.

New structures add to the answer's quality.

Good use of the superlative here.

Dans ma famille, nous avons une tradition que j'aime beaucoup: quand un enfant naît, nous plantons un arbre! C'est mon grand-père qui a commencé la tradition, il y a quarante ans. Moi, j'adore mon arbre – c'est le plus beau du jardin, et il est bon pour la planète aussi!

New structures add to the answer's quality.

The reference to an environmental concern adds interest.

In this answer, repetitions have been avoided, and the range of language extended as a result.

Now, read and compare these two sample answers for the second bullet point in the above task.

Sample student answer A

Chaque année mon village a des feux d'artifice pour la fête, c'est très joli, mais très bruyant. Je me souviens que je pleurais chaque année à la fête quand j'étais petite, parce que je détestais le bruit. Maintenant je l'adore. Par contre, je déteste y aller avec mes parents!

Sample student answer B

Chaque année dans notre village il y a des feux d'artifice pour la fête. Maintenant, je **les** adore, mais quand j'étais petite j'avais peur du bruit. Je n'oublierai jamais la première fois que j'**y** suis allée. Mes parents ne m'avaient pas dit que les feux d'artifice étaient bruyants: j'ai pleuré!

Answers are first assessed for **communication** (10 marks). How well and how clearly do the two drafts above answer the task?

- There is no loss of meaning through inaccuracies or misspellings, as these have already been corrected.
- There is ambiguity in the last two sentences of sample A: it is not clear what the pronouns *l'* and *y* refer to. The last sentence in sample A is not relevant to the task set.

Marks are awarded for **accurate use of verbs** (8 marks).

- Tenses have been used appropriately. Though the task calls for reference to the past, the present tense is used to good effect to introduce the topic. A wider range of verb forms and the negative also enhance sample B.

Finally, marks are awarded for **other linguistic features** (12 marks).

- Compare the range of language used in the two sample answers: *avoir peur de* replaces *détester, la première fois que* replaces the repeated *chaque année, oublier* is weaker than *se souvenir que*, but facilitates the introduction of *ne...jamais*.
- In sample B, the pronouns (in bold) are used correctly and effectively.

Here is a sample answer for the third bullet point in the task.

Moi, j'aime les animaux et à mon avis les corridas en Espagne sont cruelles. À mon avis, on doit les interdire. Il y a des gens qui pensent que tuer les animaux est un spectacle intéressant! Je ne comprends pas. On doit absolument arrêter ça!

Work with a partner to try to improve on this first draft.

Vocabulaire

La pauvreté   Poverty

La pauvreté, c'est le manque de/d'…   Poverty is the lack of…

  …revenu/argent/logement/vêtements.   …income/money/accommodation/clothes.

  …eau potable/nourriture.   …drinking water/food.

  …ressources pour vivre dignement.   …resources needed to live with dignity.

La pauvreté, c'est l'impossibilité de/d'…   Poverty is the impossibility to…

  …se soigner/s'éduquer/se nourrir.   …get medical care/get an education/eat.

  …vivre avec dignité/(se) construire un avenir.   …live with dignity/build (oneself) a future.

La pauvreté, c'est vivre …   Poverty is living…

  …dans la misère/dans des conditions sanitaires précaires.   …in destitution/in precarious hygienic conditions.

Les demandes d'aide d'urgence augmentent.   Calls for emergency help are on the increase.

Les travailleurs à bas salaire souffrent.   Low income workers are suffering.

Les sans-abri/Les SDF (Sans Domicile Fixe) sont nombreux.   The number of homeless people is high.

La crise économique aggrave la situation.   The economic crisis is making things worse.

Il faut prendre des mesures pour…   We must take measures to…

  …abolir la pauvreté/la faim dans le monde.   …eradicate poverty/hunger in the world.

Tout le monde a droit aux soins de santé.   Everyone is entitled to health care.

Nous devons faciliter l'accès aux soins médicaux.   We must make it easier to access medical help.

On peut…   We can…

  …soutenir les associations humanitaires.   …support humanitarian organisations.

  …aider les organisations bénévoles.   …help voluntary organisations.

  …organiser des collectes de fonds/de nourriture.   …set up funds/food collections.

Une enfance difficile   A difficult childhood

J'ai grandi dans un camp de réfugiés.   I grew up in a refugee camp.

Nous avons fui notre village.   We fled our village.

Nous avons échappé à la guerre civile.   We escaped from the civil war.

Nous avons trouvé asile à l'étranger.   We found an asylum abroad.

Notre région a été frappée par…   Our area was hit by…

On nous a fourni un abri.   We were provided with a shelter.

On nous a distribué de la nourriture/de l'eau.   We were given some food/water.

Les enfants malades ont été soignés.   Children who were sick received medical care.

Chaque année, des milliers/des millions d'enfants…   Every year, thousands/millions of children…

  …meurent de maladie/de faim.   …die of disease/of starvation.

  …sont victimes de conflits.   …are the victims of conflicts.

  …sont affectés par des catastrophes naturelles.   …are affected by natural disasters.

  …sont frappés par des épidémies.   …are hit by epidemics.

  …sont victimes de ruptures familiales.   …are the victims of family break-ups.

Les enfants mendiants errent dans les rues.   Child beggars roam the streets.

Les enfants soldats vivent la violence au quotidien.   Child soldiers are confronted by violence on a daily basis.

On peut aider les enfants pauvres/orphelins/en danger…   We can help poor/orphaned children/chidren in danger

  …en les parrainant.   …by sponsoring them.

  …en les accueillant chez soi/dans un centre spécialisé.   …by receiving them in our homes/in a specialised centre.

Une enfance heureuse   A happy childhood

J'ai/Je garde de bons souvenirs de mon enfance.   I have happy memories from my childhood.

Je me souviens du temps où…   I remember the time when…

Je me rappelle mon premier jour d'école/le jour où…   I remember my first day at school/the day when…

Mon souvenir le plus lointain, c'est…   My earliest memory is…

204

J'ai eu une enfance heureuse/facile/sans soucis/sans danger.   I had a happy/easy/carefree/safe childhood.

Nous allions…/Nous faisions…/Nous jouions…   We used to go…/We used to do…/We used to play…

J'ai eu beaucoup de chance.   I was very fortunate.

Les fêtes religieuses/Le Nouvel An   Religious festivals/The New Year

La fête Aïd al-Ahda/Noël/Diwali/Yom Kippour est une fête musulmane/chrétienne/hindoue/juive.   The festival Eid al-Ahda/Christmas/Diwali/Yom Kippour is a Muslim/Christian/Hindu/Jewish festival.

C'est une fête célébrée par les Musulmans/les Chrétiens/les Hindous/les Juifs.   It's a festival celebrated by Muslims/Christians/Hindus/Jews.

Cette fête a lieu au mois de septembre.   This festival takes place in September.

Chaque année, la fête tombe à une date différente.   Each year, the festival falls on a different date.

On utilise le calendrier hébreu pour l'observance des fêtes religieuses.   We use the Hebrew calendar for the observance of religious festivals.

C'est un jour de vacances/pardon/célébrations.   It's a holiday/day of forgiveness/day of celebrations.

La fête marque/symbolise/commémore/célèbre la naissance de Jésus/la fin de Ramadan.   The festival marks/symbolises/commemorates/celebrates the birth of Jesus/the end of Ramadan.

On va à la mosquée/à l'église/à la synagogue.   We go to the mosque/to church/to the synagogue.

On porte de nouveaux vêtements./On reçoit des cadeaux./On organise des festins.   We wear new clothes./We receive presents./We organise feasts.

On mange un grand repas familial/des dattes.   We eat a big family meal/dates.

On fait le jeûne./On allume des bougies.   We fast./We light candles.

On suit la tradition/la coutume de faire des résolutions.   We follow the tradition/the custom of making resolutions.

Aux douze coups de minuit, le décompte du Jour de l'An commence.   On the twelve strikes of midnight, the countdown for New Year's Day begins.

On veille jusqu'à minuit./On débouche le champagne   We stay up until midnight./We uncork the champagne.

Les traditions   Traditions

Chez nous, les traditions et les coutumes sont…   At home/In my country, traditions and customs are…

Nous avons des traditions religieuses/sociales/   We have religious/social/
culinaires/ancestrales/familiales/tribales/nationales.   culinary/ancestral/family/tribal/national traditions.

C'est une tradition basée sur la religion/la vie de famille/un événement historique…   It is a tradition based on religion/family life/an historical event…

La tradition/La coutume…   Tradition/Custom…
   …veut que…/exige que…/demande que…   demands that…

C'est une tradition qui inclut les voisins/toute la famille/plusieurs générations.   It is a tradition which involves neighbours/the whole family/several generations.

C'est un jour de fête.   It is a day of celebration.

Le marchandage est/La fête de nuit est/Les salutations sont…   Haggling is/The night festival is/Salutations are…
   …une coutume ancestrale/une pratique habituelle.   …an ancestral custom/customary practice.
   …un échange social/un événement convivial.   …a social exchange/a convivial event.

On met le costume traditionnel.   We wear our traditional costume.

On parle la langue régionale.   We speak the local language.

On chante des chants traditionnels.   We sing traditional songs.

1 Les résolutions et le futur

✔ The resolutions you made in Year 10

✔ Plans for the future

✔ Direct and indirect speech (2)

1 📖 Au début de la 3ème, Fabien, Faly, Brieuc, Gabi et André ont pris des résolutions. Est-ce qu'ils ont tenu leurs promesses?

Il y a 2 ans, j'ai dit que je voulais améliorer mon anglais et aller chez mon correspondant à Southampton. J'ai décidé également que je devais faire un effort en technologie, si je me souviens bien. J'ai eu l'occasion d'aller voir mon correspondant pendant les grandes vacances et j'ai eu de très bonnes notes en anglais. La technologie, j'ai fait un effort au début mais après j'ai trouvé ça ennuyeux et donc mes résultats n'ont pas été bons...

Fabien

J'ai dit que j'avais besoin de travailler plus dur en chimie et que j'allais lever la main pour répondre. J'ai aussi dit que j'allais essayer de me coucher plus tôt. Heureusement, j'ai réussi à avoir de bons résultats en chimie, mais je ne me suis pas couché plus tôt — c'est pour ça que je suis toujours fatigué... Mais tant pis! Je suis plus âgé maintenant; je ne vais pas me coucher de bonne heure — mes amis se moqueraient de moi!

Brieuc

Quand j'ai commencé en troisième, j'ai dit que je devais absolument faire des progrès en physique et que j'allais travailler très dur. J'ai promis aussi que j'allais être attentive en classe. Je pense que j'ai fait tout ça. Oui, la preuve, c'est que j'ai reçu de très bonnes notes en physique!

Faly

Moi, j'ai décidé que j'allais faire un effort pour étudier mes notes d'histoire. Malheureusement, je n'aimais pas le prof, alors je n'ai rien fait... C'était trop difficile. J'ai promis à ma mère que j'allais faire mes devoirs dans toutes les matières — mais je n'ai pas fait ça non plus! On a eu beaucoup de disputes et ma mère m'a interdit de sortir le soir.

Gabi

J'ai dit que je n'allais pas sortir pendant la semaine. Je ne sais pas pourquoi j'ai promis de faire ça! Je savais que je ne pourrais pas rester chez moi tous les soirs! J'ai aussi dit que j'allais mettre mes affaires de gym dans mon sac le soir; ça, je l'ai fait parce que je ne voulais pas être collé!

André

Trouve et corrige les quatre phrases fausses.

1 André n'est jamais sorti le soir pendant la semaine.
2 Faly a écouté très assidûment pendant les cours de physique.
3 Fabien a fait des progrès en anglais.
4 Gabi ne s'est pas très bien entendue avec sa mère à cause du travail scolaire.
5 Pour Brieuc, l'opinion des copains n'est pas très importante.
6 Gabi a eu plus de succès avec ses résolutions que Brieuc.
7 André a tenu ses deux promesses.
8 C'est Faly qui a fait le plus d'efforts pour tenir ses résolutions.
9 L'histoire n'est pas la matière où Gabi est la plus forte.
10 Fabien a été très inspiré par son prof de technologie.

Point grammaire

Direct and indirect speech (2)

When you need to report what someone has said, you change the 'direct' speech (the actual words said) to 'indirect' speech. When changing from direct to indirect speech, the present tense becomes the imperfect tense.

In exercise 1, Fabien, Faly, Brieuc, Gabi and André used indirect speech.

Example: J'ai dit que je **devais** faire des progrès.
I said that I **had** to improve.
Faly's actual words (direct speech) had been:
Je dois faire des progrès.
I **have** to improve.

Look at these sentences and write what was said in direct speech, as in the example.

- J'ai dit que je voulais améliorer mon anglais.
- J'ai décidé que je devais faire un effort en technologie.
- J'ai dit que j'avais besoin de travailler plus dur en chimie.
- J'ai promis que j'allais être attentive.
- J'ai dit que je n'allais pas sortir pendant la semaine.

2 🎧 Cinq jeunes parlent de leurs promesses et de leurs résultats. Qui dit ça (1–5)?

1 Ce n'était pas facile, mais j'ai eu de bons résultats.
2 Si on est déterminé à réussir, on y arrive!
3 Je ne m'entendais pas bien avec tous mes profs.
4 Même en travaillant dur, on ne réussit pas toujours!
5 Je dois admettre que je n'ai pas fait de progrès.

3 ✏️ 💬 Trouve les résolutions que tu as écrites au début de la 3ème. Écris ce que tu allais faire et dis si tu as tenu tes promesses.

Exemple: *Quand j'ai commencé la 3ème, j'ai dit que j'allais… et/mais…*

4 🎧 Fabien, Faly, Brieuc, Gabi et André parlent de leur avenir. Que disent-ils au sujet du mariage, des enfants, des vacances et de leurs rêves? Note des détails en français.

Exemple:

Fabien: **Mariage:** *oui/après avoir voyagé/une belle femme*
Enfants: *deux ou trois*
Vacances: *en Asie ou en Afrique avec des copains/Angleterre avec sa famille*
Rêve: *continuer à être heureux*
Autre(s) détail(s): *a eu une enfance heureuse*

❗ POINT LANGUE

There are many ways to talk about your future plans: you can use the future tense, e.g. *J'irai en Angleterre* (I will go to England), *aller* + infinitive, e.g. *Je vais voyager* (I am going to travel), or one of the following, used in exercise 4:

J'espère *aller aux États-Unis.*	I hope to go to the United States.
J'ai l'intention de *voyager un peu.*	I intend to travel a little.
J'aimerais/J'espère *avoir des enfants.*	I would like/I hope to have children.
Je ne veux pas *quitter ma famille.*	I do not want to leave my family.
Je n'ai pas envie de *voyager.*	I do not have the urge to travel.
Je rêve *d'avoir ma propre maison de haute couture.*	I dream of having my own haute couture house.

5 ✏️ Écris un paragraphe sur tes projets d'avenir. Mentionne le mariage, les enfants, les vacances et ton plus grand rêve. Utilise les expressions du "Point langue".

6a 💬 Pose ces questions à trois ou quatre de tes copains/ copines de classe. Demande-leur d'expliquer chaque réponse.

1 Tu veux te marier un jour?
2 Tu espères avoir des enfants?
3 Tu as envie de voyager?
4 Tu as l'intention de quitter ta région?
5 Quel est ton plus grand rêve?

b ✏️ Choisis deux des copains/copines à qui tu as posé les questions et écris un résumé de ce qu'ils ont dit.

Exemple: *Charlotte a dit qu'elle voulait se marier avant l'âge de 30 ans et qu'elle avait l'intention de passer toutes ses vacances à l'étranger. Elle a aussi dit que…*

2 Arrêter les études pendant 1 an, pour quoi faire?

✔ Reasons for having a break in studies
✔ Advantages and disadvantages of having a break

1 📖 Beaucoup de jeunes arrêtent leurs études temporairement, en général à l'âge de **18** ans. Pour connaître les raisons, trouve les paires correctes.

1 Pour voyager et rencontrer des gens nouveaux.	**a** L'université, ça coûte cher!
2 Pour gagner un peu d'argent avant de continuer les études.	**b** Ce n'est pas une bonne idée de se précipiter dans une carrière ou à l'université!
3 Pour faire quelque chose de pratique, qui change des études.	**c** Il y a tellement de choses à voir dans le monde. C'est fascinant!
4 Pour se donner le temps de réfléchir.	**d** Pour avoir un peu d'expérience du travail et de la vie.
5 Pour faire du bénévolat.	**e** Se reposer, avoir le temps de faire les choses qu'on aime, c'est important.
6 Pour voir des pays différents.	**f** Pour être utile aux autres, dans mon pays ou dans un pays étranger.
7 Pour respirer un peu et oublier les études et le travail.	**g** Découvrir des cultures différentes, ça permet d'avoir l'esprit plus ouvert.

2a 🎧 On a posé deux questions à des Français de 15 à 18 ans:

- Est-ce que tu aimerais faire une pause dans tes études, après le bac?
- Qu'est-ce que tu ferais si tu arrêtais les études pendant 1 an?

Écoute et note ce qu'ils ont répondu à chaque question.

Exemple: 1 — Oui, voyager.

b 🎧 Écoute encore et note un détail supplémentaire pour chaque personne.

Exemple: 1 — jamais sorti de la France.

3 🎧 Jean, Hasim, Amélie et Louane expliquent pourquoi ils veulent faire une pause dans leurs études. Qui dit quoi, exactement?

Je veux en profiter pour…

1 …travailler: c'est un avantage pour trouver un poste plus tard.

2 …voyager: pour découvrir de nouvelles choses et de nouveaux pays.

3 …voyager: pour renouer avec ses origines et son passé.

4 …travailler: ça permet de mieux s'orienter vers la vie professionnelle.

4 ✏️ 💬 Et toi, qu'est-ce que tu penses?

Réponds aux questions.

1 À ton avis, c'est une bonne idée d'interrompre les études pendant 1 an pour faire autre chose?

2 Quelles choses peut-on faire?

3 Quels sont les avantages et les inconvénients?

4 Si tu interromps tes études, qu'est-ce que tu aimerais faire?

5 Est-ce que tu penses faire ça plus tard? Pourquoi?

5a 💬 Lis et compare tes réponses à celles de ton/ta partenaire.

b ✏️ Écoute les autres personnes de ta classe et fais deux listes.

1 Note combien de personnes voudraient temporairement arrêter leurs études, et pour quoi faire.

2 Note combien de personnes pensent que ce n'est pas une bonne idée, et leurs raisons.

6a Lis le récit de Damien et choisis un titre pour chaque paragraphe.

  a L'aventure sur le fleuve.
  b Partir 1 an en Thaïlande.
  c Une expérience inoubliable.
  d Les langues sont utiles!
  e Découverte de l'Asie.

b Trouve et corrige les quatre phrases fausses.

  1 Après avoir passé son bac, Damien a décidé d'abandonner complètement les études.
  2 Il ne connaissait personne en Thaïlande.
  3 Il n'a eu aucun problème de communication parce qu'il parlait français et anglais.
  4 Il a profité de son séjour en Thaïlande pour visiter d'autres pays asiatiques.
  5 Il a été enchanté par les paysages et par les gens qu'il a rencontrés.
  6 Il a voyagé sur le Mékong en camion et en tracteur.
  7 L'année en Asie a été très enrichissante pour lui.

7a Résume le texte en quelques lignes.

b Est-ce que tu aimerais vivre l'année en Thaïlande de Damien? Explique pourquoi.

8 Anna parle de son expérience en Afrique. Écoute puis choisis les mots appropriés pour compléter le texte.

les professeurs   savent   dures   l'éducation
les choses utiles   passé   les étudiants
faciles   peuvent   obtenu

Damien en Thaïlande

Après le bac, j'en avais marre d'étudier et de passer des examens. J'ai réalisé qu'avant d'aller au conservatoire de musique, je voulais faire autre chose. Alors je suis allé travailler pendant 1 an dans l'école où mon oncle et ma tante enseignent le français, en Thaïlande. Une vraie aventure!

Je n'étais jamais allé en Asie, donc au début il y a eu le choc culturel, en plus du fait qu'à part à l'école, où je communiquais en français et en anglais, je ne pouvais ni comprendre les autres, ni me faire comprendre! Le thaïlandais n'est pas une langue facile, mais j'ai vite appris à me débrouiller en apprenant les phrases essentielles.

J'étais logé et nourri à l'école, donc j'ai pu économiser l'argent que je gagnais pour voyager. Les week-ends, je visitais la Thaïlande, et pendant les vacances scolaires je suis allé dans les pays voisins: le Laos, le Cambodge et le Vietnam. J'ai vu des paysages magiques, des montagnes aux formes étranges, des forêts immenses, des animaux sauvages… J'ai rencontré plein de gens incroyables, et j'ai appris tellement de choses!

Je me suis fait beaucoup d'amis et j'ai gardé de très bons souvenirs de mon séjour en Asie. Je pense que le plus amusant c'était l'excursion que j'ai faite sur le Mékong avec des amis, au Laos. Un homme louait des pneus — des gros pneus de camion ou de tracteur — aux touristes, et nous avons descendu le fleuve pendant 2 heures, chacun sur un pneu!

J'ai passé une année fantastique en Thaïlande. Non seulement c'est une expérience que je n'oublierai jamais, mais en plus, j'ai appris à devenir indépendant et à me débrouiller sans mes parents. Et surtout, j'ai découvert d'autres façons de vivre et de penser, des choses qu'on ne peut pas apprendre dans les livres à l'école!

Anna au Mali

Après avoir (**1**) son bac, Anna est partie travailler huit mois au Mali. Elle avait déjà visité ce pays l'année précédente. Elle est partie avec une organisation humanitaire qui se spécialise dans (**2**). Un grand nombre de Maliens, jeunes ou vieux, ne (**3**) ni lire ni écrire, et le travail d'Anna consistait à aider (**4**) dans les salles de classe. Les conditions de vie étaient (**5**). Elle a eu des difficultés à s'adapter. Mais c'était une expérience positive, qu'elle recommande.

9 Est-ce que tu aimerais vivre l'expérience d'Anna au Mali? Explique pourquoi.

3 Répondre à l'attente des autres

☑ **The pressures of following an expected career and living up to other people's expectations**

☑ **Direct and indirect speech (3)**

1 Lis ce que disent ces quatre jeunes.

Mes parents n'approuvent pas mes projets d'avenir. Moi, je veux voyager un peu avant de chercher un emploi stable, mais eux, ils disent que je devrais commencer à gagner de l'argent tout de suite, pour avoir plus de sécurité plus tard dans la vie. En plus maintenant, avec la crise économique, ils sont encore plus inquiets pour mon avenir. Je les comprends, car ils ont eu des ennuis d'argent toute leur vie. Je suppose que je peux voyager plus tard…

Nabila

Mon père s'attend à ce que j'arrête mes études pour travailler avec lui dans l'entreprise qu'il a créée. Déjà quand j'étais petit, il rêvait de m'avoir à ses côtés plus tard. Je ne veux pas le décevoir: il a travaillé très dur toute sa vie pour réussir. Mais moi mon rêve c'est de devenir médecin. Comment lui dire qu'il s'agit de ma vie, pas de la sienne? Ma mère est au courant. Elle dit que le plus important, c'est que je sois heureux.

Étienne

Pourquoi est-ce que les parents font toujours des projets pour leurs enfants? Parce que j'ai toujours les meilleures notes en classe, mes parents me voient déjà à l'université en train de faire des études supérieures! Et bien sûr, mes profs les encouragent… Mais moi j'en ai marre des contraintes scolaires, et je veux gagner de l'argent tout de suite. Alors, j'aime beaucoup mes parents, mais c'est moi qui vais décider de mon avenir!

Ismail

Je veux me marier dès que possible: avoir une carrière ne m'intéresse pas. Mon copain et moi, nous voulons être ensemble et avoir des enfants. Mes parents ne sont pas contents. Ils insistent pour que j'aille à l'université avant de me marier, surtout ma mère, qui n'a pas eu la possibilité d'étudier. Je ne veux pas me fâcher avec mes parents, mais mon copain travaille depuis 5 ans et il gagne bien sa vie. Nous allons nous installer avec l'argent qu'il a mis de côté.

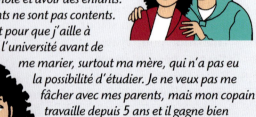

Gaëlle

a Identifie les personnes. Qui…

1 …connaît une grande réussite scolaire?
2 …n'a pas d'ambitions sur le plan professionnel?
3 …ne sait pas comment résoudre son problème?
4 …va faire ce qu'on attend de lui/d'elle?
5 …préférerait ne pas travailler tout de suite?
6 …veut aller à l'université?
7 …ne supporte pas l'avis des autres?
8 …a le soutien d'un de ses parents?

b Aide-toi des textes pour dire les phrases suivantes en français.

1 I am fed up with school constraints.
2 I am not interested in having a career.
3 My parents do not approve of my plans.
4 All parents make plans for their children.
5 They are worried about my future.
6 I don't want to fall out with my parents.
7 I am the one who will decide about my future.
8 This is about my life, not theirs!

2 🎧 Ces quatre jeunes ont-ils répondu aux attentes de leurs parents? Écoute et réponds aux questions.

1 Que voulait faire Christophe?
2 Ses parents ont changé d'avis. Pourquoi?
3 Quels emplois Laetitia a-t-elle eus?
4 Pourquoi est-elle déçue?
5 Comment Vincent a-t-il pu payer ses voyages?
6 Quelle est sa relation actuelle avec ses parents?
7 Pourquoi les parents de Valérie ne voulaient-ils pas qu'elle se marie?
8 Qu'a-t-elle fait, comme études?
9 Comment cela s'est-il passé?

Point grammaire

Direct and indirect speech (3)

When we change from direct to indirect speech, and report what someone said, a verb used in the perfect tense in the direct speech changes to the pluperfect tense.

Example: Direct speech: *Il a dit:* **"J'ai été malade."**
The words in bold were his actual words.

Indirect speech: *Il a dit qu'**il avait été** malade.*
We report what he said.

Direct speech: *Ils ont dit:* **"Nous avons mangé."**
The words in bold were their actual words.

Indirect speech: *Ils ont dit qu'**ils avaient mangé**.*
We report what they said.

3 📖 Et ailleurs, qu'est-ce qu'on attend des jeunes? Lis d'abord ce texte sur l'Afrique, puis choisis les bonnes réponses.

Dans de nombreuses régions pauvres d'Afrique, on destine traditionnellement les filles à la vie de famille et aux travaux domestiques. Déjà à l'école primaire, on attend moins des filles que des garçons. On encourage davantage par exemple les garçons à participer aux discussions, tandis qu'on demande aux filles de distribuer les crayons aux élèves. On attend généralement d'eux qu'ils montrent de l'initiative, et d'elles qu'elles soient respectueuses et obéissantes. Bien sûr, petit à petit les choses changent, surtout dans les villes, et de plus en plus de filles sont scolarisées. Mais quand les ressources des parents sont trop limitées pour payer les études de tous leurs enfants, ce sont les garçons qui continuent à l'école secondaire, et les filles qui aident leur mère à surveiller les frères et sœurs plus jeunes.

Le texte explique que dans beaucoup de régions pauvres du monde, traditionnellement…

1 la société attend des filles qu'elles…
- …travaillent dans les champs.
- …s'occupent des tâches ménagères.
- …soient très indépendantes.
2 à l'école, on attend des garçons qu'ils…
- …soient plus passifs que les filles.
- …montrent du respect à leurs professeurs.
- …soient plus confiants que les filles.

3 pour les familles…
- …l'éducation des filles n'a aucune importance.
- …la priorité est l'éducation des garçons.
- …l'éducation des enfants est une obligation.

Les contraintes mentionnées ici…

4 qui sont déterminantes pour la vie des jeunes, sont…
- …des contraintes sociales.
- …des contraintes linguistiques.
- …des contraintes médicales.
5 qui sont déterminantes pour l'éducation des jeunes, sont…
- …des contraintes géographiques.
- …des contraintes religieuses.
- …des contraintes financières.

4a 🎧 On parle de Moussa, au Burkina Faso, et de Francine, en Guadeloupe. Écoute et corrige les mots incorrects.

1 Moussa était optimiste pour sa ~~famille~~ et pour l'avenir.
2 ~~Son oncle voulait~~ qu'il prolonge ses études.
3 Il a été obligé d'abandonner ses études pour aider ~~son village~~.
4 Les parents de Francine ont trouvé ~~un logement~~ en ville.
5 Avec leurs économies, ils paieront des ~~vacances~~ à leur fille.
6 Francine gagne un peu d'argent en travaillant comme ~~guide~~.

b Écoute encore et résume les deux récits séparément. Compare et corrige avec un(e) partenaire.

5 ✏️ Dans l'exercice 5 de la page 207, tu as écris un paragraphe sur tes projets d'avenir. Maintenant, écris un autre paragraphe pour expliquer:
- si tes parents approuvent — ou pas — tes divers projets, et pourquoi
- ce qu'ils disent
- ce qu'ils attendent de toi
- ce que tu feras
- ce que tu penses de ta situation

4 Les langues, c'est la vie!

✔ Widespread use of French
✔ Why we should learn a foreign language
✔ Importance of French in the workplace

1 📖 Lis ce texte.

Ça y est! Te voilà à la fin de tes études pour ton examen de français. Avoir une bonne connaissance du français t'ouvrira les yeux sur le monde — tu connaîtras des cultures différentes, tu feras des voyages, tu te feras de nouveaux amis et tu pourras avoir des emplois différents. L'Organisation internationale de la francophonie a 55 États et gouvernements membres. Dans 28 de ces pays, le français est la langue officielle.

Brieuc

Le français et l'anglais sont les deux seules langues parlées sur les cinq continents. Le français est une des langues officielles de ces organisations: Amnesty International, le Conseil de l'Europe, la Commission européenne, Interpol, les Nations Unies, Unesco, le Comité international de la Croix–Rouge, l'Union européenne, l'Organisation mondiale de la santé, l'Organisation mondiale du commerce et le Comité international olympique. Les possibilités de carrière sont immenses — élargis tes horizons et lance-toi dans une aventure francophone!

Faly

a Réponds aux questions.

1 Selon Brieuc, qu'est-ce que tu as fini?
2 Qu'est-ce que tu pourras découvrir?
3 Pourquoi est-ce que le français est important? (Donne trois détails.)

b ✏️ Fais des recherches sur deux des organisations mentionnées dans le texte. Écris un paragraphe sur son rôle et les emplois qu'on pourrait y trouver.

2 🎧 Lucie, Hakim, Marc, Amélie et Richard parlent des langues étrangères. Choisis les six phrases vraies.

Lucie…

a …a appris deux langues étrangères.
b …est restée dans son pays.

Hakim…

c …est plus tolérant maintenant avec les étrangers.
d …n'est pas positif envers les langues.

Marc…

e …comprend mieux les différences culturelles.
f …n'a pas continué ses études de langues.

Amélie…

g …pense que la grammaire est impossible.
h …a amélioré sa mémoire.
i …a voyagé partout.

Richard…

j …parle deux langues non-européennes.
k …a le sentiment d'être plus qu'un Français.
l …ne travaille qu'avec les Français.

3 💬 Regarde cette liste. À ton avis, quelles sont les cinq raisons les plus importantes pour continuer à étudier une langue?

1 Ça vous permet de voyager plus facilement.
2 Ça encourage de bonnes relations internationales.
3 On se fait des amis plus facilement.
4 Ça nous aide à comprendre la culture d'un autre pays.
5 Ça nous rend plus tolérant.
6 Ça nous aide à écouter.
7 Ça nous aide à développer le cerveau.
8 C'est très utile si on veut travailler dans l'industrie ou le commerce.
9 Ça vous permet d'aller travailler dans un pays différent.
10 Ça nous aide à vivre une vie différente.

4 ✏️ Prépare un Power Point pour persuader des élèves de 4ème de continuer à apprendre le français. Mentionne: cinq avantages d'apprendre le français, des organisations internationales et des pays francophones. N'oublie pas de mentionner la Réunion!

André

5 📖 Lis les textes. Richard, Verity et Julian parlent de leur emploi. Bien qu'ils soient anglais, ils s'expriment en français pour démontrer leurs compétences linguistiques.

a Je m'appelle Richard. Je viens de Truro, en Cornouailles. Je travaille en France depuis 10 ans, pour une compagnie française. Si quelqu'un m'avait dit qu'à l'âge de 30 ans j'habiterais en France, je ne l'aurais pas cru! Si je n'avais pas étudié le français, je n'aurais pas pu postuler pour ce poste et je n'aurais pas rencontré ma femme!

b Je suis Verity. Je suis d'origine écossaise. Je travaille en Suisse comme assistante d'administration pour deux directeurs. J'organise leurs réunions et leurs voyages et je prépare des présentations — tout en français. Sans avoir étudié le français, je n'aurais pas rencontré tous mes amis suisses et je n'aurais pas trouvé un emploi avec ce bon salaire.

c Je suis Julian. Je suis né à Birmingham. Je travaille au Québec dans le tourisme. J'organise des festivals internationaux. Mon travail est très varié. Je mets le site web à jour. Mes compétences en français m'ont donné accès à cet emploi fantastique et m'ont permis de rencontrer plein d'amis.

Qui…

1 ne travaille pas en Europe?
2 vient d'Écosse?
3 a des compétences en informatique?
4 mène une vie imprévue?
5 s'est marié à une Française?
6 a trouvé un emploi bien payé?
7 a pu trouver son emploi grâce à ses compétences en français?

6 🎧 Harvey, Juliet, Andrew et Melanie parlent de leur travail. Remplis la grille.

	Pays	Organisation	Un détail
Harvey	Sénégal		
Juliet			
Andrew			
Melanie			

7 📖 Si tu n'as pas envie de travailler à l'étranger, tu pourrais chercher un emploi dans ton pays pour lequel on a besoin de quelqu'un avec de bonnes connaissances en français (74% des employeurs cherchent des employés qui ont des compétences linguistiques). Voici quelques annonces typiques trouvées sur internet. Lis ces annonces.

1 JRS are looking for someone to join our customer management team, with a telephone-based sales role. Basic knowledge of French essential.

2 **Games tester** We are seeking highly motivated, proactive and ambitious individuals who read and write in basic French to test software.

3 **French customer services representative** Do you have exceptional customer service skills and speak French? We are looking for people to join our team.

4 **Technical support engineer/web analyst** If you have a basic knowledge of French, you could be the person for us!

5 We are an English pharmaceutical company helping researchers and drug producers around the world. We are seeking French-speaking chemists to join us.

Pour chaque annonce, écris en français les compétences et les qualités personnelles nécessaires.

Exemple: *1 — bien parler le français; la patience; bien s'entendre avec les gens.*

8 ✏️ Imagine que tu as postulé pour le poste de cette annonce et que tu travailles maintenant en France. Écris un paragraphe en français pour expliquer ce que tu fais. Mentionne: où tu travailles, le travail que tu fais avec les enfants, les avantages et les inconvénients, les activités que tu as déjà faites et ce que tu vas faire demain.

We are recruiting children's representatives for our resort in France. Role involves supervising children aged 2 to 4, leading games, workshops and songs.

Paper 1: listening

A Vous allez entendre, deux fois, une interview avec Julien et avec madame Soler. Ils parlent des smartphones. Pendant que vous écoutez l'interview, répondez aux questions.

Première partie: Questions 1 à 5. Maintenant, vous allez entendre Julien, un jeune étudiant de 17 ans. Dans chaque phrase il y a un détail qui ne correspond pas à l'extrait. Écoutez l'extrait et écrivez le(s) mot(s) justes(s) **en français**. Vous avez d'abord quelques secondes pour lire les questions 1 à 5.

1 Ce qui est le plus utile pour Julien, c'est **le courriel**. .... [1]

2 Tous les **soirs** il contacte ses amis par e-mail ou bien il écrit des textos. .... [1]

3 Il pense qu'aujourd'hui les réseaux sociaux comme Facebook sont **un problème**. ....[1]

4 Hier, il a lu des tweets sur **un match de basket**. .... [1]

5 C'est avec l'argent **du travail** qu'il s'est payé son smartphone. ....[1]

Deuxième partie: Questions 6 à 9. Maintenant vous allez entendre, deux fois, Madame Soler, qui est responsable d'entreprise. Pendant que vous écoutez, répondez aux questions **en français**. Vous avez d'abord quelques secondes pour lire les questions.

6 Pourquoi madame Soler préfère-t-elle un smartphone? .... [1]

7 Comment utilise-t-elle son smartphone dans son travail? Donnez **1** détail ....[1]

8 Qu'est-ce qu'elle n'est plus obligée de faire? .... [1]

9 Comment les réseaux sociaux sont-ils utiles à madame Soler? .... [1]

[Total 9]

B Vous allez entendre deux fois une interview avec Sylvie, qui parle d'une journée « portes ouvertes » au refuge pour animaux où elle travaille.

Pendant que vous écoutez l'interview, répondez aux questions **en français**.

Il y a deux pauses dans l'interview.

Vous avez d'abord quelques secondes pour lire les questions.

1 La journée portes ouvertes au refuge, c'est quand exactement? .... [1]

2 Qu'est-ce que Sylvie espère des visiteurs? Donnez **1** détail .... [1]

3 Comment sait-on qu'elle a l'habitude d'organiser ce genre de choses?.................. [1]

[*PAUSE*]

4 Elle est optimiste pour la réussite de la journée «portes ouvertes». Pourquoi? .... [1]

5 Comment les experts animaliers peuvent-ils aider les visiteurs? .... [1]

6 Quand est-il possible de boire et de manger? .... [1]

[*PAUSE*]

7 Combien d'animaux le refuge a-t-il accueillis cet été? .... [1]

8 Pour quelles raisons les gens abandonnent-ils leurs animaux? Donnez **1** détail .... [1]

9 Quel est l'aspect le plus pénible, pour Sylvie? .... [1]

[Total 9]

Paper 2: reading

Lisez le texte suivant puis répondez aux questions **en français**.

Un étranger s'adapte à sa nouvelle vie

Comme chaque lundi soir, à la fin d'une journée fatigante au bureau, Marc Kerrien met un long pantalon noir et une chemise blanche à manches longues, malgré la chaleur qui l'accable toujours. Il sort de la maison, repousse l'idée de prendre un bus ou un taxi, et se dirige lentement par les rues qui vont l'amener chez son collègue et sa famille, qu'il connaît depuis son arrivée au Maroc. Ça fait cinq mois maintenant que Marc travaille dans la ville de Marrakech.

Devant la porte de ses hôtes, il enlève ses chaussures et entre dans le salon. C'est dans cette maison qu'il commence à apprendre les coutumes de la vie traditionnelle qu'il va adopter, par respect et pour s'intégrer dans son nouvel environnement. Comme d'habitude ses amis lui préparent un grand repas. Il sait qu'il doit tout manger — même si, après plusieurs plats, il n'a plus faim. Il se rappelle sa première visite où, au cours de la cérémonie du thé, il avait refusé un deuxième verre. Alors, Hakim, choqué devant ce geste inamical, lui avait expliqué que c'est la tradition de prolonger la cérémonie, même si on n'a plus soif.

Depuis ce jour-là, il essaie d'adapter son comportement, ne voulant ni offenser ni choquer. Son patron lui avait dit qu'il devrait respecter les traditions et les coutumes du pays pour que son séjour soit un succès. Donc, il ne sort plus en short, il se couvre toujours les bras. Il ne donne jamais la main gauche à un Marocain et il ne mange pas devant ses collègues pendant la période de Ramadan. Plus tard, de retour chez lui, il est heureux. Bien sûr, il y a des choses de son pays natal qui lui manquent, mais il se sent bien à l'aise dans ce pays qui le fascine et qui l'intéresse de plus en plus.

1 Comment est-ce que Marc s'habille tous les lundis? (**1** détail) **[1]**

2 Où va-t-il ce soir? **[1]**

3 Qu'est-ce qu'il est d'usage de faire avant d'entrer dans une maison marocaine? **[1]**

4 Comment est-ce que Marc a été impoli la première fois qu'il est allé chez Hakim? **[1]**

5 Pour réussir dans un pays étranger, qu'est-ce qu'il faut faire, selon son patron? **[1]**

6 Qu'est-ce qui est mal perçu au Maroc? (**1** détail) **[1]**

7 Quelle opinion Marc a-t-il du Maroc? (**1** détail) **[1]**

[Total: 7]

Paper 3: speaking

Role plays

A   Vous allez rester chez votre ami(e) français(e). Vous lui téléphonez pour parler de votre arrivée.

1(i)   Saluez votre ami(e) **et**
 (ii)   Dites que vous voulez parler de votre arrivée.

2   Dites quel jour vous voulez arriver.

3   Dites combien de nuits vous voulez rester.

4   Écoutez votre ami(e) et choisissez le lieu de rencontre.

5(i)   Remerciez votre ami(e) **et**
 (ii)   Posez une question sur sa ville (par exemple: restaurant? cinéma?)

B   Vous voulez travailler dans un restaurant en France. Vous téléphonez au patron/à la patronne.

1(i)   Saluez le patron/la patronne **et**
 (ii)   Expliquez la situation.

2   Décrivez deux emplois que vous avez déjà eus.

3   Répondez à la question.

4(i)   Réagissez avec plaisir **et**
 (ii)   Dites quand vous allez arriver en France.

5   Posez une question sur le travail.

Conversation

Préparez des réponses à ces questions.

Topic Area A: Everyday activities

1   Qu'est-ce que tu manges en famille?

2   Que feras-tu à l'avenir pour garder la forme?

3   Qu'est-ce que tu portes au collège?

4   Que penses-tu du règlement de ton collège?

5   Comment serait ton collège idéal?

Topic Area B: Personal and social life

1   Fais une description de ta famille.

2   Que vas-tu faire avec tes amis ce week-end?

3   Qu'est-ce que tu fêtes en famille?

4   Décris ton dernier anniversaire.

5   Comment serait ton week-end idéal?

Topic Area C: The world around us

1   Décris la rue où tu habites.

2   Décris un voyage que tu as fait.

3   Où est-ce que tu feras du shopping le week-end prochain?

4   Comment est le climat dans ta région?

5   Que fais-tu pour l'environnement dans ta région?

Topic Area D: The world of work

1   À ton avis, qu'est-ce qui est important dans un métier?

2   Où as-tu fait ton stage?

3   Qu'est-ce que tu as appris pendant ton stage?

4   Tu aimerais travailler à l'étranger? Explique ta réponse.

5   Quelle est l'importance d'internet dans le monde du travail?

Topic Area E: The international world

1   Qu'est-ce que tu aimes faire comme touriste?

2   Quels pays francophones est-ce que tu aimerais visiter? Explique ta réponse.

3   Décris un plat étranger que tu as mangé.

4   Quels événements est-ce qu'on organise dans ton collège pour aider les pays pauvres?

5   Tu as déjà rencontré des Français ou quelqu'un d'un pays étranger? Explique.

Paper 4: writing

1 L'argent de poche

Faites une liste **en français** de 8 choses que vous achetez avec votre argent de poche.

Exemple: Jeu vidéo

2 **Comment est votre meilleur copain/meilleure copine?**

a Décrivez votre meilleur copain/meilleure copine.

b Dites ce qu'il/elle aime faire.

c Expliquez pourquoi il/elle est votre meilleur(e) ami(e).

d Dites ce que vous allez faire avec lui/elle le week-end prochain.

Écrivez environ 80–90 mots **en français**.

3 **Choisissez un des sujets suivants. Vous devez écrire 130–140 mots.**

a **« La place des jeunes dans mon pays »**

Écrivez un article.

- Dites quelles opportunités il y a pour les jeunes dans votre pays.
- Dites ce que vous en pensez.
- Expliquez un problème que vous avez eu/un de vos amis a eu récemment.
- Dites ce que vous voudriez changer pour les jeunes et pourquoi.

b **Vous avez gagné une compétition. Le prix? Une journée avec la personnalité de votre choix.**

Écrivez une lettre à un(e) ami(e) français(e). Dans la lettre:

- Expliquez ce que vous avez fait pour gagner la compétition.
- Expliquez vos réactions quand vous avez appris que vous aviez gagné.
- Dites avec quelle personnalité vous souhaitez passer la journée et pourquoi.
- Dites ce que vous aimeriez faire pendant la journée.

c **« J'étais en France avec ma famille. Nous étions tranquillement assis à la terrasse d'un café en ville. Il y avait beaucoup de monde. Tout à coup, une vieille dame est tombée juste devant nous. »**

Continuez l'histoire.

- Racontez comment l'incident s'est passé exactement.
- Expliquez ce que vous avez fait pour aider la vieille dame.
- Donnez vos réactions à ces événements.

Vocabulaire

On parle des résolutions   Talking about resolutions

Quand j'ai commencé en 3ème, j'ai dit que…   When I started in Year 10, I said that…

    …je voulais/j'avais besoin de/je devais…   …I wanted/I needed/I had to…

    …faire un effort en…/faire des progrès en…   …make an effort in…/make progress in…

    …travailler dur/être attentif en classe.   …work hard/pay attention in class.

    …lever la main/faire mes devoirs.   …put up my hand/do my homework.

    …j'allais améliorer mon anglais.   …I was going to improve my English.

J'ai promis (à mes parents) que j'allais…   I promised (my parents) that I was going to…

J'étais déterminé à réussir.   I was determined to succeed.

J'ai tenu mes promesses.   I kept my promises.

J'ai réussi à…   I managed to…

    …avoir de bonnes notes/faire tout ça.   …get good marks/do all that.

On ne réussit pas toujours.   One isn't always successful.

On parle de l'avenir   Talking about future plans

Après…   After…

    …avoir passé mes examens/être allé(e) à la fac/m'être marié(e), je…   …doing my exams/going to uni/getting married, I…

J'espère/J'aimerais/J'ai l'intention de…   I hope/I would like/I intend to…

    …visiter des pays différents/voyager un peu.   …visit different countries/travel a little.

    …quitter ma région/voir le monde.   …leave my area/see the world.

Je rêve de…   I dream of…

    …me marier/avoir des enfants.   …getting married/having children.

J'ai envie d'/Je veux…   I fancy/I want to…

    …être financièrement indépendant.   …be financially independent.

Mon rêve, c'est de…   My dream is to…

    …posséder ma propre compagnie.   …own my own company.

    …avoir une carrière.   …have a career.

Je suis optimiste/pessimiste pour mon avenir.   I am optimistic/pessimistic about my future.

J'attends beaucoup de la vie.   I am expecting a lot from life.

Faire une pause pendant les études   Having a break from study

J'ai l'intention d'en profiter pour…   I intend to make the most of it to…

    …rencontrer des gens nouveaux.   …meet new people.

    …gagner un peu d'argent.   …earn a little money.

    …faire quelque chose de pratique.   …do something practical.

    …faire du volontariat/travail bénévole.   …do voluntary work.

    …être utile aux autres.   …be useful to others.

    …faire le tour du monde.   …go around the world.

On ne veut pas se précipiter dans une carrière.   You do not want to rush into a career.

On oublie tout ce qu'on a appris.   You forget all you have learned.

On perd 1 an pour rien/l'habitude d'étudier.   You lose a year for nothing/the habit of studying.

Ça permet de …   It allows/enables you to…

    …mieux s'orienter vers la vie professionnelle.   …make a better choice of career path.

    …avoir le temps de réfléchir.   …have time to think things through.

    …mieux se connaître.   …know yourself better.

Si je faisais une pause pendant mes études…   If I had a break from study,…

    …je travaillerais/je voyagerais.   …I would work/I would travel.

J'en avais marre d'étudier.   I was fed up with studying.

Je suis allé(e) travailler à l'étranger.   I went to work abroad.

Il y a eu le choc culturel.   There was a culture shock.

J'ai appris à me débrouiller.   I learned to get by/to manage.

Je suis allé(e) dans les pays voisins.   I went to the neighbouring countries.

J'ai appris tellement de choses.   I learned so many things.

J'ai gardé de très bons souvenirs.   I have lots of very nice memories.

J'ai passé une année fantastique.   I had a fantastic year.

C'est une expérience que je n'oublierai jamais.   It is an experience I will never forget.

J'ai découvert d'autres façons de vivre.   I discovered other ways of living.

Répondre à l'attente des autres   Living up to others' expectations

Les parents font des projets pour leurs enfants.   Parents make plans for their children's future.

On attend des jeunes qu'ils…   Young people are expected to…

Dans certaines sociétés…   In some societies…

   …on destine les filles aux tâches domestiques.   …girls are destined for domestic chores.

   …on encourage les garçons à montrer de l'initiative.   …boys are encouraged to show initiative.

Mes parents/Mes profs…   My parents/My teachers…

   …(n')approuvent (pas)/(ne) sont (pas) d'accord avec…   …(do not)approve of/agree with…

   …mes projets d'avenir/mes ambitions.   …my plans for the future/my ambitions.

Ils sont inquiets pour mon avenir.   They are worried about my future.

Ils me poussent à étudier.   They are pushing me to study.

Ils insistent pour que j'aille à l'université.   They insist that I go to university.

Mon père s'attend à ce que j'abandonne mes études.   My father expects me to give up studying.

Ma mère est compréhensive/est au courant de mes idées.   My mother is understanding/knows about my ideas.

Il est difficile de les convaincre.   It is difficult to convince them.

Il s'agit de ma vie, pas de la sienne.   This is about my life, not his/hers.

Je ne veux pas les décevoir.   I do not want to disappoint them.

Je m'en fous.   I don't care.

Je ne sais pas comment…   I don't know how to…

   …aborder le sujet/résoudre le problème.   …approach the subject/solve the problem.

J'ai le soutien de mes parents.   I have got my parents' support.

Parler une langue étrangère   Speaking a foreign language

Le français est une des langues officielles de   French is one of the official languages of the
   l'Union Européenne (UE).   European Union (EU).

Le français est langue officielle dans 28 états membres de   French is an official language in 28 member states of
   l'Organisation Internationale de la Francophonie.   the International Organisation of La Francophonie.

Parler le français/des langues étrangères…   Speaking French/foreign languages…

   …ouvre la porte sur des emplois/des rencontres.   …opens the door to jobs/new encounters.

   …permet de mieux comprendre des cultures différentes.   …enables you to better understand other cultures.

   …élargit les horizons.   …widens your horizons.

Être compétent en français/dans une langue étrangère…   Being competent in French/in a foreign language…

   …développe la mémoire.   …develops your memory.

   …rend plus tolérant.   …makes you more tolerant.

   …change votre vision du monde.   …changes your vision of the world.

   …encourage de bonnes relations internationales.   …encourages good international relations.

Grammaire

Nouns

A noun is:
- a person (the teacher)
- a name (Mary)
- an object (guitar)
- a concept/idea (luck)
- a place (cinema)

Gender

All nouns in French are either masculine or feminine. In the dictionary, masculine nouns are usually indicated with (m) and feminine nouns with (f).

In the singular, the definite article ("the") is *le* in the masculine and *la* in the feminine:

le chapeau (the hat), *le sac* (the bag), *le stylo* (the pen), *le jouet* (the toy)
la fille (the girl), *la porte* (the door), *la gare* (the station), *la gloire* (fame)

The indefinite article (the word for "a" or "an") is *un* in the masculine and *une* in the feminine.

The most common way to make the feminine form of a masculine noun is to add *e* to the end:

| *un ami* | *une amie* | a friend |

If a noun ends in *e* in the masculine form, it does not generally change in the feminine form:

| *un élève* | *une élève* | a student |

The table below shows how other masculine nouns change in the feminine form:

un boulanger	*une boulangère*	a baker
un jumeau	*une jumelle*	a twin
un époux	*une épouse*	a husband/wife
un danseur	*une danseuse*	a dancer
un moniteur	*une monitrice*	a supervisor
un technicien	*une technicienne*	a technician
un lion	*une lionne*	a lion/lioness

Some nouns are always masculine, even when referring to a female:

| *un auteur* | an author | *un médecin* | a doctor |

In general, words for animals only have one gender, although there are some exceptions:

| *un chien* | *une chienne* | a dog/bitch |
| *un chat* | *une chatte* | a cat |

The word for "a person" is *une personne* and is always feminine.

Some words have a separate masculine and feminine form:

un fils	*une fille*	a son/daughter
un mari	*une femme*	a husband/wife
un roi	*une reine*	a king/queen
un copain	*une copine*	a male friend/a female friend

Some words have two genders; their meaning depends on the gender:

un livre	a book	*une livre*	a pound (sterling or weight)
un manche	a handle	*une manche*	a sleeve
un poste	a job	*une poste*	a post office
un voile	a veil	*une voile*	a sail

Recognition of gender by the endings of words:

In general, words ending in *-age*, *-aire*, *-é*, *-eau*, *-eur*, *-ier*, *-in*, *-isme*, *-ment* and *-o* are masculine:

| *un garage* | a garage | *un bureau* | an office |
| *le bonheur* | happiness | | |

The following feminine nouns are exceptions to this rule:

une clé	a key	*une image*	a picture
l'eau	water	*la fin*	the end
la météo	the weather forecast	*la plage*	the beach
la radio	the radio		

Words ending in *-ade*, *-ance*, *-ation*, *-ée*, *-ère*, *-erie*, *-ette*, *-que*, *-rice*, *-sse* and *-ure* are generally feminine:

| *une limonade* | a lemonade | *la natation* | swimming |
| *la fermière* | the farmer's wife | | |

The following masculine nouns are exceptions to this rule:

| *un lycée* | a secondary school | *un musée* | a museum |
| *le dentifrice* | toothpaste | *un kiosque* | a newspaper stand |

Plurals

For the majority of nouns, plurals are made by adding *-s* to the singular form:

| *une porte* | *des portes* | door(s) |

Nouns ending in *-s*, *-x* or *-z* stay the same:

un bras	*des bras*	arm(s)
un nez	*des nez*	nose(s)
une voix	*des voix*	voice(s)

Nouns ending in *-eau* or *-eu* add *-x*:

| *un jeu* | *des jeux* | game(s) |

Exception:

| *un pneu* | *des pneus* | tyre(s) |

Nouns ending in *-ail* change to *-aux*:

| *un travail* | *des travaux* | work(s) |

Nouns ending in *-al* change to *-aux*:

| *un animal* | *des animaux* | animal(s) |

Nouns ending in *-ou* add *-s*:

| *un cou* | *des cous* | neck(s) |

Exceptions include:

un bijou	*des bijoux*	jewel(s)
un caillou	*des cailloux*	stone(s)
un chou	*des choux*	cabbage(s)
un genou	*des genoux*	knee(s)

Note
Some nouns are singular in form but plural in meaning, and take a singular verb. These include *la famille*, *la police* and *la foule*:

| *La famille est dans la maison.* | The family is in the house. |
| *La police arrive.* | The police arrive. |

Definite article

The word for "the" in French has four forms: *le, la, l'* and *les*.

Le is used for masculine nouns that start with a consonant:

| *le cahier* | the exercise book |

La is used for feminine nouns that start with a consonant:

| *la fleur* | the flower |

L' is used for nouns that begin with a vowel or a silent "h", whether they are masculine or feminine:

| *l'ennemi* (m) | the enemy |
| *l'huile* (f) | the oil |

Les is used with all nouns in the plural:

les cahiers	*les huiles*
les fleurs	*les ennemis*

The definite article is used:

- to refer to a particular object or person
  Le sac est sur la table.
  The bag is on the table.

- with a noun used in a general sense
  Il aime beaucoup le chocolat, mais il n'aime pas les bonbons.
  He likes chocolate a lot, but he does not like sweets.

- with countries and languages
  La Belgique est très petite. Belgium is very small.
  J'étudie l'allemand. I study German.

- with parts of the body
  J'ai les mains propres.
  I have clean hands.

- with people's names or titles
la petite Hélène	little Helen
le roi Charles	King Charles

- with days of the week to convey "every":
  Le jeudi je sors avec mes amis. On Thursdays I go out with my friends.

Changes to the definite article

Le and *les* contract to *au* and *aux* when used with *à* ("to"/"at"):

Incorrect: *Je vais à le magasin.*
Correct: *Je vais **au** magasin.* I'm going to the shop.

Incorrect: *Ils sont à les magasins.*
Correct: *Ils sont **aux** magasins.* They are at the shops.

There are no changes with *la* or *l'*:

Il est à la poste.	He is at the post office.
Tu vas à l'église.	You are going to the church.

Le and *les* contract to *du* and *des* when used with *de*:

Incorrect: *Elle est près de le cinéma.*
Correct: *Elle est près **du** cinéma.* She is near the cinema.

Incorrect: *Vous partez de les magasins.*
Correct: *Vous partez **des** magasins.* You are leaving the shops.

There are no changes with *la* and *l'*:

Elle est près de la gare.	She is near the station.
Elle est près de l'église.	She is near the church.

Indefinite article

There are two words for "a" and "an"; *un* is used for masculine nouns and *une* is used for feminine nouns:

un perroquet	a parrot
une maison	a house

There are specific occasions when an indefinite article is not used:

- with a person's job
  Il est facteur. He is a postman.

- with a negative
  Je n'ai pas de chat. I don't have a cat.

Partitive article

The word for "some"/"any" in French has four forms: *du, de la, de l'* and *des*.

Du is used for masculine nouns:

du pain	some bread

De la is used for feminine nouns:

de la confiture	some jam

De l' is used for nouns that begin with a vowel or a silent "h", whether masculine or feminine:

de l'eau	some water	*de l'huile* some oil

Des is used for plural nouns:

Ils ont vu des girafes.	They saw some giraffes.

There are specific occasions when a partitive is not used:

- with a verb in the negative
  Ils n'ont pas de droits. They haven't any rights.

- with an adjective in front of the noun
  Ils ont vu de belles plages. They saw some beautiful beaches.

Adjectives and pronouns

Adjectives describe nouns. In French, you usually need to change the spelling of an adjective to agree with the noun that it is describing. The most usual way is to:
- add -*e* to make it feminine singular
- add -*s* to make it masculine plural
- add -*es* to make it feminine plural

For example:

Le chapeau est bleu.	The hat is blue.
La robe est bleue.	The dress is blue.
Les chapeaux sont bleus.	The hats are blue.
Les robes sont bleues.	The dresses are blue.

Exceptions

Adjectives ending in -*e* remain the same in both the masculine and the feminine singular:

Le livre est rouge. The book is red.   *La porte est rouge.* The door is red.

Adjectives endings in -*s* do not add an extra *s* in the masculine plural:

Le pull est gris.	The sweater is grey.
Les pulls sont gris.	The sweaters are grey.

Adjectives with the following endings change as shown below:

fameux	*fameuse*	famous
amer	*amère*	bitter
indien	*indienne*	Indian
vif	*vive*	lively
gros	*grosse*	large, fat
bon	*bonne*	good

Three adjectives have a special form that is used when the noun is masculine singular and begins with a vowel or silent "h":

- *beau* becomes *bel*
  un bel homme a handsome man

- *vieux* becomes *vieil*
  un vieil hôtel an old hotel

- *nouveau* becomes *nouvel*
  un nouvel hôtel a new hotel

The following adjectives are irregular:

blanc	*blanche*	white
complet	*complète*	complete, full
doux	*douce*	soft, gentle
favori	*favorite*	favourite
faux	*fausse*	false
frais	*fraîche*	fresh
long	*longue*	long
public	*publique*	public
roux	*rousse*	red (hair)
sec	*sèche*	dry
secret	*secrète*	secret

Some adjectives of colour do not change — for example:

cerise	cherry	*marron*	brown
noisette	hazel	*orange*	orange
paille	straw-coloured	*pêche*	peach-coloured
des robes orange	orange dresses		

Similarly, compound adjectives of colour do not change:

bleu clair	light blue	*bleu marine*	navy blue
bleu foncé	dark blue		
des chaussures bleu foncé	dark-blue shoes		

Position of adjectives

Most adjectives are placed after the noun they are describing:

Elle a un chien noir.	She has a black dog.

Some more common adjectives are placed before the noun:

beau	beautiful/handsome	*joli*	attractive, pretty
bon	good	*long*	long
gentil	nice	*mauvais*	bad
grand	big	*nouveau*	new
gros	large	*petit*	small
haut	high	*premier*	first
jeune	young	*vieux*	old
C'est une jolie robe.		That's a pretty dress.	

If you are using two adjectives to describe a noun, they are usually put in their normal position, and in alphabetical order if both come in front or after the noun:

Une jolie robe rouge.	A pretty red dress.
Une jolie petite voiture.	An attractive little car.

Note
Some adjectives can be placed either before or after a noun and have a different meaning according to their position:

un ancien docteur	a former doctor
un garage ancien	an old garage
un cher oncle	a dear uncle
un livre cher	an expensive book
le dernier disque	the latest record
jeudi dernier	last Thursday
un grand homme	a great man
un homme grand	a tall man
mon pauvre oncle	my poor uncle
un oncle pauvre	a poor (i.e. "not rich") uncle
ma propre maison	my own house
ma maison propre	my clean house

Comparisons

To compare one thing with another, use *plus*, *moins* or *aussi* in front of the adjective and *que* after:

plus...que	more...than
moins...que	less...than
aussi...que	as...as

Le château est plus grand que la maison.
The castle is bigger than the house.

La bière est moins chère que le vin.
Beer is less expensive than wine.

Mes amis sont aussi sportifs que moi.
My friends are as sporty as me.

Exceptions: *bon* ("good") becomes *meilleur* ("better"):

Elle a un bon portable, mais moi, j'ai un meilleur portable.
She has a good mobile, but I have a better mobile.

Mauvais ("bad") becomes *pire* or *plus mauvais* ("worse"):

Ce vin est mauvais, mais la bière est pire (or *plus mauvaise*).
This wine is bad, but the beer is worse.

Superlative

To say that something is the best, biggest, smallest etc, use *le*, *la*, or *les* with *plus/moins* followed by an adjective:

le livre le plus cher	the most expensive book
la maison la moins propre	the least clean house
les hommes les moins intelligents	the least intelligent men

If the adjective normally goes in front of the noun, the superlative also goes in front of the noun:

la plus petite robe	the smallest dress

Note that the superlative in French is followed by **de** whereas English uses **in**:

le plus grand magasin de Paris	the largest shop in Paris

Exceptions include:
- *le/la meilleur(e)* ("the best")
- *le/la plus mauvaise* or *le/la pire* ("the worst")

Demonstrative adjectives

In French, there are four forms of the demonstrative adjective (meaning "this", "that", "these", "those"):

ce livre (m s)	this/that book
cette robe (f s)	this/that dress
cet avion	this/that aeroplane
(m; beginning with a vowel)	
cet homme	this/that man
(m; beginning with a silent "h")	
ces livres (pl)	these/those books

To give further emphasis, add *-ci* or *-là*:

ce livre-ci et ce cahier-là   this book here and that exercise book there

Demonstrative pronouns

There are four forms of the demonstrative pronoun: *celui* (m s), *celle* (f s), *ceux* (m pl) and *celles* (f pl). They agree with the noun to which they refer:

Quel magasin est-ce que tu préfères? Celui qui est dans le centre.
Which shop do you prefer? The one that is in the centre.

Quelles voitures aimes-tu? Celles qui sont bleues.
Which cars do you like? The blue ones. (i.e. "Those which are blue.")

Indefinite adjectives

Indefinite adjectives add an unspecified value to a noun.

Chaque means "each", and never changes form:

chaque garçon	each boy
chaque fille	each girl

Quelques means "some" or "a few":

Tu as quelques vidéos.   You have some videos.

Tel means "such" and can be used to say "like that". It has four forms: *tel* (m s), *telle* (f s), *tels* (m pl) and *telles* (f pl):

Un tel livre est cher.   Such a book is expensive.

Avec une telle famille, il ne s'ennuie jamais.
With a family like that, he never gets bored.

Certain means "some" or "certain":

après un certain temps   after some time, after a certain time

Plusieurs means "several":

Plusieurs personnes sont arrivées.   Several people arrived.

Autre means "other":

>*un autre livre* — another book

>*Nous avons acheté les autres chaussures.*
>We have bought the other shoes.

Tout is the word for "all" and has four forms: *tout* (m s), *toute* (f s), *tous* (m pl) and *toutes* (f pl):

>*tout le temps* — all the time
>*tous les jours* — every day

Indefinite pronouns

Some common indefinite pronouns are:

chacun(e)	each	*certain(e)(s)*	certain
tout	all	*quelqu'un*	someone
autre(s)	other	*quelques uns* (m pl),	} some, a few
plusieurs	several	*quelques unes* (f pl)	

These can be used either as the subject or the object of a verb:

>*Certains sont riches, plusieurs sont pauvres; d'autres ne sont ni riches ni pauvres.*
>Some are rich, several are poor; others are neither rich nor poor.

>*Vous avez des livres? J'en ai quelques uns dans mon sac.*
>Do you have any books? I have some in my bag.

>*Chacun a reçu 100 euros.* Each (one) received 100 euros.
>*Il n'y en a pas d'autres.* There are no others left.

Possessive adjectives

In French, the possessive adjectives have the forms shown below:

	m s	f s	m/f pl
my	*mon*	*ma*	*mes*
your (s)	*ton*	*ta*	*tes*
his/her/its	*son*	*sa*	*ses*
our	*notre*	*notre*	*nos*
your (pl)	*votre*	*votre*	*vos*
their	*leur*	*leur*	*leurs*

In French, the possessive adjective agrees with the object it is describing and not with the gender of the person who is the possessor. For example, *"mon père"* could be used by both a male and a female speaker.

Note
If a feminine singular word starts with a vowel or silent "h", use the masculine form *mon*, *ton* and *son* (not *ma*, *ta* and *sa*):

>*Mon amie Louise.* My friend Louise.

Possessive pronouns

The possessive pronoun agrees with the object it is replacing and not the person to whom the object belongs:

	m s	f s	m pl	f pl
mine	*le mien*	*la mienne*	*les miens*	*les miennes*
yours (s)	*le tien*	*la tienne*	*les tiens*	*les tiennes*
his/hers/its	*le sien*	*la sienne*	*les siens*	*les siennes*
ours	*le nôtre*	*la nôtre*	*les nôtres*	*les nôtres*
yours (pl)	*le vôtre*	*la vôtre*	*les vôtres*	*les vôtres*
theirs	*le leur*	*la leur*	*les leurs*	*les leurs*

For example:

>*J'ai mon crayon. Tu as le tien?*
>I have my pencil. Do you have yours?

>*Je n'ai pas de chaise. Donne-moi la sienne.*
>I don't have a chair. Give me his/hers.

Possession can also be expressed by using *à moi*, *à toi*, *à lui*, *à elle*, *à soi*, *à nous*, *à vous*, *à eux*, *à elles*:

>*Ce livre est à moi mais ce cahier est à lui.*
>This book is mine, but this exercise book is his.

Note that there is no apostrophe "s" in French. "Luc's house" is "the house of Luc": *la maison de Luc*.

Adverbs

Adverbs are words or phrases such as "slowly", "really" or "very" that modify the meaning of other words or phrases. They tell you how, when, where, and how often something is done. In English, they usually end in *-ly*. In French, to form an adverb you generally use the feminine form of the adjective and add *-ment*:

>*lent* (m) *lente* (f)   *lentement (lente + ment)*   slowly

Some adjectives change their final *e* to *é* before adding *-ment*:

>*énorme*   *énormément*   enormously

If an adjective ends in a vowel, the adverb is formed by adding *-ment* to the masculine form:

>*poli*   *poliment*   politely

If the masculine form of the adjective ends in *-ant*, the adverb ends in *-amment*.

>*constant*   *constamment*   constantly

If the masculine form of the adjective ends in *-ent*, the adverb ends in *-emment*:

>*évident*   *évidemment*   evidently

Some of the most commonly used adverbs do not follow this pattern:

vite	quickly	*beaucoup*	a lot
bien	well	*d'habitude*	usually
mal	badly	*petit à petit*	gradually
très	very		

Adverbs are invariable; they do not agree in gender or number.

Position of adverbs

If the verb in a sentence is in the present, future or conditional, the adverb is usually placed after the verb:

>*Nous regardons tranquillement le film.* We watch the film quietly.

In a sentence where the verb is in the perfect or pluperfect tense, long adverbs, adverbs of place and some common adverbs of time all follow the past participle, whereas short common adverbs come before the past participle:

>*Elle a souvent pris l'autobus.*   She took the bus often.
>*Je suis arrivée hier.*   I arrived yesterday.

Comparisons

The comparative of adverbs is formed in the same way as the comparative of adjectives:

>*Je regarde des films plus régulièrement que ma mère.*
>I watch films more regularly than my mother.

>*Il mange moins vite que moi.*
>He eats less quickly than me.

Elle chante aussi doucement que sa sœur.
She sings as sweetly as her sister.

The superlative of adverbs is also formed in the same way as the superlative of adjectives, by using *le plus* and *le moins*:

C'est Pierre qui court le plus vite.   It is Pierre who runs the fastest.

However, there are some exceptions:

- *beaucoup* becomes *plus* in the comparative and *le plus* in the superlative

Il mange plus que moi.   He eats more than me.
C'est nous qui jouons le plus.   It is us who play the most.

- *bien* becomes *mieux* ("better") in the comparative and *le mieux* ("the best") in the superlative

Personal pronouns

Personal pronouns are used in place of a noun.

Subject pronouns

Subject pronouns come before the verb and show who is doing the action:

je	I	*nous*	we
tu	you (s/informal)	*vous*	you (pl/polite)
il	he	*ils*	they (m)
elle	she	*elles*	they (f)

On has several meanings: we, one, they, you, people:

On a fini.   We/You etc. have finished.

Note that *tu* is used when talking to one person you know well. *Vous* is used to an adult you do not know well or to more than one person.

Remember also that *il* and *elle* can be used to mean 'it' referring to masculine and feminine nouns:

Où est le livre? Il est sur la table.
Where is the book? It is on the table.

Où est la fenêtre? Elle est près de la porte.
Where is the window? It is near the door.

Direct object pronouns

The direct object of a verb is the person or thing that is receiving the action. In the sentence "The girl read the book", "the book" is the direct object. When you do not want to repeat the direct object, you can replace it with a direct object pronoun (i.e. "The girl read the book and she enjoyed **it**").

The direct object pronouns are:

me	me	*nous*	us
te	you	*vous*	you
le/la	him/her/it	*les*	them

Indirect object pronouns

An indirect object pronoun expresses "to" or "for" a person, for example "the girl gave the book **to me**", or "he bought a present **for us**". The indirect object pronouns are:

me	to/for me	*nous*	to/for us
te	to/for you	*vous*	to/for you
lui	to/for him/her/it	*leur*	to/for them

There are two other pronouns: *en* and *y*.

en	of it, some, any
J'en prends.	I take some.
Il en veut?	Does he want any?
y	there

The pronoun *y* (there) usually replaces a place:

Vous allez en ville? Oui, j'y vais.
Are you going to town? Yes, I am going there.

Y can also replace *à* or *dans* + a noun:

Est-ce que tu penses à tes devoirs? Oui, j'y pense.
Are you thinking about your homework? Yes, I am thinking about it.

Position of direct/indirect object pronouns

Direct/indirect object pronouns usually go in front of the verb:

Il le voit.   He sees it.

If the verb is in the perfect or pluperfect tense, direct and indirect object pronouns usually go in front of the auxiliary verb:

Il m'a regardé.   He looked at me.

Order of object pronouns

If two object pronouns are used with the same verb, the order is:

Position				
First	**Second**	**Third**	**Fourth**	**Fifth**
me *te* *se* *nous* *vous*	*le* *la* *les*	*lui* *leur*	*y*	*en*

Il me les donne.   He gives them to me.

If you are giving a command, the pronoun follows the verb and is joined by a hyphen:

Mangez-la.   Eat it.
Donne-les-lui.   Give them to him/her.

In affirmative commands *me* becomes *moi* and *te* becomes *toi*:

Montrez-moi.   Show me.

However, if the command is negative, the direct and indirect object pronouns come in front of the verb:

Ne me le donne pas.   Don't give it to me.

Note

If a direct object pronoun is placed in front of the auxiliary verb *avoir* in the perfect and pluperfect tenses, the past participle agrees in gender (m/f) and number (s/pl) with the direct object pronoun:

Elle a acheté la pomme et elle l'a mangée.
She bought the apple and she ate it.

In the above sentence, the direct object pronoun *la* (which has contracted to *l'*) is referring to *la pomme*, which is a feminine singular noun.

Disjunctive pronouns

The disjunctive (or emphatic) pronouns are: *moi, toi, lui, elle, nous, vous, eux, elles*.

These are used:

- when combined with *-même*
  toi-même   yourself

- in comparisons
  Il est plus petit que toi.   He is smaller than you.

- as a one-word answer
  Qui a le stylo? Moi.   Who has the pen? Me.

- after prepositions
  Il est devant elle. — He is in front of her.

- for emphasis
  Lui, il est docteur. — He is a doctor.

- after *c'est* and *ce sont*
  C'est toujours elle qui gagne. — It's always her who wins.

Relative pronouns

Relative pronouns are used to link two clauses (main clause and subordinate clause). The most commonly used relative pronouns are: *qui, que, dont, où*.

Qui is used when the relative pronoun is the subject of the verb in the subordinate clause:

*Le chanteur **qui parle** est très beau.*
The singer **who is talking** is very handsome.

Que (or *qu'* in front of a vowel or a silent "h") is used when the relative pronoun is the object of the verb in the subordinate clause:

*La pomme **que je mange** est verte.*
The apple **(that) I'm eating** is green.

Dont usually translate as "whose", "of whom" or "of which":

*C'est une personne **dont** nous ne connaissons pas l'adresse.*
It is a person **whose** address we do not know.

Dont is also used instead of *qui* and *que* when the verb in the subordinate clause is usually followed by *de*:

*Il a le stylo **dont** j'ai besoin.*
He has the pen that I need (lit. "the pen of which I have need").
(to need = *avoir besoin **de***)

Où is used when the relative pronoun means "where":

*J'ai vu la maison **où** il est né.*
I saw the house **where** he was born.

Use *ce qui* and *ce que* to mean "what", when "what" is not a question:

*Il va faire **ce qui** est plus facile.* — He is going to do **what** is easier.
*J'ai fait **ce que** tu m'as demandé.* — I did **what** you asked me.

Lequel (m s), *laquelle* (f s), *lesquels* (m pl) and *lesquelles* (f pl) are used after a preposition to mean "which" when referring to inanimate objects:

*Il a vu le cahier **dans lequel** tu dessines.*
He saw the exercise book that you draw in (lit. "**in which** you draw").

*Il a perdu la boîte **dans laquelle** elle met les crayons.*
He has lost the box that she puts the pencils in (lit. "**in which** she puts the pencils").

> ### Note
> When used with *à*, these pronouns change to *auquel* (m s), *à laquelle* (f s), *auxquels* (m pl), and *auxquelles* (f pl):
>
> *Il a oublié le travail **auquel** il n'a pas donné son attention.*
> He has forgotten the work that he did not give his attention to (lit. "**to which** he did not give his attention").
>
> When used with *de*, these pronouns change to *duquel* (m s), *de laquelle* (f s), *desquels* (m pl), and *desquelles* (f pl):
>
> *On est allés au cinéma près **duquel** se trouve la piscine.*
> We went to the cinema near **to which** the swimming pool is situated.

Asking questions

The following are question words:

Combien (de)?	How many/much?
Comment?	How?
Où?	Where?
Pourquoi?	Why?
Quand?	When?
Que/Qu'est-ce que/Qu'est-ce qui?	What?
Qui/Qui est-ce qui?	Who?
Quoi?	What?
Quel (m s)/*Quelle* (f s)/*Quels* (m pl)/*Quelles* (f pl)?	Which?
Lequel (m s)/*Laquelle* (f s)/*Lesquels* (m pl)/*Lesquelles* (f pl)?	Which (one)(s)?

Examples of questions are:

Comment vas-tu?	How are you?
Où sont les toilettes?	Where are the toilets?
Qu'est-ce qu'il a dit?	What did he say?
À quelle heure?	At what time?

Lequel des deux films préférez-vous?
Which of the two films do you prefer?

There are several ways of asking a question:

- by raising your voice at the end of the sentence

  Tu vas sortir? — Are you going to go out?

- by putting *est-ce que* in front of the sentence, preceded by a question word, if appropriate
  Est-ce que tu vas sortir? — Are you going to go out?
  Pourquoi est-ce que tu vas sortir? — Why are you going to go out?

- by inverting the subject and the verb with a hyphen in between
  Allez-vous en France? — Are you going to France?
  Avez-vous fini? — Have you finished?

When the subject and verb are inverted, you need to add an extra "t" after a verb ending with a vowel:

Alors, Dominique va-t-elle jouer au football?
Well then, is Dominique going to play football?

Referring to people

In French, there are alternative ways of asking "who?" and "what?" For example, you can either use the simple *qui?* or the more complex construction *qui est-ce qui?*, which literally means "who is it that?"

Qui (or *qui est-ce qui*) is used to ask "who?", when "who" is the subject of the verb:

Qui/Qui est-ce qui est dans le jardin?
Who/Who is it that (lit.) is in the garden?

Qui (or *qui est-ce que*) is used if "who" is the object of the sentence:

Qui/Qui est-ce que tu regardes?
Who are you/who is it that (lit.) you are looking at?

Referring to things

Use *qu'est-ce qui* if what you are talking about is the subject of the sentence:

Qu'est-ce qui a disparu?
What (lit. what is it that) has disappeared?

Use *que* and invert the verb if what you are talking about is the object of the verb, or use *qu'est-ce que* with no inversion:

> *Que manges-tu/Qu'est-ce que tu manges?*
> What are you eating?

Use *quoi* with a preposition:

> *De quoi parles-tu?*
> What are you talking about?

Quel

"*Quel?*" means "which?" As it is an adjective, it needs to agree with the noun. There are four forms: *quel* (m s), *quelle* (f s), *quels* (m pl) and *quelles* (f pl):

Quel sac?	Which bag?
Quelle voiture?	Which car?
Quels crayons?	Which pencils?
Quelles filles?	Which girls?

Negatives

Generally, negatives are expressed by using *ne* with one of the words shown below:

ne...pas	not	*ne...que*	only
ne...jamais	never	*ne... guère*	hardly
ne...rien	nothing	*ne...aucun(e)*	no, not one
ne...personne	no one	*ne...nulle part*	nowhere
ne...plus	no more, no longer	*ne...point*	not
		ne...ni...ni	neither...nor

Position

With the present, future, conditional and imperfect, *ne* generally goes in front of the verb and the second part of the negative after:

> *Elle ne mange jamais de poisson.*   She never eats fish.

> *Ils n'iront ni en France ni en Espagne.*
> They will go neither to France nor to Spain.

To give a negative command, you also place *ne* in front of the verb and the second part of the negative after:

> *Ne mange pas le chocolat!*   Don't eat the chocolate!

With the perfect and pluperfect tenses, *ne* generally goes in front of the auxiliary and *pas*, *jamais* etc. after it:

> *Il n'a pas joué au tennis.*   He didn't play tennis.
> *Elle n'avait jamais fini.*   She had never finished.

However, with *ne...personne, ne...que, ne...aucun(e), ne...nulle part, ne...ni...ni*, the *ne* is placed in front of the auxiliary and the *personne, que* etc. after the past participle:

> *Je n'ai vu personne.*   I saw no one.
> *Il n'a vu que trois maisons.*   He saw only three houses.

With the immediate future *ne* is placed in front of the part of *aller* and the *pas* after it:

> *Il ne va pas partir demain.*   He is not going to leave tomorrow.

If there are pronouns in front of the verb, *ne* goes in front of the pronouns:

> *Je ne t'en donne pas.*   I do not give you any.
> *Ma sœur ne me les a pas prêtés.*   My sister did not lend them to me.

The negatives *ne...personne, ne...rien, ne...ni...ni* and *ne...jamais* can be used as the subject of the sentence. In this case, the second part of the negative comes first and is then followed by *ne*:

> *Rien ne me tente.*   Nothing tempts me.
> *Personne ne me cherche.*   Nobody is looking for me.

In the negative *ne...aucun, aucun* is an adjective and therefore agrees with the noun to which it refers:

> *Il n'y a aucune maison dans la rue.*   There is no house in the street.

If two negatives are used, they are usually placed in alphabetical order:

> *Je ne regarderai plus rien.*   I will no longer watch anything.

If the infinitive of a verb is in the negative, both parts of the negative go in front of the infinitive:

> *Elle va promettre de ne plus mentir.*
> She is going to promise not to lie any more.

Negatives are usually followed by *de*:

> *Nous n'avons pas de crayons.*   We do not have any pencils.
> *Il ne mange jamais de poisson.*   He never eats fish.

Rien, jamais, personne, nulle part, aucun(e) and *ni...ni* can be used on their own:

> *Qu'est-ce que tu manges? Rien.*   What are you eating? Nothing.
> *As-tu jamais vu la tour Eiffel? Jamais.*
> Have you ever seen the Eiffel Tower? Never.
> *Qui est parti? Personne.*   Who has left? Nobody.
> *Tu l'as vu où? Nulle part.*   Where did you see him? Nowhere.

Time

Il est une heure. (no s on *heure*)	It is one o'clock.
Il est trois heures.	
Il est deux heures...	It is three o'clock.
...cinq.	It is 2.05.
...dix.	It is 2.10.
...et quart.	It is quarter past two.
...vingt.	It is 2.20.
...vingt-cinq.	It is 2.25.
...et demie.	It is half past two.
Il est trois heures moins...	
...vingt-cinq.	It is 2.35.
...vingt.	It is 2.40.
...le quart.	It is 2.45.
...dix.	It is 2.50.
...cinq.	It is 2.55.
Il est midi.	It is midday.
Il est minuit.	It is midnight.
Il est midi/minuit et demi.	It 12:30 p.m./a.m.
(note no *e* on *demi*)	

Conjunctions

Conjunctions link two sentences or join two parts of a sentence:

à la fin	in the end	*ensuite*	next
ainsi	thus	*et*	and
alors	in that case, then	*mais*	but
bien que	although	*ou*	or
car	for/because	*ou bien*	or else
cependant	however	*parce que*	because
c'est-à-dire	that is to say	*par conséquent*	as a result
d'abord	at first	*pendant que*	while
d'ailleurs	moreover	*puis*	then, next
de toute façon	in any case	*quand*	when
donc	therefore, so	*quand même*	all the same
en effet	indeed	*plus tard*	later, later on
en fait	in fact	*par contre*	on the other hand
enfin	at last, finally		

Numbers

Cardinal numbers

0	zéro	14	quatorze	60	soixante
1	un	15	quinze	70	soixante-dix
2	deux	16	seize	71	soixante et onze
3	trois	17	dix-sept	72	soixante-douze
4	quatre	18	dix-huit	79	soixante-dix-neuf
5	cinq	19	dix-neuf	80	quatre-vingts
6	six	20	vingt	81	quatre-vingt-un
7	sept	21	vingt et un	90	quatre-vingt-dix
8	huit	22	vingt-deux	91	quatre-vingt-onze
9	neuf	30	trente	99	quatre-vingt-dix-neuf
10	dix	31	trente et un	100	cent
11	onze	32	trente-deux	101	cent un
12	douze	40	quarante	110	cent dix
13	treize	50	cinquante	200	deux cents

201	deux cent un
221	deux cent vingt et un
1 000	mille
1 200	mille deux cents
1 202	mille deux cent deux
2 000	deux mille
1 000 000	un million
1 000 000 000	un milliard

Fractions

½ *un demi*   ⅓ *un tiers*   ¼ *un quart*   ¾ *trois quarts*

Ordinal numbers

These are usually formed by adding *-ième* to the cardinal number:

trois	*troisième*	third
six	*sixième*	sixth

Exceptions:

premier (m)	*première* (f)	first
cinquième		fifth
neuvième		ninth

Numbers ending in an *e* drop the final *e*:

quatre	*quatrième*	fourth

Prepositions

Prepositions are placed before a noun or pronoun to express position, movement and circumstance relative to it, for example: "It is behind the shop." Below is a list of frequently used prepositions:

à côté de	next to	*contre*	against
à droite de	on/to the right of	*depuis*	since
		derrière	behind
à gauche de	on/to the left of	*dès*	from (a specific moment in time)
après	after		
à travers	across	*devant*	in front of
au-dessous de	beneath	*en*	in/by/to
au-dessus de	above	*en face de*	opposite
au fond de	at the back/end of	*entre*	between
		hors de	out of/ apart from
au sujet de	about		
autour de	around	*jusqu'à*	as far as/up to
avant	before	*le long de*	along
avec	with	*par-dessus*	over
chez	at	*parmi*	among
dans	in	*pendant*	during
de	of/from	*pour*	for/in order to

près de	near to	*sous*	under
quant à	as for	*sur*	on
sans	without	*vers*	to/towards/about

En is used with:

- feminine countries

  en Italie   in Italy

- transport

  en autobus   by bus

- months and years

  en mars   in March   *en 1700*   in 1700

- materials

  en soie   made of silk

Verbs

Verbs describe actions:

Last week I **went** to Paris.

When you look for a French verb in the dictionary, it is shown with one of the three endings *-er*, *-ir* or *-re*. This ending indicates the type of verb and how it needs to change when written in the various tenses. The form of the verb found in the dictionary is called the infinitive, and means "to…". For example:

jouer to play   *finir* to finish   *rendre* to give back

Present tense

The present tense gives information about what is happening at the moment or what happens regularly. In English, we have three forms of the present tense: "I eat", "I am eating" and "I do eat". In French, there is only one form: *je mange*.

Regular verbs

The present tense is formed by removing *-er*, *-ir* and *-re* from the infinitive and adding the appropriate endings, as shown below:

	jouer (to play)	***finir*** (to finish)	***rendre*** (to give back)
je	joue	finis	rends
tu	joues	finis	rends
il/elle/on	joue	finit	rend
nous	jouons	finissons	rendons
vous	jouez	finissez	rendez
ils/elles	jouent	finissent	rendent

Note: there is no ending on an *-re* verb in the *il/elle/on* form.

-er verb exceptions

Some *-er* verbs differ from the pattern described above. Verbs ending in *-cer* change the *c* to *ç* where the *c* is followed by *a* or *o*, to make the pronunciation soft:

lancer (to throw)

je lance	*nous lançons*
tu lances	*vous lancez*
il/elle/on lance	*ils/elles lancent*

Other such verbs include: *commencer* (to start), *avancer* (to advance), *menacer* (to threaten) and *remplacer* (to replace).

Verbs ending in *-ger* add an *e* before *-ons* in the *nous* form, to make the pronunciation soft:

nager (to swim)

je nage	*nous nageons*
tu nages	*vous nagez*
il/elle/on nage	*ils/elles nagent*

Other such verbs include: *voyager* (to travel), *loger* (to lodge), *manger* (to eat), *partager* (to share) and *ranger* (to tidy).

Most verbs ending in -*eler* double the *l* in the *je*, *tu*, *il/elle/on* and *ils/elles* forms:

s'appeler (to be called)

je m'appelle	*nous nous appelons*
tu t'appelles	*vous vous appelez*
il/elle/on s'appelle	*ils/elles s'appellent*

Some verbs change the acute accent on the infinitive to a grave accent in the *je*, *tu*, *il/elle/on* and *ils/elles* forms:

espérer (to hope)

j'espère	*nous espérons*
tu espères	*vous espérez*
il/elle/on espère	*ils/elles espèrent*

Other such verbs include: *répéter* (to repeat) and *préférer* (to prefer).

Verbs ending in -*yer* change *y* to *i* in the *je*, *tu*, *il/elle/on* and *ils/elles* forms:

payer (to pay)

je paie	*nous payons*
tu paies	*vous payez*
il/elle/on paie	*ils/elles paient*

Other such verbs include: *appuyer* (to lean), *envoyer* (to send), *employer* (to use), *essayer* (to try) and *nettoyer* (to clean).

Some verbs add an accent in the *je*, *tu*, *il, elle, on* and *ils/elles* forms:

acheter (to buy)

j'achète	*nous achetons*
tu achètes	*vous achetez*
il/elle/on achète	*ils/elles achètent*

Other such verbs include: *geler* (to freeze), *lever* (to lift), *peser* (to weigh) and *se promener* (to go for a walk).

-*ir* verb exceptions

Some -*ir* verbs use the -*er* verb endings in the present tense:

offrir (to offer)

j'offre	*nous offrons*
tu offres	*vous offrez*
il/elle/on offre	*ils/elles offrent*

Others such verbs include: *ouvrir* (to open), *couvrir* (to cover) and *souffrir* (to suffer).

Irregular verbs

There are many verbs that do not form the present tense in the way described above. The three most commonly used are:

	aller (to go)	**être** (to be)	**avoir** (to have)
je/j'	vais	suis	ai
tu	vas	es	as
il/elle/on	va	est	a
nous	allons	sommes	avons
vous	allez	êtes	avez
ils/elles	vont	sont	ont

Below is a list of frequently used irregular verbs, some of which are conjugated in the verb tables at the end of this section.

s'asseoir	to sit down	*connaître*	to know
boire	to drink	*construire*	to build
conduire	to drive	*coudre*	to sew
croire	to believe	*craindre*	to fear

devoir	to have to	*prendre*	to take
dire	to say/tell	*pleuvoir*	to rain
écrire	to write	*recevoir*	to receive
faire	to make/to do	*rire*	to laugh
joindre	to join	*savoir*	to know
lire	to read	*sourire*	to smile
mettre	to put	*suivre*	to follow
naître	to be born	*vivre*	to live
paraître	to appear	*voir*	to see
pouvoir	to be able	*vouloir*	to wish/to want

Expressing the future

There are two ways of expressing the future, just as in English:
- the future tense, which is used to talk about events that will happen or will be happening
- the "to be going to" construction, as in "I am going to see my grandma" (the immediate future)

Future tense

To form the future tense of regular -*er* and -*ir* verbs, the following endings are added to the infinitive: -*ai*, -*as*, -*a*, -*ons*, -*ez*, -*ont*.

For -*re* verbs, the *e* is removed from the infinitive before the endings are added.

	-er verbs	**-ir verbs**	**-re verbs**
je	jouerai	punirai	rendrai
tu	joueras	puniras	rendras
il/elle/on	jouera	punira	rendra
nous	jouerons	punirons	rendrons
vous	jouerez	punirez	rendrez
ils/elles	joueront	puniront	rendront

Some verbs do not use the infinitive to form the future tense and have an irregular stem:

acheter	*j'achèterai*	I will buy
aller	*j'irai*	I will go
avoir	*j'aurai*	I will have
courir	*je courrai*	I will run
devoir	*je devrai*	I will have to
envoyer	*j'enverrai*	I will send
être	*je serai*	I will be
faire	*je ferai*	I will do/make
mourir	*je mourrai*	I will die
pouvoir	*je pourrai*	I will be able
recevoir	*je recevrai*	I will receive
savoir	*je saurai*	I will know
venir	*je viendrai*	I will come
voir	*je verrai*	I will see
vouloir	*je voudrai*	I will wish/want

Note

In a future context, we use the present tense after "when" in English, whereas in French the future tense is used. For example, in "You will see the children when you arrive", "when you arrive" is in the present tense in English but in French the future tense is used, i.e. "when you will arrive":

*Tu **verras** les enfants quand tu **arriveras**.*

This is also the case with *dès que* and *aussitôt que*, which both mean "as soon as":

Il partira dès que/aussitôt qu'il finira.
He will leave as soon as he finishes.

Immediate future

The immediate future is so called because it describes actions that are more imminent. It uses *aller* (to go) and an infinitive:

> *Je vais partir à 7 heures.*
> I am going to leave at 7 o'clock.

> *Je vais manger d'abord et après, je ferai la vaisselle.*
> I am going to eat first of all and afterwards I will do the washing up.

The immediate future is also used to imply that something is more certain to happen. *Il va pleuvoir* ("It is going to rain") suggests the likelihood is that it most definitely *is* going to rain, whereas *il pleuvra* ("it will rain") does not convey the same amount of certainty.

Imperfect tense

The imperfect tense is used for actions that used to happen or which were happening, and to describe events and people in the past:

> When I was younger I used to go to a club.
> As I was watching television, the phone rang.
> The sun was shining and they were happy.

To form the imperfect tense, remove the *-ons* ending from the *nous* form of the verb in the present tense, except in the case of *être*, and add the following endings: *-ais, -ais, -ait, -ions, -iez, -aient*.

For example *nous jouons*, remove *-ons = jou* + ending:

je jouais	I used to play/was playing
tu jouais	you used to play/were playing
il/elle/on jouait	he/she/one used to play/was playing
nous jouions	we used to play/were playing
vous jouiez	you used to play/were playing
ils/elles jouaient	they used to play/were playing

Note that *manger* (and verbs conjugated like *manger*) have an additional *e* in the *je, tu, il/elle/on, ils/elles* forms in the imperfect:

> *je mangeais, tu mangeais, il/elle/on mangeait, ils/elles mangeaient*

Verbs ending in *-cer*, such as *lancer*, need *ç* before the *a*:

> *je lançais, tu lançais, il/elle/on lançait, ils/elles lançaient*

The *e* or *ç* is added to keep the pronunciation soft.

Être is the only verb that is irregular in the imperfect tense. It uses the same endings, but has the stem *ét-*:

j'étais	I was
tu étais	you were
il/elle/on était	he/she/one was
nous étions	we were
vous étiez	you were
ils/elles étaient	they were

Perfect tense

The perfect tense is used to talk about actions or events that took place in the past, usually on one occasion only. In English, we have different ways of expressing the perfect tense, for example "I watched", "I have watched" and "I have been watching". In French, there is only one form for all these ways: *j'ai regardé*.

The perfect tense of all verbs is formed with two parts: most verbs use a part of *avoir* in the present tense (this is often referred to as the auxiliary verb) and a past participle. To form the past participle of regular verbs, the final *-er*, *-ir*, or *-re* is removed from the infinitive and the following endings are added: *é* for an *-er* verb, *-i* for an *-ir* verb and *-u* for an *-re* verb.

	-er verbs	-ir verbs	-re verbs
j'ai	*joué*	*choisi*	*rendu*
tu as	*joué*	*choisi*	*rendu*
il/elle/on a	*joué*	*choisi*	*rendu*
nous avons	*joué*	*choisi*	*rendu*
vous avez	*joué*	*choisi*	*rendu*
ils/elles ont	*joué*	*choisi*	*rendu*

Verbs with irregular past participles

A number of verbs have irregular past participles, although they still use *avoir* as their auxiliary:

avoir (to have)	*eu*	*comprendre*	*compris*
boire (to drink)	*bu*	(to understand)	
conduire (to drive)	*conduit*	*pleuvoir* (to rain)	*plu*
courir (to run)	*couru*	*pouvoir* (to be able to)	*pu*
croire (to believe)	*cru*	*prendre* (to take)	*pris*
devoir (to have to)	*dû*	*recevoir* (to receive)	*reçu*
dire (to say/tell)	*dit*	*rire* (to laugh)	*ri*
écrire (to write)	*écrit*	*savoir* (to know)	*su*
être (to be)	*été*	*tenir* (to hold)	*tenu*
faire (to do/make)	*fait*	*vivre* (to live)	*vécu*
lire (to read)	*lu*	*voir* (to see)	*vu*
mettre (to put)	*mis*	*vouloir*	*voulu*
ouvrir (to open)	*ouvert*	(to wish/want)	

> **Note**
>
> In the sentence below, *que* (which replaces the feminine noun *la boîte*) is the direct object of *...a achetée*. Since the *que* comes before the past participle, an extra *-e* is added to the past participle.
>
> *Elle a ouvert **la boîte** qu'elle a achetée.*
> She opened the box that she bought.
>
> In the following sentence, *maisons*, which is feminine plural, is the direct object and comes in front of the past participle, so an extra *-es* is added.
>
> *Quelles maisons ont-ils vues?*   Which houses did they see?

Verbs that use *être* as an auxiliary verb

Some verbs use the present tense of *être* to form the perfect tense:

aller	to go	*naître*	to be born
arriver	to arrive	*partir*	to leave
descendre	to go down/	*rester*	to stay
	to come down	*retourner*	to return
entrer	to go in	*sortir*	to come out/go out
monter	to go up	*tomber*	to fall
mourir	to die	*venir*	to come

They all have a regular past participle, except for:

> *venir venu*   *naître né*   *mourir mort*

Past participle of verbs that use *être*

The past participle of a verb that uses *être* as its auxiliary has to agree in gender and in number with the subject.

For masculine singular, add nothing to the past participle.
For feminine singular, add *-e*.
For masculine plural, add *-s*.
For feminine plural, add *-es*.

je suis parti (m s)	*je suis partie* (f s)
tu es parti (m s)	*tu es partie* (f s)
il est parti (m s)	*elle est partie* (f s)

nous sommes partis (m pl)   nous sommes parties (f pl)
vous êtes partis (m pl)   vous êtes parties (f pl)
ils sont partis (m pl)   elles sont parties (f pl)

If using *vous* to a single male, there is no agreement; if using *vous* to a single female, add *-e*.

Note 1

Descendre, monter and *sortir* can be used with *avoir*, but this changes their meanings to: *descendre* (to take/bring down), *monter* (to take/bring up) and *sortir* (to take/bring out):

Il a descendu la chaise.	He brought the chair down.
Il a monté la table.	He brought the table up.
Il a sorti son livre.	He took out his book.

Note 2

The past participle can be used with *après avoir* and *après être* to say "after doing" something:

Après avoir pris le livre, elle a dessiné.
After taking the book, she drew.

Après être sorti, il a fait du shopping.
After going out, he went shopping.

For this construction to be possible, the subject of both verbs in the sentence must be the same.

Note 3

A reflexive verb needs to have the appropriate reflexive pronoun:

Après m'être assis, j'ai lu le magazine.
After sitting down, I read the magazine

Pluperfect tense

The pluperfect tense is used to talk about what had happened before something else happened in the past:

They returned to the town *they had visited* last year.

It is formed using an auxiliary verb (the imperfect of *avoir* or *être*) and a past participle. Those verbs that use *être* in the perfect tense also use *être* in the pluperfect tense.

j'avais fini	I had finished
tu avais fini	you had finished
il/elle/on avait fini	he/she/one had finished
nous avions fini	we had finished
vous aviez fini	you had finished
ils/elles avaient fini	they had finished
j'étais sorti(e)	I had gone out
tu étais sorti(e)	you had gone out
il/elle/on était sorti(e)(s)	he/she/one had gone out
nous étions sortis/sorties	we had gone out
vous étiez sorti(e)(s)	you had gone out
ils/elles étaient sortis/sorties	they had gone out

Imperatives

The imperative is used for telling somebody to do something. To form the imperative, the *tu, vous* and *nous* forms of the present tense are used without the subject pronoun.

-er verbs

With *-er* verbs, the *tu* form of the present tense loses its final *-s*:

Mange ton dîner!	Eat your dinner!
Mangeons les pommes!	Let's eat the apples!
Mangez les glaces!	Eat the ice-creams!

-ir verbs

Choisis un gâteau!	Choose a cake!
Choisissons du vin!	Let's choose some wine!
Choisissez un livre!	Choose a book!

-re verbs

Apprends ta grammaire!	Learn your grammar!
Apprenons le vocabulaire!	Let's learn the vocabulary!
Apprenez les verbes irréguliers!	Learn the irregular verbs!

Exceptions

There are four verbs that have irregular forms in the imperative:

avoir	*aie!*	*ayons!*	*ayez!*
être	*sois!*	*soyons!*	*soyez!*
savoir	*sache!*	*sachons!*	*sachez!*
vouloir	*veuille!*	*veuillons!*	*veuillez!*

The conditional

The conditional is used to talk about things that would happen or that someone would do. To form the conditional, add the following endings to the infinitive (or the stem of those verbs that have an irregular stem in the future tense): *-ais, -ais, -ait, -ions, -iez, -aient*.

Note that these endings are also used for the imperfect tense.

	-er verbs	-ir verbs	-re verbs
je	regarderais	finirais	rendrais
tu	regarderais	finirais	rendrais
il/elle/on	regarderait	finirait	rendrait
nous	regarderions	finirions	rendrions
vous	regarderiez	finiriez	rendriez
ils/elles	regarderaient	finiraient	rendraient

The subjunctive

The subjunctive is not a tense; it is a form of the verb used in certain structures:

- after some verbs expressing an emotion or an opinion, such as fear, doubt, wish, regret, possibility, necessity, surprise and happiness
- after *il faut que*
- after conjunctions expressing time, e.g. *avant que* ("before") and *jusqu'à ce que* ("until")
- after conjunctions expressing concession, e.g. *bien que* and *quoique* (both of which mean "although")

To form the present subjunctive, take the *ils* form of the present tense (*ils mangent, ils finissent, ils rendent*), remove the *-ent* ending and add the following endings: *-e, -es, -e, -ions, -iez, -ent*.

	-er verbs	-ir verbs	-re verbs
je	joue	finisse	rende
tu	joues	finisses	rendes
il/elle/on	joue	finisse	rende
nous	jouions	finissions	rendions
vous	jouiez	finissiez	rendiez
ils/elles	jouent	finissent	rendent

Irregular verbs

The following common irregular verbs form the present subjunctive as follows:

aller (to go)	**avoir** (to have)	**être** (to be)	**faire** (to do/make)
j'aille	j'aie	je sois	je fasse
tu ailles	tu aies	tu sois	tu fasses
il/elle/on aille	il/elle/on ait	il/elle/on soit	il/elle/on fasse
nous allions	nous ayons	nous soyons	nous fassions
vous alliez	vous ayez	vous soyez	vous fassiez
ils/elles aillent	ils/elles aient	ils/elles soient	ils/elles fassent

Je voudrais que tu partes.
I would like you to leave.

Il faut que tu manges des fruits.
You must eat fruit.

Present participle

In English, this ends in *-ing*, for example "while working…". To form the present participle, take the *nous* form of the present tense, remove *-ons* and add *-ant*:

-er verbs	nous jouons	jou-	jouant
-ir verbs	nous choisissons	choisiss-	choisissant
-re verbs	nous rendons	rend-	rendant

Exceptions:

avoir (to have)	ayant
être (to be)	étant
savoir (to know)	sachant

The present participle is used with *en* to talk about two actions being done at the same time, translating as "on", "while", "as", "by …ing". For example:

Elle a préparé le dîner en écoutant la radio.
She prepared dinner as she listened to the radio.

Il s'est coupé le doigt en coupant le pain.
He cut his finger while cutting the bread.

Note
En can be used with a present participle to denote movement:

Elle est partie en courant.   She ran off.

Reflexive verbs

Reflexive verbs are listed in the dictionary with *se* (a reflexive pronoun placed before the infinitive), for example:

se laver   to get washed   *s'arrêter*   to stop

These verbs require the reflexive pronoun to change according to the subject:

je me lave	nous nous lavons
tu te laves	vous vous lavez
il/elle se lave	ils/elles se lavent

Me, te and *se* contract to *m', t'* and *s'* in front of a vowel or a silent "h":

je m'amuse   tu t'habilles   il s'appelle

Note
When using a reflexive verb in the infinitive, the reflexive pronoun needs to agree with the subject:

Elle va *se* laver.   She is going to get washed.
Nous *n'aimons pas nous* lever tôt.   We don't like to get up early.

Reflexive verbs in the imperative

In commands with a reflexive verb with *vous* or *nous*, the reflexive pronoun comes after the verb and is joined by a hyphen:

Couchez-vous!   Go to bed!   *Levons-nous.*   Let's get up.

In negative commands, the pronoun goes in front of the verb:

Ne vous couchez pas.   Don't go to bed.
Ne nous levons pas.   Let's not get up.

In affirmative commands that use *tu*, the reflexive pronoun *te* changes to *toi*:

Repose-toi.   Rest.

However, in negative commands, use *te*:

Ne te repose pas.   Don't rest.

Other frequently used reflexive verbs include:

s'amuser	to have fun/to enjoy oneself
s'appeler	to be called
s'approcher (de)	to approach
se baigner	to bathe
se brosser (les dents)	to brush (one's teeth)
se déshabiller	to undress
se débrouiller	to manage, to get by
se demander	to ask oneself, to wonder
se dépêcher	to hurry
se disputer	to argue, to have an argument
s'entendre (avec)	to get on (with)
se fâcher	to get angry
se faire mal	to hurt oneself
s'habiller	to get dressed
s'intéresser à	to be interested in
se lever	to get up
se marier	to get married
s'occuper (de)	to be concerned (with), to look after
se promener	to go for a walk
se réveiller	to wake up
se trouver	to be situated

Reflexive verbs form the tenses in the same way as other regular verbs, but you have to include the reflexive pronoun:

Je me coucherai.   I will go to bed.
Il se lavait.   He was washing.
Je m'amuserais.   I would have fun.

Il écoute la radio en se brossant les dents.
He listens to the radio while brushing his teeth.

The perfect and pluperfect tenses of all reflexive verbs are formed with *être*. You need to remember to put the reflexive pronoun in front of the auxiliary verb and to make an agreement with the subject:

Je me suis couché(e).   I went to bed.
Je m'étais couché(e).   I had gone to bed.

Reflexive verbs in the negative

When using negatives with a reflexive verb, *ne* goes in front of the reflexive pronoun and *pas* after the verb or auxiliary:

Je ne me lève pas à 6 heures.
I do not get up at six o'clock.

Il ne s'est pas levé de bonne heure.
He did not get up early.

Modal verbs

Pouvoir (to be able), *savoir* (to know, to know how to), *devoir* (to have to) and *vouloir* (to wish, to want) are known as modal verbs and are followed by an infinitive. For example:

Nous devons finir à 6 heures.
We have to finish at six o'clock.

Elles ne peuvent pas venir.
They cannot come.

Vous savez jouer du violon?
Do you know how to play the violin?

Tu veux sortir?
Do you want to go out?

> **Note**
> *Devoir*, when used in the perfect tense, means "had to" or "must have":
>
> | | |
> |---|---|
> | *Elles ont dû finir très tôt.* | They had to finish early. |
> | *Elles ont dû oublier.* | They must have forgotten. |

When used in the conditional, *devoir* means "should" or "ought to":

Elle devrait revenir.
She ought to come back.

When used in the conditional, *pouvoir* means "might" or "could" (i.e. "would be able to"):

On pourrait acheter du chocolat.
We could buy some chocolate.

Savoir is used to convey the idea of knowing how to do something, or having knowledge of facts:

Elle sait nager.
She can/knows how to swim.

Savoir should not be confused with *connaître*, which also means "to know" in the sense of knowing or being acquainted with a person, place or work of art (such as a film) etc.:

Je connais la famille Robinson.
I know the Robinson family.

Direct and indirect speech

In English, if you want to report what someone else says or said, you can do it in one of two ways:

Direct speech:	Daniel says: "I don't like cheese."
Indirect speech:	Daniel says that he doesn't like cheese.

In French, the same applies:

Direct speech:	Daniel dit: "Je n'aime pas le fromage."
Indirect speech:	Daniel dit qu'il n'aime pas le fromage.

Note that in indirect speech:

- the original words are reported without inverted commas
- the words reported are introduced by *que* in a subordinate clause
- the person whose speech is reported changes in the subordinate clause in indirect speech.

Change of tense/person in indirect speech

In order to report something that was said in the past, there is usually a change of tense/person in the subordinate clause. For example:

Direct speech:	*Il a dit: "Je veux sortir."*
	He said: "I want to go out."
	Elles ont dit: "Nous viendrons demain."
	They said: "We will come tomorrow."
Indirect speech:	*Il a dit qu'il voulait sortir.*
	He said that he wanted to go out.
	Elles ont dit qu'elles viendraient demain.
	They said that they would come tomorrow.

The passive

When the subject of a sentence receives the action instead of performing it, the sentence is said to be in the passive:

Active:	"The neighbours saw the burglars."
Passive:	"The burglars were seen by the neighbours."

To form the passive, you need to use the relevant tense of *être* with a past participle:

Les cambrioleurs ont été vus par les voisins.
The burglars were seen by the neighbours.

Elle sera remarquée tout de suite.
She will be noticed straightaway.

The past participle has to agree with the subject in gender and number.

Verbs requiring *à* or *de* + infinitive

Some verbs need to be followed by *à* or by *de* before the infinitive.

Verbs requiring *à*

aider à	to help
s'amuser à	to amuse oneself
apprendre à	to learn
commencer à	to begin
continuer à	to continue
demander à	to ask
encourager à	to encourage
hésiter à	to hesitate
s'intéresser à	to be interested in
inviter à	to invite
se mettre à	to begin
passer du temps à	to spend time
réussir à	to succeed

Il a aidé à ranger sa chambre.
He helped to tidy his room.

Verbs requiring *de*

s'arrêter de, cesser de	to stop
décider de	to decide
se dépêcher de	to hurry
essayer de	to try
finir de	to finish
offrir de	to offer
oublier de	to forget
permettre de	to allow
refuser de	to refuse
regretter de	to regret

J'essaie de finir.
I'm trying to finish.

Verbs requiring *à* + person + *de* + infinitive

Some verbs require *à* in front of the person and *de* in front of the infinitive.

Elle dit à Paul de partir.	She tells Paul to leave.

Other examples include:

commander à Paul de partir	to order Paul to leave
conseiller à Luc de finir	to advise Luke to finish
défendre à Chantal de sortir	to forbid Chantal to go out
dire à Marie de manger	to tell Marie to eat
ordonner à Julie de rentrer	to order Julie to go home
permettre à Sophie de jouer	to allow Sophie to play
promettre à Justin de revenir	to promise Justin to come back
proposer à Martin de chanter	to suggest to Martin to sing

Depuis with verbs

Depuis (for/since) can be used with the present tense to express how long something has been going on. This implies that the action is still going on in the present. Note that the present tense is used in French where the perfect tense is used in English:

> *Nous habitons dans la même maison depuis 15 ans.*
> We have been living in the same house for 15 years.

Depuis can be used with the imperfect tense to express how long something *had* been going on. Note that the imperfect tense is used in French where the pluperfect tense is used in English:

> *Je lisais depuis dix minutes quand le téléphone a sonné.*
> I had been reading for ten minutes when the phone rang.

Venir de

The present tense of *venir* is used with *de* and an infinitive to express the idea that someone has just done something or that something has just taken place. For example:

> *Je viens de finir.*
> I have just finished.

When used with the imperfect tense, *venir* followed by *de* means that someone *had* just done something:

> *Il venait de finir.*
> He had just finished.

Avoir

Avoir is used in the following expressions and is followed by an infinitive:

avoir besoin de	to need
avoir du mal à	to have trouble
avoir le droit de	to have the right
avoir envie de	to feel like
avoir hâte de	to be in a hurry
avoir horreur de	to hate
avoir l'intention de	to intend
avoir le temps de	to have time

> *Nous n'avons pas besoin de revenir.*
> We don't need to come back.

Faire

The verb *faire* usually means "to do" or "to make". However, it can translate as "to go" in certain expressions or take on a different meaning altogether.

Expressions in which *faire* means "to go"

faire des achats	to go shopping
faire de l'alpinisme	to go mountaineering
faire du camping	to go camping
faire du cheval/de l'équitation	to go horse-riding
faire du cyclisme	to go cycling
faire du lèche-vitrines	to go window-shopping
faire de la natation	to go swimming
faire de la planche à voile	to go windsurfing
faire du ski (nautique)	to go (water) skiing
faire une promenade/une randonnée	to go for a walk
faire du vélo	to go for a bike ride
faire de la voile	to go sailing

Below are more examples of expressions that use *faire*:

faire l'appel	to take the register
faire de l'autostop	to hitchhike
faire ses bagages	to pack one's bags
faire la bise	to kiss on both cheeks
faire la connaissance	to get to know
faire la cuisine	to cook
faire des économies	to save
faire la grasse matinée	to have a lie in
faire mal	to hurt
faire un paquet-cadeau	to gift-wrap
faire partie de	to belong to
faire une partie de	to have a game of

Faire is also used in some weather expressions:

Il fait chaud.	It is hot.

Impersonal verbs

Impersonal verbs are only used in the third person singular (the *il* form). The most common are:

il y a	there is/there are
il reste	there is/are…left
il manque	…is missing
il s'agit de	it is about
il paraît que	it appears that
il suffit de	it is enough to
il faut	it is necessary
il vaut mieux	it is better
il pleut	it rains/is raining
Il ne faut pas oublier l'argent.	You must not forget the money.
Il manque un bouton	A button is missing.

Il faut has different meanings:

Il faut revenir ce soir.	You must come back this evening.
Il faut de l'eau pour vivre.	We need water to live.
Il faut une minute pour arriver.	It takes a minute to arrive.

Il faut can be used with an indirect object pronoun:

Il me faut du papier.	I need some paper.
Il leur faut du temps.	They need some time.

Note

Il y a can be used with an expression of time to translate "ago":

> *il y a un mois*   a month ago

Dependent infinitives

To say that you have something cut, repaired, built or cleaned by someone else, you need to use *faire* followed by the appropriate infinitive:

faire réparer	to get something repaired
faire couper	to get something cut
faire construire	to get something built
faire nettoyer	to get something cleaned

> *Elle va faire réparer la voiture.*
> She is going to get the car repaired.

Conjugaisons

Infinitive	Present	Future	Imperfect	Conditional	Perfect	Pluperfect	Subjunctive
Regular -er verbs							
JOUER (to play)	je joue	je jouerai	je jouais	je jouerais	j'ai joué	j'avais joué	je joue
	tu joues	tu joueras	tu jouais	tu jouerais	tu as joué	tu avais joué	tu joues
	il/elle/on joue	il/elle/on jouera	il/elle/on jouait	il/elle/on jouerait	il/elle/on a joué	il/elle/on avait joué	il/elle/on joue
	nous jouons	nous jouerons	nous jouions	nous jouerions	nous avons joué	nous avions joué	nous jouions
	vous jouez	vous jouerez	vous jouiez	vous joueriez	vous avez joué	vous aviez joué	vous jouiez
	ils/elles jouent	ils/elles joueront	ils/elles jouaient	ils/elles joueraient	ils/elles ont joué	ils/elles avaient joué	ils/elles jouent
Present participle jouant							
Past participle joué							
Regular -ir verbs							
FINIR (to finish)	je finis	je finirai	je finissais	je finirais	j'ai fini	j'avais fini	je finisse
	tu finis	tu finiras	tu finissais	tu finirais	tu as fini	tu avais fini	tu finisses
	il/elle/on finit	il/elle/on finira	il/elle/on finissait	il/elle/on finirait	il/elle/on a fini	il/elle/on avait fini	il/elle/on finisse
	nous finissons	nous finirons	nous finissions	nous finirions	nous avons fini	nous avions fini	nous finissions
	vous finissez	vous finirez	vous finissiez	vous finiriez	vous avez fini	vous aviez fini	vous finissiez
	ils/elles finissent	ils/elles finiront	ils/elles finissaient	ils/elles finiraient	ils/elles ont fini	ils/elles avaient fini	ils/elles finissent
Present participle finissant							
Past participle fini							
Regular -re verbs							
RENDRE (to give back)	je rends	je rendrai	je rendais	je rendrais	j'ai rendu	j'avais rendu	je rende
	tu rends	tu rendras	tu rendais	tu rendrais	tu as rendu	tu avais rendu	tu rendes
	il/elle/on rend	il/elle/on rendra	il/elle/on rendait	il/elle/on rendrait	il/elle/on a rendu	il/elle/on avait rendu	il/elle/on rende
	nous rendons	nous rendrons	nous rendions	nous rendrions	nous avons rendu	nous avions rendu	nous rendions
	vous rendez	vous rendrez	vous rendiez	vous rendriez	vous avez rendu	vous aviez rendu	vous rendiez
	ils/elles rendent	ils/elles rendront	ils/elles rendaient	ils/elles rendraient	ils/elles ont rendu	ils/elles avaient rendu	ils/elles rendent
Present participle rendant							
Past participle rendu							
Reflexive verbs							
SE COUCHER (to go to bed)	je me couche	je me coucherai	je me couchais	je me coucherais	je me suis couché(e)	je m'étais couché(e)	je me couche
	tu te couches	tu te coucheras	tu te couchais	tu te coucherais	tu t'es couché(e)	tu t'étais couché(e)	tu te couches
	il/elle/on se couche	il/elle/on se couchera	il/elle/on se couchait	il/elle/on se coucherait	il s'est couché	il s'était couché	il/elle/on se couche
	nous nous couchons	nous nous coucherons	nous nous couchions	nous nous coucherions	elle s'est couchée	elle s'était couchée	nous nous couchions
	vous vous couchez	vous vous coucherez	vous vous couchiez	vous vous coucheriez	on s'est couché(e)(s)	on s'était couché(e)(s)	vous vous couchiez
	ils/elles se couchent	ils/elles se coucheront	ils/elles se couchaient	ils/elles se coucheraient	nous nous sommes couché(e)s	nous nous étions couché(e)s	ils/elles se couchent
					vous vous êtes couché(e)(s)	vous vous étiez couché(e)(s)	
					ils se sont couchés	ils s'étaient couchés	
					elles se sont couchées	elles s'étaient couchées	
Present participle se couchant							
Past participle couché							
Frequently used irregular verbs							
AVOIR (to have)	j'ai	j'aurai	j'avais	j'aurais	j'ai eu	j'avais eu	j'aie
	tu as	tu auras	tu avais	tu aurais	tu as eu	tu avais eu	tu aies
	il/elle/on a	il/elle/on aura	il/elle/on avait	il/elle/on aurait	il/elle/on a eu	il/elle/on avait eu	il/elle/on ait
	nous avons	nous aurons	nous avions	nous aurions	nous avons eu	nous avions eu	nous ayons
	vous avez	vous aurez	vous aviez	vous auriez	vous avez eu	vous aviez eu	vous ayez
	ils/elles ont	ils/elles auront	ils/elles avaient	ils/elles auraient	ils/elles ont eu	ils/elles avaient eu	ils/elles aient
Present participle ayant							
Past participle eu							
ÊTRE (to be)	je suis	je serai	j'étais	je serais	j'ai été	j'avais été	je sois
	tu es	tu seras	tu étais	tu serais	tu as été	tu avais été	tu sois
	il/elle/on est	il/elle/on sera	il/elle/on était	il/elle/on serait	il/elle/on a été	il/elle/on avait été	il/elle/on soit
	nous sommes	nous serons	nous étions	nous serions	nous avons été	nous avions été	nous soyons
	vous êtes	vous serez	vous étiez	vous seriez	vous avez été	vous aviez été	vous soyez
	ils/elles sont	ils/elles seront	ils/elles étaient	ils/elles seraient	ils/elles ont été	ils/elles avaient été	ils/elles soient
Present participle étant							
Past participle été							

Modal verbs

ALLER (to go)

	Present	Future	Imperfect	Conditional	Perfect	Pluperfect	Subjunctive
	je vais	j'irai	j'allais	j'irais	je suis allé(e)	j'étais allé(e)	j'aille
	tu vas	tu iras	tu allais	tu irais	tu es allé(e)	tu étais allé(e)	tu ailles
	il/elle/on va	il/elle/on ira	il/elle/on allait	il/elle/on irait	il est allé	il était allé	il/elle/on aille
	nous allons	nous irons	nous allions	nous irions	elle est allée	elle était allée	nous allions
	vous allez	vous irez	vous alliez	vous iriez	on est allé(e)(s)	on était allé(e)(s)	vous alliez
	ils/elles vont	ils/elles iront	ils/elles allaient	ils/elles iraient	nous sommes allé(e)s	nous étions allé(e)s	ils/elles aillent
					vous êtes allé(e)(s)	vous étiez allé(e)(s)	
					ils sont allés	ils étaient allés	
					elles sont allées	elles étaient allées	

Present participle: *allant*
Past participle: *allé*

DEVOIR (to have to/to owe)

	Present	Future	Imperfect	Conditional	Perfect	Pluperfect	Subjunctive
	je dois	je devrai	je devais	je devrais	j'ai dû	j'avais dû	je doive
	tu dois	tu devras	tu devais	tu devrais	tu as dû	tu avais dû	tu doives
	il/elle/on doit	il/elle/on devra	il/elle/on devait	il/elle/on devrait	il/elle/on a dû	il/elle/on avait dû	il/elle/on doive
	nous devons	nous devrons	nous devions	nous devrions	nous avons dû	nous avions dû	nous devions
	vous devez	vous devrez	vous deviez	vous devriez	vous avez dû	vous aviez dû	vous deviez
	ils/elles doivent	ils/elles devront	ils/elles devaient	ils/elles devraient	ils/elles ont dû	ils/elles avaient dû	ils/elles doivent

Present participle: *devant*
Past participle: *dû*

POUVOIR (to be able)

	Present	Future	Imperfect	Conditional	Perfect	Pluperfect	Subjunctive
	je peux	je pourrai	je pouvais	je pourrais	j'ai pu	j'avais pu	je puisse
	tu peux	tu pourras	tu pouvais	tu pourrais	tu as pu	tu avais pu	tu puisses
	il/elle/on peut	il/elle/on pourra	il/elle/on pouvait	il/elle/on pourrait	il/elle/on a pu	il/elle/on avait pu	il/elle/on puisse
	nous pouvons	nous pourrons	nous pouvions	nous pourrions	nous avons pu	nous avions pu	nous puissions
	vous pouvez	vous pourrez	vous pouviez	vous pourriez	vous avez pu	vous aviez pu	vous puissiez
	ils/elles peuvent	ils/elles pourront	ils/elles pouvaient	ils/elles pourraient	ils/elles ont pu	ils/elles avaient pu	ils/elles puissent

Present participle: *pouvant*
Past participle: *pu*

SAVOIR (to know)

	Present	Future	Imperfect	Conditional	Perfect	Pluperfect	Subjunctive
	je sais	je saurai	je savais	je saurais	j'ai su	j'avais su	je sache
	tu sais	tu sauras	tu savais	tu saurais	tu as su	tu avais su	tu saches
	il/elle/on sait	il/elle/on saura	il/elle/on savait	il/elle/on saurait	il/elle/on a su	il/elle/on avait su	il/elle/on sache
	nous savons	nous saurons	nous savions	nous saurions	nous avons su	nous avions su	nous sachions
	vous savez	vous saurez	vous saviez	vous sauriez	vous avez su	vous aviez su	vous sachiez
	ils/elles savent	ils/elles sauront	ils/elles savaient	ils/elles sauraient	ils/elles ont su	ils/elles avaient su	ils/elles sachent

Present participle: *sachant*
Past participle: *su*

VOULOIR (to wish/to want)

	Present	Future	Imperfect	Conditional	Perfect	Pluperfect	Subjunctive
	je veux	je voudrai	je voulais	je voudrais	j'ai voulu	j'avais voulu	je veuille
	tu veux	tu voudras	tu voulais	tu voudrais	tu as voulu	tu avais voulu	tu veuilles
	il/elle/on veut	il/elle/on voudra	il/elle/on voulait	il/elle/on voudrait	il/elle/on a voulu	il/elle/on avait voulu	il/elle/on veuille
	nous voulons	nous voudrons	nous voulions	nous voudrions	nous avons voulu	nous avions voulu	nous voulions
	vous voulez	vous voudrez	vous vouliez	vous voudriez	vous avez voulu	vous aviez voulu	vous vouliez
	ils/elles veulent	ils/elles voudront	ils/elles voulaient	ils/elles voudraient	ils/elles ont voulu	ils/elles avaient voulu	ils/elles veuillent

Present participle: *voulant*
Past participle: *voulu*

Other irregular verbs

APPELER (to call)

	Present	Future	Imperfect	Conditional	Perfect	Pluperfect	Subjunctive
	j'appelle	j'appellerai	j'appelais	j'appellerais	j'ai appelé	j'avais appelé	j'appelle
	tu appelles	tu appelleras	tu appelais	tu appellerais	tu as appelé	tu avais appelé	tu appelles
	il/elle/on appelle	il/elle/on appellera	il/elle/on appelait	il/elle/on appellerait	il/elle/on a appelé	il/elle/on avait appelé	il/elle/on appelle
	nous appelons	nous appellerons	nous appelions	nous appellerions	nous avons appelé	nous avions appelé	nous appelions
	vous appelez	vous appellerez	vous appeliez	vous appelleriez	vous avez appelé	vous aviez appelé	vous appeliez
	ils/elles appellent	ils/elles appelleront	ils/elles appelaient	ils/elles appelleraient	ils/elles ont appelé	ils/elles avaient appelé	ils/elles appellent

Present participle: *appelant*
Past participle: *appelé*

Other irregular verbs

Infinitive	Present	Future	Imperfect	Conditional	Perfect	Pluperfect	Subjunctive
S'ASSEOIR (to sit down) **Present participle** s'asseyant **Past participle** assis	je m'assieds tu t'assieds il/elle/on s'assied nous nous asseyons vous vous asseyez ils/elles s'asseyent	je m'assiérai tu t'assiéras il/elle/on s'assiéra nous nous assiérons vous vous assiérez ils/elles s'assiéront	je m'asseyais tu t'asseyais il/elle/on s'asseyait nous nous asseyions vous vous asseyiez ils/elles s'asseyaient	je m'assiérais tu t'assiérais il/elle/on s'assiérait nous nous assiérions vous vous assiériez ils/elles s'assiéraient	je me suis assis(e) tu t'es assis(e) il s'est assis elle s'est assise on s'est assis(e)(s) nous nous sommes assis(es) vous vous êtes assis(e)(s) ils/elles se sont assis(es)	je m'étais assis(e) tu t'étais assis(e) il s'était assis elle s'était assise on s'était assis(e)(s) nous nous étions assis(es) vous vous étiez assis(e)(s) ils/elles s'étaient assis(es)	je m'asseye tu t'asseyes il/elle/on s'asseye nous nous asseyions vous vous asseyiez ils/elles s'asseyent
BOIRE (to drink) **Present participle** buvant **Past participle** bu	je bois tu bois il/elle/on boit nous buvons vous buvez ils/elles boivent	je boirai tu boiras il/elle/on boira nous boirons vous boirez ils/elles boiront	je buvais tu buvais il/elle/on buvait nous buvions vous buviez ils/elles buvaient	je boirais tu boirais il/elle/on boirait nous boirions vous boiriez ils/elles boiraient	j'ai bu tu as bu il/elle/on a bu nous avons bu vous avez bu ils/elles ont bu	j'avais bu tu avais bu il/elle/on avait bu nous avions bu vous aviez bu ils/elles avaient bu	je boive tu boives il/elle/on boive nous buvions vous buviez ils/elles boivent
COMMENCER (to begin/start) **Present participle** commençant **Past participle** commencé	je commence tu commences il/elle/on commence nous commençons vous commencez ils/elles commencent	je commencerai tu commenceras il/elle/on commencera nous commencerons vous commencerez ils/elles commenceront	je commençais tu commençais il/elle/on commençait nous commencions vous commenciez ils/elles commençaient	je commencerais tu commencerais il/elle/on commencerait nous commencerions vous commenceriez ils/elles commenceraient	j'ai commencé tu as commencé il/elle/on a commencé nous avons commencé vous avez commencé ils/elles ont commencé	j'avais commencé tu avais commencé il/elle/on avait commencé nous avions commencé vous aviez commencé ils/elles avaient commencé	je commence tu commences il/elle/on commence nous commencions vous commenciez ils/elles commencent
CONDUIRE (to drive) **Present participle** conduisant **Past participle** conduit	je conduis tu conduis il/elle/on conduit nous conduisons vous conduisez ils/elles conduisent	je conduirai tu conduiras il/elle/on conduira nous conduirons vous conduirez ils/elles conduiront	je conduisais tu conduisais il/elle/on conduisait nous conduisions vous conduisiez ils/elles conduisaient	je conduirais tu conduirais il/elle/on conduirait nous conduirions vous conduiriez ils/elles conduiraient	j'ai conduit tu as conduit il/elle/on a conduit nous avons conduit vous avez conduit ils/elles ont conduit	j'avais conduit tu avais conduit il/elle/on avait conduit nous avions conduit vous aviez conduit ils/elles avaient conduit	je conduise tu conduises il/elle/on conduise nous conduisions vous conduisiez ils/elles conduisent
CONNAÎTRE (to know (a person, place, book, film)) **Present participle** connaissant **Past participle** connu	je connais tu connais il/elle/on connaît nous connaissons vous connaissez ils/elles connaissent	je connaîtrai tu connaîtras il/elle/on connaîtra nous connaîtrons vous connaîtrez ils/elles connaîtront	je connaissais tu connaissais il/elle/on connaissait nous connaissions vous connaissiez ils/elles connaissaient	je connaîtrais tu connaîtrais il/elle/on connaîtrait nous connaîtrions vous connaîtriez ils/elles connaîtraient	j'ai connu tu as connu il/elle/on a connu nous avons connu vous avez connu ils/elles ont connu	j'avais connu tu avais connu il/elle/on avait connu nous avions connu vous aviez connu ils/elles avaient connu	je connaisse tu connaisses il/elle/on connaisse nous connaissions vous connaissiez ils/elles connaissent
COURIR (to run) **Present participle** courant **Past participle** couru	je cours tu cours il/elle/on court nous courons vous courez ils/elles courent	je courrai tu courras il/elle/on courra nous courrons vous courrez ils/elles courront	je courais tu courais il/elle/on courait nous courions vous couriez ils/elles couraient	je courrais tu courrais il/elle/on courrait nous courrions vous courriez ils/elles courraient	j'ai couru tu as couru il/elle/on a couru nous avons couru vous avez couru ils/elles ont couru	j'avais couru tu avais couru il/elle/on avait couru nous avions couru vous aviez couru ils/elles avaient couru	je coure tu coures il/elle/on coure nous courions vous couriez ils/elles courent

CROIRE (to believe)
Present participle croyant
Past participle cru

	Present	Future	Imperfect	Conditional	Perfect	Pluperfect	Subjunctive
	je crois	je croirai	je croyais	je croirais	j'ai cru	j'avais cru	je croie
	tu crois	tu croiras	tu croyais	tu croirais	tu as cru	tu avais cru	tu croies
	il/elle/on croit	il/elle/on croira	il/elle/on croyait	il/elle/on croirait	il/elle/on a cru	il/elle/on avait cru	il/elle/on croie
	nous croyons	nous croirons	nous croyions	nous croirions	nous avons cru	nous avions cru	nous croyions
	vous croyez	vous croirez	vous croyiez	vous croiriez	vous avez cru	vous aviez cru	vous croyiez
	ils/elles croient	ils/elles croiront	ils/elles croyaient	ils/elles croiraient	ils/elles ont cru	ils/elles avaient cru	ils/elles croient

DIRE (to say, to tell)
Present participle disant
Past participle dit

	Present	Future	Imperfect	Conditional	Perfect	Pluperfect	Subjunctive
	je dis	je dirai	je disais	je dirais	j'ai dit	j'avais dit	je dise
	tu dis	tu diras	tu disais	tu dirais	tu as dit	tu avais dit	tu dises
	il/elle/on dit	il/elle/on dira	il/elle/on disait	il/elle/on dirait	il/elle/on a dit	il/elle/on avait dit	il/elle/on dise
	nous disons	nous dirons	nous disions	nous dirions	nous avons dit	nous avions dit	nous disions
	vous dites	vous direz	vous disiez	vous diriez	vous avez dit	vous aviez dit	vous disiez
	ils/elles disent	ils/elles diront	ils/elles disaient	ils/elles diraient	ils/elles ont dit	ils/elles avaient dit	ils/elles disent

DORMIR (to sleep)
Present participle dormant
Past participle dormi

	Present	Future	Imperfect	Conditional	Perfect	Pluperfect	Subjunctive
	je dors	je dormirai	je dormais	je dormirais	j'ai dormi	j'avais dormi	je dorme
	tu dors	tu dormiras	tu dormais	tu dormirais	tu as dormi	tu avais dormi	tu dormes
	il/elle/on dort	il/elle/on dormira	il/elle/on dormait	il/elle/on dormirait	il/elle/on a dormi	il/elle/on avait dormi	il/elle/on dorme
	nous dormons	nous dormirons	nous dormions	nous dormirions	nous avons dormi	nous avions dormi	nous dormions
	vous dormez	vous dormirez	vous dormiez	vous dormiriez	vous avez dormi	vous aviez dormi	vous dormiez
	ils/elles dorment	ils/elles dormiront	ils/elles dormaient	ils/elles dormiraient	ils/elles ont dormi	ils/elles avaient dormi	ils/elles dorment

ÉCRIRE (to write)
Present participle écrivant
Past participle écrit

	Present	Future	Imperfect	Conditional	Perfect	Pluperfect	Subjunctive
	j'écris	j'écrirai	j'écrivais	j'écrirais	j'ai écrit	j'avais écrit	j'écrive
	tu écris	tu écriras	tu écrivais	tu écrirais	tu as écrit	tu avais écrit	tu écrives
	il/elle/on écrit	il/elle/on écrira	il/elle/on écrivait	il/elle/on écrirait	il/elle/on a écrit	il/elle/on avait écrit	il/elle/on écrive
	nous écrivons	nous écrirons	nous écrivions	nous écririons	nous avons écrit	nous avions écrit	nous écrivions
	vous écrivez	vous écrirez	vous écriviez	vous écririez	vous avez écrit	vous aviez écrit	vous écriviez
	ils/elles écrivent	ils/elles écriront	ils/elles écrivaient	ils/elles écriraient	ils/elles ont écrit	ils/elles avaient écrit	ils/elles écrivent

ENVOYER (to send)
Present participle envoyant
Past participle envoyé

	Present	Future	Imperfect	Conditional	Perfect	Pluperfect	Subjunctive
	j'envoie	j'enverrai	j'envoyais	j'enverrais	j'ai envoyé	j'avais envoyé	j'envoie
	tu envoies	tu enverras	tu envoyais	tu enverrais	tu as envoyé	tu avais envoyé	tu envoies
	il/elle/on envoie	il/elle/on enverra	il/elle/on envoyait	il/elle/on enverrait	il/elle/on a envoyé	il/elle/on avait envoyé	il/elle/on envoie
	nous envoyons	nous enverrons	nous envoyions	nous enverrions	nous avons envoyé	nous avions envoyé	nous envoyions
	vous envoyez	vous enverrez	vous envoyiez	vous enverriez	vous avez envoyé	vous aviez envoyé	vous envoyiez
	ils/elles envoient	ils/elles enverront	ils/elles envoyaient	ils/elles enverraient	ils/elles ont envoyé	ils/elles avaient envoyé	ils/elles envoient

ESPÉRER (to hope)
Present participle espérant
Past participle espéré

	Present	Future	Imperfect	Conditional	Perfect	Pluperfect	Subjunctive
	j'espère	j'espérerai	j'espérais	j'espérerais	j'ai espéré	j'avais espéré	j'espère
	tu espères	tu espéreras	tu espérais	tu espérerais	tu as espéré	tu avais espéré	tu espères
	il/elle/on espère	il/elle/on espérera	il/elle/on espérait	il/elle/on espérerait	il/elle/on a espéré	il/elle/on avait espéré	il/elle/on espère
	nous espérons	nous espérerons	nous espérions	nous espérerions	nous avons espéré	nous avions espéré	nous espérions
	vous espérez	vous espérerez	vous espériez	vous espéreriez	vous avez espéré	vous aviez espéré	vous espériez
	ils/elles espèrent	ils/elles espéreront	ils/elles espéraient	ils/elles espéreraient	ils/elles ont espéré	ils/elles avaient espéré	ils/elles espèrent

ESSAYER (to try)
Present participle essayant
Past participle essayé

	Present	Future	Imperfect	Conditional	Perfect	Pluperfect	Subjunctive
	j'essaie	j'essayerai	j'essayais	j'essayerais	j'ai essayé	j'avais essayé	j'essaie
	tu essaies	tu essayeras	tu essayais	tu essayerais	tu as essayé	tu avais essayé	tu essaies
	il/elle/on essaie	il/elle/on essayera	il/elle/on essayait	il/elle/on essayerait	il/elle/on a essayé	il/elle/on avait essayé	il/elle/on essaie
	nous essayons	nous essayerons	nous essayions	nous essayerions	nous avons essayé	nous avions essayé	nous essayions
	vous essayez	vous essayerez	vous essayiez	vous essayeriez	vous avez essayé	vous aviez essayé	vous essayiez
	ils/elles essaient	ils/elles essayeront	ils/elles essayaient	ils/elles essayeraient	ils/elles ont essayé	ils/elles avaient essayé	ils/elles essaient

FAIRE (to do/to make)
Present participle faisant
Past participle fait

	Present	Future	Imperfect	Conditional	Perfect	Pluperfect	Subjunctive
	je fais	je ferai	je faisais	je ferais	j'ai fait	j'avais fait	je fasse
	tu fais	tu feras	tu faisais	tu ferais	tu as fait	tu avais fait	tu fasses
	il/elle/on fait	il/elle/on fera	il/elle/on faisait	il/elle/on ferait	il/elle/on a fait	il/elle/on avait fait	il/elle/on fasse
	nous faisons	nous ferons	nous faisions	nous ferions	nous avons fait	nous avions fait	nous fassions
	vous faites	vous ferez	vous faisiez	vous feriez	vous avez fait	vous aviez fait	vous fassiez
	ils/elles font	ils/elles feront	ils/elles faisaient	ils/elles feraient	ils/elles ont fait	ils/elles avaient fait	ils/elles fassent

Other irregular verbs

Infinitive	Present	Future	Imperfect	Conditional	Perfect	Pluperfect	Subjunctive
LIRE (to read) **Present participle** lisant **Past participle** lu	je lis tu lis il/elle/on lit nous lisons vous lisez ils/elles lisent	je lirai tu liras il/elle/on lira nous lirons vous lirez ils/elles liront	je lisais tu lisais il/elle/on lisait nous lisions vous lisiez ils/elles lisaient	je lirais tu lirais il/elle/on lirait nous lirions vous liriez ils/elles liraient	j'ai lu tu as lu il/elle/on a lu nous avons lu vous avez lu ils/elles ont lu	j'avais lu tu avais lu il/elle/on avait lu nous avions lu vous aviez lu ils/elles avaient lu	je lise tu lises il/elle/on lise nous lisions vous lisiez ils/elles lisent
METTRE (to put) **Present participle** mettant **Past participle** mis	je mets tu mets il/elle/on met nous mettons vous mettez ils/elles mettent	je mettrai tu mettras il/elle/on mettra nous mettrons vous mettrez ils/elles mettront	je mettais tu mettais il/elle/on mettait nous mettions vous mettiez ils/elles mettaient	je mettrais tu mettrais il/elle/on mettrait nous mettrions vous mettriez ils/elles mettraient	j'ai mis tu as mis il/elle/on a mis nous avons mis vous avez mis ils/elles ont mis	j'avais mis tu avais mis il/elle/on avait mis nous avions mis vous aviez mis ils/elles avaient mis	je mette tu mettes il/elle/on mette nous mettions vous mettiez ils/elles mettent
MOURIR (to die) **Present participle** mourant **Past participle** mort	je meurs tu meurs il/elle/on meurt nous mourons vous mourez ils/elles meurent	je mourrai tu mourras il/elle/on mourra nous mourrons vous mourrez ils/elles mourront	je mourais tu mourais il/elle/on mourait nous mourions vous mouriez ils/elles mouraient	je mourrais tu mourrais il/elle/on mourrait nous mourrions vous mourriez ils/elles mourraient	je suis mort(e) tu es mort(e) il est mort elle est morte on est mort(e)(s) nous sommes mort(e)s vous êtes mort(e)(s) ils sont morts elles sont mortes	j'étais mort(e) tu étais mort(e) il était mort elle était morte on était mort(e)(s) nous étions mort(e)s vous étiez mort(e)(s) ils étaient morts elles étaient mortes	je meure tu meures il/elle/on meure nous mourions vous mouriez ils/elles meurent
NAÎTRE (to be born) **Present participle** naissant **Past participle** né	je nais tu nais il/elle/on naît nous naissons vous naissez ils/elles naissent	je naîtrai tu naîtras il/elle/on naîtra nous naîtrons vous naîtrez ils/elles naîtront	je naissais tu naissais il/elle/on naissait nous naissions vous naissiez ils/elles naissaient	je naîtrais tu naîtrais il/elle/on naîtrait nous naîtrions vous naîtriez ils/elles naîtraient	je suis né(e) tu es né(e) il est né elle est née on est né(e)(s) nous sommes né(e)s vous êtes né(e)(s) ils sont nés elles sont nées	j'étais né(e) tu étais né(e) il était né elle était née on était né(e)(s) nous étions né(e)s vous étiez né(e)(s) ils étaient nés elles étaient nées	je naisse tu naisses il/elle/on naisse nous naissions vous naissiez ils/elles naissent
OUVRIR (to open) **Present participle** ouvrant **Past participle** ouvert	j'ouvre tu ouvres il/elle/on ouvre nous ouvrons vous ouvrez ils/elles ouvrent	j'ouvrirai tu ouvriras il/elle/on ouvrira nous ouvrirons vous ouvrirez ils/elles ouvriront	j'ouvrais tu ouvrais il/elle/on ouvrait nous ouvrions vous ouvriez ils/elles ouvraient	j'ouvrirais tu ouvrirais il/elle/on ouvrirait nous ouvririons vous ouvririez ils/elles ouvriraient	j'ai ouvert tu as ouvert il/elle/on a ouvert nous avons ouvert vous avez ouvert ils/elles ont ouvert	j'avais ouvert tu avais ouvert il/elle/on avait ouvert nous avions ouvert vous aviez ouvert ils/elles avaient ouvert	j'ouvre tu ouvres il/elle/on ouvre nous ouvrions vous ouvriez ils/elles ouvrent
PARTIR (to leave) **Present participle** partant **Past participle** parti	je pars tu pars il/elle/on part nous partons vous partez ils/elles partent	je partirai tu partiras il/elle/on partira nous partirons vous partirez ils/elles partiront	je partais tu partais il/elle/on partait nous partions vous partiez ils/elles partaient	je partirais tu partirais il/elle/on partirait nous partirions vous partiriez ils/elles partiraient	je suis parti(e) tu es parti(e) il est parti elle est partie on est parti(e)(s) nous sommes parti(e)s vous êtes parti(e)(s) ils sont partis elles sont parties	j'étais parti(e) tu étais parti(e) il était parti elle était partie on était parti(e)(s) nous étions parti(e)s vous étiez parti(e)(s) ils étaient partis elles étaient parties	je parte tu partes il/elle/on parte nous partions vous partiez ils/elles partent

PRENDRE (to take)
Present participle: *prenant* · Past participle: *pris*

Present	Future	Imperfect	Conditional	Perfect	Pluperfect	Present subjunctive
je prends	je prendrai	je prenais	je prendrais	j'ai pris	j'avais pris	je prenne
tu prends	tu prendras	tu prenais	tu prendrais	tu as pris	tu avais pris	tu prennes
il/elle/on prend	il/elle/on prendra	il/elle/on prenait	il/elle/on prendrait	il/elle/on a pris	il/elle/on avait pris	il/elle/on prenne
nous prenons	nous prendrons	nous prenions	nous prendrions	nous avons pris	nous avions pris	nous prenions
vous prenez	vous prendrez	vous preniez	vous prendriez	vous avez pris	vous aviez pris	vous preniez
ils/elles prennent	ils/elles prendront	ils/elles prenaient	ils/elles prendraient	ils/elles ont pris	ils/elles avaient pris	ils/elles prennent

RECEVOIR (to receive)
Present participle: *recevant* · Past participle: *reçu*

Present	Future	Imperfect	Conditional	Perfect	Pluperfect	Present subjunctive
je reçois	je recevrai	je recevais	je recevrais	j'ai reçu	j'avais reçu	je reçoive
tu reçois	tu recevras	tu recevais	tu recevrais	tu as reçu	tu avais reçu	tu reçoives
il/elle/on reçoit	il/elle/on recevra	il/elle/on recevait	il/elle/on recevrait	il/elle/on a reçu	il/elle/on avait reçu	il/elle/on reçoive
nous recevons	nous recevrons	nous recevions	nous recevrions	nous avons reçu	nous avions reçu	nous recevions
vous recevez	vous recevrez	vous receviez	vous recevriez	vous avez reçu	vous aviez reçu	vous receviez
ils/elles reçoivent	ils/elles recevront	ils/elles recevaient	ils/elles recevraient	ils/elles ont reçu	ils/elles avaient reçu	ils/elles reçoivent

RIRE (to laugh)
Present participle: *riant* · Past participle: *ri*

Present	Future	Imperfect	Conditional	Perfect	Pluperfect	Present subjunctive
je ris	je rirai	je riais	je rirais	j'ai ri	j'avais ri	je rie
tu ris	tu riras	tu riais	tu rirais	tu as ri	tu avais ri	tu ries
il/elle/on rit	il/elle/on rira	il/elle/on riait	il/elle/on rirait	il/elle/on a ri	il/elle/on avait ri	il/elle/on rie
nous rions	nous rirons	nous riions	nous ririons	nous avons ri	nous avions ri	nous riions
vous riez	vous rirez	vous riiez	vous ririez	vous avez ri	vous aviez ri	vous riiez
ils/elles rient	ils/elles riront	ils/elles riaient	ils/elles riraient	ils/elles ont ri	ils/elles avaient ri	ils/elles rient

SORTIR (to go/come out)
Present participle: *sortant* · Past participle: *sorti*

Present	Future	Imperfect	Conditional	Perfect	Pluperfect	Present subjunctive
je sors	je sortirai	je sortais	je sortirais	je suis sorti(e)	j'étais sorti(e)	je sorte
tu sors	tu sortiras	tu sortais	tu sortirais	tu es sorti(e)	tu étais sorti(e)	tu sortes
il/elle/on sort	il/elle/on sortira	il/elle/on sortait	il/elle/on sortirait	il est sorti / elle est sortie / on est sorti(e)(s)	il était sorti / elle était sortie / on était sorti(e)(s)	il/elle/on sorte
nous sortons	nous sortirons	nous sortions	nous sortirions	nous sommes sorti(e)s	nous étions sorti(e)s	nous sortions
vous sortez	vous sortirez	vous sortiez	vous sortiriez	vous êtes sorti(e)(s)	vous étiez sorti(e)(s)	vous sortiez
ils/elles sortent	ils/elles sortiront	ils/elles sortaient	ils/elles sortiraient	ils sont sortis / elles sont sorties	ils étaient sortis / elles étaient sorties	ils/elles sortent

VENIR (to come)
Present participle: *venant* · Past participle: *venu*

Present	Future	Imperfect	Conditional	Perfect	Pluperfect	Present subjunctive
je viens	je viendrai	je venais	je viendrais	je suis venu(e)	j'étais venu(e)	je vienne
tu viens	tu viendras	tu venais	tu viendrais	tu es venu(e)	tu étais venu(e)	tu viennes
il/elle/on vient	il/elle/on viendra	il/elle/on venait	il/elle/on viendrait	il est venu / elle est venue / on est venu(e)(s)	il était venu / elle était venue / on était venu(e)(s)	il/elle/on vienne
nous venons	nous viendrons	nous venions	nous viendrions	nous sommes venu(e)s	nous étions venu(e)s	nous venions
vous venez	vous viendrez	vous veniez	vous viendriez	vous êtes venu(e)(s)	vous étiez venu(e)(s)	vous veniez
ils/elles viennent	ils/elles viendront	ils/elles venaient	ils/elles viendraient	ils sont venus / elles sont venues	ils étaient venus / elles étaient venues	ils/elles viennent

VIVRE (to live)
Present participle: *vivant* · Past participle: *vécu*

Present	Future	Imperfect	Conditional	Perfect	Pluperfect	Present subjunctive
je vis	je vivrai	je vivais	je vivrais	j'ai vécu	j'avais vécu	je vive
tu vis	tu vivras	tu vivais	tu vivrais	tu as vécu	tu avais vécu	tu vives
il/elle/on vit	il/elle/on vivra	il/elle/on vivait	il/elle/on vivrait	il/elle/on a vécu	il/elle/on avait vécu	il/elle/on vive
nous vivons	nous vivrons	nous vivions	nous vivrions	nous avons vécu	nous avions vécu	nous vivions
vous vivez	vous vivrez	vous viviez	vous vivriez	vous avez vécu	vous aviez vécu	vous viviez
ils/elles vivent	ils/elles vivront	ils/elles vivaient	ils/elles vivraient	ils/elles ont vécu	ils/elles avaient vécu	ils/elles vivent

VOIR (to see)
Present participle: *voyant* · Past participle: *vu*

Present	Future	Imperfect	Conditional	Perfect	Pluperfect	Present subjunctive
je vois	je verrai	je voyais	je verrais	j'ai vu	j'avais vu	je voie
tu vois	tu verras	tu voyais	tu verrais	tu as vu	tu avais vu	tu voies
il/elle/on voit	il/elle/on verra	il/elle/on voyait	il/elle/on verrait	il/elle/on a vu	il/elle/on avait vu	il/elle/on voie
nous voyons	nous verrons	nous voyions	nous verrions	nous avons vu	nous avions vu	nous voyions
vous voyez	vous verrez	vous voyiez	vous verriez	vous avez vu	vous aviez vu	vous voyiez
ils/elles voient	ils/elles verront	ils/elles voyaient	ils/elles verraient	ils/elles ont vu	ils/elles avaient vu	ils/elles voient

Vocabulaire

A

à carreaux checked
à côté (de) next (to)
à l'abri under cover, sheltered; safe
à l'appareil on the phone/speaking
à l'arrière-plan in the background
à l'avance in advance/early
à l'avenir in the future
à l'égard de regarding, towards
à l'envers back to front/the wrong way round
à l'étranger abroad
à l'extérieur outside
à l'heure on time
à part apart from
à partir de (starting) from
à peine hardly
À plus! (colloq.) See you later!
à point medium rare (of meat)
à proximité nearby
abîmer to damage
un abonnement subscription
abordable accessible, affordable
aborder (un sujet) to approach, to tackle (a topic)
accro à (colloq.) hooked on
accueillant friendly/welcoming
accueillir to receive/to welcome
un achat purchase
acheter (irreg.) to buy
les actualités (f) news
actuel(le) current/present
l' addition (f) bill; sum
un adhérent member
adhérer to join, to become a member
adieu good-bye (for ever)
un(e) ado (colloq.) teenager
un(e) adolescent(e) teenager
les affaires (f) business; belongings
affamé(e) starving
une affiche poster
affreux (-euse) dreadful, ugly
agacer (irreg.) to annoy/to bother
agir to act
agiter to shake
un agneau lamb
agréable pleasant
un(e) agriculteur (-trice) farmer
aider to help
l' ail (m) garlic
ailleurs elsewhere/somewhere else
d' ailleurs besides
aimable kind/likeable
l' aîné(e) oldest

une aire de repos service area (motorway)
ajouter to add
les alentours (m) surrounding area
un aliment food
une alimentation diet; food store
aller (irreg.) to go
aller chercher to fetch
un aller simple single (ticket)
un aller-retour return ticket
(s') allonger (irreg.) to lengthen; to stretch out
allumer to light/to switch on
alors so/therefore
une amande almond
l' ambiance (f) atmosphere
améliorer to improve
aménager to equip/to fit out
amener to bring
une amende fine
l' amitié (f) friendship
amoureux (-euse) (de) in love (with)
l' ampleur (f) width, extensiveness
une ampoule lightbulb
s' amuser to have fun
un ananas pineapple
un âne donkey
anglophone English-speaking
s' angoisser to become/to be anxious
un(e) animateur (-trice) presenter
un anneau ring
un annuaire téléphonique phone book
annuler to cancel
un appareil photo (photo) camera
appartenir (irreg.) (à) to belong (to)
s' appliquer to apply oneself, to try hard
apporter to bring
apprendre (irreg.) to learn; to teach
un apprentissage apprenticeship
approuver to approve of
d' après according to
après-demain day after tomorrow
apte (à) qualified to, fit for
une araignée spider
l' arbitre referee
un arbre tree
un arc-en-ciel rainbow
l' argent (m) de poche pocket money
l' argot (m) slang
une armoire wardrobe
aromatisé(e) flavoured
arracher to pull up, to dig up (weeds); to pull out (tooth)

(s') arrêter to stop, to arrest
les arrhes (f) deposit
arroser to water
un article article; item
artisanal(e) hand-crafted
les arts ménagers (m) home economics
un ascenseur lift
s' asseoir (irreg.) to sit (down)
assidûment assiduously
une assiette plate
assis(e) seated
assister (à) to attend
une astuce trick, astuteness
un atelier workshop
une attaque à main armée armed robbery
atteindre to reach/to attain
attendre to wait
s' attendre à to expect
attendre avec impatience to look forward to
l' attente (f) wait/expectation
atterrir to land
attirer to attract
attraper to catch
au bord (de) on the edge (of); beside, by
au bout de at the end of
au contraire on the contrary
au fond (de) at the end (of), at the bottom (of)
au lieu de in place of/instead of
au long de along; throughout
au moins at least
au premier plan in the foreground
l' aube (f) dawn
une auberge inn
une auberge de jeunesse youth hostel
aucun(e) no/none/not any
au-dessous (de) below/underneath
au-dessus (de) above
un(e) auditeur (-trice) listener
aujourd'hui today
auparavant beforehand
aussi … que as … as
autant as much/as many
un auteur author
l' automne (m) autumn
autoritaire authoritative; bossy
l' autoroute (f) motorway
autour (de) around/about
autrefois in the past, in the old days
autrement dit in other words
avaler to swallow
avant before
avant-hier day before yesterday

avare   mean/miserly

l' **avenir** (*m*)   future

une **averse**   shower (of rain)

aveugle   blind

un **avis**   opinion

un(e) **avocat(e)**   solicitor; barrister

avoir (*irreg.*)   to have

avoir … ans   to be … years old

avoir besoin de   to need

avoir de la chance   to be lucky

avoir du mal à…   to find it difficult to…

avoir envie de…   to feel like/to want to…

avoir faim   to be hungry

avoir honte   to be ashamed

avoir la pêche (*colloq.*)   to be on form

avoir l'air (+ *adj.*)   to look

avoir le droit (de…)   to have the right (to…)

avoir le mal de mer   to feel seasick

avoir le moral   to be in good spirits

avoir lieu   to take place

avoir l'occasion (de)   to have the opportunity (to)

avoir mal   to hurt/to ache

en **avoir marre**   to be fed up

avoir peur de…   to fear/to be frightened of…

avoir raison   to be right

avoir soif   to be thirsty

avoir sommeil   to feel sleepy

avoir tort   to be wrong

B

une **bâche**   cover

les **bagages** (*m*)   luggage

une **bague**   ring

une **baignoire**   bath (tub)

une **balance**   (weighing) scales

un **banc**   bench

une **bande**   group/gang

une **bande dessinée (BD)**   comic strip; comic

la **banlieue**   suburbs

barbant(e) (*colloq.*)   boring

un **bâtiment**   building

la **batterie**   drums

bavarder   to chat

le **beau-père**   stepfather; father-in-law

la **belle-mère**   stepmother; mother-in-law

le **bénévolat**   voluntary work

un(e) **bénévole**   volunteer

les **béquilles** (*f*)   crutches

bête   silly/stupid

un **beur**   second-generation North African living in France

une **bibliothèque**   library

bien sûr   of course

bientôt   soon

bienvenue!   welcome!

une **billetterie**   ticket office, ticket machine; cash dispenser

biologique (*colloq.* **bio**)   organic

une **bise**   kiss

un **bisou**   kiss

une **blague**   joke

se **blesser**   to injure oneself

une **blessure**   injury

un **bloc sanitaire**   toilet block

un **blouson**   jacket

boire (*irreg.*)   to drink

le **bois**   wood

une **boisson**   drink

une **boîte**   box; tin; nightclub

une **boîte aux lettres**   post box, mailbox

bon marché   cheap, bargain

le **bonheur**   happiness

au **bord de la mer**   by the seaside

un **bouchon**   traffic jam

bouclé(e)   curly

une **boucle d'oreille**   earring

bouffer (*colloq.*)   to eat

une **bougie**   candle

bouleverser   to upset

un **boulodrome**   bowling pitch

un **boulot**   job

une **boum**   party

(se) **brancher**   to plug in; to log on

le **bras**   arm

la **brasse**   breast stroke

le **bricolage**   DIY

briller   to shine

britannique   British

une **brocante**   second-hand goods/second-hand market

se **bronzer**   to get a tan

le **brouillard**   fog

le **bruit**   noise

(se) **brûler**   to burn (oneself)

la **brume**   mist

bruyant(e)   noisy

la **bûche de Noël**   Christmas log

un **bulletin (scolaire)**   (school) report

un **bureau de tabac**   tobacconist's

un **but**   aim/goal

C

ça fait…que…   for… (*time*)

ça me fait rire   it makes me laugh

ça me plaît   I like it

ça m'est égal   I don't mind/I don't care

ça ne me dit rien   it doesn't appeal to me

ça suffit   that is enough

ça te dit?   does it appeal to you?

ça vaut la peine   it is worth it

une **cabane**   shed; hut

une **cabine d'essayage**   fitting room/changing room

un **cabinet médical/dentaire**   doctor's/ dentist's surgery

un **cadeau**   gift/present

un **cadenas**   padlock

un **cadre**   frame; context

un(e) **caissier (-ère)**   cashier

le **calendrier**   calendar

cambrioler   to burgle

un **camion**   lorry

la **campagne**   country

campagnard   in the country/of the country

un **canard**   duck

un **canton**   district, canton

car   for/because

le **car de ramassage scolaire**   school bus

le **carburant**   fuel

carré(e)   square

un **carrefour**   crossroads

une **carrière**   career

la **carte**   map; menu; card

une **carte de séjour**   residence permit

le **carton**   cardboard

un **carton jaune**   yellow card

un **casier**   locker

un **casque**   helmet

une **casquette**   cap

cassé(e)   broken

un **casse-croûte**   snack

casse-pieds   pain in the neck

une **casserole**   saucepan

un **cauchemar**   nightmare

causer   to cause; to chat

une **caution**   (breakage) deposit

une **cave**   cellar

ce (cet)/cette, ces   this, these/that, those

ce n'est pas la peine   it is not worth it

une **ceinture (de sécurité)**   (seat) belt

cela/ça   that

célèbre   famous

célibataire   single/unmarried

celui/celle, ceux/celles   the one(s)

un **centre aéré**   outdoor centre

un **centre commercial**   shopping centre

cependant   however

une **cerise**   cherry

le **cerveau**   brain

c'est-à-dire   that is to say/i.e.

chacun(e)   each one

une **chaîne** channel; chain
une **chaise** chair
la **chaleur** heat
chaleureux (-euse) warm
un **champ** field
champêtre rural/country
un **champignon** mushroom
la **chance** luck, opportunity
une **chanson** song
chanter to sing
un(e) **chanteur (-euse)** singer
chaque each
un **char** waggon, car, float
la **charcuterie** pork butcher's shop, delicatessen; cooked (pork) meats
charger to load
un **chariot** trolley
le **chauffage** heating
une **chaussure** shoe
un **chemin (de fer)** (rail)way
une **cheminée** chimney; fireplace
une **chemise** shirt
un **chenil** kennel
cher (chère) dear; expensive
chercher to look for
un(e) **chercheur (-euse)** researcher
chéri(e) darling
une **cheville** ankle
chez at; to (someone's place)
un **chiffre** number
les **chips** (m) crisps
le **chômage** unemployment
un(e) **chômeur (-euse)** unemployed person
une **chorale** choir
une **chose** thing
chouette great
chrétien (-ienne) Christian
chuchoter to whisper
une **chute** fall
une **cible** target
le **ciel** sky
ci-joint attached/enclosed
la **circulation** traffic
une **cité** (housing) estate
une **citerne** water-tank, cistern
un(e) **citoyen (-enne)** citizen
une **civière** stretcher
un **clavier** keyboard
une **clé (clef)** key
la **climatisation** air conditioning
la **cloche** bell
cocher to tick
le **cœur** heart
un(e) **coiffeur (-euse)** hairdresser
un **coin** corner
la **colère** anger
un **colis** parcel
les **collants** (m) tights

une **colle** detention; glue
un **collier** necklace
une **colline** hill
une **colonie de vacances** holiday camp
un **colorant** colouring
combattre to fight
commander to order
comme as/like
comment how
les **commerces** (m) shops
le **commissariat (de police)** police station
commode practical, handy
une **communauté** community
une **compagnie aérienne à bas prix** low-cost airline
une **compétence** skill
le **comportement** behaviour
comporter to include
se **composer (de)** to consist (of)
composter to punch (ticket)
compréhensif (-ive) comprehensive; understanding
comprendre (irreg.) to understand
un **comprimé** tablet
compter (sur) to count (on)
un **concours** competition
un **conducteur (-trice)** driver
conduire (irreg.) to drive
la **confection** making
la **confiance** confidence, trust
confier to entrust
une **confiserie** confectioner's, sweet shop
la **confiture** jam
(se) **confondre** to confound; to confuse
un **congé** time off work
congédier to sack/dismiss
un(e) **conjoint (-ointe)** husband (wife)
une **connaissance** acquaintance
connaître (irreg.) to know
un(e) **correspondant(e)** penfriend
consacrer to devote/to spend (time)
le **Conseil de l'Europe** European Council
conseiller to advise
un **conseiller d'orientation** careers adviser
conserver to preserve
une **consigne** left-luggage facility
un(e) **consommateur (-trice)** consumer
la/une **consommation** consumption; drink
constater to observe
construire (irreg.) to build
une **contrainte** obligation

par **contre** on the other hand
contre against
convaincre (irreg.) to convince
convenir (irreg.) to suit
convivial(e) social, convivial
les **coordonnées** (f) contact details
copieux (-euse) copious, abundant
copier-coller to copy and paste
un **coq** cockerel
le **corps** body
une **côte (de porc)** (pork) chop
la **couche d'ozone** ozone layer
se **coucher** to lie down; to go to bed
un **coude** elbow
un **couloir** corridor
un **coup de main** hand (help)
un **coup de pied/de poing** kick/punch
un **coup de soleil** sunburn
(se) **couper** to cut (oneself)
couramment fluently
courant(e) current/common
la **Cour européenne des Droits de l'Homme** European Court of Human Rights
courir (irreg.) to run
une **couronne** crown
un **courriel** e-mail
le **courrier** mail
le **courrier des lecteurs** problem page
un **couteau** knife
la **couture** sewing
un(e) **couturier (-ière)** tailor/fashion designer
(ciel) **couvert** overcast (sky)
une **couverture** blanket
une **cravate** tie
le **crépuscule** dusk
crevé(e) (colloq.) punctured (exhausted)
crever to puncture
une **crevette** prawn
crier to scream/to shout
critiquer to criticise
croire (irreg.) to believe
une **croisière** cruise
un **croque-monsieur** toasted ham-and-cheese sandwich
cru(e) raw
les **crudités** (f) assorted raw vegetables
une **cuiller (or cuillère)** spoon
le **cuir** leather
la **cuisse** thigh
la **cuisson** cooking
cuit(e) cooked
curieux (-euse) nosy/curious
le **curseur** cursor

D

d'abord   first of all
la **datte**   date (fruit)
davantage   more
un **dé**   dice
de bonne heure   early
de nos jours   nowadays
de plus   what's more/on top of that
de temps en temps   from time to time
(se) **débarrasser**   to clear; to get rid of
un **débouché**   prospect/opening
déboucher   to unblock; to uncork
debout   standing
se **débrouiller**   to manage/to get by
un **décès**   death
décevant(e)   disappointing
décevoir (*irreg.*)   to disappoint
se **déchausser**   to take one's shoes off
les **déchets** (*m*)   waste, litter
déchiré(e)   torn
décoller   to take off (plane)
le **décompte**   countdown
une **découverte**   discovery
décrocher   to pick up (phone)
déçu(e)   disappointed
dedans   inside
dédier   to dedicate
un **défaut**   fault
défectueux (-euse)   faulty
défendre   to forbid
un **défilé**   procession
dégoûtant(e)   disgusting
une **dégustation**   tasting
déguster   to taste/to savour
dehors   outside
déjà   already
demain   tomorrow
déménager   to move (house)
une **demeure**   house, dwelling
la **demi-pension**   half-board
un(e) **demi-frère/sœur**   half-brother/sister; stepbrother/stepsister
démodé(e)   old-fashioned
démuni(e)   deprived
la **dentelle**   lace
le **dentifrice**   toothpaste
un **département**   district/administrative area of France
un **Département d'Outre-Mer (DOM)**   overseas *département*
se **dépêcher**   to hurry (up)
dépenser   to spend
se **déplacer**   to move (around)/to go somewhere else
un **dépliant**   leaflet

déprimé(e)   depressed
depuis   since; for
déranger   to disturb
se **dérouler**   to take place, to unfold
derrière   behind
dès que   as soon as
dessous   underneath
dessus   above
se **détendre**   to relax
détendu(e)   relaxed
la **détente**   relaxation
les **détritus** (*m*)   rubbish, litter
une **dette**   debt
devant   in front (of)
devenir (*irreg.*)   to become
deviner   to guess
une **devise**   currency/motto
devoir (*irreg.*)   to have to/must
d'habitude   usually
la **diététique**   dietetics
diffuser   to broadcast
la **diffusion**   screening; broadcasting
diminuer   to diminish/to reduce
une **dinde**   turkey
dire (*irreg.*)   to say, to tell
diriger   to direct/to manage
se **diriger** (*irreg.*) **vers**   to go towards
discuter   to discuss
disparaître (*irreg.*)   to disappear
disponible   available
se **disputer**   to argue
les **distractions** (*f*)   entertainment
distrait(e)   distracted/absent-minded
distribuer   to distribute/give out/deliver
divertissant(e)   entertaining
un **divertissement**   entertainment
d'occasion   second-hand
un **doigt**   finger
le **domicile**   home/home address
dominant(e)   leading/dominant
c'est **dommage**   it is a pity/shame
donc   so, therefore
dormir (*irreg.*)   to sleep
le **dos**   back
la **douane**   customs
doublé(e)   dubbed
doubler   to overtake
doué(e)   gifted
la **douleur**   pain
douloureux (-euse)   painful
doux (douce)   sweet; mild; soft
un **drap**   sheet
un **drapeau**   flag
dresser   to put up/to draw up
drôle   funny
dur(e)   hard
durer   to last

E

une **écharpe**   scarf
l' **échec** (*m*)   failure
les **échecs** (*m*)   chess
échouer (à)   to fail
l' **éclairage** (*m*)   lighting
une **éclaircie**   sunny spell
écossais(e)   Scottish
un **écran (plat)**   (flat) screen
écraser   to squash; to run over
écrémé(e)   skimmed
écrire (*irreg.*)   to write
effacer   to rub out; to delete
effectuer   to carry out
efficace   efficient
effrayant(e)   frightening
une **église**   church
élargir   to widen
élevé(e)   high
élever   to bring up/to raise
l' **emballage** (*m*)   packaging
embaucher   to employ/to hire
embêter   to annoy/to bother
un **embouteillage**   traffic jam
embrasser   to kiss
une **émission**   programme
emmener (*irreg.*)   to take away
émouvant(e)   moving
empêcher (de)   to prevent/stop (from)
un **emplacement**   pitch (in campsite)
emprunter   to borrow
en bas   at the bottom; downstairs
en cachette   on the quiet/secretly
en effet   indeed
en fait   in fact
en haut   at the top; upstairs
en panne   broken down, out of order
en plein air   in the open air
en provenance de   coming from
en quête de   in search of
en retard   late
en version originale   with the original soundtrack
enchanté(e)   delighted; pleased to meet you
encore   again; more
endommagé(e)   damaged
s' **endormir** (*irreg.*)   to fall asleep
un **endroit**   place
énerver   to get on someone's nerves
s' **énerver**   to lose one's temper
un(e) **enfant unique**   only child
enfin   finally; at last
s' **enfuir** (*irreg.*)   to escape, to run away

engager to hire/to employ

enlever (*irreg.*) to take off/to remove

l' ennui (*m*) boredom

s' ennuyer (*irreg.*) (à mourir) to get bored (to death)

une enquête survey

un enregistrement recording

enrhumé(e) with a cold (a person)

une enseigne (shop) sign

enseigner to teach

ensemble together

dans l' ensemble on the whole

ensoleillé(e) sunny

ensuite next/then

s' entendre avec to get on with

entendu agreed

entier (-ère) entire/whole

entourer to surround

s' entraîner to practise/to train

entre between

une entreprise firm

un entretien chat, talk; (job) interview

une entrevue interview; meeting

environ around/about

envoyer (*irreg.*) to send

une épaule shoulder

épeler (*irreg.*) to spell

une épicerie grocer's shop

les épinards (*m*) spinach

une époque era, time

une épreuve test

épuiser to exhaust

l' équilibre (*m*) balance

une équipe team

les équipements collectifs (*m*) public facilities

errer to wander/to roam

l' escalade (*f*) climbing

un escalier stairs, staircase

une escalope cutlet

un escargot snail

l' escrime (*f*) fencing

une espèce species/type

l' espérance (*f*) (de vie) (life) expectancy

espérer (*irreg.*) to hope

un(e) espion(ne) spy

l' espoir (*m*) hope

essayer (*irreg.*) to try

l' essence (*f*) petrol

essuyer (*irreg.*) (la vaisselle) to wipe/to dry (dishes)

l' est (*m*) East

une étagère shelf

un étage floor/level

un étal stall

un étang pond

une étape stage

l' été (*m*) summer

éteindre (*irreg.*) to switch off/to put out (fire)

une étiquette label

une étoile star

étonnant(e) astonishing

à l' étranger abroad

être (*irreg.*) to be

être au courant de to know about

être en colère to be angry

être en forme to be fit

être en train de to be in the process of

être pressé(e) to be in a hurry

être reçu(e) (à un examen) to pass (an exam)

étroit(e) narrow

un événement event

un évier (kitchen) sink

évoluer to evolve

évoquer to evoke

éviter (de) to avoid

s' exercer to practise

exiger to demand

expliquer to explain

une exposition exhibition

exprès on purpose

exquis(e) exquisite/delicious

exténué(e) exhausted

F

fabriquer to manufacture, to make

se fâcher to get cross

facile easy

un(e) facteur (-trice) postman/woman

une facture bill

faible weak

faire (*irreg.*) to do, to make

faire de la voile to go sailing

faire des bêtises to act silly/to misbehave

faire du lèche-vitrines to go window-shopping

faire la connaissance de to meet (for the first time)

faire la grasse matinée to have a lie-in

faire la lessive to do the washing

faire la queue to queue up

faire la vaisselle to wash up

faire le ménage to do the housework

faire les courses to do the shopping

se faire mal to hurt oneself

faire peur to scare/to frighten

faire un régime to be on a diet

un fait fact

un fait divers news item

une fanfare brass band; fanfare

un fantôme ghost

la farine flour

fauché(e) (*colloq.*) broke/penniless

il faut (*irreg.*) we/you/they must, it is necessary to

un fauteuil roulant wheelchair

les félicitations (*f*) congratulations

une femme woman

une femme de ménage cleaning lady

une fenêtre window

le fer iron

fermement firmly

une fermeture éclair zip

un festin feast, banquet

la fête party, celebration; Saint's day

une fête nationale national holiday

fêter to celebrate

un feu d'artifice firework

un feu rouge traffic light

feuilleter to leaf through, to flick through

un feuilleton serial/soap (on television)

un feutre felt-tip pen

une fiche form

se fier à to trust

fier (-ère) proud

figurer to figure; to appear

un fil thread/wire

un filet net

une filière pathway

la fin end

un flambeau torch

un fleuve river

un flic (*colloq.*) cop

foncé(e) dark

les fonds (*m*) funds

fondu(e) melted

une formation professionnelle vocational training

formidable great

fort(e) strong

fou (folle) mad/crazy

la foule crowd

un four (à micro-ondes) (microwave) oven

une fourchette fork

fournir to supply

un foyer home; hearth

un foyer d'urgence emergency centre

les frais (*m*) expenses

frais (fraîche) fresh; cool

une fraise strawberry

une framboise raspberry

franchement frankly
francophone French-speaking
frapper to hit/to knock
freiner to brake
un **frigo** (*colloq.*) fridge
les **frites** (*f*) chips
le **fromage** cheese
le **front** forehead
la **frontière** border
les **fruits de mer** (*m*) shellfish
fuir (*irreg.*) to flee/to run away
la **fuite** flight/escape
un(e) **fuyard(e)** fugitive
la **fumée** smoke
fumer to smoke

G

gâcher to spoil, to ruin (thing)
gagner to win; to earn
gallois(e) Welsh
une **gamme** range
un **gant** glove
garder to keep; to look after
la **gare ferroviaire/SNCF** railway station
la **gare routière** bus/coach station
garer to park
le **gaspillage** waste
gaspiller to waste
gâter to spoil, to pamper
une **gaufre** waffle
le **gaz carbonique** carbon dioxide
les **gaz d'échappement** (*m*) exhaust fumes
geler to freeze
le **gel** frost
un **gendarme** police officer
gêner to bother/to embarrass
génial(e) brilliant/great
un **genou** (*pl.* **genoux**) knee
les **gens** (*m*) people
les **gens du voyage** travellers
gentil (-tille) nice, kind
un(e) **gérant(e)** manager
gérer to manage
la **gestion** management
un **gilet** cardigan/waistcoat
le **gingembre** ginger
un **gitan** gipsy
la **glace** ice
glisser to slip
la **gorge** throat
un(e) **gosse** (*colloq.*) kid
gourmand(e) greedy
le **goût** taste
goûter to have an afternoon snack; to taste
une **goutte** drop

un **GPS** sat nav
grâce à thanks to
grandir to grow (up)
un **grand magasin** department store
une **grande surface** hypermarket
les **grandes vacances** summer holiday
gras(se) fat
gratuit(e) free (of charge)
grave(ment) serious(ly)
un **grenier** loft
une **grève** strike
grignoter to nibble
une **grille** grid
le **grimage** (stage) make-up
la **grippe** flu
gronder to tell off
gros(se) fat, big
un **gros mot** rude word
un **gros titre** headline; heading
guérir to recover
la **guerre** war
le **guichet** counter, ticket office

H

s' **habiller** to dress, to get dressed
un(e) **habitant(e)** inhabitant
d' **habitude** usually
s' **habituer à** to get used to
la **haine** hatred
un **haricot** bean
une **hausse** rise
haut(e) high
hebdomadaire weekly
l' **hébergement** (*m*) accommodation
les **heures d'affluence** (*f*) rush hour
heureux (-euse) happy
heurter to bump into
hier yesterday
hindou(e) Hindu
l'/une **histoire** history; story
l' **hiver** (*m*) winter
un/une **HLM (habitation à loyer modéré)** social housing/council house
un **homme** man
un **horaire** timetable
hors except for
hors de outside of
un **hors-d'œuvre** starter/first course
l' **humeur** (*f*) mood

I

il s'agit de it is about
il vaut mieux it is better to
ici here

ignoble appalling
une **île** island
un **immeuble** block of flats
un **imperméable** raincoat
imprévisible unforeseeable
imprévu(e) unforeseen
imprimer to print
un **incendie** fire
inclure (*irreg.*) to include
un(e) **inconnu(e)** stranger
incontournable must-see/unmissable
un **inconvénient** disadvantage
incroyable unbelievable, incredible
indispensable essential
les **informations** (*f*) the news (on television, radio)
inhabituel(le) unusual
une **injure** insult/abuse
les **inondations** (*f*) floods
inoubliable unforgettable
l' **inquiétude** (*f*) concern/anxiety
s' **inquiéter** (*irreg.*) to worry
l' **inscription** (*f*) registration
s' **inscrire (à)** to register (at); to join
les **installations** (*f*) **(sportives)** (sports) facilities
s' **installer** to settle
insupportable unbearable
intercommunal(e) serving several villages
interdit(e) forbidden
un(e) **interne** boarder (school)
l' **intrigue** (*f*) plot
inutile useless

J

jamais ever; never
le **jambon** ham
un **jet d'eau** fountain
jeter to throw
un **jeu** game
le **jeûne** fast, abstinence
joli(e) pretty
la **joue** cheek
un **jouet** toy
un **jour férié** bank holiday
le **Jour J** D-day
un **jour ouvrable** working day
un **journal** newspaper; diary
une **journée** day
juif (juive) Jewish
jumeau (jumelle) twin
une **jupe** skirt
juridique legal

jusque until; as far as
juste fair/correct

L

laid(e) ugly
la **laine** wool
laisser to leave/to let/to allow
un **laissez-passer** pass, permit
laitier (-ère) (*irreg.*) dairy
lancer (*irreg.*) to throw/to launch
les **langues vivantes** (*f*) modern languages
large broad/wide
un **lavabo** washbasin
une **laverie** laundry block
un **lave-vaisselle** dishwasher
le **lèche-vitrines** window-shopping
un **lecteur de CD** CD player
léger (légère) light
un **légume** vegetable
le **lendemain** the following day
lentement slowly
lequel/laquelle/lesquels/ lesquelles? which one(s)?
la **lessive** washing, laundry
leur(s) their
la **levée (du courrier)** (post) collection
la **liberté** freedom
une **librairie** bookshop
libre free
licencier to make redundant/to dismiss
un **lieu** place
lire (*irreg.*) to read
un **lit** bed
un **litige** dispute; law suit
le **littoral** coast
la **livraison** delivery
un **livre** book
une **livre** pound
livrer to deliver
un **locataire** tenant
la **location** hire/rental
un **logiciel** software
une **loi** law
loin (de) far (from)
un **loisir** leisure
lors de during; at the time of
lorsque when
louer to hire/to rent
lourd(e) heavy
le **loyer** rent
la **lumière** light
la **lune** moon
les **lunettes (de soleil)** (sun)glasses
lutter to fight

M

une **machine à laver** washing machine
un **magasin (de bienfaisance)** (charity) shop
le **Maghreb** North Africa (Algeria, Morocco and Tunisia)
un(e) **maghrébin(e)** person from North Africa
un **maillon** (chain) link
un **maillot de bain** swimming costume/swimming trunks
une **main** hand
la **mairie** town hall
une **maison à deux faces** terraced house/town house
une **maison individuelle** detached house
une **maison jumelée** semi-detached house
une **maladie** disease/illness
malgré in spite of
le **malheur** unhappiness/misfortune
malheureux (-euse) unhappy
malhonnête dishonest
malsain(e) unhealthy
maltraiter to bully
la **Manche** the Channel
un **manège** merry-go-round/ roundabout
une **manifestation** demonstration
une **manifestation culturelle** cultural event
un **mannequin** model
le **manque (de)** lack (of)
il **manque (quelque chose)** (something) is missing
un **manteau** coat
une **maquette** (scale) model
se **maquiller** to put make up on
marchander to haggle over
un **marché aux puces** flea market
marcher to walk/to work
la **marée (basse/haute)** (low/high) tide
une **marée noire** oil slick
un **mari** husband
un **marin** sailor
une **marionnette** puppet
la **marque** brand/make
marquer to score
une **matière** subject
les **matières grasses** (*f*) fats
matinal(e) early riser
mauvais(e) bad/wrong
le **mazout** heating oil
il **me faut...** I need...
il **me reste...** I have...left
méchant(e) nasty; naughty
un **médecin** doctor

un **médicament** medicine (drug)
médiocre mediocre/poor
meilleur(e) better
un **mél** e-mail
mélanger to mix
le/la/les **même(s)** the same
même (si) even (if)
la **mémoire** memory
le **ménage** housework; household
un(e) **mendiant(e)** beggar
mener (*irreg.*) to lead
mensuel(le) monthly
la **mentalité** way of thinking
la **menthe** mint
mentir to lie
le **menton** chin
une **messe (de minuit)** (midnight) mass
la **météo** weather forecast
un **métier** job/profession
la **métropole** mainland
mettre (*irreg.*) to put (on); to take (time)
mettre au courant to inform/to update (with news)
mettre à jour to update (data)
mettre de côté to put aside/to save up
se **mettre en colère** to get angry
un **meuble** piece of furniture
un **meurtre** murder
le **miel** honey
mieux better
mignon (mignonne) cute/sweet
le **milieu** middle
un **milliard** billion
un **millier** thousand
la **MJC (Maison des Jeunes et de la Culture)** youth centre
une **mobylette** moped
moche awful/ugly
la **mode** fashion
moins less
un **mois** month
la **moisson** harvest
la **moitié** half
le **monde** world
un **moniteur (monitrice)** instructor
la/une **monnaie** change; currency
monoparental single-parent
monter to go up; to rise; to take up
une **montre** watch
montrer to show
se **moquer (de)** to make fun (of)
une **moquette** fitted carpet
un **morceau (de)** piece (of)
mort(e) dead
la **mosquée** mosque
un **mot** word

une **mouche** fly
un **mouchoir** handkerchief
une **mouette** seagull
mouillé(e) wet
mourir (*irreg.*) to die
un **moustique** mosquito
un **moyen** means; way
la **moyenne** average (mark)
muet(te) dumb/silent
un **mur** wall
mûr(e) ripe
un(e) **musulman(e)** Muslim

N

nager (*irreg.*) to swim
la **naissance** birth
naître (*irreg.*) to be born
une **navette** shuttle
négliger to neglect
neiger to snow
nettoyer (*irreg.*) to clean
neuf (neuve) new
le **nez** nose
ni... ni... neither... nor...
n'importe comment anyhow
n'importe où anywhere
n'importe quand any time
n'importe quel(s)/quelle(s) any
n'importe qui/quoi anyone/ anything
le **niveau** level
nocif (nocive) harmful
nocturne nightly/nocturnal
le **nombril** navel
le **nord** North
une **note** mark (result)/bill
nourrir to feed
la **nourriture** food
le **Nouvel An** New Year's Day
les **nouvelles** (*f*) news
noyer to drown
nuageux (-euse) cloudy
nuire (à) (*irreg.*) to harm
nuisible harmful
nulle part nowhere
numérique digital

O

les **objets trouvés** (*m*) lost property
obligatoire compulsory
obtenir (*irreg.*) to obtain
une **occasion** opportunity/occasion
occupé(e) busy (person)/ engaged (phone)/taken (seat)
s' **occuper de** to look after
une **odeur** smell

un **œil** (*pl.* **les yeux**) eye
un **œuf** egg
l' **ombre** (*f*) shade
ombragé(e) shaded
ondulé wavy (hair)
un **ongle** nail
l' **or** (*m*) gold
un **orage** storm
un **ordinateur** computer
une **ordonnance** prescription
les **ordures** (*f*) rubbish
l' **oreille** (*f*) ear
une **organisation caritative** charity
un(e) **orphelin(e)** orphan
un **orteil** toe
un **os** bone
oser to dare
ou/ou bien or/or else
où where
oublier to forget
l' **ouest** (*m*) West
un **ouragan** hurricane
un **oreiller** pillow
outre-mer overseas
une **ouverture** opening
ouvrir (*irreg.*) to open

P

paisible peaceful/quiet
la **paix** peace
un **pamplemousse** grapefruit
un **panier** basket
un **panneau** sign
panser to groom (horse); to bandage
Pâques Easter
par by/through
par chance luckily/fortunately
par contre on the other hand
par rapport à in relation to/with regard to
par terre on the floor/on the ground
paraître (*irreg.*) to appear/to seem
un **parapluie** umbrella
un **parc à vélos** bike stands
un **parc d'attractions** theme park
un **parking relais** park and ride
le **pare-brise** windscreen
pareil(le) same
parfois sometimes
un **parfum** perfume; flavour
parler to speak
parmi among
une **parole** (spoken) word
parrainer to sponsor
partager to share
une **partie** part/game

partir to leave
partout everywhere
pas grand-chose not much
un **passage souterrain** subway/ underpass
un **passage à niveau** level crossing
un(e) **passant(e)** passer-by
se **passer** to happen
passer un examen to take an exam
le **patin à roulettes/sur glace** roller skating/ice skating
le **patrimoine** heritage
le/la **patron(ne)** boss
la **pause-déjeuner** lunch break
pauvre poor
la **pauvreté** poverty
un **pays** country
le **paysage** view; landscape
un **péage** pay station (motorway)
la **peau** skin
un **pêcheur** fisherman
un **peintre** painter
une **pelouse** lawn
pendant during
pénible hard-going, laborious
penser à/de to think about/to think of
la **pension complète** full board
Pentecôte Whitsuntide/ Pentecost
perdre to lose
permettre (*irreg.*) to allow
le **permis de conduire** driving licence
un **personnage** character (in a book)
personne nobody/no one
une **personne** person
une **perte** loss
une **perte de temps** waste of time
peser to weigh
une **petite annonce** small ad
une **pièce** coin/play/room
un **piéton** pedestrian
une **pile** battery
piquant(e) spicy
une **piqûre** injection/sting
pire worse
une **piscine** swimming pool
une **piste cyclable** cycle track
un **placard** cupboard
la/une **place** (town or village) square; seat; space
une **plage** beach
plaider to plead
le **plafond** ceiling
se **plaindre** (*irreg.*) to complain
plaire (*irreg.*) to please
la **planche à voile** windsurfing

la **plaque d'immatriculation** number plate

un **plat** dish/plate

le **plat du jour** today's special (dish)

le **plat principal** main course

plein(e) full

plein de lots of

pleurer to cry

pleuvoir (*irreg.*) to rain

le **plomb** lead

plomber to fill (tooth)

la **plongée** diving

un(e) **plongeur (-euse)** diver

un **plongeur** washer-up (*colloq.*)

la **pluie** rain

la **plupart (de)** most (of)

plus (de) more (than)

plusieurs several

plutôt rather

pluvieux (-euse) rainy

un **pneu (crevé)** (burst) tyre

le **poids** weight

le **poignet** wrist

la **pointure** shoe size

un **poireau** leek

la **poitrine** chest

un **poivron** pepper

polluant(e) polluting

un **pompier** firefighter

un **pont** bridge

un **port de plaisance** marina

un **portable** mobile phone

une **porte** door

un **portefeuille** wallet

un **porte-monnaie** purse

porter to carry/to wear

une **portière** door (car/train/bus)

un **poste** position, job

posséder to possess/to own

postuler to apply for

un **potage** soup

un **pote** (*colloq.*) pal/friend/mate

une **poubelle** dustbin

un **pouce** thumb

le **poulet** chicken

un **poumon** lung

pour for/(in order) to

un **pourboire** tip

pourquoi why

poursuivre (*irreg.*) to follow/to chase/to continue

pourtant yet/however

pousser to push

la **poussière** dust

pouvoir (*irreg.*) to be able to/can

prendre (*irreg.*) to take

le **prénom** first name

près (de) near (to)

presque nearly/almost

un **pressing** dry cleaner's

prêt(e) ready

prêter to lend

la **preuve** proof

les **prévisions** (*f*) **(météorologiques)** (weather) forecast

prévu forecast/planned/expected

une **prière** prayer

le/la **principal(e)** headteacher

le **printemps** spring

une **prise électrique** electric socket

priver to deprive

proche (de) close/near (to)

prochain(e) next

un **produit (du terroir)** (local) produce/product

produire (*irreg.*) to produce

profiter to take advantage/to make the most of

profond(e) deep

un **projet (d'avenir)** plan (for the future)

une **promenade** walk; ride

promettre (*irreg.*) to promise

proposer to propose/to put forward

propre clean; own

la **propreté** cleanliness

un(e) **propriétaire** owner

protéger to protect

provoquer to cause; to provoke

un **pruneau** prune

puisque since (because)

Q

un **quai** platform

quand when

un **quartier** district/area (in a town)

que/qu'est-ce que/qu'est-ce qui? what?

quelque chose something

quelquefois sometimes

quelqu'un someone

la **quête** collection; search

quinze jours fortnight

quoi what

quotidien(ne) daily

R

raccrocher hang up (phone)

raconter to tell

raide straight (hair)

du **raisin** grapes

ralentir to slow down

ramasser to pick up/to collect

ramener (*irreg.*) to take back/to bring back

une **randonnée** hike/ride (on horse)

ranger (*irreg.*) to tidy/to put away

rapporter to bring back

des **rapports** relationship

rater to miss; to fail

rayé(e) striped

un **rayon** shelf/department (in store)

un **récapitulatif** summary

une **recette** recipe

recevoir (*irreg.*) to receive

le **réchauffement** warming

une **recherche** search; research

un **récit** account/story

une **réclamation** claim/request

récolter to harvest/to gather

une **récompense** reward

reconnaissant(e) grateful

recruter to recruit

un **reçu** receipt

reculer to move backwards/to fall back

le **recyclage** recycling

redoubler to take a year again (at school)

réduire (*irreg.*) to reduce

réfléchir to reflect/to think

se **régaler** to enjoy oneself

regarder to look at; to watch

un **régime (alimentaire)** diet

le **règlement** rules

régler (*irreg.*) settle (bill)

une **reine** queen

un **rejet** rejection

relancer (*irreg.*) to throw again/to relaunch

relié(e) linked

remarquer to notice

une **remise** discount

remplir to fill/to load

rencontrer to meet

rendre to give back

un **renseignement** piece of information

la **rentrée** return to school

renverser to spill/to knock down

un **repas** meal

repasser to iron

un **répondeur** answerphone

une **réponse** answer

se **reposer** to rest

répugnant(e) revolting

un **réseau** network

résoudre (*irreg.*) to solve

respirer to breathe

ressembler à to look like

la **restauration** restaurant/catering trade

rester to stay

le **retard** delay

une **retenue** detention

un **retrait** withdrawal

la **retraite** retirement

rétrécir to shrink

se **retrouver** to meet/to get together

une **réunion** meeting

réussir (à faire quelque chose) to succeed (in doing something)

un **rêve** dream

se **réveiller** to wake up

un **réveillon** Christmas Eve/ New Year's Eve dinner

le **rez-de-chaussée** ground floor

un **rhume** cold

un **rideau** curtain

rigolo (*colloq.*) funny

une **rivière** river

rire to laugh

un **robinet** tap

un **roi** king

un **roman** novel

un **rond-point** roundabout

le **rosbif** roast beef

une **roue** wheel

rouler to go (vehicle)/to drive/to move

une **route départementale** B-road

une **route nationale** A-road

un **ruisseau** stream

S

le **sable** sand

un **sac à dos** ruck sack

un **sac de couchage** sleeping bag

sage good/well-behaved

un **sage** wise person

saignant rare (of meat)

saigner to bleed

sain(e) healthy

la **Saint-Sylvestre** New Year's Eve

sale dirty

une **salle d'attente** waiting room

une **salle de séjour** living room

une **salle de spectacle** concert hall/ function room

le **SAMU (Service d'aide médicale d'urgence)** emergency medical services

le **sang** blood

sans without

un **sans-abri** homeless person (without shelter)

la **santé** health

un **sapin** fir tree

un **sapin de Noël** Christmas tree

satisfaisant(e) satisfying, satisfactory

satisfait(e) satisfied

le **saucisson** salami-type sausage

sauf except

sauter to jump

sauvage wild

sauvegarder to safeguard; to save (computer)

sauver to save

savoir (*irreg.*) to know

le **savon** soap

savourer to relish, to enjoy

une **scène** scene; action; stage

un **SDF (sans domicile fixe)** homeless person

la **séance** showing (at cinema)

sec (sèche) dry

la **sécheresse** drought

le **secours** help/assistance

séduisant(e) attractive/seductive

un **séjour** stay/visit

une **selle** saddle

selon according to

une **semaine** week

semblable similar

sembler to seem

le **sens inverse** opposite direction

un **sens unique** one-way system

sensible sensitive

un **sentiment** feeling

sentir (*irreg.*) to smell/to feel

se **sentir** (*irreg.*) **bien/mal/à l'aise** to feel well/unwell/at ease

une **serre** greenhouse

serrer to grip/to tighten

se **servir de** (*irreg.*) to use

seul(e) alone

le **SIDA** AIDS

un **siècle** century

un **siège** seat

une **société** company

la **soie** silk

soigner to look after/to take care

un **soin** care/treatment

le **soir** evening

soit... soit... either... or...

les **soldes** (*f*) sales

le **sommeil** sleep

un **sommet** summit

le **son** sound

un **sondage** survey

sonner to ring

sortir (*irreg.*) to go out; to take out

une **souche** (tree)stump

un **souci** worry/concern

soudain suddenly

souffler to blow

souffrir to suffer

souhaiter to wish

souligner to underline

sourd(e) deaf

souriant(e) smiling

sourire (*irreg.*) to smile

sous under

le **sous-sol** basement

sous-titré subtitled

soutenir (*irreg.*) to support

souterrain(e) underground

le **soutien** support

se **souvenir** (*irreg.*) **de** to remember

souvent often

du **sparadrap** sticking plaster

un **stage de danse** dance course

un **stage en entreprise** work experience

une **station balnéaire** seaside resort

le **stationnement** parking

un **store** window blind

stressant(e) stressful

le **sud** South

suffisamment sufficiently

suite à... following/after

suivant(e) following/next

suivre (*irreg.*) to follow/to chase/ to continue

la **superficie** area

une **superproduction** blockbuster (film)

supporter to bear/to stand

sur on/over

surchargé(e) overloaded

sur le coup instantly; outright

surgelé(e) frozen

un **surnom** nickname

la **surpêche** overfishing

surtout especially/mostly

surveiller to supervise

sympathique (*colloq.* **sympa**) friendly

un **syndicat d'initiative** tourist information office

T

un **tableau** board/table/grid/painting

une **tablette tactile** touchpad

une **tache** stain

une **tâche (ménagère)** (household) task/chore

la **taille** size

un **taille-crayon** pencil sharpener

un **tailleur** tailor; (woman's) suit

se **taire** (*irreg.*) to be quiet

tandis que whereas

tant (de) so much/so many

tant mieux all the better
tant pis too bad
tant que as long as
taper (à l'ordinateur) to hit; to type
un **tapis** carpet/rug
tard late
un **tarif** price
une **tartine** slice of bread and butter
un **tatouage** tattoo
le **taux (de change)** (exchange) rate
une **télécarte** phone card
télécharger to download
tellement (de) so/so much/so many
un **témoin** witness
à **temps partiel/plein** part/full time
la **tendance** trend
la **teneur** content
tenir (*irreg.*) to hold
se **tenir au courant** to keep up to date/informed
une **tenue (d'été)** (summer) wear/outfit
un **terrain de sport** sports field
un **territoire** territory
têtu(e) stubborn
un **texto** SMS/text
le **thon** tuna fish
un **tiers** third
le **Tiers Monde** Third World
un **timbre** stamp
tirer to pull
tisser to weave
la **toile** web; cloth
un **toit** roof
tomber to fall
tomber amoureux de to fall in love with
tomber en panne to break down
tôt early
toucher to touch
toucher un chèque to cash a cheque
toujours always
une **tour** tower
un **tournoi** tournament
la **tournure** turn/shape
la **Toussaint** All Saints' Day
tout(e)/tous (toutes) all; any; every
tout à coup all of a sudden
tout à fait entirely/wholly
tout de suite straightaway
tout le monde everyone

toutefois however/yet
la **toux** cough
un **tracas** hassle
le **traitement de texte** word-processing
un **trajet** journey/trip
une **tranche** slice
les **transports en commun** (*m*) public transport
le **travail à la chaîne** assembly-line work
la **traversée** crossing
un **tremblement de terre** earthquake
trempé(e) soaked
une **tribune** stand
trier to sort
triste sad
le **troisième âge** old age/retirement years
se **tromper** to make a mistake/to go wrong
trop (de) too/too much/too many
le **trottoir** pavement
un **trou** hole
une **trousse de premiers secours** first-aid kit
trouver to find
un **tube** hit (music)
tuer to kill
tutoyer (*irreg.*) to call someone '*tu*'

U

une **usine** factory
utile useful
utiliser to use

V

un(e) **vacancier (-ière)** holiday-maker
une **vache** cow
une **vague** wave
un **vainqueur** winner
valable valid
une **valise** suitcase
se **vanter** to boast
il **vaut mieux** it is better to
le/un **veau** veal; calf
en **veille** in sleep mode/on standby
la **veille** the day before; eve
veiller (tard) to stay up late
un **vélo** bike
vendre to sell
venir (*irreg.*) to come

le **vent** wind
une **vente** sale
le **ventre** stomach/belly
le **verglas** black ice
vérifier to check
le **vernis à ongles** nail varnish
le **verre** glass
des **verres de contact** (*m*) contact lenses
verser to pour
une **veste** jacket
un **vestiaire** changing room; cloakroom
les **vêtements** (*m*) clothes
veuf (veuve) widowed
la **viande** meat
vide empty
la **vie** life
vieux (vieille) old
vif (vive) lively/sharp/quick
le **visage** face
la **vitesse** speed
une **vitrine** shop window
vivant(e) lively/alive
vivre (*irreg.*) to live
un **vœu** wish/greeting
la **voie** track; lane (motorway)
la **voile** sailing
voir (*irreg.*) to see
un(e) **voisin(e)** neighbour
un **vol** flight/theft
le **volant** (steering) wheel
voler to fly/to steal
un **voleur** thief
un(e) **volontaire** volunteer
le **volontariat** voluntary service/work
volontiers willingly/with pleasure
vouloir (*irreg.*) to want
vouvoyer (*irreg.*) to call someone '*vous*'
un **voyage de noces** honeymoon
le **VTT** mountain bike

Y

y there
un **yaourt** yoghurt

Z

une **zone piétonne** pedestrian area